I0168696

BIRMAANS
WOORDENSCHAT

THEMATISCHE WOORDENLIJST

NEDERLANDS
BIRMAANS

De meest bruikbare woorden
Om uw woordenschat uit te breiden en
uw taalvaardigheid aan te scherpen

9000 woorden

Thematische woordenschat Nederlands-Birmaans - 9000 woorden

Door Andrey Taranov

Woordenlijsten van T&P Books zijn bedoeld om u woorden van een vreemde taal te helpen leren, onthouden, en bestudering. Dit woordenboek is ingedeeld in thema's en behandelt alle belangrijk terreinen van het dagelijkse leven, bedrijven, wetenschap, cultuur, etc.

Het proces van het leren van woorden met behulp van de op thema's gebaseerde aanpak van T&P Books biedt u de volgende voordelen:

- Correct gegroepeerde informatie is bepalend voor succes bij opeenvolgende stadia van het leren van woorden
- De beschikbaarheid van woorden die van dezelfde stam zijn maakt het mogelijk om woordgroepen te onthouden (in plaats van losse woorden)
- Kleine groepen van woorden faciliteren het proces van het aanmaken van associatieve verbindingen, die nodig zijn bij het consolideren van de woordenschat
- Het niveau van talenkennis kan worden ingeschat door het aantal geleerde woorden

T&P Books Publishing
www.tpbooks.com

Dit boek is ook beschikbaar in e-boek formaat.
Gelieve www.tpbooks.com te bezoeken of de belangrijkste online boekwinkels.

BIRMAANSE WOORDENSCHAT
nieuwe woorden leren

T&P Books woordenlijsten zijn bedoeld om u te helpen vreemde woorden te leren, te onthouden, en te bestuderen. De woordenschat bevat meer dan 9000 veel gebruikte woorden die thematisch geordend zijn.

- De woordenlijst bevat de meest gebruikte woorden
- Aanbevolen als aanvulling bij welke taalcursus dan ook
- Voldoet aan de behoeften van de beginnende en gevorderde student in vreemde talen
- Geschikt voor dagelijks gebruik, bestudering en zelftestactiviteiten
- Maakt het mogelijk om uw woordenschat te evalueren

Bijzondere kenmerken van de woordenschat

- De woorden zijn gerangschikt naar hun betekenis, niet volgens alfabet
- De woorden worden weergegeven in drie kolommen om bestudering en zelftesten te vergemakkelijken
- Woorden in groepen worden verdeeld in kleine blokken om het leerproces te vergemakkelijken
- De woordenschat biedt een handige en eenvoudige beschrijving van elk buitenlands woord

De woordenschat bevat 256 onderwerpen zoals:

Basisconcepten, getallen, kleuren, maanden, seizoenen, meeteenheden, kleding en accessoires, eten & voeding, restaurant, familieleden, verwanten, karakter, gevoelens, emoties, ziekten, stad, dorp, bezienswaardigheden, winkelen, geld, huis, thuis, kantoor, werken op kantoor, import & export, marketing, werk zoeken, sport, onderwijs, computer, internet, gereedschap, natuur, landen, nationaliteiten en meer ...

INHOUDSOPGAVE

UITSPRAAKGIDS

MLC-transcriptiesysteem (MLCTS) wordt in dit boek als transcriptie gebruikt.
Een beschrijving van dit systeem is hier te vinden:
https://en.wiktionary.org/wiki/Wiktionary:Burmese_transliteration
https://en.wikipedia.org/wiki/MLC_Transcription_System

AFKORTINGEN
gebruikt in de woordenschat

Nederlandse afkortingen

abn	-	als bijvoeglijk naamwoord
bijv.	-	bijvoorbeeld
bn	-	bijvoeglijk naamwoord
bw	-	bijwoord
enk.	-	enkelvoud
enz.	-	enzovoort
form.	-	formele taal
inform.	-	informele taal
mann.	-	mannelijk
mil.	-	militair
mv.	-	meervoud
on.ww.	-	onovergankelijk werkwoord
ontelb.	-	ontelbaar
ov.	-	over
ov.ww.	-	overgankelijk werkwoord
telb.	-	telbaar
vn	-	voornaamwoord
vrouw.	-	vrouwelijk
vw	-	voegwoord
vz	-	voorzetsel
wisk.	-	wiskunde
ww	-	werkwoord

Nederlandse artikelen

de	-	gemeenschappelijk geslacht
de/het	-	gemeenschappelijk geslacht, onzijdig
het	-	onzijdig

BASISBEGRIPPEN

Basisbegrippen Deel 1

1. Voornaamwoorden

ik	ကျွန်ုပ်	kjunou'
jij, je	သင်	thin
hij	သူ	thu
zij, ze	သူမ	thu ma.
het	၎င်း	jin:
wij, we (mann.)	ကျွန်တော်တို့	kjun do. dou.
wij, we (vrouw.)	ကျွန်မတို့	kjun ma. tou.
jullie	သင်တို့	thin dou.
U (form., enk.)	သင်	thin
U (form., mv.)	သင်တို့	thin dou.
zij, ze (mann.)	သူတို့	thu dou.
zij, ze (vrouw.)	သူမတို့	thu ma. dou.

2. Begroetingen. Begroetingen. Afscheid

Hallo! Dag!	မင်္ဂလာပါ	min ga. la ba
Goedemorgen!	မင်္ဂလာနံနက်ခင်းပါ	min ga. la nan ne' gin: ba
Goedemiddag!	မင်္ဂလာနေ့လယ်ခင်းပါ	min ga. la nei, le gin: ba
Goedenavond!	မင်္ဂလာညနေခင်းပါ	min ga. la nja nei gin: ba
gedag zeggen (groeten)	နှုတ်ဆက်သည်	hnou' hsei' te
Hoi!	ဟိုင်း	hain:
groeten (het)	ဟလို	ha. lou
verwelkomen (ww)	နှုတ်ဆက်သည်	hnou' hsei' te
Hoe gaat het?	နေကောင်းလား	nei gaun: la:
Hoe gaat het met u?	နေကောင်းပါသလား	nei gaun: ba dha la:
Hoe is het?	အဆင်ပြေလား	ahsin bjei la:
Is er nog nieuws?	ဘာထူးသေးလဲ	ba du: dei: le:
Dag! Tot ziens!	နောက်မှတွေ့ကြမယ်	nau' hma. dwei. gja. me
Tot ziens! (form.)	ဂွတ်ဘိုင်	gu' bain
Doei!	တာတာ	ta. da
Tot snel! Tot ziens!	မကြာခင်ပြန်ဆုံကြမယ်	ma gja. gin bjan zoun gja. me
Vaarwel!	နှုတ်ဆက်ပါတယ်	hnou' hsei' pa de
afscheid nemen (ww)	နှုတ်ဆက်သည်	hnou' hsei' te
Tot kijk!	တာတာ	ta. da
Dank u!	ကျေးဇူးတင်ပါတယ်	kjei: zu: din ba de
Dank u wel!	ကျေးဇူးအများကြီးတင်ပါတယ်	kjei: zu: amja: kji: din ba de

Graag gedaan	ရပါတယ်	ja. ba de
Geen dank!	ကိစ္စမရှိပါဘူး	kei. sa ma. shi. ba bu:
Geen moeite.	ရပါတယ်	ja. ba de

Excuseer me, … (inform.)	ဆောရီးနော်	hso: ji: no:
Excuseer me, … (form.)	တောင်းပန်ပါတယ်	thaun: ban ba de
excuseren (verontschuldigen)	ခွင့်လွှတ်သည်	khwin. hlu' te

zich verontschuldigen	တောင်းပန်သည်	thaun: ban de
Mijn excuses.	တောင်းပန်ပါတယ်	thaun: ban ba de
Het spijt me!	ခွင့်လွှတ်ပါ	khwin. hlu' pa
vergeven (ww)	ခွင့်လွှတ်သည်	khwin. hlu' te
Maakt niet uit!	ကိစ္စမရှိဘူး	kei. sa ma. shi. ba bu:
alsjeblieft	ကျေးဇူးပြု၍	kjei: zu: pju. i.

Vergeet het niet!	မမေ့ပါနဲ့	ma. mei. ba ne.
Natuurlijk!	ရတာပေါ့	ja. da bo.
Natuurlijk niet!	မဟုတ်တာသေချာတယ်	ma hou' ta dhei gja de
Akkoord!	သဘောတူတယ်	dhabo: tu de
Zo is het genoeg!	တော်ပြီ	to bji

3. Hoe aan te spreken

Excuseer me, …	ခွင့်ပြုပါ	khwin. bju. ba
meneer	ဦး	u:
mevrouw	ဒေါ်	do
juffrouw	မိန်းကလေး	mein: ga. lei:
jongeman	လူငယ်	lu nge
jongen	ကောင်ကလေး	keaagkle:
meisje	ကောင်မလေး	kaun ma. lei:

4. Kardinale getallen. Deel 1

nul	သုည	thoun nja.
een	တစ်	ti'
twee	နှစ်	hni'
drie	သုံး	thoun:
vier	လေး	lei:

vijf	ငါး	nga:
zes	ခြောက်	chau'
zeven	ခုနှစ်	khun hni'
acht	ရှစ်	shi'
negen	ကိုး	kou:

tien	တစ်ဆယ်	ti' hse
elf	တစ်ဆယ့်တစ်	ti' hse. ti'
twaalf	တစ်ဆယ့်နှစ်	ti' hse. hni'
dertien	တစ်ဆယ့်သုံး	ti' hse. thoun:
veertien	တစ်ဆယ့်လေး	ti' hse. lei:
vijftien	တစ်ဆယ့်ငါး	ti' hse. nga:
zestien	တစ်ဆယ့်ခြောက်	ti' hse. khau'

zeventien	တစ်ဆယ့်ခုနှစ်	ti' hse. khu ni'
achttien	တစ်ဆယ့်ရှစ်	ti' hse. shi'
negentien	တစ်ဆယ့်ကိုး	ti' hse. gou:
twintig	နှစ်ဆယ်	hni' hse
eenentwintig	နှစ်ဆယ့်တစ်	hni' hse. ti'
tweeëntwintig	နှစ်ဆယ့်နှစ်	hni' hse. hni'
drieëntwintig	နှစ်ဆယ့်သုံး	hni' hse. thuan:
dertig	သုံးဆယ်	thoun: ze
eenendertig	သုံးဆယ့်တစ်	thoun: ze. di'
tweeëndertig	သုံးဆယ့်နှစ်	thoun: ze. hni'
drieëndertig	သုံးဆယ့်သုံး	thoun: ze. dhoun:
veertig	လေးဆယ်	lei: hse
eenenveertig	လေးဆယ့်တစ်	lei: hse. ti'
tweeënveertig	လေးဆယ့်နှစ်	lei: hse. hni'
drieënveertig	လေးဆယ့်သုံး	lei: hse. thaun:
vijftig	ငါးဆယ်	nga: ze
eenenvijftig	ငါးဆယ့်တစ်	nga: ze di'
tweeënvijftig	ငါးဆယ့်နှစ်	nga: ze hni'
drieënvijftig	ငါးဆယ့်သုံး	nga: ze dhoun:
zestig	ခြောက်ဆယ်	chau' hse
eenenzestig	ခြောက်ဆယ့်တစ်	chau' hse. di'
tweeënzestig	ခြောက်ဆယ့်နှစ်	chau' hse. hni'
drieënzestig	ခြောက်ဆယ့်သုံး	chau' hse. dhoun:
zeventig	ခုနှစ်ဆယ်	khun hni' hse.
eenenzeventig	ခုနှစ်ဆယ့်တစ်	qunxcy•tx
tweeënzeventig	ခုနှစ်ဆယ့်နှစ်	khun hni' hse. hni
drieënzeventig	ခုနှစ်ဆယ့်သုံး	khu. ni' hse. dhoun:
tachtig	ရှစ်ဆယ်	shi' hse
eenentachtig	ရှစ်ဆယ့်တစ်	shi' hse. ti'
tweeëntachtig	ရှစ်ဆယ့်နှစ်	shi' hse. hni'
drieëntachtig	ရှစ်ဆယ့်သုံး	shi' hse. dhun:
negentig	ကိုးဆယ်	kou: hse
eenennegentig	ကိုးဆယ့်တစ်	kou: hse. ti'
tweeënnegentig	ကိုးဆယ့်နှစ်	kou: hse. hni'
drieënnegentig	ကိုးဆယ့်သုံး	kou: hse. dhaun:

5. Kardinale getallen. Deel 2

honderd	တစ်ရာ	ti' ja
tweehonderd	နှစ်ရာ	hni' ja
driehonderd	သုံးရာ	thoun: ja
vierhonderd	လေးရာ	lei: ja
vijfhonderd	ငါးရာ	nga: ja
zeshonderd	ခြောက်ရာ	chau' ja
zevenhonderd	ခုနှစ်ရာ	khun hni' ja

achthonderd	ရှစ်ရာ	shi' ja
negenhonderd	ကိုးရာ	kou: ja
duizend	တစ်ထောင်	ti' htaun
tweeduizend	နှစ်ထောင်	hni' taun
drieduizend	သုံးထောင်	thoun: daun
tienduizend	တစ်သောင်း	ti' thaun:
honderdduizend	တစ်သိန်း	ti' thein:
miljoen (het)	တစ်သန်း	ti' than:
miljard (het)	ဘီလီယံ	bi li jan

6. Ordinale getallen

eerste (bn)	ပထမ	pahtama.
tweede (bn)	ဒုတိယ	du. di. ja.
derde (bn)	တတိယ	tati, ja,
vierde (bn)	စတုတ္ထ	zadou' hta.
vijfde (bn)	ပဉ္စမ	pjin sama.
zesde (bn)	ဆဋ္ဌမ	hsa. htama.
zevende (bn)	သတ္တမ	tha' tama.
achtste (bn)	အဋ္ဌမ	a' htama.
negende (bn)	နဝမ	na. wa. ma.
tiende (bn)	ဒသမ	da dha ma

7. Getallen. Breuken

breukgetal (het)	အပိုင်းကိန်း	apain: gein:
half	နှစ်ပိုင်းတစ်ပိုင်း	hni' bain: di' bain:
een derde	သုံးပိုင်းတစ်ပိုင်း	thoun: bain: di' bain:
kwart	လေးပိုင်းတစ်ပိုင်း	lei: bain: ti' pain:
een achtste	ရှစ်ပိုင်းတစ်ပိုင်း	shi' bain: di' bain:
een tiende	ဆယ်ပိုင်းတစ်ပိုင်း	hse bain: da' bain:
twee derde	သုံးပိုင်းနှစ်ပိုင်း	thoun: bain: hni' bain:
driekwart	လေးပိုင်းသုံးပိုင်း	lei: bain: dhoun: bain:

8. Getallen. Eenvoudige berekeningen

aftrekking (de)	နုတ်ခြင်း	nou' khjin:
aftrekken (ww)	နုတ်သည်	nou' te
deling (de)	စားခြင်း	sa: gjin:
delen (ww)	စားသည်	sa: de
optelling (de)	ပေါင်းခြင်း	paun: gjin:
erbij optellen	ပေါင်းသည်	paun: de
(bij elkaar voegen)		
optellen (ww)	ထပ်ပေါင်းသည်	hta' paun: de
vermenigvuldiging (de)	မြှောက်ခြင်း	hmjau' chin:
vermenigvuldigen (ww)	မြှောက်သည်	hmjau' de

9. Getallen. Diversen

cijfer (het)	ကိန်းဂဏန်း	kein: ga nan:
nummer (het)	ကိန်း	kein:
telwoord (het)	ဂဏန်းအက္ခရာ	ganan: e' kha ja
minteken (het)	အနုတ်	ahnou'
plusteken (het)	အပေါင်း	apaun:
formule (de)	ပုံသေနည်း	poun dhei ne:
berekening (de)	တွက်ချက်ခြင်း	twe' che' chin:
tellen (ww)	ရေတွက်သည်	jei dwe' te
bijrekenen (ww)	ရေတွက်သည်	jei dwe' te
vergelijken (ww)	နှိုင်းယှဉ်သည်	hnain: shin de
Hoeveel?	ဘယ်လောက်လဲ	be lau' le:
som (de), totaal (het)	ပေါင်းလဒ်	paun: la'
uitkomst (de)	ရလဒ်	jala'
rest (de)	အကြွင်း	akjwin:
enkele (bijv. ~ minuten)	အချို့	achou.
weinig (bw)	အနည်းငယ်	ane: nge
weinig (telb.)	အနည်းငယ်	ane: nge
een beetje (ontelb.)	အနည်းငယ်	ane: nge
restant (het)	ကျန်သော	kjan de.
anderhalf	တစ်ခုခွဲ	ti' khu. khwe:
dozijn (het)	ဒါဇင်	da zin
middendoor (bw)	တစ်ဝက်စီ	ti' we' si
even (bw)	ညီတူညီမျှ	nji du nji hmja.
helft (de)	တစ်ဝက်	ti' we'
keer (de)	ကြိမ်	kjein

10. De belangrijkste werkwoorden. Deel 1

aanbevelen (ww)	အကြံပြုထောက်ခံသည်	akjan pju htau' khan de
aandringen (ww)	တိုက်တွန်းပြောဆိုသည်	tou' tun: bjo: zou de
aankomen (per auto, enz.)	ရောက်သည်	jau' te
aanraken (ww)	ကိုင်သည်	kain de
adviseren (ww)	အကြံပေးသည်	akjan bei: de
afdalen (on.ww.)	ဆင်းသည်	hsin: de
afslaan (naar rechts ~)	ကွေ့သည်	kwei. de
antwoorden (ww)	ဖြေသည်	hpjei de
bang zijn (ww)	ကြောက်သည်	kjau' te
bedreigen (bijv. met een pistool)	ခြိမ်းခြောက်သည်	chein: gjau' te
bedriegen (ww)	လိမ်ပြောသည်	lain bjo: de
beëindigen (ww)	ပြီးသည်	pji: de
beginnen (ww)	စတင်သည်	sa. tin de
begrijpen (ww)	နားလည်သည်	na: le de
beheren (managen)	ညွှန်ကြားသည်	hnjun gja: de
beledigen (met scheldwoorden)	စော်ကားသည်	so ga: de

17

beloven (ww)	ကတိပေးသည်	gadi pei: de
bereiden (koken)	ချက်ပြုတ်သည်	che' pjou' te
bespreken (spreken over)	ဆွေးနွေးသည်	hswe: nwe: de

bestellen (eten ~)	မှာသည်	hma de
bestraffen (een stout kind ~)	အပြစ်ပေးသည်	apja' pei: de
betalen (ww)	ပေးချေသည်	pei: gjei de
betekenen (beduiden)	ဆိုလိုသည်	hsou lou de
betreuren (ww)	နောင်တရသည်	naun da. ja. de

bevallen (prettig vinden)	ကြိုက်သည်	kjai' de
bevelen (mil.)	အမိန့်ပေးသည်	amin. bei: de
bevrijden (stad, enz.)	လွတ်မြှောက်စေသည်	lu' mjau' sei de
bewaren (ww)	ထိန်းထားသည်	htein: da: de
bezitten (ww)	ပိုင်ဆိုင်သည်	pain zain de

bidden (praten met God)	ရှိခိုးသည်	shi. gou: de
binnengaan (een kamer ~)	ဝင်သည်	win de
breken (ww)	ချိုးဖျက်ဆီးသည်	hpje' hsi: de
controleren (ww)	ထိန်းချုပ်သည်	htein: gjou' te
creëren (ww)	ဖန်တီးသည်	hpan di: de

deelnemen (ww)	ပါဝင်သည်	pa win de
denken (ww)	ထင်သည်	htin de
doden (ww)	သတ်သည်	tha' te
doen (ww)	ပြုလုပ်သည်	pju. lou' te
dorst hebben (ww)	ရေတောသည်	jei za de

11. De belangrijkste werkwoorden. Deel 2

een hint geven	အရိပ်အမြွက်ပေးသည်	aji' ajmwe' pei: de
eisen (met klem vragen)	တိုက်တွန်းသည်	tai' tun: de
excuseren (vergeven)	ခွင့်လွှတ်သည်	khwin. hlu' te
existeren (bestaan)	တည်ရှိသည်	ti shi. de
gaan (te voet)	သွားသည်	thwa: de

gaan zitten (ww)	ထိုင်သည်	htain de
gaan zwemmen	ရေကူးသည်	jei ku: de
geven (ww)	ပေးသည်	pei: de
glimlachen (ww)	ပြုံးသည်	pjoun: de
goed raden (ww)	မှန်းသည်	hman za de

grappen maken (ww)	စနောက်သည်	sanau' te
graven (ww)	တူးသည်	tu: de

hebben (ww)	ရှိသည်	shi. de
helpen (ww)	ကူညီသည်	ku nji de
herhalen (opnieuw zeggen)	ထပ်လုပ်သည်	hta' lou' te
honger hebben (ww)	ဗိုက်ဆာသည်	bai' hsa de

hopen (ww)	မျှော်လင့်သည်	hmjo. lin. de
horen	ကြားသည်	ka: de
(waarnemen met het oor)		
huilen (wenen)	ငိုသည်	ngou de

huren (huis, kamer)	ငှားသည်	hnga: de
informeren (informatie geven)	အကြောင်းကြားသည်	akjaun: kja: de
instemmen (akkoord gaan)	သဘောတူသည်	dhabo: tu de
jagen (ww)	အမဲလိုက်သည်	ame: lai' de
kennen (kennis hebben van iemand)	သိသည်	thi. de
kiezen (ww)	ရွေးသည်	jwei: de
klagen (ww)	တိုင်ပြောသည်	tain bjo: de
kosten (ww)	ကုန်ကျသည်	koun kja de
kunnen (ww)	တတ်နိုင်သည်	ta' nain de
lachen (ww)	ရယ်သည်	je de
laten vallen (ww)	ဖြုတ်ချသည်	hpjou' cha. de
lezen (ww)	ဖတ်သည်	hpa' te
liefhebben (ww)	ချစ်သည်	chi' te
lunchen (ww)	နေ့လယ်စာစားသည်	nei. le za za de
nemen (ww)	ယူသည်	ju de
nodig zijn (ww)	အလိုရှိသည်	alou' shi. de

12. De belangrijkste werkwoorden. Deel 3

onderschatten (ww)	လျော့တွက်သည်	sho. dwe' de
ondertekenen (ww)	လက်မှတ်ထိုးသည်	le' hma' htou: de
ontbijten (ww)	နံနက်စာစားသည်	nan ne' za za: de
openen (ww)	ဖွင့်သည်	hpwin. de
ophouden (ww)	ရပ်သည်	ja' te
opmerken (zien)	သတိထားမိသည်	dhadi. da: mi. de
opscheppen (ww)	ကြွားသည်	kjwa: de
opschrijven (ww)	ရေးထားသည်	jei: da: de
plannen (ww)	စီစဉ်သည်	si zin de
prefereren (verkiezen)	ပိုကြိုက်သည်	pou gjai' te
proberen (trachten)	စမ်းကြည့်သည်	san: kji. de
redden (ww)	ကယ်ဆယ်သည်	ke ze de
rekenen op ...	အားကိုးသည်	a: kou: de
rennen (ww)	ပြေးသည်	pjei: de
reserveren (een hotelkamer ~)	မှာသည်	hma de
roepen (om hulp)	ခေါ်သည်	kho de
schieten (ww)	ပစ်သည်	pi' te
schreeuwen (ww)	အော်သည်	o de
schrijven (ww)	ရေးသည်	jei: de
souperen (ww)	ညစာစားသည်	nja. za za: de
spelen (kinderen)	ကစားသည်	gaza: de
spreken (ww)	ပြောသည်	pjo: de
stelen (ww)	ခိုးသည်	khou: de
stoppen (pauzeren)	ရပ်သည်	ja' te
studeren (Nederlands ~)	သင်ယူလေ့လာသည်	thin ju lei. la de
sturen (zenden)	ပို့သည်	pou. de

tellen (optellen)	ရေတွက်သည်	jei dwe' te
toebehoren aan ...	ပိုင်ဆိုင်သည်	pain zain de
toestaan (ww)	ခွင့်ပြုသည်	khwin bju. de
tonen (ww)	ပြသည်	pja. de

twijfelen (onzeker zijn)	သံသယဖြစ်သည်	than thaja. bji' te
uitgaan (ww)	ထွက်သည်	htwe' te
uitnodigen (ww)	ဖိတ်သည်	hpi' de
uitspreken (ww)	အသံထွက်သည်	athan dwe' te
uitvaren tegen (ww)	ဆူသည်	hsu. de

13. De belangrijkste werkwoorden. Deel 4

vallen (ww)	ကျဆင်းသည်	kja zin: de
vangen (ww)	ဖမ်းသည်	hpan: de
veranderen (anders maken)	ပြောင်းလဲသည်	pjaun: le: de
verbaasd zijn (ww)	အံ့ဩသည်	an. o. de
verbergen (ww)	ဖုံးကွယ်သည်	hpoun: gwe de

verdedigen (je land ~)	ကာကွယ်သည်	ka gwe de
verenigen (ww)	ပေါင်းစည်းသည်	paun: ze: de
vergelijken (ww)	နှိုင်းယှဉ်သည်	hnain: shin de
vergeten (ww)	မေ့သည်	mei. de
vergeven (ww)	ခွင့်လွှတ်သည်	khwin. hlu' te

verklaren (uitleggen)	ရှင်းပြသည်	shin: bja. de
verkopen (per stuk ~)	ရောင်းသည်	jaun: de
vermelden (praten over)	ဖော်ပြသည်	hpjo bja. de
versieren (decoreren)	အလှဆင်သည်	ahla. zin dhe
vertalen (ww)	ဘာသာပြန်သည်	ba dha bjan de

vertrouwen (ww)	ယုံကြည်သည်	joun kji de
vervolgen (ww)	ဆက်လုပ်သည်	hse' lou' te
verwarren (met elkaar ~)	ရောထွေးသည်	jo: dwei: de
verzoeken (ww)	တောင်းဆိုသည်	taun: hsou: de
verzuimen (school, enz.)	ပျက်ကွက်သည်	pje' kwe' te

vinden (ww)	ရှာတွေ့သည်	sha dwei. de
vliegen (ww)	ပျံသန်းသည်	pjan dan: de
volgen (ww)	လိုက်သည်	lai' te
voorstellen (ww)	အဆိုပြုသည်	ahsou bju. de
voorzien (verwachten)	ကြိုမြင်သည်	kjou mjin de
vragen (ww)	မေးသည်	mei: de

waarnemen (ww)	စောင့်ကြည့်သည်	saun. gji. de
waarschuwen (ww)	သတိပေးသည်	dhadi. pei: de
wachten (ww)	စောင့်သည်	saun. de
weerspreken (ww)	ငြင်းသည်	njin: de
weigeren (ww)	ငြင်းဆန်သည်	njin: zan de

werken (ww)	အလုပ်လုပ်သည်	alou' lou' te
weten (ww)	သိသည်	thi. de
willen (verlangen)	လိုချင်သည်	lou gjin de
zeggen (ww)	ပြောသည်	pjo: de

zich haasten (ww)	လောသည်	lo de
zich interesseren voor ...	စိတ်ဝင်စားသည်	sei' win za: de
zich vergissen (ww)	မှားသည်	hma: de
zich verontschuldigen	တောင်းပန်သည်	thaun: ban de
zien (ww)	မြင်သည်	mjin de
zijn (leraar ~)	ဖြစ်သည်	hpji' te
zijn (op dieet ~)	ဖြစ်နေသည်	hpji' nei de
zoeken (ww)	ရှာသည်	sha de
zwemmen (ww)	ရေကူးသည်	jei ku: de
zwijgen (ww)	နှုတ်ဆိတ်သည်	hnou' hsei' te

14. Kleuren

kleur (de)	အရောင်	ajaun
tint (de)	အသွေးအဆင်း	athwei: ahsin:
kleurnuance (de)	အရောင်အသွေး	ajaun athwei:
regenboog (de)	သက်တံ	the' tan
wit (bn)	အဖြူရောင်	ahpju jaun
zwart (bn)	အနက်ရောင်	ane' jaun
grijs (bn)	ခဲရောင်	khe: jaun
groen (bn)	အစိမ်းရောင်	asain: jaun
geel (bn)	အဝါရောင်	awa jaun
rood (bn)	အနီရောင်	ani jaun
blauw (bn)	အပြာရောင်	apja jaun
lichtblauw (bn)	အပြာနုရောင်	apja nu. jaun
roze (bn)	ပန်းရောင်	pan: jaun
oranje (bn)	လိမ္မော်ရောင်	limmo jaun
violet (bn)	ခရမ်းရောင်	khajan: jaun
bruin (bn)	အညိုရောင်	anjou jaun
goud (bn)	ရွှေရောင်	shwei jaun
zilverkleurig (bn)	ငွေရောင်	ngwei jaun
beige (bn)	ဝါညိုနုရောင်	wa njou nu. jaun
roomkleurig (bn)	နို့နစ်ရောင်	nou. hni' jaun
turkoois (bn)	စိမ်းပြာရောင်	sein: bja jaun
kersrood (bn)	ချယ်ရီရောင်	che ji jaun
lila (bn)	ခရမ်းဖျော့ရောင်	khajan: bjo. jaun
karmijnrood (bn)	ကြက်သွေးရောင်	kje' thwei: jaun
licht (bn)	အရောင်ဖျော့သော	ajaun bjo. de.
donker (bn)	အရောင်ရင့်သော	ajaun jin. de.
fel (bn)	တောက်ပသော	tau' pa. de.
kleur-, kleurig (bn)	အရောင်ရှိသော	ajaun shi. de.
kleuren- (abn)	ရောင်စုံ	jau' soun
zwart-wit (bn)	အဖြူအမည်း	ahpju ame:
eenkleurig (bn)	တစ်ရောင်တည်းရှိသော	ti' jaun te: shi. de.
veelkleurig (bn)	အရောင်စုံသော	ajaun zoun de.

15. Vragen

Wie?	သူယ်သူလဲ	be dhu le:
Wat?	ဘာလဲ	ba le:
Waar?	ဘယ်မှာလဲ	be hma le:
Waarheen?	ဘယ်ကိုလဲ	be gou le:
Waarvandaan?	ဘယ်ကလဲ	be ga. le:
Wanneer?	ဘယ်တော့လဲ	be do. le:
Waarom?	ဘာအတွက်လဲ	ba atwe' le:
Waarom?	ဘာကြောင့်လဲ	ba gjaun. le:

Waarvoor dan ook?	ဘာအတွက်လဲ	ba atwe' le:
Hoe?	ဘယ်လိုလဲ	be lau le:
Wat voor ...?	ဘယ်လိုမျိုးလဲ	be lau mjou: le:
Welk?	ဘယ်ဟာလဲ	be ha le:

Aan wie?	ဘယ်သူ့ကိုလဲ	be dhu. gou le:
Over wie?	ဘယ်သူ့အကြောင်းလဲ	be dhu. kjaun: le:
Waarover?	ဘာအကြောင်းလဲ	ba akjain: le:
Met wie?	ဘယ်သူ့နဲ့လဲ	be dhu ne. le:

Hoeveel?	ဘယ်လောက်လဲ	be lau' le:
Van wie?	ဘယ်သူ့	be dhu.

16. Voorzetsels

met (bijv. ~ beleg)	နဲ့အတူ	ne. atu
zonder (~ accent)	မပါဘဲ	ma. ba be:
naar (in de richting van)	သို့	thou,
over (praten ~)	အကြောင်း	akjaun:
voor (in tijd)	မတိုင်မီ	ma. dain mi
voor (aan de voorkant)	ရှေ့မှာ	shei. hma

onder (lager dan)	အောက်မှာ	au' hma
boven (hoger dan)	အပေါ်မှာ	apo hma
op (bovenop)	အပေါ်	apo
van (uit, afkomstig van)	မှ	hma.
van (gemaakt van)	ဖြင့်	hpjin.

over (bijv. ~ een uur)	နောက်	nau'
over (over de bovenkant)	ဖြတ်လျက်	hpja' lje'

17. Functiewoorden. Bijwoorden. Deel 1

Waar?	ဘယ်မှာလဲ	be hma le:
hier (bw)	ဒီမှာ	di hma
daar (bw)	ဟိုမှာ	hou hma.

ergens (bw)	တစ်နေရာရာမှာ	ti' nei ja ja hma
nergens (bw)	ဘယ်မှာမှ	be hma hma.
bij ... (in de buurt)	နားမှာ	na: hma

bij het raam	ပြတင်းပေါက်နားမှာ	badin: pau' hna: hma
Waarheen?	ဘယ်ကိုလဲ	be gou le:
hierheen (bw)	ဒီဘက်ကို	di be' kou
daarheen (bw)	ဟိုဘက်ကို	hou be' kou
hiervandaan (bw)	ဒီဘက်မှ	di be' hma
daarvandaan (bw)	ဟိုဘက်မှ	hou be' hma.
dichtbij (bw)	နီးသည်	ni: de
ver (bw)	အဝေးမှာ	awei: hma
in de buurt (van ...)	နားမှာ	na: hma
dichtbij (bw)	ဘေးမှာ	bei: hma
niet ver (bw)	မနီးမဝေး	ma. ni ma. wei:
linker (bn)	ဘယ်	be
links (bw)	ဘယ်ဘက်မှာ	be be' hma
linksaf, naar links (bw)	ဘယ်ဘက်	be be'
rechter (bn)	ညာဘက်	nja be'
rechts (bw)	ညာဘက်မှာ	nja be' hma
rechtsaf, naar rechts (bw)	ညာဘက်	nja be'
vooraan (bw)	ရှေ့မှာ	shei. hma
voorste (bn)	ရှေ့	shei.
vooruit (bw)	ရှေ့	shei.
achter (bw)	နောက်မှာ	nau' hma
van achteren (bw)	နောက်က	nau' ka.
achteruit (naar achteren)	နောက်	nau'
midden (het)	အလယ်	ale
in het midden (bw)	အလယ်မှာ	ale hma
opzij (bw)	ဘေးမှာ	bei: hma
overal (bw)	နေရာတိုင်းမှာ	nei ja dain: hma
omheen (bw)	ပတ်လည်မှာ	pa' le hma
binnenuit (bw)	အထဲမှ	a hte: hma.
naar ergens (bw)	တစ်နေရာရာကို	ti' nei ja ja gou
rechtdoor (bw)	တိုက်ရိုက်	tai' jai'
terug (bijv. ~ komen)	အပြန်	apjan
ergens vandaan (bw)	တစ်နေရာရာမှ	ti' nei ja ja hma.
ergens vandaan (en dit geld moet ~ komen)	တစ်နေရာရာမှ	ti' nei ja ja hma.
ten eerste (bw)	ပထမအနေဖြင့်	pahtama. anei gjin.
ten tweede (bw)	ဒုတိယအနေဖြင့်	du. di. ja. anei bjin.
ten derde (bw)	တတိယအနေဖြင့်	tati. ja. anei bjin.
plotseling (bw)	မတော်တဆ	ma. do da. za.
in het begin (bw)	အစမှာ	asa. hma
voor de eerste keer (bw)	ပထမဆုံး	pahtama. zoun:
lang voor ... (bw)	မတိုင်ခင် အတော်လေး အလိုက	ma. dain gin ato lei: alou ga.
opnieuw (bw)	အသစ်တဖန်	athi' da. ban
voor eeuwig (bw)	အမြဲတမ်း	amje: dan:

nooit (bw)	ဘယ်တော့မှ	be do hma.
weer (bw)	တဖန်	tahpan
nu (bw)	အခုတော့	akhu dau.
vaak (bw)	ခဏခဏ	khana. khana.
toen (bw)	ထိုသို့ဖြစ်လျှင်	htou dhou. bji' shin
urgent (bw)	အမြန်	aman
meestal (bw)	ပုံမှန်	poun hman
trouwens, ... (tussen haakjes)	စကားမစပ်	zaga: ma. za'
mogelijk (bw)	ဖြင်နိုင်သည်	hpjin nain de
waarschijnlijk (bw)	ဖြစ်နိုင်သည်	hpji' nein de
misschien (bw)	ဖြစ်နိုင်သည်	hpji' nein de
trouwens (bw)	ဒါ့အပြင်	da. apjin
daarom ...	ဒါကြောင့်	da gjaun.
in weerwil van ...	သော်လည်း	tho lei:
dankzij ...	ကြောင့်	kjaun.
wat (vn)	ဘာ	ba
dat (vw)	ဟု	hu
iets (vn)	တစ်ခုခု	ti' khu. gu.
iets	တစ်ခုခု	ti' khu. gu.
niets (vn)	ဘာမှ	ba hma.
wie (~ is daar?)	ဘယ်သူ	be dhu.
iemand (een onbekende)	တစ်ယောက်ယောက်	ti' jau' jau'
iemand (een bepaald persoon)	တစ်ယောက်ယောက်	ti' jau' jau'
niemand (vn)	ဘယ်သူမှ	be dhu hma.
nergens (bw)	ဘယ်ကိုမှ	be gou hma.
niemands (bn)	ဘယ်သူမှမပိုင်သော	be dhu hma ma. bain de.
iemands (bn)	တစ်ယောက်ယောက်ရဲ့	ti' jau' jau' je.
zo (Ik ben ~ blij)	ဒီလို	di lou
ook (evenals)	ထို့ပြင်လည်း	htou. bjin le:
alsook (eveneens)	လည်းဘဲ	le: be:

18. Functiewoorden. Bijwoorden. Deel 2

Waarom?	ဘာကြောင့်လဲ	ba gjaun. le:
om een bepaalde reden	တစ်ခုခုကြောင့်	ti' khu. gu. gjaun.
omdat ...	အဘယ်ကြောင့်ဆိုသော်	abe gjo:n. zou dho
voor een bepaald doel	တစ်ခုခုအတွက်	ti' khu. gu. atwe'
en (vw)	နှင့်	hnin.
of (vw)	သို့မဟုတ်	thou. ma. hou'
maar (vw)	ဒါပေမဲ့	da bei me.
voor (vz)	အတွက်	atwe'
te (~ veel mensen)	အလွန်	alun
alleen (bw)	သာ	tha
precies (bw)	အတိအကျ	ati. akja.
ongeveer (~ 10 kg)	ခန့်	khan.

Nederlands	Birmaans	Uitspraak
omstreeks (bw)	ခန့်မှန်းခြေအားဖြင့်	khan hman: gjei a: bjin.
bij benadering (bn)	ခန့်မှန်းခြေဖြစ်သော	khan hman: gjei bji' te.
bijna (bw)	နီးပါး	ni: ba:
rest (de)	ကျန်သော	kjan de.
de andere (tweede)	တခြားသော	tacha: de.
ander (bn)	အခြားသော	apja: de.
elk (bn)	တိုင်း	tain:
om het even welk	မရွိ	ma. zou
veel (ontelb.)	အများကြီး	amja: gji:
veel (telb.)	အမြောက်အများ	amjau' amja:
veel mensen	များစွာသော	mja: zwa de.
iedereen (alle personen)	အားလုံး	a: loun:
in ruil voor ...	အစား	asa:
in ruil (bw)	အစား	asa:
met de hand (bw)	လက်ဖြင့်	le' hpjin.
onwaarschijnlijk (bw)	ဖြစ်နိုင်ခြေ နည်းသည်	hpji' nain gjei ni: de
waarschijnlijk (bw)	ဖြစ်နိုင်သည်	hpji' nein de
met opzet (bw)	တမင်	tamin
toevallig (bw)	အမှတ်တမဲ့	ahma' ta. me.
zeer (bw)	သိပ်	thei'
bijvoorbeeld (bw)	ဥပမာအားဖြင့်	upama a: bjin.
tussen (~ twee steden)	ကြား	kja:
tussen (te midden van)	ကြားထဲတွင်	ka: de: dwin:
zoveel (bw)	ဒီလောက်	di lau'
vooral (bw)	အထူးသဖြင့်	a htu: dha. hjin.

Basisbegrippen Deel 2

19. Tegenovergestelden

rijk (bn)	ချမ်းသာသော	chan: dha de.
arm (bn)	ဆင်းရဲသော	hsin: je: de.
ziek (bn)	နေမကောင်းသော	nei ma. kaun: de.
gezond (bn)	ကျန်းမာသော	kjan: ma de.
groot (bn)	ကြီးသော	kji: de.
klein (bn)	သေးသော	thei: de.
snel (bw)	မြန်မြန်	mjan mjan
langzaam (bw)	ဖြည်းဖြည်း	hpjei: bjei:
snel (bn)	မြန်သော	mjan de.
langzaam (bn)	ဖြည်းသော	hpjei: de.
vrolijk (bn)	ပျော်ရွှင်သော	pjo shwin de.
treurig (bn)	ဝမ်းနည်းသော	wan: ne: de.
samen (bw)	အတူတကွ	atu da. kwa.
apart (bw)	သီးခြင်းစီ	thi: gjin: zi
hardop (~ lezen)	ကျယ်လောင်စွာ	kje laun zwa
stil (~ lezen)	တိတ်ဆိတ်စွာ	tei' hsei' swa
hoog (bn)	မြင့်သော	mjin. de.
laag (bn)	ပုသော	pu dho:
diep (bn)	နက်သော	ne' te.
ondiep (bn)	တိမ်သော	tein de
ja	ဟုတ်တယ်	hou' te
nee	မဟုတ်ဘူး	ma hou' bu:
ver (bn)	ဝေးသော	wei: de.
dicht (bn)	နီးသော	ni: de.
ver (bw)	အဝေးမှာ	awei: hma
dichtbij (bw)	အနီးမှာ	ani: hma
lang (bn)	ရှည်သော	shei lja: zu: sha. zwa ode
kort (bn)	တိုသော	tou de.
vriendelijk (goedhartig)	သဘောကောင်းသော	thabo: kaun: de.
kwaad (bn)	ယုတ်မာသော	jou' ma de.

| gehuwd (mann.) | မိန်းမရှိသော | mein: ma. shi. de. |
| ongehuwd (mann.) | တစ်ဦးတည်းဖြစ်သော | ti' u: te: hpi' te. |

| verbieden (ww) | တားမြစ်သည် | ta: mji' te |
| toestaan (ww) | ခွင့်ပြုသည် | khwin bju. de |

| einde (het) | အဆုံး | ahsoun: |
| begin (het) | အစ | asa. |

| linker (bn) | ဘယ် | be |
| rechter (bn) | ညာဘက် | nja be' |

| eerste (bn) | ပထမ | pahtama. |
| laatste (bn) | နောက်ဆုံးဖြစ်သော | nau' hsoun: bji' te. |

| misdaad (de) | ရာဇဝတ်မှု | raza. wu' hma. |
| bestraffing (de) | အပြစ်ပေးခြင်း | apja' pei: gjin: |

| bevelen (ww) | အမိန့်ချသည် | amin. gja. de |
| gehoorzamen (ww) | နာခံသည် | na gan de |

| recht (bn) | ဖြောင့်တန်းသော | hpjaun. dan: de. |
| krom (bn) | ကောက်ကွေ့သော | kau' kwe. de. |

| paradijs (het) | ကောင်းကင်ဘုံ | kaun: gin boun |
| hel (de) | ငရဲ | nga. je: |

| geboren worden (ww) | မွေးဖွားသည် | mwei: bwa: de |
| sterven (ww) | ကွယ်လွန်သည် | kwe lun de |

| sterk (bn) | သန်မာသော | than ma de. |
| zwak (bn) | အားပျော့သော | a: bjo. de. |

| oud (bn) | အိုမင်းသော | ou min de. |
| jong (bn) | ငယ်ရွယ်သော | ngwe jwe de. |

| oud (bn) | အိုဟောင်းသော | ou haun: de. |
| nieuw (bn) | သစ်သော | thi' te. |

| hard (bn) | မာသော | ma de. |
| zacht (bn) | နူးညံ့သော | nu: njan. de. |

| warm (bn) | နွေးသော | nwei: de. |
| koud (bn) | အေးသော | ei: de. |

| dik (bn) | ဝသော | wa. de. |
| dun (bn) | ပိန်သော | pein de. |

| smal (bn) | ကျဉ်းသော | kjin de. |
| breed (bn) | ကျယ်သော | kje de. |

| goed (bn) | ကောင်းသော | kaun: de. |
| slecht (bn) | ဆိုးသော | hsou: de. |

| moedig (bn) | ရဲရင့်သော | je: jin. de. |
| laf (bn) | ကြောက်တတ်သော | kjau' ta' te. |

20. Dagen van de week

maandag (de)	တနင်္လာ	tanin: la
dinsdag (de)	အင်္ဂါ	in ga
woensdag (de)	ဗုဒ္ဓဟူး	bou' da. hu:
donderdag (de)	ကြာသပတေး	kja dha ba. dei:
vrijdag (de)	သောကြာ	thau' kja
zaterdag (de)	စနေ	sanei
zondag (de)	တနင်္ဂနွေ	tanin: ganwei

vandaag (bw)	ယနေ့	ja. nei.
morgen (bw)	မနက်ဖြန်	mane' bjan
overmorgen (bw)	သဘက်ခါ	dhabe' kha
gisteren (bw)	မနေ့က	ma. nei. ka.
eergisteren (bw)	တနေ့က	ta. nei. ga.

dag (de)	နေ့	nei.
werkdag (de)	ရုံးဖွင့်ရက်	joun: hpwin je'
feestdag (de)	ပွဲတော်ရက်	pwe: do je'
verlofdag (de)	ရုံးပိတ်ရက်	joun: bei' je'
weekend (het)	ရုံးပိတ်ရက်များ	joun: hpwin je' mja:

de hele dag (bw)	တနေ့လုံး	ta. nei. loun:
de volgende dag (bw)	နောက်နေ့	nau' nei.
twee dagen geleden	လွန်ခဲ့သော နှစ်ရက်က	lun ge: de. hni' ja' ka.
aan de vooravond (bw)	အကြိုနေ့မှာ	akjou nei. hma
dag-, dagelijks (bn)	နေ့စဉ်	nei. zin
elke dag (bw)	နေ့တိုင်း	nei dain:

week (de)	ရက်သတ္တပတ်	je' tha' daba'
vorige week (bw)	ပြီးခဲ့တဲ့အပတ်က	pji: ge. de. apa' ka.
volgende week (bw)	လာမယ့်အပတ်မှာ	la. me. apa' hma
wekelijks (bn)	အပတ်စဉ်	apa' sin
elke week (bw)	အပတ်စဉ်	apa' sin
twee keer per week	တစ်ပတ် နှစ်ကြိမ်	ti' pa' hni' kjein
elke dinsdag	အင်္ဂါနေ့တိုင်း	in ga nei. dain:

21. Uren. Dag en nacht

morgen (de)	နံနက်ခင်း	nan ne' gin:
's morgens (bw)	နံနက်ခင်းမှာ	nan ne' gin: hma
middag (de)	မွန်းတည့်	mun: de,
's middags (bw)	နေ့လယ်စာစားချိန်ပြီးနောက်	nei. le za za: gjein bji: nau'

avond (de)	ညနေခင်း	nja. nei gin:
's avonds (bw)	ညနေခင်းမှာ	nja. nei gin: hma
nacht (de)	ည	nja
's nachts (bw)	ညမှာ	nja hma
middernacht (de)	သန်းခေါင်ယံ	than: gaun jan

seconde (de)	စက္ကန့်	se' kan.
minuut (de)	မိနစ်	mi. ni'
uur (het)	နာရီ	na ji

halfuur (het)	နာရီဝက်	na ji we'
kwartier (het)	ဆယ့်ငါးမိနစ်	hse. nga: mi. ni'
vijftien minuten	၁၅ မိနစ်	ta' hse. nga: mi ni'
etmaal (het)	နစ်ဆယ်လေးနာရီ	hni' hse lei: na ji

zonsopgang (de)	နေထွက်ချိန်	nei dwe' gjein
dageraad (de)	အာရုဏ်ဦး	a joun u:
vroege morgen (de)	နံနက်စောစော	nan ne' so: zo:
zonsondergang (de)	နေဝင်ချိန်	nei win gjein

's morgens vroeg (bw)	နံနက်အစောပိုင်း	nan ne' aso: bain:
vanmorgen (bw)	ယနေ့နံနက်	ja. nei. nan ne'
morgenochtend (bw)	မနက်ဖြန်နံနက်	mane' bjan nan ne'

vanmiddag (bw)	ယနေ့နေ့လယ်	ja. nei. nei. le
's middags (bw)	နေ့လယ်စာစားချိန်ပြီးနောက်	nei. le za za: gjein bji: nau'
morgenmiddag (bw)	မနက်ဖြန်မွန်းလွဲပိုင်း	mane' bjan mun: lwe: bain:

| vanavond (bw) | ယနေ့ညနေ | ja. nei. nja. nei |
| morgenavond (bw) | မနက်ဖြန်ညနေ | mane' bjan nja. nei |

klokslag drie uur	၃ နာရီတွင်	thoun: na ji dwin
ongeveer vier uur	၄ နာရီခန့်တွင်	lei: na ji khan dwin
tegen twaalf uur	၁၂ နာရီအရောက်	hse. hni' na ji ajau'

over twintig minuten	နောက် မိနစ် ၂၀ မှာ	nau' mi. ni' hni' se hma
over een uur	နောက်တစ်နာရီမှာ	nau' ti' na ji hma
op tijd (bw)	အချိန်ကိုက်	achein kai'

kwart voor …	မတ်တင်း	ma' tin:
binnen een uur	တစ်နာရီအတွင်း	ti' na ji atwin:
elk kwartier	၁၅ မိနစ်တိုင်း	ta' hse. nga: mi ni' htain:
de klok rond	၂၄ နာရီလုံး	hna' hse. lei: na ji

22. Maanden. Seizoenen

januari (de)	ဇန်နဝါရီလ	zan na. wa ji la.
februari (de)	ဖေဖော်ဝါရီလ	hpei bo wa ji la
maart (de)	မတ်လ	ma' la.
april (de)	ဧပြီလ	ei bji la.
mei (de)	မေလ	mei la.
juni (de)	ဇွန်လ	zun la.

juli (de)	ဇူလိုင်လ	zu lain la.
augustus (de)	သြဂုတ်လ	o: gou' la.
september (de)	စက်တင်ဘာလ	sa' htin ba la.
oktober (de)	အောက်တိုဘာလ	au' tou ba la
november (de)	နိုဝင်ဘာလ	nou win ba la.
december (de)	ဒီဇင်ဘာလ	di zin ba la.

lente (de)	နွေဦးရာသီ	nwei: u: ja dhi
in de lente (bw)	နွေဦးရာသီမှာ	nwei: u: ja dhi hma
lente- (abn)	နွေဦးရာသီနှင့်ဆိုင်သော	nwei: u: ja dhi hnin. zain de.
zomer (de)	နွေရာသီ	nwei: ja dhi

in de zomer (bw)	နွေရာသီမှာ	nwei: ja dhi hma
zomer-, zomers (bn)	နွေရာသီနှင့်ဆိုင်သော	nwei: ja dhi hnin. zain de.

herfst (de)	ဆောင်းဦးရာသီ	hsaun: u: ja dhi
in de herfst (bw)	ဆောင်းဦးရာသီမှာ	hsaun: u: ja dhi hma
herfst- (abn)	ဆောင်းဦးရာသီနှင့်ဆိုင်သော	hsaun: u: ja dhi hnin. zain de.

winter (de)	ဆောင်းရာသီ	hsaun: ja dhi
in de winter (bw)	ဆောင်းရာသီမှာ	hsaun: ja dhi hma
winter- (abn)	ဆောင်းရာသီနှင့်ဆိုင်သော	hsaun: ja dhi hnin. zain de.
maand (de)	လ	la.
deze maand (bw)	ဒီလ	di la.
volgende maand (bw)	နောက်လ	nau' la
vorige maand (bw)	ယခင်လ	jakhin la.

een maand geleden (bw)	ပြီးခဲ့တဲ့တစ်လကျော်	pji: ge. de. di' la. gjo
over een maand (bw)	နောက်တစ်လကျော်	nau' ti' la. gjo
over twee maanden (bw)	နောက်နှစ်လကျော်	nau' hni' la. gjo
de hele maand (bw)	တစ်လလုံး	ti' la. loun:
een volle maand (bw)	တစ်လလုံး	ti' la. loun:

maand-, maandelijks (bn)	လစဉ်	la. zin
maandelijks (bw)	လစဉ်	la. zin
elke maand (bw)	လတိုင်း	la. dain:
twee keer per maand	တစ်လနှစ်ကြိမ်	ti' la. hni' kjein:

jaar (het)	နှစ်	hni'
dit jaar (bw)	ဒီနှစ်မှာ	di hna' hma
volgend jaar (bw)	နောက်နှစ်မှာ	nau' hni' hnma
vorig jaar (bw)	ယခင်နှစ်မှာ	jakhin hni' hma
een jaar geleden (bw)	ပြီးခဲ့တဲ့တစ်နှစ်ကျော်က	pji: ge. de. di' hni' kjo ga.
over een jaar	နောက်တစ်နှစ်ကျော်	nau' ti' hni' gjo
over twee jaar	နောက်နှစ်နှစ်ကျော်	nau' hni' hni' gjo
het hele jaar	တစ်နှစ်လုံး	ti' hni' loun:
een vol jaar	တစ်နှစ်လုံး	ti' hni' loun:

elk jaar	နှစ်တိုင်း	hni' tain:
jaar-, jaarlijks (bn)	နှစ်စဉ်ဖြစ်သော	hni' san bji' te.
jaarlijks (bw)	နှစ်စဉ်	hni' san
4 keer per jaar	တစ်နှစ်လေးကြိမ်	ti' hni' lei: gjein

datum (de)	နေ့စွဲ	nei. zwe:
datum (de)	ရက်စွဲ	je' swe:
kalender (de)	ပြက္ခဒိန်	pje' gadein

een half jaar	နှစ်ဝက်	hni' we'
zes maanden	နှစ်ဝက်	hni' we'
seizoen (bijv. lente, zomer)	ရာသီ	ja dhi
eeuw (de)	ရာစု	jazu.

23. Tijd. Diversen

tijd (de)	အချိန်	achein
ogenblik (het)	အချက်အတန့်	akhai' atan.

moment (het)	ခဏ	khana.
ogenblikkelijk (bn)	ချက်ချင်း	che' chin:
tijdsbestek (het)	ကာလအပိုင်းအခြား	ka la apain: acha:
leven (het)	ဘဝ	ba. wa.
eeuwigheid (de)	ထာဝရ	hta wa. ja.

epoche (de), tijdperk (het)	ခေတ်	khi'
era (de), tijdperk (het)	ခေတ်	khi'
cyclus (de)	စက်ဝန်း	se' wun:
periode (de)	အချိန်ပိုင်း	achein bain:
termijn (vastgestelde periode)	သတ်တမ်း	the' tan

toekomst (de)	အနာဂတ်	ana ga'
toekomstig (bn)	အနာဂတ်	ana ga'
de volgende keer	နောက်တစ်ကြိမ်	nau' ti' kjein
verleden (het)	အတိတ်	ati'
vorig (bn)	လွန်ခဲ့သော	lun ge. de.
de vorige keer	ပြီးခဲ့သောတစ်ခေါက်	pji: ge. dho di' gau'
later (bw)	နောက်မှ	nau' hma.
na (~ het diner)	ပြီးနောက်	pji: nau'
tegenwoordig (bw)	ယခုအချိန်	jakhu. achein
nu (bw)	အခု	akhu.
onmiddellijk (bw)	ချက်ချင်း	che' chin:
snel (bw)	မကြာခင်	ma. gja gin
bij voorbaat (bw)	ကြိုတင်	kjou tin

lang geleden (bw)	တော်တော်ကြာကြာက	to do gja gja
kort geleden (bw)	သိပ်မကြာခင်က	thei' ma. gja gjin ga.
noodlot (het)	ကံတရား	kan daja:
herinneringen (mv.)	အမှတ်တရ	ahma' ta ra
archief (het)	မော်ကွန်း	mo gun:
tijdens ... (ten tijde van)	အချိန်အတွင်း	achein atwin
lang (bw)	ကြာကြာ	kja gja
niet lang (bw)	ခဏ	khana.
vroeg (bijv. ~ in de ochtend)	စောစော	so: zo:
laat (bw)	နောက်ကျမှ	nau' kja. hma.

voor altijd (bw)	အမြဲတမ်း	amje: dan:
beginnen (ww)	စတင်သည်	sa. tin de
uitstellen (ww)	ရွှေ့ဆိုင်းသည်	shwei. zain: de

tegelijkertijd (bw)	တချိန်တည်းမှာ	takhein de: hma
voortdurend (bw)	အမြဲတမ်း	amje: dan:
voortdurend	ဆက်တိုက်ဖြစ်သော	hse' dain bja' de.
tijdelijk (bn)	ယာယီဖြစ်သော	ja ji bji' te.

soms (bw)	တခါတလေ	takha talei
zelden (bw)	ရှားရှားပါးပါး	sha: sha: ba: ba:
vaak (bw)	ခဏခဏ	khana. khana.

24. Lijnen en vormen

vierkant (het)	စတုရန်း	satu. jan:
vierkant (bn)	စတုရန်းပုံဖြစ်သော	satu. jan: boun bji' te.

cirkel (de)	အဝိုင်း	awain:
rond (bn)	ဝိုင်းသော	wain: de.
driehoek (de)	တြိဂံ	tri. gan
driehoekig (bn)	တြိဂံပုံဖြစ်သော	tri. gan bou hpi' te
ovaal (het)	ဘဲဥပုံ	be: u. boun
ovaal (bn)	ဘဲဥပုံဖြစ်သော	be: u. boun pja' de.
rechthoek (de)	ထောင့်မှန်စတုဂံ	htaun. hman zatu. gan
rechthoekig (bn)	ထောင့်မှန်ဖြစ်သော	htaun. hman hpji' te.
piramide (de)	ဂျူန်းပုံ	htu. gjwan: boun
ruit (de)	ရွှဲ	ran bu
trapezium (het)	ထရာပီးဇီးယမ်း	htaja bi: zi: jan:
kubus (de)	ကုဗတုံး	ku ba. toun:
prisma (het)	ပရစ်ဇမ်	pa. ji' zan
omtrek (de)	အဝန်း	awun:
bol, sfeer (de)	ထုလုံး	htu. loun:
bal (de)	မို့မောင်လုံးဝန်းသော	mou maun loun: wun: de.
diameter (de)	အချင်း	achin:
straal (de)	အချင်းဝက်	achin: we'
omtrek (~ van een cirkel)	ပတ်လည်အနား	pa' le ana:
middelpunt (het)	ဝဟို	ba hou
horizontaal (bn)	အလျားလိုက်	alja: lai'
verticaal (bn)	ဒေါင်လိုက်	daun lou'
parallel (de)	အပြိုင်	apjain
parallel (bn)	အပြိုင်ဖြစ်သော	apjain bja' te.
lijn (de)	မျဉ်း	mjin:
streep (de)	ချက်	che'
rechte lijn (de)	မျဉ်းဖြောင့်	mjin: baun.
kromme (de)	မျဉ်းကွေး	mjin: gwei:
dun (bn)	ပါးသော	pa: de.
omlijning (de)	ကွန်တိုမျဉ်း	kun tou mjin:
snijpunt (het)	ဖြတ်မှတ်	hpja' hma'
rechte hoek (de)	ထောင့်မှန်	htaun. hman
segment (het)	အဝိုင်း	apain:
sector (de)	စက်ဝိုင်းစိတ်	se' wain: zei'
zijde (de)	အနား	ana:
hoek (de)	ထောင့်	htaun.

<h1>25. Meeteenheden</h1>

gewicht (het)	အလေးချိန်	alei: gjein
lengte (de)	အရှည်	ashei
breedte (de)	အကျယ်	akje
hoogte (de)	အမြင့်	amjin.
diepte (de)	အနက်	ane'
volume (het)	ထုထည်	du. de
oppervlakte (de)	အကျယ်အဝန်း	akje awun:
gram (het)	ဂရမ်	ga ran
milligram (het)	မီလီဂရမ်	mi li ga. jan

kilogram (het)	ကီလိုဂရမ်	ki lou ga jan
ton (duizend kilo)	တန်	tan
pond (het)	ပေါင်	paun
ons (het)	အောင်စ	aun sa.

meter (de)	မီတာ	mi ta
millimeter (de)	မီလီမီတာ	mi li mi ta
centimeter (de)	စင်တီမီတာ	sin ti mi ta
kilometer (de)	ကီလိုမီတာ	ki lou mi ta
mijl (de)	မိုင်	main

duim (de)	လက်မ	le' ma
voet (de)	ပေ	pei
yard (de)	ကိုက်	kou'

vierkante meter (de)	စတုရန်းမီတာ	satu. jan: mi ta
hectare (de)	ဟက်တာ	he' ta

liter (de)	လီတာ	li ta
graad (de)	ဒီဂရီ	di ga ji
volt (de)	ဗို့	boi.
ampère (de)	အမ်ပီယာ	an bi ja
paardenkracht (de)	မြင်းကောင်ရေအား	mjin: gaun jei a:

hoeveelheid (de)	အရေအတွက်	ajei adwe'
een beetje ...	နည်းနည်း	ne: ne:
helft (de)	တစ်ဝက်	ti' we'
dozijn (het)	ဒါဇင်	da zin
stuk (het)	ခု	khu.

afmeting (de)	အတိုင်းအတာ	atain: ata
schaal (bijv. ~ van 1 op 50)	စကေး	sakei:

minimaal (bn)	အနည်းဆုံး	ane: zoun
minste (bn)	အသေးဆုံး	athei: zoun:
medium (bn)	အလယ်အလတ်	ale ala'
maximaal (bn)	အများဆုံး	amja: zoun:
grootste (bn)	အကြီးဆုံး	akji: zoun:

26. Containers

glazen pot (de)	ဖန်ဘူး	hpan bu:
blik (conserven~)	သံဘူး	than bu:
emmer (de)	ရေပုံး	jei boun:
ton (bijv. regenton)	စည်ပိုင်း	si bain:

ronde waterbak (de)	ရေလုံ	za loun
tank (bijv. watertank-70-ltr)	သံစည်	than zi
heupfles (de)	အရက်ပုလင်းပြား	aje' pu lin: pja:
jerrycan (de)	ဓာတ်ဆီပုံး	da' hsi boun:
tank (bijv. ketelwagen)	တိုင်ကီ	tain ki

beker (de)	မတ်ခွက်	ma' khwe'
kopje (het)	ခွက်	khwe'

schoteltje (het)	အောက်ခံပန်းကန်ပြား	au' khan ban: kan pja:
glas (het)	ဖန်ခွက်	hpan gwe'
wijnglas (het)	ဝိုင်ခွက်	wain gwe'
pan (de)	ပေါင်းအိုး	paun: ou:

| fles (de) | ပုလင်း | palin: |
| flessenhals (de) | ပုလင်းလည်ပင်း | palin: le bin: |

karaf (de)	ဖန်ချိုင့်	hpan gjain.
kruik (de)	ကရား	kaja:
vat (het)	အိုးခွက်	ou: khwe'
pot (de)	မြေအိုး	mjei ou:
vaas (de)	ပန်းအိုး	pan: ou:

flacon (de)	ပုလင်း	palin:
flesje (het)	ပုလင်းကလေး	palin: galei:
tube (bijv. ~ tandpasta)	ဘူး	bu:

zak (bijv. ~ aardappelen)	ဂုံနီအိတ်	goun ni ei'
tasje (het)	အိတ်	ei'
pakje (~ sigaretten, enz.)	ဘူး	bu:

doos (de)	စက္ကူဘူး	se' ku bu:
kist (de)	သေတ္တာ	thi' ta
mand (de)	တောင်း	taun:

27. Materialen

materiaal (het)	အထည်	a hte
hout (het)	သစ်သား	thi' tha:
houten (bn)	သစ်သားနှင့်လုပ်သော	thi' tha; hnin. lou' te.

| glas (het) | ဖန် | hpan |
| glazen (bn) | ဖန်နှင့်လုပ်သော | hpan hnin. lou' te |

| steen (de) | ကျောက် | kjau' |
| stenen (bn) | ကျောက်ဖြင့်လုပ်ထားသော | kjau' hpjin. lou' hta: de. |

| plastic (het) | ပလတ်စတစ် | pa. la' sa. ti' |
| plastic (bn) | ပလတ်စတစ်နှင့်လုပ်သော | pa. la' sa. ti' hnin. zain de |

| rubber (het) | ရော်ဘာ | jo ba |
| rubber-, rubberen (bn) | ရော်ဘာနှင့်လုပ်သော | jo ba hnin. lou' te. |

| stof (de) | အထည် | a hte |
| van stof (bn) | အထည်နှင့်လုပ်သော | a hte hnin. lou' te. |

| papier (het) | စက္ကူ | se' ku |
| papieren (bn) | စက္ကူနှင့်လုပ်သော | se' ku hnin. lou' te. |

karton (het)	စက္ကူထူ	se' ku htu
kartonnen (bn)	စက္ကူထူနှင့်လုပ်သော	se' ku htu hnin. lou' te.
polyethyleen (het)	ပေါလီသင်း	po li thin:
cellofaan (het)	မှန်ကြည်စက္ကူ	hman gji se' ku

multiplex (het)	အထပ်သား	a hta' tha:
porselein (het)	ကြွေ	kjwei
porseleinen (bn)	ကြွေနှင့်လုပ်သော	kjwei hnin. lou' te
klei (de)	မြေစေး	mjei zei:
klei-, van klei (bn)	မြေထည်	mjei de
keramiek (de)	ကြွေထည်မြေထည်	kjwei de mjei de
keramieken (bn)	ကြွေထည်မြေထည်နှင့်လုပ်သော	kjwei de mjei de hnin. lou' te.

28. Metalen

metaal (het)	သတ္တု	tha' tu.
metalen (bn)	သတ္တုနှင့်လုပ်သော	tha' tu. hnin. lou' te.
legering (de)	သတ္တုစပ်	tha' tu. za'

goud (het)	ရွှေ	shwei
gouden (bn)	ရွှေနှင့်လုပ်သော	shwei hnin. lou' te
zilver (het)	ငွေ	ngwei
zilveren (bn)	ငွေနှင့်လုပ်သော	ngwei hnin. lou' de.

ijzer (het)	သံ	than
ijzeren	သံနှင့်လုပ်သော	than hnin. lou' te.
staal (het)	သံမဏိ	than mani.
stalen (bn)	သံမဏိနှင့်လုပ်သော	than mani. hnin. lou' te.
koper (het)	ကြေးနီ	kjei: ni
koperen (bn)	ကြေးနီနှင့်လုပ်သော	kjei: ni hnin. lou. de.

aluminium (het)	အလူမီနီယံ	alu mi ni jan
aluminium (bn)	အလူမီနီယံနှင့်လုပ်သော	alu mi ni jan hnin. lou' te.
brons (het)	ကြေးညို	kjei: njou
bronzen (bn)	ကြေးညိုနှင့်လုပ်သော	kjei: njou hnin. lou' de.

messing (het)	ကြေးဝါ	kjei: wa
nikkel (het)	နီကယ်	ni ke
platina (het)	ရွှေဖြူ	shwei bju
kwik (het)	ပြဒါး	bada:
tin (het)	သံဖြူ	than bju
lood (het)	ခဲ	khe:
zink (het)	သွပ်	thu'

MENS

Mens. Het lichaam

29. Mensen. Basisbegrippen

mens (de)	လူ	lu
man (de)	အမျိုးသား	amjou: dha:
vrouw (de)	အမျိုးသမီး	amjou: dhami:
kind (het)	ကလေး	kalei:

meisje (het)	ကောင်မလေး	kaun ma. lei:
jongen (de)	ကောင်လေး	kaun lei:
tiener, adolescent (de)	ဆယ်ကျော်သက်	hse gjo dhe'
oude man (de)	လူကြီး	lu gji:
oude vrouw (de)	အမျိုးသမီးကြီး	amjou: dhami: gji:

30. Menselijke anatomie

organisme (het)	ဇီဝရုပ်	zi wa ju'
hart (het)	နှလုံး	hnaloun:
bloed (het)	သွေး	thwei:
slagader (de)	သွေးလွှတ်ကြော	thwei hlwa' kjo:
ader (de)	သွေးပြန်ကြော	thwei: bjan gjo:

hersenen (mv.)	ဦးနှောက်	oun: hnau'
zenuw (de)	အာရုံကြော	a joun gjo:
zenuwen (mv.)	အာရုံကြောများ	a joun gjo: mja:
wervel (de)	ကျောရိုးအဆစ်	kjo: jou: ahsi'
ruggengraat (de)	ကျောရိုး	kjo: jou:

maag (de)	အစာအိမ်	asa: ein
darmen (mv.)	အူ	au
darm (de)	အူ	au
lever (de)	အသည်း	athe:
nier (de)	ကျောက်ကပ်	kjau' ka'

been (deel van het skelet)	အရိုး	ajou:
skelet (het)	အရိုးစု	ajou: zu
rib (de)	နံရိုး	nan jou:
schedel (de)	ဦးခေါင်းခွံ	u: gaun: gwan

spier (de)	ကြွက်သား	kjwe' tha:
biceps (de)	လက်ရှေ့ကြွက်သား	le' jou: gjwe' tha:
triceps (de)	လက်မောင်းနောက်ကြွက်သား	le' maun: nau' tha:
pees (de)	အရွတ်	ajwa'
gewricht (het)	အဆစ်	ahsi'

longen (mv.)	အဆုတ်	ahsou'
geslachtsorganen (mv.)	အင်္ဂါဇာတ်	in ga za'
huid (de)	အရေပြား	ajei bja:

31. Hoofd

hoofd (het)	ခေါင်း	gaun:
gezicht (het)	မျက်နှာ	mje' hna
neus (de)	နှာခေါင်း	hna gaun:
mond (de)	ပါးစပ်	pa: zi'

oog (het)	မျက်စိ	mje' si.
ogen (mv.)	မျက်စိများ	mje' si. mja:
pupil (de)	သူငယ်အိမ်	thu nge ein
wenkbrauw (de)	မျက်ခုံး	mje' khoun:
wimper (de)	မျက်တောင်	mje' taun
ooglid (het)	မျက်ခွံ	mje' khwan

tong (de)	လျှာ	sha
tand (de)	သွား	thwa:
lippen (mv.)	နှုတ်ခမ်း	hna' khan:
jukbeenderen (mv.)	ပါးရိုး	pa: jou:
tandvlees (het)	သွားဖုံး	thwahpoun:
gehemelte (het)	အာခေါင်	a gaun

neusgaten (mv.)	နှာခေါင်းပေါက်	hna gaun: bau'
kin (de)	မေးစေ့	mei: zei.
kaak (de)	မေးရိုး	mei: jou:
wang (de)	ပါး	pa:

voorhoofd (het)	နဖူး	na. hpu:
slaap (de)	နားထင်	na: din
oor (het)	နားရွက်	na: jwe'
achterhoofd (het)	နောက်စေ့	nau' sei.
hals (de)	လည်ပင်း	le bin:
keel (de)	လည်ချောင်း	le gjaun:

haren (mv.)	ဆံပင်	zabin
kapsel (het)	ဆံပင်ပုံစံ	zabin boun zan
haarsnit (de)	ဆံပင်ညှပ်သည့်ပုံစံ	zabin hnja' thi. boun zan
pruik (de)	ဆံပင်တု	zabin du.

snor (de)	နှုတ်ခမ်းမွေး	hnou' khan: hmwei:
baard (de)	မုတ်ဆိတ်မွေး	mou' hsei' hmwei:
dragen (een baard, enz.)	အရှည်ထားသည်	ashei hta: de
vlecht (de)	ကျစ်ဆံမြီး	kji' zan mji:
bakkebaarden (mv.)	ပါးသိုင်းမွေး	pa: dhain: hmwei:

ros (roodachtig, rossig)	ဆံပင်အနီရောင်ရှိသော	zabin ani jaun shi. de
grijs (~ haar)	အရောင်ဖျော့သော	ajaun bjo. de.
kaal (bn)	ထိပ်ပြောင်သော	htei' pjaun de.
kale plek (de)	ဆံပင်ကျွတ်နေသောနေရာ	zabin kju' nei dho nei ja
paardenstaart (de)	မြင်းမြီးပုံဆံပင်	mjin: mji: boun zan zan bin
pony (de)	ဆံရစ်	hsaji'

32. Menselijk lichaam

hand (de)	လက်	le'
arm (de)	လက်မောင်း	le' maun:

vinger (de)	လက်ချောင်း	le' chaun:
teen (de)	ခြေချောင်း	chei gjaun:
duim (de)	လက်မ	le' ma
pink (de)	လက်သန်း	le' than:
nagel (de)	လက်သည်းခွံ	le' the: dou' tan zin:

vuist (de)	လက်သီး	le' thi:
handpalm (de)	လက်ဝါး	le' wa:
pols (de)	လက်ကောက်ဝတ်	le' kau' wa'
voorarm (de)	လက်ဖျံ	le' hpjan
elleboog (de)	တံတောင်ဆစ်	daduan zi'
schouder (de)	ပခုံး	pakhoun:

been (rechter ~)	ခြေထောက်	chei htau'
voet (de)	ခြေထောက်	chei htau'
knie (de)	ဒူး	du:
kuit (de)	ခြေသလုံးကြွက်သား	chei dha. loun: gjwe' dha:
heup (de)	တင်ပါး	tin ba:
hiel (de)	ခြေဖနောင့်	chei ba. naun.

lichaam (het)	ခန္ဓာကိုယ်	khan da kou
buik (de)	ဗိုက်	bai'
borst (de)	ရင်ဘတ်	jin ba'
borst (de)	နို့	nou.
zijde (de)	နံပါး	nan ba:
rug (de)	ကျော	kjo:
lage rug (de)	ခါးအောက်ပိုင်း	kha: au' pain:
taille (de)	ခါး	kha:

navel (de)	ချက်	che'
billen (mv.)	တင်ပါး	tin ba:
achterwerk (het)	နောက်ပိုင်း	nau' pain:

huidvlek (de)	မဲ့	hme.
moedervlek (de)	မွေးရာပါအမှတ်	mwei: ja ba ahma'
tatoeage (de)	တက်တူး	te' tu:
litteken (het)	အမာရွတ်	ama ju'

Kleding en accessoires

33. Bovenkleding. Jassen

kleren (mv.)	အဝတ်အစား	awu' aza:
bovenkleding (de)	အပေါ်ဝတ်အက္ကျီ	apo we' in: gji
winterkleding (de)	ဆောင်းတွင်းဝတ်အဝတ်အစား	hsaun: dwin: wu' awu' asa:
jas (de)	ကုတ်အက္ကျီရှည်	kou' akji shi
bontjas (de)	သားမွေးအနွေးထည်	tha: mwei: anwei: de
bontjasje (het)	အမွေးပွအပေါ်အက္ကျီ	ahmwei pwa po akji.
donzen jas (de)	ငှက်မွေးကုတ်အက္ကျီ	hnge' hmwei: kou' akji.
jasje (bijv. een leren ~)	အပေါ်အက္ကျီ	apo akji.
regenjas (de)	မိုးကာအက္ကျီ	mou: ga akji
waterdicht (bn)	ရေလုံသော	jei loun de.

34. Heren & dames kleding

overhemd (het)	ရှပ်အက္ကျီ	sha' in gji
broek (de)	ဘောင်းဘီ	baun: bi
jeans (de)	ဂျင်းဘောင်းဘီ	gjin: bain: bi
colbert (de)	အပေါ်အက္ကျီ	apo akji.
kostuum (het)	အနောက်တိုင်းဝတ်စုံ	anau' tain: wu' saun
jurk (de)	ဂါဝန်	ga wun
rok (de)	စကတ်	saka'
blouse (de)	ဘလောက်စ်အက္ကျီ	ba. lau' s in: gji
wollen vest (de)	ကြယ်သီးပါသော အနွေးထည်	kje dhi: ba de. anwei: dhe
blazer (kort jasje)	အပေါ်ဖုံးအက္ကျီ	apo hpoun akji.
T-shirt (het)	တီရှပ်	ti shi'
shorts (mv.)	ဘောင်းဘီတို	baun: bi dou
trainingspak (het)	အားကစားဝတ်စုံ	a: gaza: wu' soun
badjas (de)	ရေချိုးခန်းဝတ်စုံ	jei gjou: gan: wu' soun
pyjama (de)	ညအိပ်ဝတ်စုံ	nja a' wu' soun
sweater (de)	ဆွယ်တာ	hswe da
pullover (de)	ဆွယ်တာ	hswe da
gilet (het)	ဝစ်ကုတ်	wi' kou'
rokkostuum (het)	တေးလ်ကုတ်အက္ကျီ	tei: l kou' in: gji
smoking (de)	ညစာစားပွဲဝတ်စုံ	nja. za za: bwe: wu' soun
uniform (het)	ယူနီဖောင်ဝတ်စုံ	tu nji wa' soun
werkkleding (de)	အလုပ်ဝင် ဝတ်စုံ	alou' win wu' zoun
overall (de)	စက်ရုံဝတ်စုံ	se' joun wu' soun
doktersjas (de)	ဂျူတိကုတ်	gju di gou'

35. Kleding. Ondergoed

ondergoed (het)	အတွင်းခံ	atwin: gan
herenslip (de)	ယောကျ်ားဝတ်အတွင်းခံ	jau' kja: wu' atwin: gan
slipjes (mv.)	မိန်းကလေးဝတ်အတွင်းခံ	mein; galei; wa' atwin: gan
onderhemd (het)	စွပ်ကျယ်	su' kje
sokken (mv.)	ခြေအိတ်များ	chei ei' mja:
nachthemd (het)	ညအိပ်ဝါဂါဝန်ရှည်	nja a' ga wun she
beha (de)	ဘရာစီယာ	ba ra si ja
kniekousen (mv.)	ခြေအိတ်ရှည်	chei ei' shi
panty (de)	အသားကပ်-ဘောင်းဘီရှည်	atha: ka' baun: bi shei
nylonkousen (mv.)	စတော့ကင်	sato. kin
badpak (het)	ရေကူးဝတ်စုံ	jei ku: wa' zoun

36. Hoofddeksels

hoed (de)	ဦးထုပ်	u: htou'
deukhoed (de)	ဦးထုပ်ပျော့	u: htou' pjo.
honkbalpet (de)	ရှာဒိုးဦးထုပ်	sha dou; u: dou'
kleppet (de)	လူကြီးဆောင်းဦးထုပ်ပြား	lu gji: zaun: u: dou' pja:
baret (de)	ဘယ်ရီဦးထုပ်	be ji u: htu'
kap (de)	အကျီတွင်ပါသော ခေါင်းစွပ်	akji. twin pa dho: gaun: zu'
panamahoed (de)	ဦးထုပ်အဝိုင်း	u: htou' awain:
gebreide muts (de)	သိုးမွေးခေါင်းစွပ်	thou: mwei: gaun: zu'
hoofddoek (de)	ခေါင်းစည်းပုဝါ	gaun: zi: bu. wa
dameshoed (de)	အမျိုးသမီးဆောင်းဦးထုပ်	amjou: dhami: zaun: u: htou'
veiligheidshelm (de)	ဦးထုပ်အမာ	u: htou' ama
veldmuts (de)	တပ်မတော်သုံးဦးထုပ်	ta' mado dhoun: u: dou'
helm, valhelm (de)	အမာစားဦးထုပ်	ama za: u: htou'
bolhoed (de)	ဦးထုပ်လုံး	u: htou' loun:
hoge hoed (de)	ဦးထုပ်မြင့်	u: htou' mjin.

37. Schoeisel

schoeisel (het)	ဖိနပ်	hpana'
schoenen (mv.)	ရှူးဖိနပ်	shu: hpi. na'
vrouwenschoenen (mv.)	မိန်းကလေးစီးရှူးဖိနပ်	mein; galei; zi: shu: bi. na'
laarzen (mv.)	လည်ရှည်ဖိနပ်	le she bi. na'
pantoffels (mv.)	အိမ်တွင်းစီးကွင်းထိုးဖိနပ်	ein dwin:
sportschoenen (mv.)	အားကစားဖိနပ်	a: gaza: bana'
sneakers (mv.)	ပတ္တုဖိနပ်	pa' tu bi. na'
sandalen (mv.)	ကြိုးသိုင်းဖိနပ်	kjou: dhain: bi. na'
schoenlapper (de)	ဖိနပ်ချုပ်သသား	hpana' chou' tha ma:
hiel (de)	ဒေါက်	dau'

paar (een ~ schoenen)	အစုံ	asoun.
veter (de)	ဖိနပ်ကြိုး	hpana' kjou:
rijgen (schoenen ~)	ဖိနပ်ကြိုးရှုံ့သသည်	hpana' kjou: gjin de
schoenlepel (de)	ဖိနပ်စွပ်သွင်သွ့သည့်ဖိနပ်ကော့	hpana' si: ja dhwin dhoun: dhin. hpana' ko
schoensmeer (de/het)	ဖိနပ်တိုက်ဆေး	hpana' tou' hsei:

38. Textiel. Weefsel

katoen (de/het)	ဝါချည်	wa gji
katoenen (bn)	ဝါချည်မှ	wa gji hma.
vlas (het)	ရှည်ကြမ်း	che kjan:
vlas-, van vlas (bn)	ရှည်ကြမ်းမှ	che kjan: hma.

zijde (de)	ပိုးချည်	pou: gje
zijden (bn)	ပိုးသားဖြင့်ပြုလုပ်ထားသော	pou: dha: bjin. bju. lou' hta: de.
wol (de)	သိုးမွေးချည်	thou: mwei: gji
wollen (bn)	သိုးမွေးဖြင့်ပြုလုပ်ထားသော	thou: mwei: bjin. bju lou' hta: de.

fluweel (het)	ကတ္တီပါ	gadi ba
suède (de)	မျက်နှာပြင်ကြမ်းသောသားရေ	mje' hna bin gjain: dho dha: jei
ribfluweel (het)	ရှည်ကတ္တီပါ	che gadi ba

nylon (de/het)	နိုင်လွန်	nain lun
nylon-, van nylon (bn)	နိုင်လွန်မှ	nain lun hma
polyester (het)	ပေါ်လီအက်စတာ	po li e' sa. ta
polyester- (abn)	ပေါ်လီအက်စတာ	po li e' sa. ta

leer (het)	သားရေ	tha: ei
leren (van leer gemaak)	သားရေမှ	tha: jei hma.
bont (het)	သားမွေး	tha: mwei:
bont- (abn)	သားမွေးဖြင့်ပြုလုပ်ထားသော	tha: mwei: bjin. bju. lou' hta: de.

39. Persoonlijke accessoires

handschoenen (mv.)	လက်အိတ်	lei' ei'
wanten (mv.)	နှစ်ကန့်လက်အိတ်	hni' kan. le' ei'
sjaal (fleece ~)	မာဗလာ	ma ba. la

bril (de)	မျက်မှန်	mje' hman
brilmontuur (het)	မျက်မှန်ကိုင်း	mje' hman gain:
paraplu (de)	ထီး	hti:
wandelstok (de)	တုတ်ကောက်	tou' kau'
haarborstel (de)	ခေါင်းဘီး	gaun: bi:
waaier (de)	ပန်ကန်	pan gan

| das (de) | လည်စည်း | le zi: |
| strikje (het) | ဖဲပြားပုံလည်စည်း | hpe bja: boun le zi: |

| bretels (mv.) | သောင်းဘိသိုင်းကြိုး | baun: bi dhain: gjou: |
| zakdoek (de) | လက်ကိုင်ပုဝါ | le' kain bu. wa |

kam (de)	ဘီး	bi:
haarspeldje (het)	ဆံညှပ်	hsan hnja'
schuifspeldje (het)	ကလစ်	kali'
gesp (de)	ခါးပတ်ခေါင်း	kha: ba' khaun:

| broekriem (de) | ခါးပတ် | kha: ba' |
| draagriem (de) | ပုခုံးသိုင်းကြိုး | pu. goun: dhain: gjou: |

handtas (de)	လက်ကိုင်အိတ်	le' kain ei'
damestas (de)	မိန်းကလေးပုခုံးလွယ်အိတ်	mein: galei: bou goun: lwe ei'
rugzak (de)	ကျောပိုးအိတ်	kjo: bou: ei'

40. Kleding. Diversen

mode (de)	ဖက်ရှင်	hpe' shin
de mode (bn)	ခေတ်မီသော	khi' mi de.
kledingstilist (de)	ဖက်ရှင်ဒီဇိုင်နာ	hpe' shin di zain na

kraag (de)	အကွဲကော်လာ	akji. ko la
zak (de)	အိတ်ကပ်	ei' ka'
zak- (abn)	အိတ်ဆောင်	ei' hsaun
mouw (de)	အကွဲလက်	akji. le'
lusje (het)	အကွဲချိတ်ကွင်း	akji. gjei' kwin:
gulp (de)	ဘောင်းဘီလျှာဆက်	baun: bi ja ze'

rits (de)	ဇစ်	zi'
sluiting (de)	ချိတ်ဇရာ	che' zaja
knoop (de)	ကြယ်သီး	kje dhi:
knoopsgat (het)	ကြယ်သီးပေါက်	kje dhi: bau'
losraken (bijv. knopen)	ပြုတ်ထွက်သည်	pjou' htwe' te

naaien (kleren, enz.)	စက်ချုပ်သည်	se' khjou' te
borduren (ww)	ပန်းထိုးသည်	pan: dou: de
borduursel (het)	ပန်းထိုးခြင်း	pan: dou: gjin:
naald (de)	အပ်	a'
draad (de)	အပ်ချည်	a' chi
naad (de)	ချုပ်ရိုး	chou' jou:

vies worden (ww)	ညစ်ပေသွားသည်	nji' pei dhwa: de
vlek (de)	အစွန်းအထင်း	aswan: ahtin:
gekreukt raken (ov. kleren)	တွန့်ကြေစေသည်	tun. gjei zei de
scheuren (ov.ww.)	ပေါက်ပြဲသွားသည်	pau' pje: dhwa: de
mot (de)	အဝတ်ပိုးဖလံ	awu' pou: hpa. lan

41. Persoonlijke verzorging. Schoonheidsmiddelen

tandpasta (de)	သွားတိုက်ဆေး	thwa: tai' hsei:
tandenborstel (de)	သွားတိုက်တံ	thwa: tai' tan
tanden poetsen (ww)	သွားတိုက်သည်	thwa: tai' te

scheermes (het)	သင်တုန်းဓား	thin toun: da:
scheerschuim (het)	မုတ်ဆိတ်ရိတ် ဆပ်ပြာ	mou' zei' jei' hsa' pja
zich scheren (ww)	ရိတ်သည်	jei' te
zeep (de)	ဆပ်ပြာ	hsa' pja
shampoo (de)	ခေါင်းလျှော်ရည်	gaun: sho je
schaar (de)	ကတ်ကြေး	ka' kjei:
nagelvijl (de)	လက်သည်းတိုက်တံစဉ်း	le' the:
nagelknipper (de)	လက်သည်းညှပ်	le' the: hnja'
pincet (het)	ဇာဂနာ	za ga. na
cosmetica (mv.)	အလှကုန်ပစ္စည်း	ahla. koun pji' si:
masker (het)	မျက်နှာပေါင်းတင်ခြင်း	mje' hna baun: din gjin:
manicure (de)	လက်သည်းအလှပြင်ခြင်း	le' the: ahla bjin gjin
manicure doen	လက်သည်းအလှပြင်သည်	le' the: ahla bjin de
pedicure (de)	ခြေသည်းအလှပြင်သည်	chei dhi: ahla. pjin de
cosmetica tasje (het)	မိတ်ကပ်အိတ်	mi' ka' ei'
poeder (de/het)	ပေါင်ဒါ	paun da
poederdoos (de)	ပေါင်ဒါဘူး	paun da bu:
rouge (de)	ပါးနီ	pa: ni
parfum (de/het)	ရေမွှေး	jei mwei:
eau de toilet (de)	ရေမွှေး	jei mwei:
lotion (de)	လိုးရှင်း	lou shin:
eau de cologne (de)	အော်ဒီကာလုန်းရေမွှေး	o di ka lun: jei mwei:
oogschaduw (de)	မျက်ခွံဆိုးဆေး	mje' khwan zou: zei:
oogpotlood (het)	အိုင်းလိုင်နာတောင့်	ain: lain: na daun.
mascara (de)	မျက်တောင်ခြယ်ဆေး	mje' taun gje zei:
lippenstift (de)	နှုတ်ခမ်းနီ	hna' khan: ni
nagellak (de)	လက်သည်းဆိုးဆေး	le' the: azou: zei:
haarlak (de)	ဆံပင်သုံး စပရေး	zabin dhoun za. ba. jei:
deodorant (de)	ချွေးနံ့ပျောက်ဆေး	chwei: nan. bjau' hsei:
crème (de)	ခရင်မ်	khajin m
gezichtscrème (de)	မျက်နှာခရင်မ်	mje' hna ga. jin m
handcrème (de)	ဟန်ခရင်မ်	han kha. rin m
antirimpelcrème (de)	အသားခြောက်ကာကွယ်ဆေး	atha: gjau' ka gwe zei:
dagcrème (de)	နေ့လိမ်းခရင်မ်	nei. lein: ga jin'm
nachtcrème (de)	ညလိမ်းခရင်မ်	nja lein: khajinm
dag- (abn)	နေ့လယ်ဘက်သုံးသော	nei. le be' thoun: de.
nacht- (abn)	ညဘက်သုံးသော	nja. be' thoun: de.
tampon (de)	အတောင့်	ataun.
toiletpapier (het)	အိမ်သာသုံးစက္ကူ	ein dha dhoun: se' ku
föhn (de)	ဆံပင်အခြောက်ခံစက်	zabin achou' hsan za'

42. Juwelen

sieraden (mv.)	လက်ဝတ်ရတနာ	le' wa' ja. da. na
edel (bijv. ~ stenen)	အဖိုးတန်	ahpou: dan

keurmerk (het)	ရွှေက်ငွေက်မှတ်	shwei ge: ngwei ge: hma'
ring (de)	လက်စွပ်	le' swa'
trouwring (de)	လက်ထပ်လက်စွပ်	le' hta' le' swa'
armband (de)	လက်ကောက်	le' kau'

oorringen (mv.)	နားကပ်	na: ka'
halssnoer (het)	လည်ဆွဲ	le zwe:
kroon (de)	သရဖူ	tharahpu:
kralen snoer (het)	လည်ဆွဲပုတီး	le zwe: bu. di:

diamant (de)	စိန်	sein
smaragd (de)	မြ	mja.
robijn (de)	ပတ္တမြား	pa' ta. mja:
saffier (de)	နီလာ	ni la
parel (de)	ပုလဲ	pale:
barnsteen (de)	ပယင်း	pajin:

43. Horloges. Klokken

polshorloge (het)	နာရီ	na ji
wijzerplaat (de)	နာရီဒိုက်ရွက်	na ji dai' hpwe'
wijzer (de)	နာရီလက်တံ	na ji le' tan
metalen horlogeband (de)	နာရီကြိုး	na ji gjou:
horlogebandje (het)	နာရီကြိုး	na ji gjou:

batterij (de)	ဓာတ်ခဲ	da' khe:
leeg zijn (ww)	အားကုန်သည်	a: kun de
batterij vervangen	ဓာတ်ထည့်လဲသည်	ba' hta ji le: de
voorlopen (ww)	မြန်သည်	mjan de
achterlopen (ww)	နောက်ကျသည်	nau' kja. de

wandklok (de)	တိုင်ကပ်နာရီ	tain ka' na ji
zandloper (de)	သဲနာရီ	the: naji
zonnewijzer (de)	နေနာရီ	nei na ji
wekker (de)	နှိုးစက်	hnou: ze'
horlogemaker (de)	နာရီပြင်ဆရာ	ma ji bjin zaja
repareren (ww)	ပြင်သည်	pjin de

Voedsel. Voeding

44. Voedsel

vlees (het)	အသား	atha:
kip (de)	ကြက်သား	kje' tha:
kuiken (het)	ကြက်ကလေး	kje' ka. lei:
eend (de)	ဘဲသား	be: dha:
gans (de)	ဘဲငန်းသား	be: ngan: dha:
wild (het)	တောကောင်သား	to: gaun dha:
kalkoen (de)	ကြက်ဆင်သား	kje' hsin dha:
varkensvlees (het)	ဝက်သား	we' tha:
kalfsvlees (het)	နွားကလေးသား	nwa: ga. lei: dha:
schapenvlees (het)	သိုးသား	thou: tha:
rundvlees (het)	အမဲသား	ame: dha:
konijnenvlees (het)	ယုန်သား	joun dha:
worst (de)	ဝက်အူချောင်း	we' u gjaun:
saucijs (de)	အသားချောင်း	atha: gjaun:
spek (het)	ဝက်ဆားနယ်ခြောက်	we' has: ne gjau'
ham (de)	ဝက်ပေါင်ခြောက်	we' paun gjau'
gerookte achterham (de)	ဝက်ပေါင်ကြက်တိုက်	we' paun gje' tai'
paté (de)	အနှစ်အခဲပျော့	ahni' akhe pjo.
lever (de)	အသည်း	athe:
gehakt (het)	ကြိတ်သား	kjei' tha:
tong (de)	လျှာ	sha
ei (het)	ဥ	u.
eieren (mv.)	ဥများ	u. mja:
eiwit (het)	အကာ	aka
eigeel (het)	အနှစ်	ahni'
vis (de)	ငါး	nga:
zeevruchten (mv.)	ပင်လယ်အစားအစာ	pin le asa: asa
schaaldieren (mv.)	အခွံမာရေနေသတ္တဝါ	akhun ma jei nei dha' ta. wa
kaviaar (de)	ငါးဥ	nga: u.
krab (de)	ကကန်း	kanan:
garnaal (de)	ပုစွန်	bazun
oester (de)	ကမာကောင်	kama kaun
langoest (de)	ကျောက်ပုစွန်	kjau' pu. zun
octopus (de)	ရေဘဝဲသား	jei ba. we: dha:
inktvis (de)	ပြည်ကြီးငါး	pjei gji: nga:
steur (de)	စတာဂျင်ငါး	sata gjin nga:
zalm (de)	ဆော်လမွန်ငါး	hso: la. mun nga:
heilbot (de)	ပင်လယ်ငါးကြီးသား	pin le nga: gji: dha:
kabeljauw (de)	ငါးကြီးဆီထုတ်သောငါး	nga: gji: zi dou' de. nga:

makreel (de)	မက်ကရယ်ငါး	me' ka. je nga:
tonijn (de)	တူနာငါး	tu na nga:
paling (de)	ငါးရှဉ့်	nga: shin.
forel (de)	ထရောက်ငါး	hta. jau' nga:
sardine (de)	ငါးသေတ္တာငါး	nga: dhei ta' nga:
snoek (de)	ပိုက်ငါး	pai' nga
haring (de)	ငါးသလောက်	nga: dha. lau'
brood (het)	ပေါင်မုန့်	paun moun.
kaas (de)	ဒိန်ခဲ	dain ge:
suiker (de)	သကြား	dhagja:
zout (het)	ဆား	hsa:
rijst (de)	ဆန်စပါး	hsan zaba
pasta (de)	အီတလီခေါက်ဆွဲ	ita. li khau' hswe:
noedels (mv.)	ခေါက်ဆွဲ	gau' hswe:
boter (de)	ထောပတ်	hto: ba'
plantaardige olie (de)	ဆီ	hsi
zonnebloemolie (de)	နေကြာပန်းဆီ	nei gja ban: zi
margarine (de)	ဟင်းရွက်အဆီခဲ	hin: jwe' ahsi khe:
olijven (mv.)	သံလွင်သီး	than lun dhi:
olijfolie (de)	သံလွင်ဆီ	than lun zi
melk (de)	နွားနို့	nwa: nou.
gecondenseerde melk (de)	နို့ဆီ	ni. zi
yoghurt (de)	ဒိန်ချဉ်	dain gjin
zure room (de)	နို့ချဉ်	nou. gjin
room (de)	မလိုင်	ma. lain
mayonaise (de)	ခပ်ပျစ်ပျစ်စားမြိန်ရည်	kha' pji' pji' sa: mjein jei
crème (de)	ထောပတ်မလိုင်	hto: ba' ma. lein
graan (het)	နံစားစေ့	nhnan za: zei.
meel (het), bloem (de)	ဂျုံမုန့်	gjoun hmoun.
conserven (mv.)	စည်သွပ်ဗူးများ	si dhwa' bu: mja:
maïsvlokken (mv.)	ပြောင်းဖူးမုန့်ဆန်း	pjaun: bu: moun. zan:
honing (de)	ပျားရည်	pja: je
jam (de)	ယို	jou
kauwgom (de)	ပီကေ	pi gei

45. Drankjes

water (het)	ရေ	jei
drinkwater (het)	သောက်ရေ	thau' jei
mineraalwater (het)	ဓာတ်ဆားရည်	da' hsa: ji
zonder gas	ဂတ်စ်မပါသော	ga' s ma. ba de.
koolzuurhoudend (bn)	ဂတ်စ်ပါသော	ga' s ba de.
bruisend (bn)	စပါကလင်	saba ga. lin
ijs (het)	ရေခဲ	jei ge:

met ijs	ရေခဲနှင့်	jei ge: hnin.
alcohol vrij (bn)	အယ်ကိုဟောမပါသော	e kou ho: ma. ba de.
alcohol vrije drank (de)	အယ်ကိုဟောမဟုတ်သော သောက်စရာ	e kou ho: ma. hou' te. dhau' sa. ja
frisdrank (de)	အဖျော်	aei:
limonade (de)	လီမွန်ဖျော်ရည်	li mun hpjo ji
alcoholische dranken (mv.)	အယ်ကိုဟောပါဝင် သောသောက်စရာ	e kou ho: ba win de. dhau' sa. ja
wijn (de)	ဝိုင်	wain
witte wijn (de)	ဝိုင်ဖြူ	wain gju
rode wijn (de)	ဝိုင်နီ	wain ni
likeur (de)	အရက်ချိုပြင်း	aje' gjou pjin
champagne (de)	ရှန်ပိန်	shan pein
vermout (de)	ရန်သင်းသောဆေးစိမ်ဝိုင်	jan dhin: dho: zei: zein wain
whisky (de)	ဝီစကီ	wi sa. gi
wodka (de)	ဗော့ကာ	bo ga
gin (de)	ဂျင်	gjin
cognac (de)	ကော့ညက်	ko. nja'
rum (de)	ရမ်	ran
koffie (de)	ကော်ဖီ	ko hpi
zwarte koffie (de)	ဘလက်ကော်ဖီ	ba. le' ko: phi
koffie (de) met melk	ကော်ဖီနို့ရော	ko hpi ni. jo:
cappuccino (de)	ကပူချီနို	ka. pu chi ni.
oploskoffie (de)	ကော်ဖီမစ်	ko hpi mi'
melk (de)	နွားနို့	nwa: nou.
cocktail (de)	ကော့တေး	ko. dei:
milkshake (de)	မစ်ရှိတ်	mi' shei'
sap (het)	အချိုရည်	achou ji
tomatensap (het)	ခရမ်းချဉ်သီးအချိုရည်	khajan: chan dhi: achou jei
sinaasappelsap (het)	လိမ္မော်ရည်	limmo ji
vers geperst sap (het)	အသီးဖျော်ရည်	athi: hpjo je
bier (het)	ဘီယာ	bi ja
licht bier (het)	အရောင်ဖျော့သောဘီယာ	ajaun bjau. de. bi ja
donker bier (het)	အရောင်ရင့်သောဘီယာ	ajaun jin. de. bi ja
thee (de)	လက်ဖက်ရည်	le' hpe' ji
zwarte thee (de)	လက်ဖက်နက်	le' hpe' ne'
groene thee (de)	လက်ဖက်စိမ်း	le' hpe' sein:

46. Groenten

groenten (mv.)	ဟင်းသီးဟင်းရွက်	hin: dhi: hin: jwe'
verse kruiden (mv.)	ဟင်းခတ်အမွှေးရွက်	hin: ga' ahmwei: jwe'
tomaat (de)	ခရမ်းချဉ်သီး	khajan: chan dhi:
augurk (de)	သခွားသီး	thakhwa: dhi:
wortel (de)	မုန်လာဥနီ	moun la u. ni

aardappel (de)	အာလူး	a lu:
ui (de)	ကြက်သွန်နီ	kje' thwan ni
knoflook (de)	ကြက်သွန်ဖြူ	kje' thwan bju
kool (de)	ဂေါ်ဖီ	go bi
bloemkool (de)	ပန်းဂေါ်ဖီ	pan: gozi
spruitkool (de)	ဂေါ်ဖီထုပ်အသေးစား	go bi dou' athei: za:
broccoli (de)	ပန်းဂေါ်ဖီအစိမ်း	pan: gozi asein:
rode biet (de)	မုန်လာဥနီလုံး	moun la u. ni loun:
aubergine (de)	ခရမ်းသီး	khajan: dhi:
courgette (de)	ဘူးသီး	bu: dhi:
pompoen (de)	ဖရုံသီး	hpa joun dhi:
raap (de)	တရုတ်မုန်လာဥ	tajou' moun la u.
peterselie (de)	တရုတ်နံနံပင်	tajou' nan nan bin
dille (de)	စမြိတ်ပင်	samjei' pin
sla (de)	ဆလပ်ရွက်	hsa. la' jwe'
selderij (de)	တရုတ်နံနံကြီး	tajou' nan nan gji:
asperge (de)	ကညွတ်မာပင်	ka. nju' ma bin
spinazie (de)	ဒေါက်ခွ	dau' khwa.
erwt (de)	ပဲစေ့	pe: zei.
bonen (mv.)	ပဲအမျိုးမျိုး	pe: amjou: mjou:
maïs (de)	ပြောင်းဖူး	pjaun: bu:
nierboon (de)	ပိုလဲစားပဲ	bou za: be:
peper (de)	ငရုတ်သီး	nga jou' thi:
radijs (de)	မုန်လာဥသေး	moun la u. dhei:
artisjok (de)	အာတီချော	a ti cho.

47. Vruchten. Noten

vrucht (de)	အသီး	athi:
appel (de)	ပန်းသီး	pan: dhi:
peer (de)	သစ်တော်သီး	thi' to dhi:
citroen (de)	သံပုရိုသီး	than bu. jou dhi:
sinaasappel (de)	လိမ္မော်သီး	limmo dhi:
aardbei (de)	စတော်ဘာယ်ရီသီး	sato be ri dhi:
mandarijn (de)	ပျားလိမ္မော်သီး	pja: lein mo dhi:
pruim (de)	ဆီးသီး	hsi: dhi:
perzik (de)	မက်မွန်သီး	me' mwan dhi:
abrikoos (de)	တရုတ်ဆီးသီး	jau' hsi: dhi:
framboos (de)	ရတ်စဘာယ်ရီ	re' sa be ji
ananas (de)	နာနတ်သီး	na na' dhi:
banaan (de)	ငှက်ပျောသီး	hnge' pjo: dhi:
watermeloen (de)	ဖရဲသီး	hpa. je: dhi:
druif (de)	စပျစ်သီး	zabji' thi:
kers (de)	ချယ်ရီသီး	che ji dhi:
zure kers (de)	ချယ်ရီချဉ်သီး	che ji gjin dhi:
zoete kers (de)	ချယ်ရီချိုသီး	che ji gjou dhi:
meloen (de)	သခွားမွေးသီး	thakhwa: hmwei: dhi:

grapefruit (de)	ဂရိတ်ဖရုသီး	ga. ri' hpa. ju dhi:
avocado (de)	ထောပတ်သီး	hto: ba' thi:
papaja (de)	သင်္ဘောသီး	thin: bo: dhi:
mango (de)	သရက်သီး	thaje' thi:
granaatappel (de)	တလည်းသီး	tale: dhi:

rode bes (de)	အနီရောင်ဘယ်ရီသီး	ani jaun be ji dhi:
zwarte bes (de)	ဘလက်ကားရန့်	ba. le' ka: jan.
kruisbes (de)	ကလားစီးဖြူ	ka. la: his: hpju
blauwe bosbes (de)	ဘီဘယ်ရီအသီး	bi: be ji athi:
braambes (de)	ရှမ်းဆီးသီး	shan: zi: di:

rozijn (de)	စပျစ်သီးခြောက်	zabji' thi: gjau'
vijg (de)	သဖန်းသီး	thahpjan: dhi:
dadel (de)	စွန်ပလွံသီး	sun palun dhi:

pinda (de)	မြေပဲ	mjei be:
amandel (de)	ဗာဒံသီး	ba dan di:
walnoot (de)	သစ်ကြားသီး	thi' kja: dhi:
hazelnoot (de)	ဟောဇယ်သီး	ho: ze dhi:
kokosnoot (de)	အုန်းသီး	aun: dhi:
pistaches (mv.)	ခွံမာသီး	khwan ma dhi:

48. Brood. Snoep

suikerbakkerij (de)	မုန့်ရှို	moun. gjou
brood (het)	ပေါင်မုန့်	paun moun.
koekje (het)	ဘီစကစ်	bi za. ki'

chocolade (de)	ချောကလက်	cho: ka. le'
chocolade- (abn)	ချောကလက်အရသာရှိသော	cho: ka. le' aja. dha shi. de.
snoepje (het)	သကြားလုံး	dhagja: loun:
cakeje (het)	ကိတ်	kei'
taart (bijv. verjaardags~)	ကိတ်မုန့်	kei' moun.

| pastei (de) | ပိုင်မုန့်. | pain hmoun. |
| vulling (de) | သွပ်ထားသောအစာ | thu' hta: dho: asa |

confituur (de)	ယို	jou
marmelade (de)	အထူးပြုလုပ်ထားသော ယို	a htu: bju. lou' hta: de. jou
wafel (de)	ဝေဖာ	wei hpa
ijsje (het)	ရေခဲမုန့်	jei ge: moun.
pudding (de)	ပူတင်း	pu tin:

49. Bereide gerechten

gerecht (het)	ဟင်းပွဲ	hin: bwe:
keuken (bijv. Franse ~)	အစားအသောက်	asa: athau'
recept (het)	ဟင်းချက်နည်း	hin: gji' ne:
portie (de)	တစ်ယောက်စာဟင်းပွဲ	ti' jau' sa hin: bwe:
salade (de)	အသုပ်	athou'
soep (de)	စွပ်ပြုတ်	su' pjou'

bouillon (de)	ဟင်းရည်	hin: ji
boterham (de)	အသားညှပ်ပေါင်မုန့်	atha: hnja' paun moun.
spiegelei (het)	ကြက်ဥကြော်	kje' u. kjo
hamburger (de)	ဟန်ဘာဂါ	han ba ga
biefstuk (de)	အမဲသားတုံး	ame: dha: doun:
garnering (de)	အရံဟင်း	ajan hin:
spaghetti (de)	အီတာလီခေါက်ဆွဲ	ita. li khau' hswe:
aardappelpuree (de)	အာလူးနွားနို့ဖျော်	a luu: nwa: nou. bjo
pizza (de)	ပီဇာ	pi za
pap (de)	အုတ်ဂျိုးယာဂု	ou' gjoun ja gu.
omelet (de)	ကြက်ဥခေါက်ကြော်	kje' u. khau' kjo
gekookt (in water)	ပြုတ်ထားသော	pjou' hta: de.
gerookt (bn)	ကျိပ်တင်ထားသော	kja' tin da: de.
gebakken (bn)	ကြော်ထားသော	kjo da de.
gedroogd (bn)	ခြောက်နေသော	chau' nei de.
diepvries (bn)	အေးခဲနေသော	ei: khe: nei de.
gemarineerd (bn)	ဆားရည်စိမ်ထားသော	hsa:
zoet (bn)	ချိုသော	chou de.
gezouten (bn)	ငန်သော	ngan de.
koud (bn)	အေးသော	ei: de.
heet (bn)	ပူသော	pu dho:
bitter (bn)	ခါးသော	kha: de.
lekker (bn)	အရသာရှိသော	aja. dha shi. de.
koken (in kokend water)	ပြုတ်သည်	pjou' te
bereiden (avondmaaltijd ~)	ချက်သည်	che' de
bakken (ww)	ကြော်သည်	kjo de
opwarmen (ww)	အပူပေးသည်	apu bei: de
zouten (ww)	ဆားထည့်သည်	hsa: hte. de
peperen (ww)	အစပ်ထည့်သည်	asin hte. dhe
raspen (ww)	ခြစ်သည်	chi' te
schil (de)	အခွံ	akhun
schillen (ww)	အခွံနှာသည်	akhun hnwa de

50. Kruiden

zout (het)	ဆား	hsa:
gezouten (bn)	ငန်သော	ngan de.
zouten (ww)	ဆားထည့်သည်	hsa: hte. de
zwarte peper (de)	ငရုတ်ကောင်း	nga jou' kaun:
rode peper (de)	ငရုတ်သီး	nga jou' thi:
mosterd (de)	မုန်ညင်း	moun njin:
mierikswortel (de)	သင်္ဘောဒန့်သလွန်	thin: bo: dan. dha lun
condiment (het)	ဟင်းခတ်အမှုန့်အမျိုးမျိုး	hin: ga' ahnun. amjou: mjou:
specerij, kruiderij (de)	ဟင်းခတ်အမွှေးအကြိုင်	hin: ga' ahmwei: akjain
saus (de)	ဆော့	hso.
azijn (de)	ရှာလကာရည်	sha la. ga je

anijs (de)	ဈမုန်စပါးပင်	samoun zaba: bin
basilicum (de)	ပင်စိမ်း	pin zein:
kruidnagel (de)	လေးညှင်း	lei: hnjin:
gember (de)	ဂျင်း	gjin:
koriander (de)	နံနံပင်	nan nan bin
kaneel (de/het)	သစ်ကြံပိုးခေါက်	thi' kjan bou: gau'

sesamzaad (het)	နှမ်း	hnan:
laurierblad (het)	ကာရဝေးရွက်	ka ja wei: jwe'
paprika (de)	ပန်းငရုတ်မှုန့်	pan: nga. jou' hnoun.
komijn (de)	ကရဝေး	ka. ja. wei:
saffraan (de)	ကုံကုမံ	koun kou man

51. Maaltijden

eten (het)	အစားအစာ	asa: asa
eten (ww)	စားသည်	sa: de

ontbijt (het)	နံနက်စာ	nan ne' za
ontbijten (ww)	နံနက်စာစားသည်	nan ne' za za: de
lunch (de)	နေ့လယ်စာ	nei. le za
lunchen (ww)	နေ့လယ်စာစားသည်	nei. le za za de
avondeten (het)	ညစာ	nja. za
souperen (ww)	ညစာစားသည်	nja. za za: de

eetlust (de)	စားချင်စိတ်	sa: gjin zei'
Eet smakelijk!	စားကောင်းပါစေ	sa: gaun: ba zei

openen (een fles ~)	ဖွင့်သည်	hpwin. de
morsen (koffie, enz.)	ဖိတ်ကျသည်	hpi' kja de
zijn gemorst	မှောက်သည်	hmau' de
koken (water kookt bij 100°C)	ဆူပွက်သည်	hsu. bwe' te
koken (Hoe om water te ~)	ဆူပွက်သည်	hsu. bwe' te
gekookt (~ water)	ဆူပွက်ထားသော	hsu. bwe' hta: de.
afkoelen (koeler maken)	အအေးခံသည်	aei: gan de
afkoelen (koeler worden)	အေးသွားသည်	ei: dhwa: de

smaak (de)	အရသာ	aja. dha
nasmaak (de)	ပအာ်ခြင်း	pa. achin:

volgen een dieet	ဝိတ်ချသည်	wei' cha. de
dieet (het)	ဒာတ်စာ	da' sa
vitamine (de)	ဗီတာမင်	bi ta min
calorie (de)	ကယ်လိုရီ	ke lou ji
vegetariër (de)	သက်သတ်လွတ်စားသူ	the' the' lu' za: dhu
vegetarisch (bn)	သက်သတ်လွတ်စားသော	the' the' lu' za: de.

vetten (mv.)	အဆီ	ahsi
eiwitten (mv.)	အသားဓာတ်	atha: da'
koolhydraten (mv.)	ကစီဓာတ်	ka. zi da'

snede (de)	အရုပ်	acha'
stuk (bijv. een ~ taart)	အတုံး	atoun:
kruimel (de)	အစအန	asa an

52. Tafelschikking

lepel (de)	ဇွန်း	zun:
mes (het)	ဓား	da:
vork (de)	ခက်ရင်း	khajin;
kopje (het)	ခွက်	khwe'
bord (het)	ပန်းကန်ပြား	bagan: bja:
schoteltje (het)	အောက်ခံပန်းကန်ပြား	au' khan ban: kan pja:
servet (het)	လက်သုတ်ပုဝါ	le' thou' pu. wa
tandenstoker (de)	သွားကြားထိုးတံ	thwa: kja: dou: dan

53. Restaurant

restaurant (het)	စားသောက်ဆိုင်	sa: thau' hsain
koffiehuis (het)	ကော်ဖီဆိုင်	ko hpi zain
bar (de)	ဘား	ba:
tearoom (de)	လက်ဖက်ရည်ဆိုင်	le' hpe' ji zain
kelner, ober (de)	စားပွဲထိုး	sa: bwe: dou:
serveerster (de)	စားပွဲထိုးမိန်းကလေး	sa: bwe: dou: mein: ga. lei:
barman (de)	အရက်ဘားဝန်ထမ်း	aje' ba: wun dan:
menu (het)	စားသောက်ဖွယ်စာရင်း	sa: thau' hpwe za jin:
wijnkaart (de)	ဝိုင်စာရင်း	wain za jin:
een tafel reserveren	စားပွဲကြိုတင်မှာယူသည်	sa: bwe: gjou din hma ju de
gerecht (het)	ဟင်းပွဲ	hin: bwe:
bestellen (eten ~)	မှာသည်	hma de
een bestelling maken	မှာသည်	hma de
aperitief (de/het)	နှုတ်မြိန်ဆေး	hna' mjein zei:
voorgerecht (het)	နှုတ်မြိန်စာ	hna' mjein za
dessert (het)	အချိုပွဲ	achou bwe:
rekening (de)	ကျသင့်ငွေ	kja. thin. ngwei
de rekening betalen	ကုန်ကျငွေရှင်းသည်	koun gja ngwei shin: de
wisselgeld teruggeven	ပြန်အမ်းသည်	pjan an: de
fooi (de)	မုန့်ဖိုး	moun. bou:

Familie, verwanten en vrienden

naam (de)	အမည်	amji
achternaam (de)	မိသားစုအမည်	mi. dha: zu. amji
geboortedatum (de)	မွေးနေ့	mwei: nei.
geboorteplaats (de)	မွေးရပ်	mwer: ja'
nationaliteit (de)	လူမျိုး	lu mjou:
woonplaats (de)	နေရပ်ဒေသ	nei ja' da. dha.
land (het)	နိုင်ငံ	nain ngan
beroep (het)	အလုပ်အကိုင်	alou' akain
geslacht (ov. het vrouwelijk ~)	လိင်	lin
lengte (de)	အရပ်	aja'
gewicht (het)	ကိုယ်အလေးချိန်	kou alei: chain

moeder (de)	အမေ	amei
vader (de)	အဖေ	ahpei
zoon (de)	သား	tha:
dochter (de)	သမီး	thami:
jongste dochter (de)	သမီးအငယ်	thami: ange
jongste zoon (de)	သားအငယ်	tha: ange
oudste dochter (de)	သမီးအကြီး	thami: akji:
oudste zoon (de)	သားအကြီး	tha: akji:
broer (de)	ညီအစ်ကို	nji a' kou
oudere broer (de)	အစ်ကို	akou
jongere broer (de)	ညီ	nji
zuster (de)	ညီအစ်မ	nji a' ma
oudere zuster (de)	အစ်မ	ama.
jongere zuster (de)	ညီမ	nji ma.
neef (zoon van oom, tante)	ဝမ်းကွဲအစ်ကို	wan: kwe: i' kou
nicht (dochter van oom, tante)	ဝမ်းကွဲညီမ	wan: kwe: nji ma.
mama (de)	မေမေ	mei mei
papa (de)	ဖေဖေ	hpei hpei
ouders (mv.)	မိဘတွေ	mi. ba. dwei
kind (het)	ကလေး	kalei:
kinderen (mv.)	ကလေးများ	kalei: mja:
oma (de)	အဘွား	ahpwa

opa (de)	အတိုး	ahpou:
kleinzoon (de)	မြေး	mjei:
kleindochter (de)	မြေးမ	mjei: ma.
kleinkinderen (mv.)	မြေးများ	mjei: mja:

oom (de)	ဦးလေး	u: lei:
tante (de)	အဒေါ်	ado
neef (zoon van broer, zus)	တူ	tu
nicht (dochter van broer, zus)	တူမ	tu ma.

schoonmoeder (de)	ယောက္ခမ	jau' khama.
schoonvader (de)	ယောက္ခထီး	jau' khadi:
schoonzoon (de)	သားမက်	tha: me'
stiefmoeder (de)	မိထွေး	mi. dwei:
stiefvader (de)	ပထွေး	pahtwei:

zuigeling (de)	နို့စို့ကလေး	nou. zou. galei:
wiegenkind (het)	ကလေးငယ်	kalei: nge
kleuter (de)	ကလေး	kalei:

vrouw (de)	မိန်းမ	mein: ma.
man (de)	ယောက်ျား	jau' kja:
echtgenoot (de)	ခင်ပွန်း	khin bun:
echtgenote (de)	ဇနီး	zani:

gehuwd (mann.)	မိန်းမရှိသော	mein: ma. shi. de.
gehuwd (vrouw.)	ယောက်ျားရှိသော	jau' kja: shi de
ongehuwd (mann.)	လူလွတ်ဖြစ်သော	lu lu' hpji te.
vrijgezel (de)	လူပျို	lu bjou
gescheiden (bn)	တစ်ခုလပ်ဖြစ်သော	ti' khu. la' hpji' te.
weduwe (de)	မုဆိုးမ	mu. zou: ma.
weduwnaar (de)	မုဆိုးဖို	mu. zou: bou

familielid (het)	ဆွေမျိုး	hswe mjou:
dichte familielid (het)	ဆွေမျိုးရင်းချာ	hswe mjou: jin: gja
verre familielid (het)	ဆွေမျိုးနီးစပ်	hswe mjou: ni: za'
familieleden (mv.)	မွေးချင်းများ	mwei: chin: mja:

wees (de), weeskind (het)	မိဘမဲ့	mi. ba me.
wees (weesjongen)	မိဘမဲ့ကလေး	mi. ba me. ga lei:
wees (weesmeisje)	မိဘမဲ့ကလေးမ	mi. ba me. ga lei: ma
voogd (de)	အုပ်ထိန်းသူ	ou' htin: dhu
adopteren (een jongen te ~)	သားအဖြစ်မွေးစားသည်	tha: ahpji' mwei: za: de
adopteren (een meisje te ~)	သမီးအဖြစ်မွေးစားသည်	thami: ahpji' mwei: za: de

56. Vrienden. Collega's

vriend (de)	သူငယ်ချင်း	thu nge gjin:
vriendin (de)	မိန်းကလေးသူငယ်ချင်း	mein: galei: dhu nge gjin:
vriendschap (de)	ခင်မင်ရင်းနှီးမှု	khin min jin: ni: hmu.
bevriend zijn (ww)	ခင်မင်သည်	khin min de

makker (de)	အပေါင်းအသင်း	apaun: athin:
vriendin (de)	အပေါင်းအသင်း	apaun: athin:

partner (de)	လုပ်ဖော်ကိုင်ဖက်	lou' hpo kain be'
chef (de)	အကြီးအကဲ	akji: ake:
baas (de)	အထက်လူကြီး	a hte' lu gji:
eigenaar (de)	ပိုင်ရှင်	pain shin
ondergeschikte (de)	လက်အောက်ခံအမှုထမ်း	le' au' khan ahmu. htan:
collega (de)	လုပ်ဖော်ကိုင်ဖက်	lou' hpo kain be'
kennis (de)	အကျွမ်းဝင်မှု	akjwan: win hmu.
medereiziger (de)	ခရီးဖော်	khaji: bo
klasgenoot (de)	တစ်တန်းတည်းသား	ti' tan: de: dha:
buurman (de)	အိမ်နီးနားချင်း	ein ni: na: gjin:
buurvrouw (de)	မိန်းကလေးအိမ်နီးနားချင်း	mein: galei: ein: ni: na: gjin:
buren (mv.)	အိမ်နီးနားချင်းများ	ein ni: na: gjin: mja:

57. Man. Vrouw

vrouw (de)	အမျိုးသမီး	amjou: dhami:
meisje (het)	မိန်းကလေး	mein: ga. lei:
bruid (de)	သတို့သမီး	dhadou. thami:
mooi(e) (vrouw, meisje)	လှပသော	hla. ba. de.
groot, grote (vrouw, meisje)	အရပ်မြင့်သော	aja' mjin. de.
slank(e) (vrouw, meisje)	သွယ်လျသော	thwe lja de.
korte, kleine (vrouw, meisje)	အရပ်ပုသော	aja' pu. de.
blondine (de)	ဆံပင်ရွှေရောင်ဖျော့မိန်းကလေး	zabin shwei jaun bjo. min: ga lei:
brunette (de)	ဆံပင်နက်သောမိန်းကလေး	zabin ne' de.min: ga lei:
dames- (abn)	အမျိုးသမီးနှင့်ဆိုင်သော	amjou: dhami: hnin. zain dho:
maagd (de)	အပျိုစင်	apjou zin
zwanger (bn)	ကိုယ်ဝန်ဆောင်ထားသော	kou wun hsaun da: de.
man (de)	အမျိုးသား	amjou: dha:
blonde man (de)	ဆံပင်ရွှေရောင်ဖျော့ယောက်ျားလေး	zabin shwei jaun bjo. jau' gja: lei:
bruinharige man (de)	ဆံပင်နက်သောယောက်ျားလေး	zabin ne' de. jau' gja: lei:
groot (bn)	အရပ်မြင့်သော	aja' mjin. de.
klein (bn)	အရပ်ပုသော	aja' pu. de.
onbeleefd (bn)	ရိုင်းစိုင်းသော	jain: zain: de.
gedrongen (bn)	တုတ်ခိုင်သော	tou' khain de.
robuust (bn)	တောင့်တင်းသော	taun. din: de
sterk (bn)	သန်မာသော	than ma de.
sterkte (de)	ခွန်အား	khwan a:
mollig (bn)	ဝသော	wa. de.
getaand (bn)	ညိုသော	njou de.
slank (bn)	သွယ်လျသော	thwe lja de.
elegant (bn)	ကျော့ရှင်းသော	kjo. shin: de

58. Leeftijd

leeftijd (de)	အသက်အရွယ်	athe' ajwe'
jeugd (de)	ပျိုရွယ်ချိန်	pjou jwe gjein
jong (bn)	ငယ်ရွယ်သော	ngwe jwe de.
jonger (bn)	ပိုငယ်သော	pou nge de.
ouder (bn)	အသက်ပိုကြီးသော	athe' pou kji: de.
jongen (de)	လူငယ်	lu nge
tiener, adolescent (de)	ဆယ်ကျော်သက်	hse gjo dhe'
kerel (de)	လူငယ်	lu nge
oude man (de)	လူကြီး	lu gji:
oude vrouw (de)	အမျိုးသမီးကြီး	amjou: dhami: gji:
volwassen (bn)	အရွယ်ရောက်သော	ajwe' jau' te.
van middelbare leeftijd (bn)	သက်လတ်ပိုင်း	the' la' pain:
bejaard (bn)	အိုမင်းသော	ou min de.
oud (bn)	အသက်ကြီးသော	athe' kji: de.
pensioen (het)	အငြိမ်းစားလစာ	anjein: za: la. za
met pensioen gaan	အငြိမ်းစားယူသည်	anjein: za: ju dhe
gepensioneerde (de)	အငြိမ်းစား	anjein: za:

59. Kinderen

kind (het)	ကလေး	kalei:
kinderen (mv.)	ကလေးများ	kalei: mja:
tweeling (de)	အမွှာ	ahmwa
wieg (de)	ကလေးပုခက်	kalei: pou khe'
rammelaar (de)	ေချာက်ချက်	gjo' gja'
luier (de)	ခါးတောင်းကျိုက်အထည်	kha: daun: gjai' ahte
speen (de)	ချို့လိမ်	chou lein
kinderwagen (de)	ကလေးလက်တွန်းလှည်း	kalei: le' twan: hle:
kleuterschool (de)	ကလေးထိန်းကျောင်း	kalei: din: kjaun:
babysitter (de)	ကလေးထိန်း	kalei: din:
kindertijd (de)	ကလေးဘဝ	kalei: ba. wa.
pop (de)	အရုပ်မ	ajou' ma.
speelgoed (het)	ကစားစရာအရုပ်	gaza: zaja ajou'
bouwspeelgoed (het)	ပြန်ဆက်ရေသာ ကလေး ကစားစရာ	pjan za' ja de. galei: gaza: zaja
welopgevoed (bn)	လိမ္မာသော	limmo: de
onopgevoed (bn)	ဆိုးသွမ်းသော	hsou: dhwan: de.
verwend (bn)	အလိုလိုက်စံရသော	alou lou' khan ja de.
stout zijn (ww)	ဆိုးသည်	hsou:de
stout (bn)	ကျိုးစယ်တတ်သော	kji ze da' de.
stoutheid (de)	ကျိုးစယ်သည်	kji ze de

stouterd (de)	အေတာ်မက်ေသာကေလး	ahsau me' dho: ga. lei:
gehoorzaam (bn)	နာခံတတ်ေသာ	na gan da' te.
ongehoorzaam (bn)	မနာခံေသာ	ma. na gan de.

braaf (bn)	လိမ္မာေသာ	limmo: de
slim (verstandig)	ေတာ်ေသာ	to de.
wonderkind (het)	ပါရမီရှင်ကေလး	pa rami shin galei:

60. Gehuwde paren. Gezinsleven

kussen (een kus geven)	နမ်းသည်	nan: de
elkaar kussen (ww)	အနမ်းေပးသည်	anan: pei: de
gezin (het)	မိသားစု	mi. dha: zu.
gezins- (abn)	မျိုးရိုး	mjou: jou:
paar (het)	စုံတွဲ	soun dwe:
huwelijk (het)	အိမ်ေထာင်သည်	ein daun de
thuis (het)	အိမ်	ein
dynastie (de)	မင်းဆက်	min: ze'

date (de)	ချိန်းေတွ့ခြင်း	chein: dwei chin:
zoen (de)	အနမ်း	anan:

liefde (de)	အချစ်	akja'
liefhebben (ww)	ချစ်သည်	chi' te
geliefde (bn)	ချစ်လှစွာေသာ	chi' hla. zwa de.

tederheid (de)	ကြင်နာမှု	kjin na hmu.
teder (bn)	ကြင်နာေသာ	kjin na hmu. de.
trouw (de)	သစ္စာ	thi' sa
trouw (bn)	သစ္စာရှိေသာ	thi' sa shi. de.
zorg (bijv. bejaarden~)	ဂရုစိုက်ခြင်း	ga ju. sai' chin:
zorgzaam (bn)	ဂရုစိုက်ေသာ	ga ju. sai' te.

jonggehuwden (mv.)	လက်ထပ်ကာစဖြစ်ေသာ	le' hta' ka za. bji' de.
wittebroodsweken (mv.)	ပျားရည်ဆမ်းကာလ	pja: je zan: ga la.
trouwen (vrouw)	ေယာက်ျားယူသည်	jau' kja: ju de
trouwen (man)	မိန်းမယူသည်	mein: ma. ju de

bruiloft (de)	မင်္ဂလာေဆာင်ပွဲ	min ga. la zaun bwe:
gouden bruiloft (de)	ေရွှရတု	shwei jadu.
verjaardag (de)	နှစ်ပတ်လည်	hni' ba' le

minnaar (de)	လင်ငယ်	lin nge
minnares (de)	မယားငယ်	ma. ja: nge

overspel (het)	ေဖာက်ပြန်ခြင်း	hpau' pjan gjin
overspel plegen (ww)	ေဖာက်ပြန်သည်	hpau' pjan de
jaloers (bn)	သဝန်တိုေသာ	thawun dou de.
jaloers zijn (echtgenoot, enz.)	သဝန်တိုသည်	thawun dou de
echtscheiding (de)	ကွာရှင်းခြင်း	kwa shin gjin:
scheiden (ww)	ကွာရှင်းသည်	kwa shin: de

ruzie hebben (ww)	ငြင်းခုံသည်	njin: goun de
vrede sluiten (ww)	ပြန်လည်သင့်မြတ်သည်	pjan le dhin. mja' te

samen (bw)	အတူတကွ	atu da. kwa.
seks (de)	လိင်ကိစ္စ	lein gei' sa.
geluk (het)	ပျော်ရွှင်မှု	pjo shwin hmu
gelukkig (bn)	ပျော်ရွှင်သော	pjo shwin de.
ongeluk (het)	ကံဆိုးခြင်း	kan hsou: chin:
ongelukkig (bn)	ကံဆိုးသော	kan hsoun de.

Karakter. Gevoelens. Emoties

Nederlands	Birmaans	Transcriptie
gevoel (het)	ခံစားချက်	khan za: che'
gevoelens (mv.)	ခံစားချက်များ	khan za: che' mja:
voelen (ww)	ခံစားရသည်	khan za ja. de
honger (de)	စာခြင်း	hsa gjin:
honger hebben (ww)	ဗိုက်ဆာသည်	bai' hsa de
dorst (de)	ရေဆာခြင်း	jei za gjin:
dorst hebben	ရေဆာသည်	jei za de
slaperigheid (de)	အိပ်ချင်ခြင်း	ei' chin gjin:
willen slapen	အိပ်ချင်သည်	ei' chin de
moeheid (de)	ပင်ပန်းခြင်း	pin ban: chin:
moe (bn)	ပင်ပန်းသော	pin ban: de.
vermoeid raken (ww)	ပင်ပန်းသည်	pin ban: de
stemming (de)	စိတ်ခံစားမှု	sei' khan za: hmu.
verveling (de)	ငြီးငွေ့ခြင်း	ngji: ngwei. chin:
zich vervelen (ww)	ပျင်းသည်	pjin: de
afzondering (de)	မမြင်ကွယ်ရာ	ma. mjin gwe ja
zich afzonderen (ww)	မျက်ကွယ်ပြုသည်	mje' kwe' pju. de
bezorgd maken	စိတ်ပူအောင်လုပ်သည်	sei' pu aun lou' te
bezorgd zijn (ww)	စိတ်ပူသည်	sei' pu de
zorg (bijv. geld~en)	စိုးရိမ်မှု	sou: jein hmu.
ongerustheid (de)	စိုးရိမ်ပူပန်မှု	sou: jein bu ban hmu.
ongerust (bn)	ကိုယ့်တုပ်ရပ်ရပ်တွင် နပ်မျိုပ်နေသော	kei. sa ti' ja' ja' twin ni' mju' nei de.
zenuwachtig zijn (ww)	စိတ်လှုပ်ရှားသည်	sei' hlou' sha: de
in paniek raken	တုန်လှုပ်ချောက်ချားသည်	toun hlou' chau' cha: de
hoop (de)	မျှော်လင့်ချက်	hmjo. lin. gje'
hopen (ww)	မျှော်လင့်သည်	hmjo. lin. de
zekerheid (de)	ကျိန်းသေ	kjein: dhei
zeker (bn)	ကျိန်းသေသော	kjein: dhei de.
onzekerheid (de)	မရေရာခြင်း	ma. jei ja gjin:
onzeker (bn)	မရေရာသော	ma. jei ja de.
dronken (bn)	အရက်မူးသော	aje' mu: de.
nuchter (bn)	အရက်မမူးသော	aje' ma mu: de.
zwak (bn)	အားပျော့သော	a: bjo. de.
gelukkig (bn)	ပျော်ရွှင်သော	pjo shwin de.
doen schrikken (ww)	လန့်သည်	lan. de
toorn (de)	ရူးသွပ်ခြင်း	ju: dhu' chin
woede (de)	ဒေါသ	do: dha.
depressie (de)	စိတ်ဓာတ်ကျခြင်း	sei' da' cha. gjin:

ongemak (het)	စိတ်ကသိကအောက်ဖြစ်ခြင်း	sei' ka thi ga au' hpji' chin:
gemak, comfort (het)	စိတ်ချမ်းသာခြင်း	sei' chan: dha gjin:
spijt hebben (ww)	နောင်တရသည်	naun da. ja. de
spijt (de)	နောင်တရခြင်း	naun da. ja. gjin:
pech (de)	ကံဆိုးခြင်း	kan hsou: chin:
bedroefdheid (de)	ဝမ်းနည်းခြင်း	wan: ne: gjin:

schaamte (de)	အရှက်	ashe'
pret (de), plezier (het)	ဝမ်းသာမှု	wan: dha hmu.
enthousiasme (het)	စိတ်အားထက်သန်မှု	sei' a: de' than hmu.
enthousiasteling (de)	စိတ်အားထက်သန်သူ	sei' a: de' than hmu
enthousiasme vertonen	စိတ်အားထက်သန်မှုပြသည်	sei' a: de' than hmu. bja. de

62. Karakter. Persoonlijkheid

karakter (het)	စရိုက်	zajai'
karakterfout (de)	အားနည်းချက်	a: ne: gje'
verstand (het)	ဦးနောက်	oun: hnau'
rede (de)	ဆင်ခြင်တုံတရား	hsin gjin doun da. ja:

geweten (het)	အသိတရား	athi. taja:
gewoonte (de)	အကျင့်	akjin.
bekwaamheid (de)	စွမ်းရည်	swan: ji
kunnen (bijv., ~ zwemmen)	လုပ်နိုင်သည်	lou' nain de

geduldig (bn)	သည်းခံတတ်သော	thi: khan da' te
ongeduldig (bn)	သည်းမခံတတ်သော	thi: ma. gan da' te
nieuwsgierig (bn)	စပ်စုသော	sa' su. de.
nieuwsgierigheid (de)	စပ်စုခြင်း	sa' su. gjin:

bescheidenheid (de)	ကျွန့်	ein darei
bescheiden (bn)	ကျွန့်ရှိသော	ein darei shi. de
onbescheiden (bn)	ကျွန့်မရှိသော	ein darei ma. shi. de

luiheid (de)	ပျင်းရိခြင်း	pjin: ji. gjin:
lui (bn)	ပျင်းရိသော	pjin: ji. de.
luiwammes (de)	လူပျင်း	nga. bjin:

sluwheid (de)	ကလိမ်ကျစ်လှုပ်ခြင်း	kalein kji' lou' chin
sluw (bn)	ကလိမ်ကကျစ်ကျသော	kalein ka. kji' kja de.
wantrouwen (het)	သံသယဝင်ခြင်း	than thaja.
wantrouwig (bn)	သံသယဝင်သော	than thaja. win de.

gulheid (de)	ရက်ရောမှု	je' jo: hmu.
gul (bn)	ရက်ရောသော	je' jo: de.
talentrijk (bn)	ပါရမီရှိသော	pa rami shi. de
talent (het)	ပါရမီ	pa rami

moedig (bn)	သတ္တိရှိသော	tha' ti. shi. de.
moed (de)	သတ္တိ	tha' ti.
eerlijk (bn)	ရိုးသားသော	jou: dha: de.
eerlijkheid (de)	ရိုးသားမှု	jou: dha: hmu.
voorzichtig (bn)	ဂရုစိုက်သော	ga ju. sai' te.
manhaftig (bn)	ရဲရင့်သော	je: jin. de.

ernstig (bn)	လေးနက်သော	lei: ne' de.
streng (bn)	တင်းကျပ်သော	tin: gja' te

resoluut (bn)	တိကျပြတ်သားသော	ti. gja. bja' tha: de.
onzeker, irresoluut (bn)	မတိကျမပြတ်သားသော	ma. di. gja. ma. bja' tha: de.
schuchter (bn)	ရှက်တတ်သော	she' ta' te.
schuchterheid (de)	ရှက်ရွံ့မှု	she' jwan. hmu.

vertrouwen (het)	မိမိကိုယ်မိမိယုံကြည်မှု	mi. mi. kou mi. mi. gji hmu.
vertrouwen (ww)	ယုံကြည်သည်	joun kji de
goedgelovig (bn)	အယုံလွယ်သော	ajoun lwe de.

oprecht (bw)	ဟန်မဆောင်ဘဲ	han ma. zaun be:
oprecht (bn)	ဟန်မဆောင်တတ်သော	han ma. zaun da' te
oprechtheid (de)	ရိုးသားမှု	jou: dha: hmu.
open (bn)	ပွင့်လင်းသော	pwin: lin: de.

rustig (bn)	တိတ်ဆိတ်သော	tei' hsei' te
openhartig (bn)	ပွင့်လင်းသော	pwin: lin: de.
naïef (bn)	အယုံလွယ်သော	ajoun lwe de.
verstrooid (bn)	စဉ်းစားဉာဏ်မရှိသော	sin: za: njan ma. shi. de.
leuk, grappig (bn)	ရယ်စရာကောင်းသော	je zaja gaun: de.

gierigheid (de)	လောဘကြီးခြင်း	lau ba. gji: gjin:
gierig (bn)	လောဘကြီးသော	lau ba. gji: de.
inhalig (bn)	တွန့်တိုသော	tun. dou de.
kwaad (bn)	ယုတ်မာသော	jou' ma de.
koppig (bn)	ခေါင်းမာသော	gaun: ma de.
onaangenaam (bn)	မဖွယ်မရာဖြစ်သော	ma. bwe ma. ja bji' te.

egoïst (de)	တစ်ကိုယ်ကောင်းဆန်သူ	ti' kai gaun: zan dhu
egoïstisch (bn)	တစ်ကိုယ်ကောင်းဆန်သော	ti' kai gaun: zan de.
lafaard (de)	ငကြောက်	nga. gjau'
laf (bn)	ကြောက်တတ်သော	kjau' ta' te.

63. Slaap. Dromen

slapen (ww)	အိပ်သည်	ei' ja de
slaap (in ~ vallen)	အိပ်ခြင်း	ei' chin:
droom (de)	အိပ်မက်	ei' me'
dromen (in de slaap)	အိပ်မက်မက်သည်	ei' me' me' te
slaperig (bn)	အိပ်ချင်သော	ei' chin de.

bed (het)	ခုတင်	khu. din
matras (de)	မွေ့ယာ	mwei. ja
deken (de)	စောင်	saun
kussen (het)	ခေါင်းအုံး	gaun: oun:
laken (het)	အိပ်ရာခင်း	ei' ja khin:

slapeloosheid (de)	အိပ်မပျော်နိုင်ခြင်း	ei' ma. bjo nain gjin:
slapeloos (bn)	အိပ်မပျော်သော	ei' ma. bjo de.
slaapmiddel (het)	အိပ်ဆေး	ei' hsei:
slaapmiddel innemen	အိပ်ဆေးသောက်သည်	ei' hsei: thau' te
willen slapen	အိပ်ချင်သည်	ei' chin de

geeuwen (ww)	သမ်းသည်	than: de
gaan slapen	အိပ်ရာဝင်သည်	ei' ja win de
het bed opmaken	အိပ်ရာခင်းသည်	ei' ja khin: de
inslapen (ww)	အိပ်ပျော်သွားသည်	ei' pjo dhwa: de
nachtmerrie (de)	အိပ်မက်ဆိုး	ei' me' hsou:
gesnurk (het)	ဟောက်သံ	hau' than
snurken (ww)	ဟောက်သည်	hau' te
wekker (de)	နှိုးစက်	hnou: ze'
wekken (ww)	နှိုးသည်	hnou: de
wakker worden (ww)	နှိုးသည်	nou: de
opstaan (ww)	အိပ်ရာထသည်	ei' ja hta. de
zich wassen (ww)	မျက်နှာသစ်သည်	mje' hna dhi' te

64. Humor. Gelach. Blijdschap

humor (de)	ဟာသ	ha dha.
gevoel (het) voor humor	ဟာသအမြင်	ha dha. amjin
plezier hebben (ww)	ပျော်ရွှင်သည်	pjo shwin de
vrolijk (bn)	ပျော်ရွှင်သော	pjo shwin de.
pret (de), plezier (het)	ပျော်ရွှင်မှု	pjo shwin hmu
glimlach (de)	အပြုံး	apjoun:
glimlachen (ww)	ပြုံးသည်	pjoun: de
beginnen te lachen (ww)	ရယ်လိုက်သည်	je lai' te
lachen (ww)	ရယ်သည်	je de
lach (de)	ရယ်သံ	je dhan
mop (de)	ဟာသဇာတ်လမ်း	ha dha. za' lan
grappig (een ~ verhaal)	ရယ်စရာကောင်းသော	je zaja gaun: de.
grappig (~e clown)	ရယ်စရာကောင်းသောသူ	je zaja gaun: de. dhu
grappen maken (ww)	စနောက်သည်	sanau' te
grap (de)	ရယ်စရာ	je zaja
blijheid (de)	ဝမ်းသာမှု	wan: dha hmu.
blij zijn (ww)	ဝမ်းသာသည်	wan: dha de
blij (bn)	ဝမ်းသာသော	wan dha de.

65. Discussie, conversatie. Deel 1

communicatie (de)	ဆက်ဆံပြောဆိုခြင်း	hse' hsan bjou: zou gjin
communiceren (ww)	ဆက်ဆံပြောဆိုသည်	hse' hsan bjou: zou de
conversatie (de)	စကားစမြည်	zaga: zamji
dialoog (de)	အပြန်အလှန်ပြောခြင်း	apjan a hlan bau gjin:
discussie (de)	ဆွေးနွေးခြင်း	hswe: nwe: gjin:
debat (het)	အငြင်းပွားမှု	anjin: bwa: hmu.
debatteren, twisten (ww)	ငြင်းခုံသည်	njin: goun de
gesprekspartner (de)	ပါဝင်ဆွေးနွေးသူ	pa win zwei: nwei: dhu
thema (het)	ခေါင်းစဉ်	gaun: zin

standpunt (het)	ရှုထောင့်	shu. daun.
mening (de)	အမြင်	amjin
toespraak (de)	စကား	zaga:

bespreking (de)	ဆွေးနွေးခြင်း	hswe: nwe: gjin:
bespreken (spreken over)	ဆွေးနွေးသည်	hswe: nwe: de
gesprek (het)	စကားပြောပွဲ	zaga: bjo: boun
spreken (converseren)	စကားပြောသည်	zaga: bjo: de
ontmoeting (de)	တွေ့ဆုံမှု	twei. hsoun hmu
ontmoeten (ww)	တွေ့ဆုံသည်	twei. hsoun de

spreekwoord (het)	စကားပုံ	zaga: boun
gezegde (het)	စကားပုံ	zaga: boun
raadsel (het)	စကားထာ	zaga: da
een raadsel opgeven	စကားထာဖွက်သည်	zaga: da bwe' te
wachtwoord (het)	စကားဝှက်	zaga: hwe'
geheim (het)	လျှို့ဝှက်ချက်	shou. hwe' che'

eed (de)	ကျမ်းသစ္စာ	kjan: thi' sa
zweren (een eed doen)	ကျမ်းသစ္စာဆိုသည်	kjan: thi' sa hsou de
belofte (de)	ကတိ	ka ti
beloven (ww)	ကတိပေးသည်	gadi pei: de

advies (het)	အကြံဉာဏ်	akjan njan
adviseren (ww)	အကြံပေးသည်	akjan bei: de
advies volgen (iemands ~)	အကြံကိုလက်ခံသည်	akjan kou le' khan de
luisteren (gehoorzamen)	နားထောင်သည်	na: daun de

nieuws (het)	သတင်း	dhadin:
sensatie (de)	သတင်းထူး	dhadin: du:
informatie (de)	သတင်းအချက်အလက်	dhadin: akje' ale'
conclusie (de)	သုံးသပ်ချက်	thoun: dha' che'
stem (de)	အသံ	athan
compliment (het)	ချီးမွမ်းစကား	chi: mun: zaga:
vriendelijk (bn)	ကြင်နာသော	kjin na hmu. de.

woord (het)	စကားလုံး	zaga: loun:
zin (de), zinsdeel (het)	စကားစု	zaga: zu.
antwoord (het)	အဖြေ	ahpei

| waarheid (de) | အမှန်တရား | ahman da ja: |
| leugen (de) | မုသား | mu. dha: |

gedachte (de)	အတွေး	atwei:
idee (de/het)	အကြံ	akjan
fantasie (de)	စိတ်ကူးယဉ်အိပ်မက်	sei' ku: jin ei' me'

66. Discussie, conversatie. Deel 2

gerespecteerd (bn)	လေးစားရသော	lei: za: ja. de.
respecteren (ww)	လေးစားသည်	lei: za: de
respect (het)	လေးစားမှု	lei: za: hmu.
Geachte … (brief)	လေးစားရပါသော	lei: za: ja. ba. de.
voorstellen (Mag ik jullie ~)	မိတ်ဆက်ပေးသည်	mi' hse' pei: de

kennismaken (met …)	စိတ်ဆက်သည်	mi' hse' te
intentie (de)	ရည်ရွယ်ချက်	ji jwe gje'
intentie hebben (ww)	ရည်ရွယ်သည်	ji jwe de
wens (de)	ဆန္ဒ	hsan da.
wensen (ww)	ဆန္ဒပြုသည်	hsan da. bju de
verbazing (de)	အံ့ဩခြင်း	an. o: chin:
verbazen (verwonderen)	အံ့ဩစေသည်	an. o: sei: de
verbaasd zijn (ww)	အံ့ဩသည်	an. o. de
geven (ww)	ပေးသည်	pei: de
nemen (ww)	ယူသည်	ju de
teruggeven (ww)	ပြန်ပေးသည်	pjan bei: de
retourneren (ww)	ပြန်ပေးသည်	pjan bei: de
zich verontschuldigen	တောင်းပန်သည်	thaun: ban de
verontschuldiging (de)	တောင်းပန်ခြင်း	thaun: ban gjin:
vergeven (ww)	ခွင့်လွှတ်သည်	khwin. hlu' te
spreken (ww)	အပြန်အလှန်ပြောသည်	apjan a hlan bau de
luisteren (ww)	နားထောင်သည်	na: daun de
aanhoren (ww)	နားထောင်သည်	na: daun de
begrijpen (ww)	နားလည်သည်	na: le de
tonen (ww)	ပြသည်	pja. de
kijken naar …	ကြည့်သည်	kji. de
roepen (vragen te komen)	ခေါ်သည်	kho de
afleiden (storen)	နှောင့်ယှက်သည်	hnaun. hje' te
storen (lastigvallen)	နှောင့်ယှက်သည်	hnaun. hje' te
doorgeven (ww)	တဆင့်ပေးသည်	tahsin. bei: de
verzoek (het)	တောင်းဆိုချက်	taun: hsou che'
verzoeken (ww)	တောင်းဆိုသည်	taun: hsou: de
eis (de)	တောင်းဆိုခြင်း	taun: hsou: chin:
eisen (met klem vragen)	တိုက်တွန်းသည်	tai' tun: de
beledigen (beledigende namen geven)	ကျီစယ်သည်	kji ze de
uitlachen (ww)	သရော်သည်	thajo: de
spot (de)	သရော်ခြင်း	thajo: gjin:
bijnaam (de)	ချစ်စနိုးပေးထားသောနာမည်	chi' sa. nou: bei: da: dho: na me
zinspeling (de)	စောင်းပြောမှု	saun: bjo: hmu.
zinspelen (ww)	စောင်းပြောသည်	saun: bjo: de
impliceren (duiden op)	ဆိုလိုသည်	hsou lou de
beschrijving (de)	ဖော်ပြချက်	hpjo bja. gje'
beschrijven (ww)	ဖော်ပြသည်	hpjo bja. de
lof (de)	ချီးမွမ်းခြင်း	chi: mun: gjin:
loven (ww)	ချီးမွမ်းသည်	chi: mun: de
teleurstelling (de)	စိတ်ပျက်ခြင်း	sei' pje' chin
teleurstellen (ww)	စိတ်ပျက်စေသည်	sei' pje' sei de
teleurgesteld zijn (ww)	စိတ်ပျက်သည်	sei' pje' te
veronderstelling (de)	ယူဆခြင်း	ju za. chin:

veronderstellen (ww)	ယူဆသည်	ju za. de
waarschuwing (de)	သတိပေးခြင်း	dhadi. pei: gjin:
waarschuwen (ww)	သတိပေးသည်	dhadi. pei: de

67. Discussie, conversatie. Deel 3

| aanpraten (ww) | စည်းရုံးသည် | si: joun: de |
| kalmeren (kalm maken) | ဖျောင်းဖျသည် | hpjaun: bja de |

stilte (de)	နှုတ်ဆိတ်ခြင်း	hnou' hsei' chin:
zwijgen (ww)	နှုတ်ဆိတ်သည်	hnou' hsei' te
fluisteren (ww)	တီးတိုးပြောသည်	ti: dou: bjo de
gefluister (het)	တီးတိုးပြောသံ	ti: dou: bjo dhan

| open, eerlijk (bw) | ရှင်းရှင်းပြောရရင် | shin: shin: bjo: ja. jin |
| volgens mij ... | မိမိအမြင်အားဖြင့် | mi. mi. amjin a: bjin. |

detail (het)	အသေးစိတ်မှု	athei: zi' hmu.
gedetailleerd (bn)	အသေးစိတ်သော	athei: zi' te.
gedetailleerd (bw)	အသေးစိတ်	athei: zi'

| hint (de) | အရိပ်အမြွက် | aji' ajmwe' |
| een hint geven | အရိပ်အမြွက်ပေးသည် | aji' ajmwe' pei: de |

blik (de)	အသွင်	athwin
een kijkje nemen	ကြည့်သည်	kji. de
strak (een ~ke blik)	မလှုပ်မရှားသော	ma. hlou' sha: de
knipperen (ww)	မျက်တောင်ခတ်သည်	mje' taun ga' te
knipogen (ww)	မျက်စိတစ်ဖက်မှိတ်သည်	mje' zi. di' hpe' hmei' te
knikken (ww)	ခေါင်းညိတ်သည်	gaun: njei' te

zucht (de)	သက်ပြင်းချခြင်း	the' pjin: gja. gjin:
zuchten (ww)	သက်ပြင်းချသည်	the' pjin: gja. de
huiveren (ww)	သိမ့်သိမ့်တုန်သည်	thein. dhein. doun de
gebaar (het)	လက်ဟန်ခြေဟန်	le' han hpjei han
aanraken (ww)	ထိသည်	hti. de
grijpen (ww)	ဖမ်းကိုင်သည်	hpan: gain de
een schouderklopje geven	ပုတ်သည်	pou' te

Kijk uit!	ဂရုစိုက်ပါ	ga ju. sai' pa
Echt?	တကယ်လား	dage la:
Bent je er zeker van?	သေချာလား	thei gja la:
Succes!	အောင်မြင်ပါစေ	aun mjin ba zei
Juist, ja!	ရှင်းပါတယ်	shin: ba de
Wat jammer!	စိတ်မကောင်းပါဘူး	sei' ma. kaun: ba bu:

68. Overeenstemming. Weigering

instemming (het)	သဘောတူညီချက်	dhabo: tu nji gje'
instemmen (akkoord gaan)	သဘောတူသည်	dhabo: tu de
goedkeuring (de)	လက်ခံခြင်း	le' khan gjin:
goedkeuren (ww)	လက်ခံသည်	le' khan de

| weigering (de) | ခြင်းဆန့်ခြင်း | njin: zan gjin: |
| weigeren (ww) | ခြင်းဆန့်သည် | njin: zan de |

Geweldig!	အရမ်းကောင်း	ajan: gaun:
Goed!	ကောင်းတယ်	kaun: de
Akkoord!	ကောင်းပြီ	kaun: bji

verboden (bn)	တားမြစ်ထားသော	ta: mji' hta: te.
het is verboden	မလုပ်ရ	ma. lou' ja.
het is onmogelijk	မဖြစ်နိုင်	ma. bji' nain
onjuist (bn)	မှားသော	hma: de.

afwijzen (ww)	ပယ်ရှသည်	pe gja. de
steunen	ထောက်ခံသည်	htau' khan de
(een goed doel, enz.)		
aanvaarden (excuses ~)	လက်ခံသည်	le' khan de

bevestigen (ww)	အတည်ပြုသည်	ati pju. de
bevestiging (de)	အတည်ပြုချက်	ati pju. gje'
toestemming (de)	ခွင့်ပြုချက်	khwin bju. che'
toestaan (ww)	ခွင့်ပြုသည်	khwin bju. de
beslissing (de)	ဆုံးဖြတ်ချက်	hsoun: hpja' cha'
z'n mond houden (ww)	နုတ်ဆိတ်သည်	hnou' hsei' te

voorwaarde (de)	အခြေအနေ	achei anei
smoes (de)	ဆင်ခြေ	hsin gjei
lof (de)	ချီးမွမ်းခြင်း	chi: mun: gjin:
loven (ww)	ချီးမွမ်းသည်	chi: mun: de

69. Succes. Veel geluk. Mislukking

succes (het)	အောင်မြင်မှု	aun mjin hmu.
succesvol (bw)	အောင်မြင်စွာ	aun mjin zwa
succesvol (bn)	အောင်မြင်သော	aun mjin dho:

geluk (het)	ကံကောင်းခြင်း	kan gaun: gjin:
Succes!	အောင်မြင်ပါစေ	aun mjin ba zei
geluks- (bn)	ကံကောင်းစွာရှိသော	kan gaun: zwa ja. shi. de.
gelukkig (fortuinlijk)	ကံကောင်းသော	kan kaun: de.

mislukking (de)	မအောင်မြင်ခြင်း	ma. aun mjin gjin:.
tegenslag (de)	ကံဆိုးခြင်း	kan hsou: chin:
pech (de)	ကံဆိုးခြင်း	kan hsou: chin:
zonder succes (bn)	မအောင်မြင်သော	ma. aun mjin de.
catastrofe (de)	ကပ်ဘေး	ka' bei:

fierheid (de)	ဂုဏ်	goun
fier (bn)	ဂုဏ်ယူသော	goun dhu de.
fier zijn (ww)	ဂုဏ်ယူသည်	goun dhu de

winnaar (de)	အနိုင်ရသူ	anain ja. dhu
winnen (ww)	အနိုင်ရသည်	anain ja de
verliezen (ww)	ရှုံးသည်	shoun: de
poging (de)	ကြိုးစားမှု	kjou: za: hmu.

| pogen, proberen (ww) | ကြိုးစားသည် | kjou: za: de |
| kans (de) | အခွင့်အရေး | akhwin. ajei: |

70. Ruzies. Negatieve emoties

schreeuw (de)	အော်သံ	o dhan
schreeuwen (ww)	အော်သည်	o de
beginnen te schreeuwen	စတင်အော်သည်	sa. tin o de

ruzie (de)	ရင်းခဲ့ရင်း	njin: goun gjin:
ruzie hebben (ww)	ရင်းခဲ့သည်	njin: goun de
schandaal (het)	ရှက်ရန့်ဖြစ်ခြင်း	khai' jan bji' chin:
schandaal maken (ww)	ရှက်ရန့်ဖြစ်သည်	khai' jan bji' te
conflict (het)	အငြင်းပွားမှု	anjin: bwa: hmu.
misverstand (het)	နားလည်မှုလွဲခြင်း	na: le hmu. lwe: gjin:

belediging (de)	စော်ကားမှု	so ga: hmu
beledigen	စော်ကားသည်	so ga: de
(met scheldwoorden)		
beledigd (bn)	အစော်ကားခံရသော	aso ka: gan ja de.
krenking (de)	စိတ်နာမှု	sei' na hmu.
krenken (beledigen)	စိတ်နာအောင်လုပ်သည်	sei' na aun lou' te
gekwetst worden (ww)	စိတ်နာသည်	sei' na de

verontwaardiging (de)	မခံမရပ်နိုင်ဖြစ်ခြင်း	ma. gan ma. ja' nain bji' chin
verontwaardigd zijn (ww)	မခံမရပ်နိုင်ဖြစ်သည်	ma. gan ma. ja' nain bji' te
klacht (de)	တိုင်ကြားခြင်း	tain bjo: gjin:
klagen (ww)	တိုင်ကြားသည်	tain bjo: de

verontschuldiging (de)	တောင်းပန်ခြင်း	thaun: ban gjin:
zich verontschuldigen	တောင်းပန်သည်	thaun: ban de
excuus vragen	တောင်းပန်သည်	thaun: ban de

kritiek (de)	ဝေဖန်မှု	wei ban hmu.
bekritiseren (ww)	ဝေဖန်သည်	wei ban de
beschuldiging (de)	စွပ်စွဲခြင်း	su' swe: chin:
beschuldigen (ww)	စွပ်စွဲသည်	su' swe: de

wraak (de)	လက်စားချေခြင်း	le' sa: gjei gjin:
wreken (ww)	လက်စားချေသည်	le' sa: gjei de
wraak nemen (ww)	ပြန်ဆပ်သည်	pjan za' te

minachting (de)	အထင်သေးခြင်း	a htin dhei: gjin:
minachten (ww)	အထင်သေးသည်	a htin dhei: de
haat (de)	အမုန်း	amun:
haten (ww)	မုန်းသည်	moun: de

zenuwachtig (bn)	စိတ်လှုပ်ရှားသော	sei' hlou' sha: de.
zenuwachtig zijn (ww)	စိတ်လှုပ်ရှားသည်	sei' hlou' sha: de
boos (bn)	စိတ်ဆိုးသော	sei' hsou: de.
boos maken (ww)	ဒေါသထွက်စေသည်	do: dha. dwe' sei de

| vernedering (de) | မျက်နှာပျက်ရခြင်း | mje' hna bje' ja gjin: |
| vernederen (ww) | မျက်နှာပျက်စေသည် | mje' hna bje' sei de |

zich vernederen (ww)	အရှက်ရသည်	ashe' ja. de
schok (de)	တုန်လှုပ်ချောက်ချားခြင်း	toun hlou' chau' cha: gjin:
schokken (ww)	တုန်လှုပ်ချောက်ချားသည်	toun hlou' chau' cha: de

onaangenaamheid (de)	ဒုက္ခ	dou' kha.
onaangenaam (bn)	မဖွယ်မရာဖြစ်သော	ma. bwe ma. ja bji' te.

vrees (de)	ကြောက်ရွံ့ခြင်း	kjau' jun. gjin:
vreselijk (bijv. ~ onweer)	အလွန်	alun
eng (bn)	ထိတ်လန့်သော	htei' lan. de
gruwel (de)	ကြောက်မက်ဖွယ်ရာ	kjau' ma' hpwe ja
vreselijk (~ nieuws)	ကြောက်မက်ဖွယ်ဖြစ်သော	kjau' ma' hpwe bja' te.

beginnen te beven	တုန်သည်	toun de
huilen (wenen)	ငိုသည်	ngou de
beginnen te huilen (wenen)	မျက်ရည်ဝဲသည်	mje' je we: de
traan (de)	မျက်ရည်	mje' je

schuld (~ geven aan)	အပြစ်	apja'
schuldgevoel (het)	စိတ်မသန့်ခြင်း	sei' ma. dhan. gjin:
schande (de)	အရှက်	ashe'
protest (het)	ကန့်ကွက်ချက်	kan gwe' che'
stress (de)	စိတ်ဖိစီးမှု	sei' hpi zi: hmu.

storen (lastigvallen)	နှောင့်ယှက်သည်	hnaun. hje' te
kwaad zijn (ww)	ဒေါသထွက်သည်	do: dha. dwe' de
kwaad (bn)	ဒေါသကြီးသော	do: dha. gji: de.
beëindigen (een relatie ~)	အဆုံးသတ်သည်	ahsoun: tha' te
vloeken (ww)	လှပုကျိန်မောင်းသည်	hsu. bu gjein: maun: de

schrikken (schrik krijgen)	လန့်သွားသည်	lan. dhwa: de
slaan (iemand ~)	ရိုက်သည်	jai' te
vechten (ww)	ခိုက်ရန်ဖြစ်သည်	khai' jan bji' te

regelen (conflict)	ဖျန်ဖြေပေးသည်	hpan bjei bjei: de
ontevreden (bn)	မကျေနပ်သော	ma. gjei na' te.
woedend (bn)	ပြင်းထန်သော	pjin: dan dho:

Dat is niet goed!	ဒါ မကောင်းဘူး	da ma. gaun: dhu:
Dat is slecht!	ဒါတော့ဆိုးတာယ်	da do. zou: de

Geneeskunde

71. Ziekten

ziekte (de)	ရောဂါ	jo: ga
ziek zijn (ww)	ဖျားနာသည်	hpa: na de
gezondheid (de)	ကျန်းမာရေး	kjan: ma jei:
snotneus (de)	နှာစေးခြင်း	hna zei: gjin:
angina (de)	အာသီးရောင်ခြင်း	a sha. jaun gjin:
verkoudheid (de)	အအေးမိခြင်း	aei: mi. gjin:
verkouden raken (ww)	အအေးမိသည်	aei: mi. de
bronchitis (de)	ချောင်းဆိုးရင်ကျပ်နာ	gaun: ou: jin gja' na
longontsteking (de)	အဆုတ်ရောင်ရောဂါ	ahsou' jaun jo: ga
griep (de)	တုပ်ကွေး	tou' kwei:
bijziend (bn)	အဝေးမှုန်သော	awei: hmun de.
verziend (bn)	အနီးမှုန်	ani: hmoun
scheelheid (de)	မျက်စိစွေခြင်း	mje' zi. zwei gjin:
scheel (bn)	မျက်စိစွေသော	mje' zi. zwei de.
grauwe staar (de)	နှာမကျန်းဖြစ်ခြင်း	na. ma. gjan: bji' chin:
glaucoom (het)	ရေတိမ်	jei dein
beroerte (de)	လေသင်တုန်းဖြတ်ခြင်း	lei dhin doun: bja' chin:
hartinfarct (het)	နှလုံးဖောက်ပြန်မှု	hnaloun: bau' bjan hmu.
myocardiaal infarct (het)	နှလုံးကြွက်သားပုပ်ခြင်း	hnaloun: gjwe' tha: bou' chin:
verlamming (de)	သွက်ချာပါဒ	thwe' cha ba da.
verlammen (ww)	ဆိုင်းတွသွားသည်	hsain: dwa dhwa: de
allergie (de)	မတည့်ခြင်း	ma. de. gjin:
astma (de/het)	ပန်းနာ	pan: na
diabetes (de)	ဆီးချိုရောဂါ	hsi: gjou jau ba
tandpijn (de)	သွားကိုက်ခြင်း	thwa: kai' chin:
tandbederf (het)	သွားပိုးစားခြင်း	thwa: pou: za: gjin:
diarree (de)	ဝမ်းလျှောခြင်း	wan: sho: gjin:
constipatie (de)	ဝမ်းချုပ်ခြင်း	wan: gjou' chin:
maagstoornis (de)	ဗိုက်နာခြင်း	bai' na gjin:
voedselvergiftiging (de)	အစာအဆိပ်သင့်ခြင်း	asa: ahsei' thin. gjin:
voedselvergiftiging oplopen	အစားမှားခြင်း	asa: hma: gjin:
artritis (de)	အဆစ်ရောင်နာ	ahsi' jaun na
rachitis (de)	အရိုးပျော့နာ	ajou: bjau. na
reuma (het)	ဒူလာ	du la
arteriosclerose (de)	နှလုံးသွေးကြောအဆိပ်တိုခြင်း	hna. loun: twei: kjau ahsi pei' khin:
gastritis (de)	အစာအိမ်ရောင်ရမ်းနာ	asa: ein jaun jan: na
blindedarmontsteking (de)	အူအတက်ရောင်ခြင်း	au hte' jaun gjin:

| galblaasontsteking (de) | သည်းခြေပြွန်ရောင်ခြင်း | thi: gjei bjun jaun gjin: |
| zweer (de) | ဖက်ခွက်နာ | hpe' khwe' na |

mazelen (mv.)	ဝက်သတ်	we' the'
rodehond (de)	ရျုက်သိုး	gjou' thou:
geelzucht (de)	အသားဝါရောဂါ	atha: wa jo: ga
leverontsteking (de)	အသည်းရောင်ရောဂါ	athe: jaun jau ba

schizofrenie (de)	စိတ်ကစဉ့်ကလျားရောဂါ	sei' ga. zin. ga. lja: jo: ga
dolheid (de)	ေ့ရူးပြန်ရောဂါ	khwei: ju: bjan jo: ba
neurose (de)	စိတ်မှမမှန်ခြင်း	sei' mu ma. hman gjin:
hersenschudding (de)	ဦးနှောက်ထိခိုက်ခြင်း	oun: hnau' hti. gai' chin:

kanker (de)	ကင်ဆာ	kin hsa
sclerose (de)	အသားမျှင်ဝက် မာသွားခြင်း	atha: hmjin kha' ma dwa: gjin:
multiple sclerose (de)	အာရုံကြောပျက်စီး ရောင်ရမ်းသည့်ရောဂါ	a joun gjo: bje' si: jaun jan: dhi. jo: ga

alcoholisme (het)	အရက်နာစွဲခြင်း	aje' na zwe: gjin:
alcoholicus (de)	အရက်သမား	aje' dha. ma:
syfilis (de)	ဆစ်ဖလစ်ကာလသားရောဂါ	his' hpa. li' ka la. dha: jo: ba
AIDS (de)	ကိုယ်ခံအားကျကူးစက်ရောဂါ	kou khan a: kja ku: za' jau ba

tumor (de)	အသားပို	atha: pou
kwaadaardig (bn)	ကင်ဆာဖြစ်နေသော	kin hsa bji' nei de.
goedaardig (bn)	ပြန့်ပွားခြင်းမရှိသော	pjan. bwa: gjin: ma. shi. de.

koorts (de)	အဖျားတက်ရောဂါ	ahpja: de' jo: ga
malaria (de)	ငှက်ဖျားရောဂါ	hnge' hpja: jo: ga
gangreen (het)	ဂန်ဂရိန်ာရောဂါ	gan ga. ji na jo: ba
zeeziekte (de)	လှိုင်းမူးခြင်း	hlain: mu: gjin:
epilepsie (de)	ဝက်ရူးပြန်ရောဂါ	we' ju: bjan jo: ga

epidemie (de)	ကပ်ရောဂါ	ka' jo ba
tyfus (de)	တိုက်ဖိုက်ရောဂါ	tai' hpai' jo: ba
tuberculose (de)	တီဘီရောဂါ	ti bi jo: ba
cholera (de)	ကာလဝမ်းရောဂါ	ka la. wan: jau ga
pest (de)	ကပ်ဆိုး	ka' hsou:

72. Symptomen. Behandelingen. Deel 1

symptoom (het)	လက္ခဏာ	le' khana
temperatuur (de)	အပူချိန်	apu gjein
verhoogde temperatuur (de)	ကိုယ်အပူချိန်တက်	kou apu chain de'
polsslag (de)	သွေးခုန်နှုန်း	thwei: khoun hnan:

duizeling (de)	မူးနောက်ခြင်း	mu: nau' chin:
heet (erg warm)	ပူသော	pu dho:
koude rillingen (mv.)	တုန်ခြင်း	toun gjin:
bleek (bn)	ဖြူရော်သော	hpju jo de.

hoest (de)	ချောင်းဆိုးခြင်း	gaun: zou: gjin:
hoesten (ww)	ချောင်းဆိုးသည်	gaun: zou: de
niezen (ww)	နှာရှေ့သည်	hna gjei de

flauwte (de)	အားနည်းခြင်း	a: ne: gjin:
flauwvallen (ww)	သတိလစ်သည်	dhadi. li' te

blauwe plek (de)	ပွန်းပဲ့ဒဏ်ရာ	pun: be. dan ja
buil (de)	ဆောင့်မိခြင်း	hsaun. mi. gjin:
zich stoten (ww)	ဆောင့်မိသည်	hsaun. mi. de.
kneuzing (de)	ပွန်းပဲ့ဒဏ်ရာ	pun: be. dan ja
kneuzen (gekneusd zijn)	ပွန်းပဲ့ဒဏ်ရာရသည်	pun: be. dan ja ja. de

hinken (ww)	ထော့နဲ့ထော့နဲ့လျှောက်သည်	hto. ne. hto. ne. shau' te
verstuiking (de)	အဆစ်လွဲခြင်း	ahsi' lwe: gjin:
verstuiken (enkel, enz.)	အဆစ်လွဲသည်	ahsi' lwe: de
breuk (de)	ကျိုးအက်ခြင်း	kjou: e' chin:
een breuk oplopen	ကျိုးအက်သည်	kjou: e' te

snijwond (de)	ရှသည်	sha. de
zich snijden (ww)	ရှမိသည်	sha. mi. de
bloeding (de)	သွေးထွက်ခြင်း	thwei: htwe' chin:

brandwond (de)	မီးလောင်သည့်ဒဏ်ရာ	mi: laun de. dan ja
zich branden (ww)	မီးလောင်ဒဏ်ရာရသည်	mi: laun dan ja ja. de

prikken (ww)	ဖောက်သည်	hpau' te
zich prikken (ww)	ကိုယ်တိုင်ဖောက်သည်	kou tain hpau' te
blesseren (ww)	ထိခိုက်ဒဏ်ရာရသည်	hti. gai' dan ja ja. de
blessure (letsel)	ထိခိုက်ဒဏ်ရာ	hti. gai' dan ja
wond (de)	ဒဏ်ရာ	dan ja
trauma (het)	စိတ်ဒဏ်ရာ	sei' dan ja

ijlen (ww)	ကယောင်ကတမ်းဖြစ်သည်	kajaun ka dan: bi' te
stotteren (ww)	တွံနေးတွံ နေးဖြစ်သည်	toun. hnei: toun. hnei: bji' te
zonnesteek (de)	အပူလျှပ်ခြင်း	apu hlja' chin

73. Symptomen. Behandelingen. Deel 2

pijn (de)	နာကျင်မှု	na gjin hmu.
splinter (de)	ပဲ့ထွက်သောအစ	pe. dwe' tho: asa.

zweet (het)	ချွေး	chwei:
zweten (ww)	ချွေးထွက်သည်	chwei: htwe' te
braking (de)	အန်ခြင်း	an gjin:
stuiptrekkingen (mv.)	အကြောလိုက်ခြင်း	akjo: lai' chin:

zwanger (bn)	ကိုယ်ဝန်ဆောင်ထားသော	kou wun hsaun da: de.
geboren worden (ww)	မွေးဖွားသည်	mwei: bwa: de
geboorte (de)	မီးဖွားခြင်း	mi: bwa: gjin:
baren (ww)	မီးဖွားသည်	mi: bwa: de
abortus (de)	ကိုယ်ဝန်ဖျက်ချခြင်း	kou wun hpje: cha chin:

ademhaling (de)	အသက်ရှုခြင်း	athe' shu gjin:
inademing (de)	ဝင်လေ	win lei
uitademing (de)	ထွက်လေ	htwe' lei
uitademen (ww)	အသက်ရှုထုတ်သည်	athe' shu dou' te
inademen (ww)	အသက်ရှုသွင်းသည်	athe' shu dhwin: de

invalide (de)	ကိုယ်အင်္ဂါမသန်စွမ်းသူ	kou an ga ma. dhan swan: dhu
gehandicapte (de)	မသန်မစွမ်းသူ	ma. dhan ma. zwan dhu
drugsverslaafde (de)	ဆေးစွဲသူ	hsei: zwe: dhu
doof (bn)	နားမကြားသော	na: ma. gja: de.
stom (bn)	ဆွံ့အသော	hsun. ade.
doofstom (bn)	ဆွံ့အ နားမကြားသူ	hsun. ana: ma. gja: dhu
krankzinnig (bn)	စိတ်မနှံ့သော	sei' ma. hnan. de.
krankzinnige (man)	စိတ်မနှံ့သူ	sei' ma. hnan. dhu
krankzinnige (vrouw)	စိတ်ဝေဒနာရှင် မိန်းကလေး	sei' wei da. na shin mein: ga. lei:
krankzinnig worden	ရူးသွပ်သည်	ju: dhu' de
gen (het)	မျိုးရိုးဗီဇ	mjou: jou: bi za.
immuniteit (de)	ကိုယ်ခံအား	kou gan a:
erfelijk (bn)	မျိုးရိုးလိုက်သော	mjou: jou: lou' te.
aangeboren (bn)	မွေးရာပါဖြစ်သော	mwei: ja ba bji' te.
virus (het)	ဗိုင်းရပ်ပိုးများ	bain: ja' pou: hmwa:
microbe (de)	အဏုဇီဝရုပ်	anu zi wa. jou'
bacterie (de)	ဘက်တီးရီးယားပိုး	be' ti: ji: ja: bou:
infectie (de)	ရောဂါကူးစက်မှု	jo ga gu: ze' hmu.

74. Symptomen. Behandelingen. Deel 3

ziekenhuis (het)	ဆေးရုံ	hsei: joun
patiënt (de)	လူနာ	lu na
diagnose (de)	ရောဂါစစ်ဆေးခြင်း	jo ga zi' hsei: gjin:
genezing (de)	ဆေးကုထုံး	hsei: ku. doun:
medische behandeling (de)	ဆေးဝါးကုသမှု	hsei: wa: gu. dha. hmu.
onder behandeling zijn	ဆေးကုသမှုခံယူသည်	hsei: ku. dha. hmu. dha de
behandelen (ww)	ပြုစုသည်	pju. zu. de
zorgen (zieken ~)	ပြုစုစောင့်ရှောက်သည်	pju. zu. zaun. shau' te
ziekenzorg (de)	ပြုစုစောင့်ရှောက်ခြင်း	pju. zu. zaun. shau' chin:
operatie (de)	ခွဲစိတ်ကုသခြင်း	khwe: zei' ku. dha. hin:
verbinden (een arm ~)	ပတ်တီးစည်းသည်	pa' ti: ze: de
verband (het)	ပတ်တီးစည်းခြင်း	pa' ti: ze: gjin:
vaccin (het)	ကာကွယ်ဆေးထိုးခြင်း	ka gwe hsei: dou: gjin:
inenten (vaccineren)	ကာကွယ်ဆေးထိုးသည်	ka gwe hsei: dou: de
injectie (de)	ဆေးထိုးခြင်း	hsei: dou: gjin:
een injectie geven	ဆေးထိုးသည်	hsei: dou: de
aanval (de)	ရောဂါ ရုတ်တရက်ကျရောက်ခြင်း	jo ga jou' ta. je' kja. jau' chin:
amputatie (de)	ဖြတ်တောက်ကုသခြင်း	hpja' tau' ku. dha gjin:
amputeren (ww)	ဖြတ်တောက်ကုသသည်	hpja' tau' ku. dha de
coma (het)	မေ့မြောခြင်း	mei. mjo: gjin:
in coma liggen	မေ့မြောသည်	mei. mjo: de
intensieve zorg, ICU (de)	အဆွဲကုန့်ပြုခြင်း	aswan: boun bju. zu. bjin:
zich herstellen (ww)	ရောဂါသက်သာလာသည်	jo ga dhe' tha la de

T&P Books. Thematische woordenschat Nederlands-Birmaans - 9000 woorden

toestand (de)	ကျန်းမာရေးအခြေအနေ	kjan: ma jei: achei a nei
bewustzijn (het)	ပြန်လည်သတိရလာခြင်း	pjan le dhadi. ja. la. gjin:
geheugen (het)	မှတ်ဉာဏ်	hma' njan

trekken (een kies ~)	နုတ်သည်	hna' te
vulling (de)	သွားပေါက်ဖာဆေးမှု	thwa: bau' hpa dei: hmu.
vullen (ww)	ဖာသည်	hpa de

hypnose (de)	အိပ်မွေ့ချခြင်း	ei' mwei. gja. gjin:
hypnotiseren (ww)	အိပ်မွေ့ရသည်	ei' mwei. gja. de

75. Artsen

dokter, arts (de)	ဆရာဝန်	hsa ja wun
ziekenzuster (de)	သူနာပြု	thu na bju.
lijfarts (de)	ကိုယ်ရေး ဆရာဝန်	kou jei: hsaja wun

tandarts (de)	သွားဆရာဝန်	thwa: hsaja wun
oogarts (de)	မျက်စိဆရာဝန်	mje' si. za. ja wun
therapeut (de)	ရောဂါရှာဖွေရေးဆရာဝန်	jo ga sha bwei jei: hsaja wun
chirurg (de)	ခွဲစိတ်ကုဆရာဝန်	khwe: hsei' ku hsaja wun

psychiater (de)	စိတ်ရောဂါအထူးကုဆရာဝန်	sei' jo: ga ahtu: gu. zaja wun
pediater (de)	ကလေးအထူးကုဆရာဝန်	kalei: ahtu: ku. hsaja wun
psycholoog (de)	စိတ်ပညာရှင်	sei' pjin nja shin
gynaecoloog (de)	မီးယပ်ရောဂါအထူးကုဆရာဝန်	mi: ja' jo: ga ahtu: gu za. ja wun
cardioloog (de)	နှလုံးရောဂါအထူးကုဆရာဝန်	hnaloun: jo: ga ahtu: gu. zaja wun

76. Geneeskunde. Medicijnen. Accessoires

geneesmiddel (het)	ဆေးဝါး	hsei: wa:
middel (het)	ကုသခြင်း	ku. dha. gjin:
voorschrijven (ww)	ဆေးအညွှန်းပေးသည်	hsa; ahnjun; bwe; de
recept (het)	ဆေးညွှန်း	hsei: hnjun:

tablet (de/het)	ဆေးပြား	hsei: bja:
zalf (de)	လိမ်းဆေး	lein: zei:
ampul (de)	လေလုံဖန်ပုလင်းငယ်	lei loun ban bu. lin: nge
drank (de)	စပ်ဆေးရည်	sa' ei: je
siroop (de)	ဖျော်ရည်ဆီ	hpjo jei zi
pil (de)	ဆေးတောင့်	hsei: daun.
poeder (de/het)	အမှုန့်	ahmoun.

verband (het)	ပတ်တီး	pa' ti:
watten (mv.)	ဝွမ်းလိပ်	gwan: lei'
jodium (het)	တင်ဂျာအိုင်ဒင်း	tin gja ein din:

pleister (de)	ပလာစတာ	pa. la sata
pipet (de)	မျက်စဉ်းခတ်ကိရိယာ	mje' zin: ba' ki. ji. ja
thermometer (de)	အပူချိန်တိုင်းကိရိယာ	apu gjein dain: gi. ji. ja

73

spuit (de)	ဆေးထိုးပြွတ်	hsei: dou: bju'
rolstoel (de)	ဘီးတပ်ကုလားထိုင်	bi: da' ku. la: dain
krukken (mv.)	ချိုင်းထောက်	chain: dau'

pijnstiller (de)	အကိုက်အခဲပျောက်ဆေး	akai' akhe: pjau' hsei:
laxeermiddel (het)	ဝမ်းနုတ်ဆေး	wan: hnou' hsei:
spiritus (de)	အရက်ပုံ	aje' pjan
medicinale kruiden (mv.)	ဆေးဖက်ဝင်အပင်များ	hsei: hpa' win apin mja:
kruiden- (abn)	ဆေးဖက်ဝင်အပင်	hsei: hpa' win apin
	နှင့်ဆိုင်သော	hnin. zain de.

77. Roken. Tabaksproducten

tabak (de)	ဆေးရွက်ကြီး	hsei: jwe' kji:
sigaret (de)	စီးကရက်	si: ga. ja'
sigaar (de)	ဆေးပြင်းလိပ်	hsei: bjin: li'
pijp (de)	ဆေးတံ	hsei: dan
pakje (~ sigaretten)	ဗူး	bu:

lucifers (mv.)	မီးခြစ်ဆံများ	mi: gji' zain mja:
luciferdoosje (het)	မီးခြစ်ဆံဗူး	mi: gji' zain bu:
aansteker (de)	မီးခြစ်	mi: gji'
asbak (de)	ဆေးလိပ်ပြာခွက်	hsei: lei' pja gwe'
sigarettendoosje (het)	စီးကရက်အလှဗူး	si: ga. ja' ahla. bu:

sigarettenpijpje (het)	စီးကရက်ထည့်သောက်သည့်	si: ga. ja' hti. dau' thi.
	ပြွန်တံငယ်	bjwan dan nge
filter (de/het)	ဖင်ဇီဂံ	hpin zi gan

roken (ww)	ဆေးလိပ်သောက်သည်	hsei: lei' ma. dhau' te
een sigaret opsteken	ဆေးလိပ်မီးညှိသည်	hsei: lei' mi: hni. de
roken (het)	ဆေးလိပ်သောက်ခြင်း	hsei: lei' ma. dhau' chin:
roker (de)	ဆေးလိပ်သောက်သူ	hsei: lei' ma. dhau' thu

peuk (de)	ဆေးလိပ်တို	hsei: lei' tou
rook (de)	မီးခိုး	mi: gou:
as (de)	ပြာ	pja

HET MENSELIJKE LEEFGEBIED

Stad

stad (de)	မြို့	mjou.
hoofdstad (de)	မြို့တော်	mjou. do
dorp (het)	ရွာ	jwa
plattegrond (de)	မြို့လမ်းညွှန်မြေပုံ	mjou. lan hnjun mjei boun
centrum (ov. een stad)	မြို့လယ်ခေါင်	mjou. le gaun
voorstad (de)	ဆင်ခြေဖုံးအရပ်	hsin gjei aja'
voorstads- (abn)	ဆင်ခြေဖုံးအရပ်ဖြစ်သော	hsin gjei hpoun aja' hpa' te.
randgemeente (de)	မြို့စွန်	mjou. zun
omgeving (de)	ပတ်ဝန်းကျင်	pa' wun: gjin:
blok (huizenblok)	စည်ကားရာမြို့လယ်နေရာ	si: ga: ja mjou. le nei ja
woonwijk (de)	လူနေရပ်ကွက်	lu nei ja' kwe'
verkeer (het)	ယာဉ်အသွားအလာ	jin athwa: ala
verkeerslicht (het)	မီးပွိုင့်	mi: bwain.
openbaar vervoer (het)	ပြည်သူပိုင်ခရီးသွား	pji dhu bain gaji: dhwa:
	ပို့ဆောင်ရေး	bou. zaun jei:
kruispunt (het)	လမ်းဆုံ	lan: zoun
zebrapad (oversteekplaats)	လူကူးမျဉ်းကြား	lu gu: mji: gja:
onderdoorgang (de)	မြေအောက်လမ်းကူး	mjei au' lan: gu:
oversteken (de straat ~)	လမ်းကူးသည်	lan: gu: de
voetganger (de)	လမ်းသွားလမ်းလာ	lan: dhwa: lan: la
trottoir (het)	လူသွားလမ်း	lu dhwa: lan:
brug (de)	တံတား	dada:
dijk (de)	ကမ်းနားတာမံ	kan: na: da. man
fontein (de)	ရေပန်း	jei ban:
allee (de)	ရိပ်သာလမ်း	jei' tha lan:
park (het)	ပန်းခြံ	pan: gjan
boulevard (de)	လမ်းငယ်	lan: ge
plein (het)	ရင်ပြင်	jin bjin
laan (de)	လမ်းမကြီး	lan: mi. gji:
straat (de)	လမ်း	lan:
zijstraat (de)	လမ်းသွယ်	lan: dhwe
doodlopende straat (de)	လမ်းဆုံး	lan: zoun:
huis (het)	အိမ်	ein
gebouw (het)	အဆောက်အဦ	ahsau' au
wolkenkrabber (de)	မိုးမျှော်တိုက်	mou: hmjo tou'
gevel (de)	အိမ်ရှေ့နံရံ	ein shei. nan jan

dak (het)	အမိုး	amou:
venster (het)	ပြတင်းပေါက်	badin: pau'
boog (de)	မျဉ်းဝိုင်း	mou' wa.
pilaar (de)	တိုင်	tain
hoek (ov. een gebouw)	ထောင့်	htaun.

vitrine (de)	ဆိုင်ရှေ့ပြတင်း အခင်းအကျင်း	hseun shei. bji' si: akhin: akjin:
gevelreclame (de)	ဆိုင်းဘုတ်	hsain: bou'
affiche (de/het)	ပိုစတာ	pou sata
reclameposter (de)	ကြော်ငြာပိုစတာ	kjo nja bou sata
aanplakbord (het)	ကြော်ငြာဆိုင်းဘုတ်	kjo nja zain: bou'

vuilnis (de/het)	အမှိုက်	ahmai'
vuilnisbak (de)	အမှိုက်ပုံး	ahmai' poun:
afval weggooien (ww)	လွှင့်ပစ်သည်	hlwin. bi' te
stortplaats (de)	အမှိုက်ပုံ	ahmai' poun

telefooncel (de)	တယ်လီဖုန်းဆက်ရန်နေရာ	te li hpoun: ze' jan nei ja
straatlicht (het)	လမ်းမီး	lan: mi:
bank (de)	ခုံတန်းရှည်	khoun dan: shei

politieagent (de)	ရဲ	je:
politie (de)	ရဲ	je:
zwerver (de)	သူတောင်းစား	thu daun: za:
dakloze (de)	အိမ်ယာမဲ့	ein ja me.

79. Stedelijke instellingen

winkel (de)	ဆိုင်	hsain
apotheek (de)	ဆေးဆိုင်	hsei: zain
optiek (de)	မျက်မှန်ဆိုင်	mje' hman zain
winkelcentrum (het)	ဈေးဝင်စင်တာ	zei: wun zin da
supermarkt (de)	ကုန်တိုက်ကြီး	koun dou' kji:

bakkerij (de)	မုန့်တိုက်	moun. dai'
bakker (de)	ပေါင်မုန့်ဖုတ်သူ	paun moun. bou' dhu
banketbakkerij (de)	မုန့်ဆိုင်	moun. zain
kruidenier (de)	ကုန်စုံဆိုင်	koun zoun zain
slagerij (de)	အသားဆိုင်	atha: ain

groentewinkel (de)	ဟင်းသီးဟင်းရွက်ဆိုင်	hin: dhi: hin: jwe' hsain
markt (de)	ဈေး	zei:

koffiehuis (het)	ကော်ဖီဆိုင်	ko hpi zain
restaurant (het)	စားသောက်ဆိုင်	sa: thau' hsain
bar (de)	ဘီယာဆိုင်	bi ja zain:
pizzeria (de)	ပီဇာမုန့်ဆိုင်	pi za moun. zain

kapperssalon (de/het)	ဆံပင်ညှပ်ဆိုင်	zain hnja' hsain
postkantoor (het)	စာတိုက်	sa dai'
stomerij (de)	အဝတ်အခြောက်လျှော်လုပ်ငန်း	awu' achou' hlo: lou' ngan:
fotostudio (de)	ဓါတ်ပုံရိုက်ခန်း	da' poun jai' khan:
schoenwinkel (de)	ဖိနပ်ဆိုင်	hpana' sain

boekhandel (de)	စာအုပ်ဆိုင်	sa ou' hsain
sportwinkel (de)	အားကစားပစ္စည်းဆိုင်	a: gaza: pji' si: zain
kledingreparatie (de)	စက်ပြင်ဆိုင်	se' pjin zain
kledingverhuur (de)	ဝတ်စုံအငှါးဆိုင်	wa' zoun ahnga: zain
videotheek (de)	အခွေငှါးဆိုင်	akhwei hnga: zain:
circus (de/het)	ဆပ်ကပ်	hsa' ka'
dierentuin (de)	တိရစ္ဆာန်ဥယျာဉ်	tharei' hsan u. jin
bioscoop (de)	ရုပ်ရှင်ရုံ	jou' shin joun
museum (het)	ပြတိုက်	pja. dai'
bibliotheek (de)	စာကြည့်တိုက်	sa gji. dai'
theater (het)	ကဇာတ်ရုံ	ka. za' joun
opera (de)	အော်ပရာဇာတ်ရုံ	o pa ra za' joun
nachtclub (de)	နိုက်ကလပ်	nai' ka. la'
casino (het)	လောင်းကစားရုံ	laun: gaza: joun
moskee (de)	ဗလီ	bali
synagoge (de)	ရဟူဒီဘုရား ရှိခိုးကျောင်း	ja. hu di bu. ja: shi. gou: gjaun:
kathedraal (de)	ဘုရားရှိခိုးကျောင်းတော်	hpaja: gjaun: do:
tempel (de)	ဘုရားကျောင်း	hpaja: gjaun:
kerk (de)	ဘုရားကျောင်း	hpaja: gjaun:
instituut (het)	တက္ကသိုလ်	te' kathou
universiteit (de)	တက္ကသိုလ်	te' kathou
school (de)	စာသင်ကျောင်း	sa dhin gjaun:
gemeentehuis (het)	စီရင်စုနယ်	si jin zu. ne
stadhuis (het)	မြို့တော်ခန်းမ	mjou. do gan: ma.
hotel (het)	ဟိုတယ်	hou te
bank (de)	ဘဏ်	ban
ambassade (de)	သံရုံး	than joun:
reisbureau (het)	ခရီးသွားလုပ်ငန်း	khaji: thwa: lou' ngan:
informatieloket (het)	သတင်းအချက်အလက်ဌာန	dhadin: akje' ale' hta. na.
wisselkantoor (het)	ငွေလဲရန်နေရာ	ngwei le: jan nei ja
metro (de)	မြေအောက်ဥမင်လမ်း	mjei au' u. min lan:
ziekenhuis (het)	ဆေးရုံ	hsei: joun
benzinestation (het)	ဆီဆိုင်	hsi: zain
parking (de)	ကားပါကင်	ka: pa kin

80. Borden

gevelreclame (de)	ဆိုင်းဘုတ်	hsain: bou'
opschrift (het)	သတိပေးစာ	dhadi. pei: za
poster (de)	ပိုစတာ	pou sata
wegwijzer (de)	လမ်းညွှန်	lan: hnjun
pijl (de)	လမ်းညွှန်မြား	lan: hnjun hmja:
waarschuwing (verwittiging)	သတိပေးခြင်း	dhadi. pei: gjin:
waarschuwingsbord (het)	သတိပေးချက်	dhadi. pei: gje'

waarschuwen (ww)	သတိပေးသည်	dhadi. pei: de
vrije dag (de)	ရုံးပိတ်ရက်	joun: bei' je'
dienstregeling (de)	အချိန်ဇယား	achein zaja:
openingsuren (mv.)	ဖွင့်ချိန်	hpwin. gjin

WELKOM!	ကြိုဆိုပါသည်	kjou hsou ba de
INGANG	ဝင်ပေါက်	win bau'
UITGANG	ထွက်ပေါက်	htwe' pau'

DUWEN	တွန်းသည်	tun: de
TREKKEN	ဆွဲသည်	hswe: de
OPEN	ဖွင့်သည်	hpwin. de
GESLOTEN	ပိတ်သည်	pei' te

DAMES	အမျိုးသမီးသုံး	amjou: dhami: dhoun:
HEREN	အမျိုးသားသုံး	amjou: dha: dhoun:

KORTING	လျှော့ဈေး	sho. zei:
UITVERKOOP	လျှော့ဈေး	sho. zei:
NIEUW!	အသစ်	athi'
GRATIS	အခမဲ့	akha me.

PAS OP!	သတိ	thadi.
VOLGEBOEKT	အလွတ်မရှိ	alu' ma shi.
GERESERVEERD	ကြိုတင်မှာယူထားပြီး	kjou tin hma ju da: bji:

ADMINISTRATIE	စီမံအုပ်ချုပ်ခြင်း	si man ou' chou' chin:
ALLEEN VOOR PERSONEEL	အမှုလုပ်သားအတွက်အသာ	ahmu. htan: atwe' atha

GEVAARLIJKE HOND	ခွေးကိုက်တတ်သည်	khwei: kai' ta' te
VERBODEN TE ROKEN!	ဆေးလိပ်မသောက်ရ	hsei: lei' ma. dhau' ja.
NIET AANRAKEN!	မထိရ	ma. di. ja.

GEVAARLIJK	အန္တရာယ်ရှိသည်	an dare shi. de.
GEVAAR	အန္တရာယ်	an dare
HOOGSPANNING	ဗို့အားပြင်း	bou. a: bjin:
VERBODEN TE ZWEMMEN	ရေမကူးရ	jei ma. gu: ja.
BUITEN GEBRUIK	ပျက်နေသည်	pje' nei de

ONTVLAMBAAR	မီးလောင်တတ်သည်	mi: laun da' te
VERBODEN	တားမြစ်သည်	ta: mji' te
DOORGANG VERBODEN	မကျူးကျော်ရ	ma. gju: gjo ja
OPGELET PAS GEVERFD	ဆေးမခြောက်သေး	hsei: ma. gjau' dhei:

81. Stedelijk vervoer

bus, autobus (de)	ဘတ်စ်ကား	ba's ka:
tram (de)	ဓာတ်ရထား	da' ja hta:
trolleybus (de)	ဓာတ်ကား	da' ka:
route (de)	လမ်းကြောင်း	lan: gjaun:
nummer (busnummer, enz.)	ကားနံပါတ်	ka: nan ba'
rijden met ...	ယဉ်စီးသည်	jin zi: de
stappen (in de bus ~)	ထိုင်သည်	htain de

afstappen (ww)	ကားပေါ်မှဆင်းသည်	ka: bo hma. zin: de
halte (de)	မှတ်တိုင်	hma' tain
volgende halte (de)	နောက်မှတ်တိုင်	nau' hma' tain
eindpunt (het)	အဆုံးမှတ်တိုင်	ahsoun: hma' tain
dienstregeling (de)	အရှိန်ဇယား	achein zaja:
wachten (ww)	စောင့်သည်	saun. de

| kaartje (het) | လက်မှတ် | le' hma' |
| reiskosten (de) | ခရီးစရိတ် | jin zi: ga. |

kassier (de)	ငွေကိုင်	ngwei gain
kaartcontrole (de)	လက်မှတ်စစ်ဆေးခြင်း	le' hma' ti' hsei: chin
controleur (de)	လက်မှတ်စစ်ဆေးသူ	le' hma' ti' hsei: dhu:

te laat zijn (ww)	နောက်ကျသည်	nau' kja. de
missen (de bus ~)	ကားနောက်ကျသည်	ka: nau' kja de
zich haasten (ww)	အမြန်လုပ်သည်	aman lou' de

taxi (de)	တက္ကစီ	te' kasi
taxichauffeur (de)	တက္ကစီမောင်းသူ	te' kasi maun: dhu
met de taxi (bw)	တက္ကစီဖြင့်	te' kasi hpjin.
taxistandplaats (de)	တက္ကစီစုရပ်	te' kasi zu. ja'
een taxi bestellen	တက္ကစီခေါ်သည်	te' kasi go de
een taxi nemen	တက္ကစီငှားသည်	te' kasi hnga: de

verkeer (het)	ယာဉ်အသွားအလာ	jin athwa: ala
file (de)	ယာဉ်ကြောပိတ်ဆို့မှု	jin gjo: bei' hsou. hmu.
spitsuur (het)	အလုပ်ဆင်းချိန်	alou' hsin: gjain
parkeren (on.ww.)	ယာဉ်ရပ်နားရန်နေရာယူသည်	jin ja' na: jan nei ja ju de
parkeren (ov.ww.)	ကားအားပါကင်ထိုးသည်	ka: a: pa kin dou: de
parking (de)	ပါကင်	pa gin

metro (de)	မြေအောက်ဉမင်လမ်း	mjei au' u. min lan:
halte (bijv. kleine treinhalte)	ဘူတာရှိ	bu da joun
de metro nemen	မြေအောက်ရထားဖြင့်သွားသည်	mjei au' ja. da: bjin. dhwa: de
trein (de)	ရထား	jatha:
station (treinstation)	ရထားဘူတာရှိ	jatha: buda joun

82. Bezienswaardigheden

monument (het)	ရုပ်တု	jou' tu.
vesting (de)	ခံတပ်ကြီး	khwan da' kji:
paleis (het)	နန်းတော်	nan do
kasteel (het)	ရဲတိုက်	je: dai'
toren (de)	မျှော်စင်	hmjo zin
mausoleum (het)	ဂူဗိမာန်	gu bi. man

architectuur (de)	ဗိသုကာပညာ	bi. thu. ka pjin nja
middeleeuws (bn)	အလယ်ခေတ်နှင့်ဆိုင်သော	ale khei' hnin. zain de.
oud (bn)	ရေးကျသော	shei: gja. de
nationaal (bn)	အမျိုးသားနှင့်ဆိုင်သော	amjou: dha: hnin. zain de.
bekend (bn)	နာမည်ကြီးသော	na me gji: de.
toerist (de)	ကမ္ဘာလှည့်ခရီးသည်	ga ba hli. kha. ji: de
gids (de)	လမ်းညွှန်	lan: hnjun

rondleiding (de)	လှေလှာရေးခရီး	lei. la jei: gaji:
tonen (ww)	ပြသည်	pja. de
vertellen (ww)	ပြောပြသည်	pjo: bja. de

vinden (ww)	ရှာဝေ့သည်	sha dwei. de
verdwalen (de weg kwijt zijn)	ပျောက်သည်	pjau' te
plattegrond (~ van de metro)	မြေပုံ	mjei boun
plattegrond (~ van de stad)	မြေပုံ	mjei boun

souvenir (het)	အမှတ်တရလက်ဆောင်ပစ္စည်း	ahma' ta ra le' hsaun pji' si:
souvenirwinkel (de)	လက်ဆောင်ပစ္စည်းဆိုင်	le' hsaun pji' si: zain
foto's maken	ဓာတ်ပုံရိုက်သည်	da' poun jai' te
zich laten fotograferen	ဓာတ်ပုံရိုက်သည်	da' poun jai' te

83. Winkelen

kopen (ww)	ဝယ်သည်	we de
aankoop (de)	ဝယ်စရာ	we zaja
winkelen (ww)	ဈေးဝယ်ထွက်ခြင်း	zei: we htwe' chin:
winkelen (het)	ရှော့ပင်း	sho. bin:

open zijn (ov. een winkel, enz.)	ဆိုင်ဖွင့်သည်	hsain bwin. de
gesloten zijn (ww)	ဆိုင်ပိတ်သည်	hseun bi' te

schoeisel (het)	ဖိနပ်	hpana'
kleren (mv.)	အဝတ်အစား	awu' aza:
cosmetica (mv.)	အလှကုန်ပစ္စည်း	ahla. koun pji' si:
voedingswaren (mv.)	စားသောက်ကုန်	sa: thau' koun
geschenk (het)	လက်ဆောင်	le' hsaun

verkoper (de)	ရောင်းသူ	jaun: dhu
verkoopster (de)	ရောင်းသူ	jaun: dhu

kassa (de)	ငွေရှင်းရန်နေရာ	ngwei shin: jan nei ja
spiegel (de)	မှန်	hman
toonbank (de)	ကောင်တာ	kaun da
paskamer (de)	အဝတ်လဲခန်း	awu' le: gan:

aanpassen (ww)	တိုင်းကြည့်သည်	tain: dhi. de
passen (ov. kleren)	သင့်တော်သည်	thin. do de
bevallen (prettig vinden)	ကြိုက်သည်	kjai' de

prijs (de)	ဈေးနှုန်း	zei: hnan:
prijskaartje (het)	ဈေးနှုန်းကတ်ပြား	zei: hnan: ka' pja:
kosten (ww)	ကုန်ကျသည်	koun mja. de
Hoeveel?	ဘယ်လောက်လဲ	be lau' le:
korting (de)	လျှော့ဈေး	sho. zei:

niet duur (bn)	ဈေးမကြီးသော	zei: ma. kji: de.
goedkoop (bn)	ဈေးပေါသော	zei: po: de.
duur (bn)	ဈေးကြီးသော	zei: kji: de.
Dat is duur.	ဒါဈေးကြီးတယ်	da zei: gji: de
verhuur (de)	ငှားရမ်းခြင်း	hna: jan: chin:

huren (smoking, enz.)	၇ုံးရင်းသည်	hna: jan: de
krediet (het)	အကြေးစနစ်	akjwei: sani'
op krediet (bw)	အကြေးစနစ်ဖြင့်	akjwei: sa ni' hpjin.

84. Geld

geld (het)	ပိုက်ဆံ	pai' hsan
ruil (de)	လဲလှယ်ခြင်း	le: hle gjin:
koers (de)	ငွေလဲနန်း	ngwei le: hnan:
geldautomaat (de)	အလိုအလျောက်ငွေထုတ်စက်	alou aljau' ngwei htou' se'
muntstuk (de)	အကြွေစေ့	akjwei zei.

| dollar (de) | ဒေါ်လာ | do la |
| euro (de) | ယူရို | ju rou |

lire (de)	အီတလီ လိုင်ရာငွေ	ita. li lain ja ngwei
Duitse mark (de)	ဂျာမန်မတ်ငွေ	gja man ma' ngwei
frank (de)	ဖရန့်	hpa. jan.
pond sterling (het)	စတာလင်ပေါင်	sata lin baun
yen (de)	ယန်း	jan:

schuld (geldbedrag)	အကြွေး	akjwei:
schuldenaar (de)	မြီစား	mji za:
uitlenen (ww)	ရေးသည်	chei: de
lenen (geld ~)	အကြွေးယူသည်	akjwei: ju de

bank (de)	ဘဏ်	ban
bankrekening (de)	ငွေစာရင်း	ngwei za jin:
storten (ww)	ထည့်သည်	hte de.
op rekening storten	ငွေသွင်းသည်	ngwei dhwin: de
opnemen (ww)	ငွေထုတ်သည်	ngwei dou' te

kredietkaart (de)	အကြွေးဝယ်ကဒ်ပြား	akjwei: we ka' pja
baar geld (het)	လက်ငင်း	le' ngin:
cheque (de)	ချက်	che'
een cheque uitschrijven	ချက်ရေးသည်	che' jei: de
chequeboekje (het)	ချက်စာအုပ်	che' sa ou'

portefeuille (de)	ပိုက်ဆံအိတ်	pai' hsan ei'
geldbeugel (de)	ပိုက်ဆံအိတ်	pai' hsan ei'
safe (de)	မီးခံသေတ္တာ	mi: gan dhi' ta

erfgenaam (de)	အမွေစားအမွေခံ	amwei za: amwei gan
erfenis (de)	အမွေဆက်ခံခြင်း	amwei ze' khan gjin:
fortuin (het)	အရွှင်အလမ်း	akhwin. alan:

huur (de)	အိမ်ငှါး	ein hnga:
huurprijs (de)	အခန်းငှါးခ	akhan: hnga: ga
huren (huis, kamer)	ငှါးသည်	hnga: de

prijs (de)	ဈေးနန်း	zei: hnan:
kostprijs (de)	ကုန်ကျစရိတ်	koun gja. za. ji'
som (de)	ပေါင်းလဒ်	paun: la'
uitgeven (geld besteden)	သုံးစွဲသည်	thoun: zwe: de

kosten (mv.)	စရိတ်စက	zaei' zaga.
bezuinigen (ww)	ချွေတာသည်	chwei da de
zuinig (bn)	တွက်ခြေကိုက်သော	twe' chei kai' te.
betalen (ww)	ပေးရွေသည်	pei: gjei de
betaling (de)	ပေးရွေသည့်ငွေ	pei: gjei de. ngwei
wisselgeld (het)	ပြန်အမ်းငွေ	pjan an: ngwe
belasting (de)	အခွန်	akhun
boete (de)	ဒက်ငွေ	dan ngwei
beboeten (bekeuren)	ဒက်ရိုက်သည်	dan jai' de

85. Post. Postkantoor

postkantoor (het)	စာတိုက်	sa dai'
post (de)	မေးလ်	mei: l
postbode (de)	စာပို့သမား	sa bou. dhama:
openingsuren (mv.)	ဖွင့်ချိန်	hpwin. gjin
brief (de)	စာ	sa
aangetekende brief (de)	မှတ်ပုံတင်ပြီးသောစာ	hma' poun din bji: dho: za:
briefkaart (de)	ပို့ စကဒ်	pou. sa. ka'
telegram (het)	ကြေးနန်း	kjei: nan:
postpakket (het)	ပါဆယ်	pa ze
overschrijving (de)	ငွေလွှဲခြင်း	ngwei hlwe: gjin:
ontvangen (ww)	လက်ခံရရှိသည်	le' khan ja. shi. de
sturen (zenden)	ပို့သည်	pou. de
verzending (de)	ပို့ခြင်း	pou. gjin:
adres (het)	လိပ်စာ	lei' sa
postcode (de)	စာပို့သင်္ကေတ	sa bou dhin kei ta.
verzender (de)	ပို့သူ	pou. dhu
ontvanger (de)	လက်ခံသူ	le' khan dhu
naam (de)	အမည်	amji
achternaam (de)	မိသားစု မျိုးရိုးနာမည်	mi. dha: zu. mjou: jou: na mji
tarief (het)	စာပို့ နှုန်းထား	sa bou. kha. hnan: da:
standaard (bn)	စံနှုန်းသတ်မှတ်ထားသော	san hnoun: dha' hma' hta: de.
zuinig (bn)	ကုန်ကျငွေသက်သာသော	koun gja ngwe dhe' dha de.
gewicht (het)	အလေးရှိန်	alei: gjein
afwegen (op de weegschaal)	ရှိန်သည်	chein de
envelop (de)	စာအိတ်	sa ei'
postzegel (de)	တံဆိပ်ခေါင်း	da zei' khaun:
een postzegel plakken op	တံဆိပ်ခေါင်းကပ်သည်	da zei' khaun: ka' te

Woning. Huis. Thuis

86. Huis. Woning

huis (het)	အိမ်	ein
thuis (bw)	အိမ်မှာ	ein hma
cour (de)	ခြံမြေကွက်လပ်	chan mjei gwe' la'
omheining (de)	ခြံစည်းရိုး	chan zi: jou:

baksteen (de)	အုတ်	ou'
van bakstenen	အုတ်ဖြင့်လုပ်ထားသော	ou' hpjin. lou' hta: de.
steen (de)	ကျောက်	kjau'
stenen (bn)	ကျောက်ဖြင့်လုပ်ထားသော	kjau' hpjin. lou' hta: de.
beton (het)	ကွန်ကရစ်	kun ka. ji'
van beton	ကွန်ကရစ်လောင်းထားသော	kun ka. ji' laun: da: de.

nieuw (bn)	သစ်သော	thi' te.
oud (bn)	ဟောင်းသော	haun: de.
vervallen (bn)	အိုဟောင်းပျက်စီးနေသော	ou haun: pje' si: nei dho:
modern (bn)	ခေတ်မီသော	khi' mi de.
met veel verdiepingen	အထပ်များစွာပါသော	a hta' mja: swa ba de.
hoog (bn)	မြင့်သော	mjin. de.

| verdieping (de) | အထပ် | a hta' |
| met een verdieping | အထပ်တစ်ထပ်တည်းဖြစ်သော | a hta' ta' hta' te: hpja' tho: |

| laagste verdieping (de) | မြေညီထပ် | mjei nji da' |
| bovenverdieping (de) | အပေါ်ဆုံးထပ် | apo zoun: da' |

| dak (het) | အမိုး | amou: |
| schoorsteen (de) | မီးခိုးခေါင်းတိုင် | mi: gou: gaun: dain |

dakpan (de)	အုတ်ကြွပ်ပြား	ou' gju' pja:
pannen- (abn)	အုတ်ကြွပ်ဖြင့်မိုးထားသော	ou' gju' hpjin: mou: hta: de.
zolder (de)	ထပ်ခိုး	hta' khou:

| venster (het) | ပြတင်းပေါက် | badin: pau' |
| glas (het) | ဖန် | hpan |

| vensterbank (de) | ပြတင်းအောက်ခြေတောင် | badin: au' chei dhaun |
| luiken (mv.) | ပြတင်းကာ | badin: ga |

muur (de)	နံရံ	nan jou:
balkon (het)	ဝရန်တာ	wa jan da
regenpijp (de)	ရေဆင်းပိုက်	jei zin: bai'

boven (bw)	အပေါ်မှာ	apo hma
naar boven gaan (ww)	တက်သည်	te' te
afdalen (on.ww.)	ဆင်းသည်	hsin: de
verhuizen (ww)	အိမ်ပြောင်းသည်	ein bjaun: de

83

87. Huis. Ingang. Lift

ingang (de)	ဝင်ပေါက်	win bau'
trap (de)	လှေကား	hlei ga:
treden (mv.)	လှေကားထစ်	hlei ga: di'
trapleuning (de)	လှေကားလက်ရန်း	hlei ga: le' jan:
hal (de)	ည့်ခန်းမ	e. gan: ma.
postbus (de)	စာတိုက်ပုံး	sa dai' poun:
vuilnisbak (de)	အမှိုက်ပုံး	ahmai' poun:
vuilniskoker (de)	အမှိုက်ဆင်းပိုက်	ahmai' hsin: bai'
lift (de)	ဓာတ်လှေကား	da' hlei ga:
goederenlift (de)	ဝန်တင်ဓာတ်လှေကား	wun din da' hlei ga:
liftcabine (de)	ကုန်တင်ဓာတ်လှေကား	koun din ga' hlei ga:
de lift nemen	ဓာတ်လှေကားစီးသည်	da' hlei ga: zi: de
appartement (het)	တိုက်ခန်း	tai' khan:
bewoners (mv.)	နေထိုင်သူများ	nei dain dhu mja:
buurman (de)	အိမ်နီးနားချင်း	ein ni: na: gjin:
buurvrouw (de)	မိန်းကလေးအိမ်နီးနားချင်း	mein: galei: ein: ni: na: gjin:
buren (mv.)	အိမ်နီးနားချင်းများ	ein ni: na: gjin: mja:

88. Huis. Elektriciteit

elektriciteit (de)	လျပ်စစ်ဓာတ်အား	hlja' si' da' a:
lamp (de)	မီးသီး	mi: dhi:
schakelaar (de)	ခလုတ်	khalou'
zekering (de)	ဖျူးစ်	hpju: s
draad (de)	ဝိုင်ယာကြိုး	wain ja gjou:
bedrading (de)	လျပ်စစ်ကြိုးသွယ်တန်းမှု	hlja' si' kjou: dhwe dan: hmu
elektriciteitsmeter (de)	လျပ်စစ်မီတာ	hlja' si' si da
gegevens (mv.)	ပြဆိုသောပမာဏ	pja. dho: ba ma na.

89. Huis. Deuren. Sloten

deur (de)	တံခါး	daga:
toegangspoort (de)	ဂိတ်	gei'
deurkruk (de)	တံခါးလက်ကိုင်	daga: le' kain
ontsluiten (ontgrendelen)	သော့ဖွင့်သည်	tho. bwin. de
openen (ww)	ဖွင့်သည်	hpwin. de
sluiten (ww)	ပိတ်သည်	pei' te
sleutel (de)	သော့	tho.
sleutelbos (de)	အတွဲ	atwe:
knarsen (bijv. scharnier)	တကျီကျီမြည်သည်	ta kjwi. kjwi. mji de
knarsgeluid (het)	တကျီကျီမြည်သံ	ta kjwi. kjwi. mji dhan
scharnier (het)	ပတ္တာ	pa' ta
deurmat (de)	ခြေသုတ်ခုံ	chei dhou' goun
slot (het)	တံခါးချက်	daga: gje'

sleutelgat (het)	သော့ပေါက်	tho. bau'
grendel (de)	မင်းတုံး	min: doun:
schuif (de)	တံခါးချက်	daga: che'
hangslot (het)	သော့ခလောက်	tho. ga. lau'

aanbellen (ww)	ခေါင်းလောင်းမြည်သည်	gaun: laun: mje de
bel (geluid)	ခေါင်းလောင်းမြည်သံ	gaun: laun: mje dhan
deurbel (de)	လှုခေါ်ခေါင်းလောင်း	lu go gaun: laun:
belknop (de)	လှုခေါ်ခေါင်းလောင်းခလုတ်	lu go gaun: laun: khalou'
geklop (het)	တံခါးခေါက်သံ	daga: khau' than
kloppen (ww)	တံခါးခေါက်သည်	daga: khau' te

code (de)	သင်္ကေတဂဏန်း	thin gei ta. hwe'
cijferslot (het)	ကုဒ်သော့	kou' tho.
parlofoon (de)	အိမ်တွင်းဆက်သွယ်မှုစနစ်	ein dwin: ze' dhwe hmu. zani'
nummer (het)	နံပါတ်	nan ba'
naambordje (het)	အိမ်တံခါးရှေ့ ဆိုင်းဘုတ်	ein da ga: shei. hsain: bou'
deurspion (de)	ချောင်းကြည့်ပေါက်	chaun: gje. bau'

90. Huis op het platteland

dorp (het)	ရွာ	jwa
moestuin (de)	အသီးအရွက်စိုက်ခင်း	athi: ajwe' sai' khin:
hek (het)	ခြံစည်းရိုး	chan zi: jou:
houten hekwerk (het)	ခြံစည်းရိုးတိုင်	chan zi: jou: dain
tuinpoortje (het)	မလွယ်ပေါက်	ma. lwe bau'

graanschuur (de)	ကျီ	kji
wortelkelder (de)	မြေအောက် အစာသိုလှောင်ခန်း	mjei au' asa dhou hlaun gan:
schuur (de)	ဂိုဒေါင်	gou daun
waterput (de)	ရေတွင်း	jei dwin:

kachel (de)	မီးဖို	mi: bou
de kachel stoken	မီးပြင်းအောင်ထိုးသည်	mi: bjin: aun dou: de
brandhout (het)	ထင်း	htin:
houtblok (het)	ထင်းတုံး	tin: doun:

veranda (de)	ဝရန်တာ	wa jan da
terras (het)	ဝက်ု	sin gja.
bordes (het)	အိမ်ရှေ့လှေကား	ein shei. hlei ga:
schommel (de)	ဒန်း	dan:

91. Villa. Herenhuis

landhuisje (het)	တောအိမ်	to: ein
villa (de)	ကမ်းခြေအပန်းဖြေအိမ်	kan: gjei apan: hpjei ein
vleugel (de)	တံစက်မြိတ်	toun ze' mei'

tuin (de)	ဥယျာဉ်	u. jin
park (het)	ပန်းခြံ	pan: gjan
oranjerie (de)	ဖန်လုံအိမ်	hpan ain
onderhouden (tuin, enz.)	ပြုစုစောင့်ရှောက်သည်	pju. zu. zaun. shau' te

zwembad (het)	ရေကူးကန်	jei ku: gan
gym (het)	အိမ်တွင်း ကျန်းမာရေးလေ့ကျင့်ရုံ	ein dwin: gjan: ma jei: lei. gjin. joun
tennisveld (het)	တင်းနစ်ကွင်း	tin: ni' kwin:
bioscoopkamer (de)	အိမ်တွင်း ရုပ်ရှင်ရုံ	ein dwin: jou' shin joun
garage (de)	ဂိုဒေါင်	gou daun
privé-eigendom (het)	တသီးပုဂ္ဂလိက ပိုင်ဆိုင်မြေပစ္စည်း	tadhi: pou' ga li ka. bain: zain mjei pji' si:
eigen terrein (het)	တသီးပုဂ္ဂလိကပိုင်နယ်မြေ	tadhi: pou' ga li ka. bain: mjei
waarschuwing (de)	သတိပေးချက်	dhadi. pei: gje'
waarschuwingsbord (het)	သတိပေးဆိုင်းပုဒ်	dhadi. pei: zain: bou'
bewaking (de)	လုံခြုံရေး	loun gjoun jei:
bewaker (de)	လုံခြုံရေးအစောင့်	loun gjoun jei: asaun.
inbraakalarm (het)	သူခိုးလှန့်ခေါင်းလောင်း	thu khou: hlan. khaun: laun:

92. Kasteel. Paleis

kasteel (het)	ရဲတိုက်	je: dai'
paleis (het)	နန်းတော်	nan do
vesting (de)	ခံတပ်ကြီး	khwan da' kji:
ringmuur (de)	ရဲတိုက်နံရံဝိုင်း	je: dai' nan jan wain:
toren (de)	မျှော်စင်	hmjo zin
donjon (de)	ရဲတိုက်ဗဟို မျှော်စင်ခံတပ်ကြီး	je: dai' ba. hou hmjo zin gan ta' kji:
valhek (het)	ဆိုင်းကြိုးသုံးသံ ကွန်ရက်တံခါးကြီး	hsain: kjou: dhoun: dhan kwan ja' dan ga: kji:
onderaardse gang (de)	မြေအောက်လမ်း	mjei au' lan:
slotgracht (de)	ကျုံး	kjun:
ketting (de)	ကြိုး	kjou:
schietgat (het)	မြားတံလွှတ်ပေါက်	hmja: dan hlwa' pau'
prachtig (bn)	ခမ်းနားသော	khan: na: de.
majestueus (bn)	ခံ့ညားထည်ဝါသော	khan nja: hte wa de.
onneembaar (bn)	မထိုးဖောက်နိုင်သော	ma. dou: bau' nein de.
middeleeuws (bn)	အလယ်ခေတ်နှင့်ဆိုင်သော	ale khei' hnin. zain de.

93. Appartement

appartement (het)	တိုက်ခန်း	tai' khan:
kamer (de)	အခန်း	akhan:
slaapkamer (de)	အိပ်ခန်း	ei' khan:
eetkamer (de)	ထမင်းစားခန်း	htamin: za: gan:
salon (de)	ဧည့်ခန်း	e. gan:
studeerkamer (de)	အိမ်တွင်းရုံးခန်းလေး	ein dwin: joun: gan: lei:
gang (de)	ဝင်ပေါက်	win bau'
badkamer (de)	ရေချိုးခန်း	jei gjou gan:

toilet (het)	အိမ်သာ	ein dha
plafond (het)	မျက်နှာကျက်	mje' hna gje'
vloer (de)	ကြမ်းပြင်	kan: pjin
hoek (de)	ထောင့်	htaun.

94. Appartement. Schoonmaken

| schoonmaken (ww) | သန့်ရှင်းရေးလုပ်သည် | than. shin: jei: lou' te |
| opbergen (in de kast, enz.) | သန့်ရှင်းရေးလုပ်သည် | than. shin: jei: lou' te |

stof (het)	ဖုန်	hpoun
stoffig (bn)	ဖုန်ထူသော	hpoun du de.
stoffen (ww)	ဖုန်သုတ်သည်	hpoun dou' te
stofzuiger (de)	ဖုန်စုပ်စက်	hpoun zou' se'
stofzuigen (ww)	ဖုန်စုပ်စက်ဖြင့် စုပ်သည်	hpoun zou' se' chin. zou' te

vegen (de vloer ~)	တံမြက်စည်းလှည်းသည်	tan mje' si: hle: de
veegsel (het)	အမှိုက်များ	ahmai' mja:
orde (de)	စနစ်တကျ	sani' ta. gja.
wanorde (de)	ရှုပ်ပွဲခြင်း	shou' pwei gjin:

zwabber (de)	လက်ကိုင်ရှည်ကြမ်းသုတ်ဖွတ်	le' kain she gjan: dhou' hpa'
poetsdoek (de)	ဖုန်သုတ်အဝတ်	hpoun dou' awu'
veger (de)	တံမြက်စည်း	tan mje' si:
stofblik (het)	အမှိုက်ခေါ်	ahmai' go

95. Meubels. Interieur

meubels (mv.)	ပရိဘောဂ	pa ri. bo: ga.
tafel (de)	စားပွဲ	sa: bwe:
stoel (de)	ကုလားထိုင်	kala: dain
bed (het)	ကုတင်	ku din
bankstel (het)	ဆိုဖာ	hsou hpa
fauteuil (de)	လက်တင်ပါသောကုလားထိုင်	le' tin ba dho: ku. la: dain

| boekenkast (de) | စာအုပ်စင် | sa ou' sin |
| boekenrek (het) | စင် | sin |

kledingkast (de)	ဗီဒို	bi jou
kapstok (de)	နံရံကပ်အဝတ်ချိတ်စင်	nan jan ga' awu' gei' zin
staande kapstok (de)	အဝတ်ချိတ်စင်	awu' gjei' sin

| commode (de) | အံဆွဲပါ မှန်တင်ခုံ | an. zwe: pa hman din khoun |
| salontafeltje (het) | စားပွဲပု | sa: bwe: bu. |

spiegel (de)	မှန်	hman
tapijt (het)	ကော်ဇော	ko zo:
tapijtje (het)	ကော်ဇော	ko zo:

haard (de)	မီးလင်းဖို	mi: lin: bou
kaars (de)	ဖယောင်းတိုင်	hpa. jaun dain
kandelaar (de)	ဖယောင်းတိုင်စိုက်သောတိုင်	hpa. jaun dain zou' tho dain

gordijnen (mv.)	ခန်းဆီးရည်	khan: zi: shei
behang (het)	နံရံကပ်ဝတ္ထု	nan jan ga' se' ku
jaloezie (de)	ယင်းလိပ်	jin: lei'

bureaulamp (de)	စားပွဲတင်မီးအိမ်	sa: bwe: din mi: ein
wandlamp (de)	နံရံပိမီး	nan jan ga' mi:
staande lamp (de)	မတ်တပ်မီးစလောင်း	ma' ta' mi: za. laun:
luchter (de)	မီးပန်းဆိုင်း	mi: ban: zain:

poot (ov. een tafel, enz.)	ခြေထောက်	chei htau'
armleuning (de)	လက်တန်း	le' tan:
rugleuning (de)	နောက်မှီ	nau' mi
la (de)	အံဆွဲ	an. zwe:

96. Beddengoed

beddengoed (het)	အိပ်ရာခင်းများ	ei' ja khin: mja:
kussen (het)	ခေါင်းအုံး	gaun: oun:
kussenovertrek (de)	ခေါင်းစွပ်	gaun: zu'
deken (de)	စောင်	saun
laken (het)	အိပ်ရာခင်း	ei' ja khin:
sprei (de)	အိပ်ရာဖုံး	ei' ja hpoun:

97. Keuken

keuken (de)	မီးဖိုခန်း	mi: bou gan:
gas (het)	ဓာတ်ငွေ့	da' ngwei.
gasfornuis (het)	ဂတ်စ်မီးဖို	ga' s mi: bou
elektrisch fornuis (het)	လျှပ်စစ်မီးဖို	hlja' si' si: bou
oven (de)	မုန့်ဖုတ်ရန်ဖို	moun. bou' jan bou
magnetronoven (de)	မိုက်ခရိုဝေ့ဗ်	mou' kha. jou wei. b

koelkast (de)	ရေခဲသေတ္တာ	je ge: dhi' ta
diepvriezer (de)	ရေခဲခန်း	jei ge: gan:
vaatwasmachine (de)	ပန်းကန်ဆေးစက်	bagan: zei: ze'

vleesmolen (de)	အသားကြိတ်စက်	atha: kjei' za'
vruchtenpers (de)	အသီးဖျော်စက်	athi: hpjo ze'
toaster (de)	ပေါင်မုန့်ကင်စက်	paun moun. gin ze'
mixer (de)	မွှေစက်	hmwei ze'

koffiemachine (de)	ကော်ဖီဖျော်စက်	ko hpi hpjo ze'
koffiepot (de)	ကော်ဖီအိုး	ko hpi ou:
koffiemolen (de)	ကော်ဖီကြိတ်စက်	ko hpi kjei ze'

fluitketel (de)	ရေနွေးကျရားအိုး	jei nwei: gaja: ou:
theepot (de)	လက်ဘက်ရည်အိုး	le' be' ji ou:
deksel (de/het)	အိုးအဖုံး	ou: ahpoun:
theezeefje (het)	လက်ဖက်ရည်စစ်	le' hpe' ji zi'

| lepel (de) | ဇွန်း | zun: |
| theelepeltje (het) | လက်ဖက်ရည်ဇွန်း | le' hpe' ji zwan: |

eetlepel (de)	အရည်သောက်ဇွန်း	aja: dhau' zun:
vork (de)	ခက်ရင်း	khajin:
mes (het)	ဓား	da:

vaatwerk (het)	အိုးခွက်ပန်းကန်	ou: kwe' pan: gan
bord (het)	ပန်းကန်ပြား	bagan: bja:
schoteltje (het)	အောက်ခံပန်းကန်ပြား	au' khan ban: kan pja:

likeurglas (het)	ဖန်ခွက်	hpan gwe'
glas (het)	ဖန်ခွက်	hpan gwe'
kopje (het)	ခွက်	khwe'

suikerpot (de)	သကြားခွက်	dhagja: khwe'
zoutvat (het)	ဆားဘူး	hsa: bu:
pepervat (het)	ငြုတ်ကောင်းဘူး	njou' kaun: bu:
boterschaaltje (het)	ထောပတ်ခွက်	hto: ba' khwe'

pan (de)	ပေါင်းအိုး	paun: ou:
bakpan (de)	ဟင်းကြော်အိုး	hin: gjo ou:
pollepel (de)	ဟင်းခပ်ဇွန်း	hin: ga' zun
vergiet (de/het)	ဇကာ	zaga
dienblad (het)	လင်ပန်း	lin ban:

fles (de)	ပုလင်း	palin:
glazen pot (de)	ဖန်ဘူး	hpan bu:
blik (conserven~)	သံဘူး	than bu:

flesopener (de)	ပုလင်းဖောက်တံ	pu. lin: bau' tan
blikopener (de)	သံဘူးဖောက်တံ	than bu: bau' tan
kurkentrekker (de)	ဝက်အူဖောက်တံ	we' u bau' dan
filter (de/het)	ရေစစ်	jei zi'
filteren (ww)	စစ်သည်	si' te

| huisvuil (het) | အမှိုက် | ahmai' |
| vuilnisemmer (de) | အမှိုက်ပုံး | ahmai' poun: |

98. Badkamer

badkamer (de)	ရေချိုးခန်း	jei gjou gan:
water (het)	ရေ	jei
kraan (de)	ရေပိုက်ခေါင်း	jei bai' khaun:
warm water (het)	ရေပူ	jei bu
koud water (het)	ရေအအေး	jei ei:

tandpasta (de)	သွားတိုက်ဆေး	thwa: tai' hsei:
tanden poetsen (ww)	သွားတိုက်သည်	thwa: tai' te
tandenborstel (de)	သွားတိုက်တံ	thwa: tai' tan

zich scheren (ww)	ရိတ်သည်	jei' te
scheercrème (de)	မုတ်ဆိတ်ရိတ်သုံး ဆပ်ပြာမှုန့်	mou' hsei' jei' thoun: za' pja hmjou'
scheermes (het)	သင်တုန်းဓား	thin toun: da:
wassen (ww)	ဆေးသည်	hsei: de
een bad nemen	ရေချိုးသည်	jei gjou: de

douche (de)	ရေပန်း	jei ban:
een douche nemen	ရေချိုးသည်	jei gjou: de
bad (het)	ရေချိုးကန်	jei gjou: gan
toiletpot (de)	အိမ်သာ	ein dha
wastafel (de)	လက်ဆေးကန်	le' hsei: kan
zeep (de)	ဆပ်ပြာ	hsa' pja
zeepbakje (het)	ဆပ်ပြာခွက်	hsa' pja gwe'
spons (de)	ရေမြှုပ်	jei hmjou'
shampoo (de)	ခေါင်းလျှော်ရည်	gaun: sho je
handdoek (de)	တဘက်	tabe'
badjas (de)	ရေချိုးခန်းဝတ်စုံ	jei gjou: gan: wu' soun
was (bijv. handwas)	အဝတ်လျှော်ခြင်း	awu' sho gjin
wasmachine (de)	အဝတ်လျှော်စက်	awu' sho ze'
de was doen	ဒိုဘီလျှော်သည်	dou bi jo de
waspoeder (de)	အဝတ်လျှော်ဆပ်ပြာမှုန့်	awu' sho hsa' pja hmun.

99. Huishoudelijke apparaten

televisie (de)	ရုပ်မြင်သံကြားစက်	jou' mjin dhan gja: ze'
cassettespeler (de)	အသံသွင်းစက်	athan dhwin: za'
videorecorder (de)	ဗီဒီယိုပြစက်	bi di jou bja. ze'
radio (de)	ရေဒီယို	rei di jou
speler (de)	ပလေယာစက်	pa. lei ja ze'
videoprojector (de)	ဗီဒီယိုပရိုဂျက်တာ	bi di jou pa. jou gje' da
home theater systeem (het)	အိမ်တွင်းရုပ်ရှင်ခန်း	ein dwin: jou' shin gan:
DVD-speler (de)	ဒီဗီဒီပလေယာ	di bi di ba lei ja
versterker (de)	အသံချဲ့စက်	athan che. zek
spelconsole (de)	ဂိမ်းခလုတ်	gein: kha lou'
videocamera (de)	ဗွီဒီယိုကင်မရာ	bwi di jou kin ma. ja
fotocamera (de)	ကင်မရာ	kin ma. ja
digitale camera (de)	ဒီဂျစ်တယ်ကင်မရာ	digji' te gin ma. ja
stofzuiger (de)	ဖုန်စုပ်စက်	hpoun zou' se'
strijkijzer (het)	မီးပူ	mi: bu
strijkplank (de)	မီးပူတိုက်ရန်စင်	mi: bu tai' jan zin
telefoon (de)	တယ်လီဖုန်း	te li hpoun:
mobieltje (het)	မိုဘိုင်းဖုန်း	mou bain: hpoun:
schrijfmachine (de)	လက်နှိပ်စက်	le' hnei' se'
naaimachine (de)	အပ်ချုပ်စက်	a' chou' se'
microfoon (de)	စကားပြောခွက်	zaga: bjo: gwe'
koptelefoon (de)	နားကြပ်	na: kja'
afstandsbediening (de)	အဝေးထိန်းကိရိယာ	awei: htin: ki. ja. ja
CD (de)	စီဒီပြား	si di bja:
cassette (de)	တိပ်ခွေ	tei' khwei
vinylplaat (de)	ရှေးခေတ်သုံးဓာတ်ပြား	shei: gi' thoun da' pja:

100. Reparaties. Renovatie

renovatie (de)	အသစ်ပြုပြင်ဆောက်လုပ်ခြင်း	athi' pju. bin zau' lou' chin:
renoveren (ww)	အသစ်ပြုပြင်ဆောက်လုပ်သည်	athi' pju. bin zau' lou' te
repareren (ww)	ပြန်လည်ပြုပြင်ဆင်သည်	pjan le bjin zin de
op orde brengen	အစီအစဉ်တကျထားသည်	asi asin da. gja. da: de
overdoen (ww)	ပြန်လည်ပြုပြင်သည်	pjan le bju. bjin de

verf (de)	သုတ်ဆေး	thou' hsei:
verven (muur ~)	ဆေးသုတ်သည်	hsei: dhou' te
schilder (de)	အိမ်ဆေးသုတ်သူ	ein zei: dhou' thu
kwast (de)	ဆေးသုတ်တံ	hsei: dhou' tan

kalk (de)	ထုံး	htoun:
kalken (ww)	ထုံးသုတ်သည်	htoun: dhou' te

behang (het)	နံရံကပ်စက္ကူ	nan jan ga' se' ku
behangen (ww)	နံရံစက္ကူကပ်သည်	nan ja' se' ku ga' te
lak (de/het)	အရောင်တင်ဆီ	ajaun din zi
lakken (ww)	အရောင်တင်သည်	ajaun din de

101. Loodgieterswerk

water (het)	ရေ	jei
warm water (het)	ရေပူ	jei bu
koud water (het)	ရေအေး	jei ei:
kraan (de)	ရေပိုက်ခေါင်း	jei bai' khaun:
druppel (de)	ရေစက်	jei ze'
druppelen (ww)	ရေစက်ကျသည်	jei ze' kja. de
lekken (een lek hebben)	ယိုစိမ့်သည်	jou zein. de
lekkage (de)	ယိုပေါက်	jou bau'
plasje (het)	ရေအိုင်	jei ain

buis, leiding (de)	ရေပိုက်	jei bai'
stopkraan (de)	အဖွင့်အပိတ်ခလုတ်	ahpwin apei' khalou'
verstopt raken (ww)	အပေါက်ဆို့သည်	apau' zou. de

gereedschap (het)	ကိရိယာများ	ki. ji. ja mja:
Engelse sleutel (de)	ရွဲင်	khwa shin
losschroeven (ww)	ဖြုတ်သည်	hpjei: de
aanschroeven (ww)	ဝက်အူကျပ်သည်	we' u gja' te
ontstoppen (riool, enz.)	ဆို့နေသည်ကို ပြန်ဖွင့်သည်	hsou. nei de gou bjan bwin. de

loodgieter (de)	ပိုက်ပြင်သူ	pai' bjin dhu
kelder (de)	မြေအောက်ခန်း	mjei au' khan:
riolering (de)	မိလ္လာစနစ်	mein la zani'

102. Brand. Vuurzee

brand (de)	မီး	mi:
vlam (de)	မီးတောက်	mi: tau'

vonk (de)	မီးပွား	mi: bwa:
rook (de)	မီးခိုး	mi: gou:
fakkel (de)	မီးတုတ်	mi: dou'
kampvuur (het)	မီးပုံ	mi: boun
benzine (de)	လောင်စာ	laun za
kerosine (de)	ရေနံဆီ	jei nan zi
brandbaar (bn)	မီးလောင်လွယ်သော	mi: laun lwe de.
ontplofbaar (bn)	ပေါက်ကွဲစေသော	pau' kwe: zei de.
VERBODEN TE ROKEN!	ဆေးလိပ်မသောက်ရ	hsei: lei' ma. dhau' ja.
veiligheid (de)	ဘေးကင်းမှု	bei: gin: hmu
gevaar (het)	အန္တရာယ်	an dare
gevaarlijk (bn)	အန္တရာယ်ရှိသော	an dare shi. de.
in brand vliegen (ww)	မတော်တဆမီးစွဲသည်	ma. do da. za. mi: zwe: de
explosie (de)	ပေါက်ကွဲမှု	pau' kwe: hmu.
in brand steken (ww)	မီးရှို့သည်	mi: shou. de
brandstichter (de)	မီးရှို့မှုကျူးလွန်သူ	mi: shou. hmu. gju: lun dhu
brandstichting (de)	မီးရှို့မှု	mi: shou. hmu.
vlammen (ww)	မီးတောက်ကြီး	mi: tau' kji:
branden (ww)	မီးလောင်သည်	mi: laun de
afbranden (ww)	မီးကျွမ်းသည်	mi: kjwan: de
de brandweer bellen	မီးသတ်ဌာနသို့အကြောင်းကြားသည်	mi: dha' hta. na. dhou akjaun: gja: de
brandweerman (de)	မီးသတ်သမား	mi: tha' dhama:
brandweerwagen (de)	မီးသတ်ကား	mi: tha' ka:
brandweer (de)	မီးသတ်ဦးစီးဌာန	mi: dha' i: zi: hta. na.
uitschuifbare ladder (de)	မီးသတ်လှေကား	mi: tha' hlei ga:
brandslang (de)	မီးသတ်ပိုက်	mi: tha' bai'
brandblusser (de)	မီးသတ်ဘူး	mi: tha' bu:
helm (de)	ဟဲလ်မက်ဦးထုပ်	he: l me u: htou'
sirene (de)	အချက်ပေးဩဩသံ	ache' pei: ou' o: dhan
roepen (ww)	အကူအညီအော်ဟစ်တောင်းခံသည်	aku anji o hi' taun: gan de.
hulp roepen	အကူအညီတောင်းသည်	aku anji daun: de
redder (de)	ကယ်ဆယ်သူ	ke ze dhu
redden (ww)	ကယ်ဆယ်သည်	ke ze de
aankomen (per auto, enz.)	ရောက်ရှိသည်	jau' shi. de
blussen (ww)	မီးသတ်သည်	mi: tha' de
water (het)	ရေ	jei
zand (het)	သဲ	the:
ruïnes (mv.)	အပျက်အစီး	apje' asi:
instorten (gebouw, enz.)	ယိုယွင်းသည်	jou jwin: de
ineenstorten (ww)	ပြိုကျသည်	pjou gja. de
inzakken (ww)	ပြိုကျသည်	pjou gja de
brokstuk (het)	အကျိုးအပဲ့	akjou: ape.
as (de)	ပြာ	pja
verstikken (ww)	အသက်ရှူကျပ်သည်	athe' shu gja' te
omkomen (ww)	အသတ်ခံရသည်	atha' khan ja. de

MENSELIJKE ACTIVITEITEN

Baan. Business. Deel 1

103. Kantoor. Op kantoor werken

Nederlands	Birmaans	Transcriptie
kantoor (het)	ရုံး	joun:
kamer (de)	ရုံးခန်း	joun: gan:
receptie (de)	ကြိုဆိုလက်ခံရာနေရာ	kjou hsou le' khan ja nei ja
secretaris (de)	အတွင်းရေးမှူး	atwin: jei: hmu:
secretaresse (de)	အတွင်းရေးမှူးမ	atwin: jei: hmu: ma
directeur (de)	ဒါရိုက်တာ	da je' ta
manager (de)	မန်နေဂျာ	man nei gji
boekhouder (de)	စာရင်းကိုင်	sajin: gain
werknemer (de)	ဝန်ထမ်း	wun dan:
meubilair (het)	ပရိဘောဂ	pa ri. bo: ga.
tafel (de)	စားပွဲ	sa: bwe:
bureaustoel (de)	အလုပ်ထိုင်ခုံ	alou' htain goun
ladeblok (het)	အံဆွဲပါသောပ ရိဘောဂအစုံ	an. zwe: dho: pa. ji. bo: ga. soun
kapstok (de)	ကုတ်အင်္ကျီချိတ်စင်	kou' akji gji' sin
computer (de)	ကွန်ပျူတာ	kun pju ta
printer (de)	ပုံနှိပ်စက်	poun nei' se'
fax (de)	ဖက်စ်ကူးစက်	hpe's ku: ze'
kopieerapparaat (het)	ဓာတ်ပုံကူးစက်	da' poun gu: ze'
papier (het)	စက္ကူ	se' ku
kantoorartikelen (mv.)	ရုံးသုံးကိရိယာများ	joun: dhoun: gi. ji. ja mja:
muismat (de)	မောက်စ်အောက်ခံပြား	mau's au' gan bja:
blad (het)	အရွက်	ajwa'
ordner (de)	ဖိုင်	hpain
catalogus (de)	စာရင်း	sajin:
telefoongids (de)	ဖုန်းလမ်းညွှန်	hpoun: lan: hnjun
documentatie (de)	မှတ်တမ်းတင်ခြင်း	hma' tan: din gin:
brochure (de)	ကြော်ငြာစာစောင်	kjo nja za zaun
flyer (de)	လက်ကမ်းစာစောင်	le' kan: za zaun:
monster (het), staal (de)	နမူနာ	na. mu na
training (de)	လေ့ကျင့်ရေးအစည်းအဝေး	lei. kjin. jei: asi: awei:
vergadering (de)	အစည်းအဝေး	asi: awei:
lunchpauze (de)	နေ့လည်စာစားချိန်	nei. le za za: gjein
een kopie maken	မိတ္တူကူးသည်	mi' tu gu: de
de kopieën maken	မိတ္တူကူးသည်	mi' tu gu: de
een fax ontvangen	ဖက်စ်လက်ခံရရှိသည်	hpe's le' khan ja. shi. de

een fax versturen	ဖက်စ်ပို့သည်	hpe's pou. de
opbellen (ww)	ဖုန်းဆက်သည်	hpoun: ze' te
antwoorden (ww)	ဖြေသည်	hpjei de
doorverbinden (ww)	ဆက်သွယ်သည်	hse' thwe de
afspreken (ww)	စီစဉ်သည်	si zin de
demonstreren (ww)	သရုပ်ပြသည်	thajou' pja. de
absent zijn (ww)	ပျက်ကွက်သည်	pje' kwe' te
afwezigheid (de)	ပျက်ကွက်ခြင်း	pje' kwe' chin

104. Bedrijfsprocessen. Deel 1

bedrijf (business)	လုပ်ငန်း	lou' ngan:
zaak (de), beroep (het)	လုပ်ဆောင်မှု	lou' hsaun hmu.
firma (de)	စီးပွားရေးလုပ်ငန်း	si: bwa: jei: lou' ngan:
bedrijf (maatschap)	ကုမ္ပဏီ	koun pani
corporatie (de)	ကော်ပိုရေးရှင်း	ko bou jei: shin:
onderneming (de)	စီးပွားရေးလုပ်ငန်း	si: bwa: jei: lou' ngan:
agentschap (het)	ကိုယ်စားလှယ်လုပ်ငန်း	kou za: hle lou' ngan:
overeenkomst (de)	သဘောတူညီမှုစာချုပ်	dhabo: tu nji hmu. za gjou'
contract (het)	ကန်ထရိုက်	kan ta jou'
transactie (de)	အပေးအယူ	apei: aju
bestelling (de)	ကြိုတင်မှာယူခြင်း	kjou din hma ju chin:
voorwaarde (de)	စည်းကမ်းချက်	si: kan: gje'
in het groot (bw)	လက်ကား	le' ka:
groothandels- (abn)	လက်ကားဖြစ်သော	le' ka: bji' te.
groothandel (de)	လက်ကားရောင်းချမှု	le' ka: jaun: gja. hmu.
kleinhandels- (abn)	လက်လီစနစ်	le' li za. ni'
kleinhandel (de)	လက်လီရောင်းချမှု	le' li jaun: gja. hmu.
concurrent (de)	ပြိုင်ဘက်	pjain be'
concurrentie (de)	ပြိုင်ဆိုင်မှု	pjain zain hmu
concurreren (ww)	ပြိုင်ဆိုင်သည်	pjain zain de
partner (de)	စီးပွားဖက်	si: bwa: be'
partnerschap (het)	စီးပွားဖက်ဖြစ်ခြင်း	si: bwa: be' bji' chin:
crisis (de)	အခက်အခဲကာလ	akhe' akhe: ga la.
bankroet (het)	ဒေဝါလီခံရခြင်း	dei wa li gan ja gjin
bankroet gaan (ww)	ဒေဝါလီခံသည်	dei wa li gan de
moeilijkheid (de)	အခက်အခဲ	akhe' akhe:
probleem (het)	ပြဿနာ	pjadhana
catastrofe (de)	ကပ်ဘေး	ka' bei:
economie (de)	စီးပွားရေး	si: bwa: jei:
economisch (bn)	စီးပွားရေးနှင့်ဆိုင်သော	si: bwa: jei: hnin zain de.
economische recessie (de)	စီးပွားရေးကျဆင်းမှု	si: bwa: jei: gja zin: hmu.
doel (het)	ပန်းတိုင်	pan: dain
taak (de)	လုပ်ငန်းတာဝန်	lou' ngan: da wan
handelen (handel drijven)	ကုန်သွယ်သည်	koun dhwe de

netwerk (het)	ကွန်ရက်	kun je'
voorraad (de)	ပစ္စည်းစာရင်း	pji' si: za jin:
assortiment (het)	အိုင်းအများ	apain: acha:

leider (de)	ခေါင်းဆောင်	gaun: zaun
groot (bn)	ကြီးမားသော	kji: ma: de.
monopolie (het)	တစ်ဦးတည်းချုပ်ကိုင်ထား	ti' u: te: gjou' kain da:

theorie (de)	သီအိုရီ	thi ou ji
praktijk (de)	လက်တွေ့	le' twei.
ervaring (de)	အတွေ့အကြုံ	atwei. akjoun
tendentie (de)	ဦးတည်ရာ	u: ti ja
ontwikkeling (de)	ဖွံ့ဖြိုးတိုးတက်မှု	hpjun. bjou: dou: de' hmu.

105. Bedrijfsprocessen. Deel 2

| voordeel (het) | အကျိုးအမြတ် | akjou: amja' |
| voordelig (bn) | အကျိုးအမြတ်ရှိသော | akjou: amja' shi. de. |

delegatie (de)	ကိုယ်စားလှယ်အဖွဲ့	kou za: hle ahpwe.
salaris (het)	လစာ	la. za
corrigeren (fouten ~)	အမှားပြင်သည်	ahma: pjin de
zakenreis (de)	စီးပွားရေးခရီးစဉ်	si: bwa: jei: khaji: zin
commissie (de)	ကော်မရှင်	ko ma. shin

controleren (ww)	ထိန်းချုပ်သည်	htein: gjou' te
conferentie (de)	ဆွေးနွေးပွဲ	hswe: nwe: bwe:
licentie (de)	လိုင်စင်	lain zin
betrouwbaar (partner, enz.)	ယုံကြည်စိတ်ချရသော	joun kji zei' cha. ja. de.

aanzet (de)	စတင်ခြင်း	sa. tin gjin:
norm (bijv. ~ stellen)	စံနှုန်း	san hnoun:
omstandigheid (de)	အခြေအနေ	achei anei
taak, plicht (de)	တာဝန်	ta wun

organisatie (bedrijf, zaak)	အဖွဲ့အစည်း	ahpwe. asi:
organisatie (proces)	စီစဉ်ခြင်း	si zin gjin:
georganiseerd (bn)	စီစဉ်ထားသော	si zin dha de.
afzegging (de)	ပယ်ဖျက်ခြင်း	pe hpje' chin:
afzeggen (ww)	ပယ်ဖျက်သည်	pe hpje' te
verslag (het)	အစီရင်ခံစာ	asi jin gan za

patent (het)	မူပိုင်ခွင့်	mu bain gwin.
patenteren (ww)	မူပိုင်ခွင့်မှတ်ပုံတင်သည်	mu bain gwin. hma' poun din de
plannen (ww)	စီစဉ်သည်	si zin de

premie (de)	အပိုဆုကြေး	apou zu. gjei:
professioneel (bn)	ပညာရှင်အဆင့်တတ်ကျွမ်းသော	pjin nja ahsin da' kjwan: de.
procedure (de)	လုပ်ထုံးလုပ်နည်း	lou' htoun: lou' ne:

onderzoeken (contract, enz.)	စိုးစားသည်	sin: za: de
berekening (de)	တွက်ချက်ခြင်း	twe' che' chin:
reputatie (de)	ဂုဏ်သတင်း	goun dha din:

risico (het)	စွန့်စားခြင်း	sun. za: gjin:
beheren (managen)	ညွှန်ကြားသည်	hnjun gja: de
informatie (de)	သတင်းအချက်အလက်	dhadin: akje' ale'
eigendom (bezit)	ပိုင်ဆိုင်မှု	pain zain hmu
unie (de)	အသင်း	athin:

levensverzekering (de)	အသက်အာမခံ	athe' ama. khan
verzekeren (ww)	အာမခံသည်	a ma. gan de
verzekering (de)	အာမခံ	a ma. khan

veiling (de)	လေလံပွဲ	lei lan bwe:
verwittigen (ww)	အကြောင်းကြားသည်	akjaun: kja: de
beheer (het)	အုပ်ချုပ်မှု	ou' chou' hmu.
dienst (de)	ဝန်ဆောင်မှု	wun: zaun hmu.

forum (het)	ဖိုရမ်	hpou jan
functioneren (ww)	လည်ပတ်သည်	le ba' te
stap, etappe (de)	အဆင့်	ahsin.
juridisch (bn)	ဥပဒေဆိုင်ရာ	u. ba. dei zain ja
jurist (de)	ရှေ့နေ	shei. nei

106. Productie. Werken

industriële installatie (fabriek)	စက်ရုံ	se' joun
fabriek (de)	အလုပ်ရုံ	alou' joun
werkplaatsruimte (de)	ဝပ်ရှော့	wu' sho.
productielocatie (de)	ထုတ်လုပ်ရာလုပ်ငန်းခွင်	htou' lou' ja lou' ngan: gwin

industrie (de)	စက်မှုလုပ်ငန်း	se' hmu. lou' ngan:
industrieel (bn)	စက်မှုလုပ်ငန်းနှင့်ဆိုင်သော	se' hmu. lou' ngan: hnin. zain de.
zware industrie (de)	အကြီးစားစက်မှုလုပ်ငန်း	akji: za: ze' hmu. lou' ngan:
lichte industrie (de)	အသေးစားစက်မှုလုပ်ငန်း	athei: za: za' hmu. lou' ngan:

productie (de)	ထုတ်ကုန်	htou' koun
produceren (ww)	ထုတ်လုပ်သည်	tou' lou' te
grondstof (de)	ကုန်ကြမ်း	koun gjan:

voorman, ploegbaas (de)	အလုပ်သမားခေါင်း	alou' dha ma: gaun:
ploeg (de)	အလုပ်သမားအဖွဲ့	alou' dha ma: ahpwe.
arbeider (de)	အလုပ်သမား	alou' dha ma:

werkdag (de)	ရုံးဖွင့်ရက်	joun: hpwin je'
pauze (de)	ရပ်နားခြင်း	ja' na: gjin:
samenkomst (de)	အစည်းအဝေး	asi: awei:
bespreken (spreken over)	ဆွေးနွေးသည်	hswe: nwe: de

plan (het)	အစီအစဉ်	asi asin
het plan uitvoeren	အကောင်အထည်ဖော်သည်	akaun ahte bo de
productienorm (de)	ကုန်ထုတ်နှုန်း	koun dou' hnan:
kwaliteit (de)	အရည်အသွေး	aji athwei:
controle (de)	စစ်ဆေးခြင်း	si' hsei: gjin:
kwaliteitscontrole (de)	အရည်အသွေးစစ်ဆေးသုံးသပ်မှု	aji athwei: za' hsei: thon dha' hma

arbeidsveiligheid (de)	လုပ်ငန်းခွင်လုံ	lou' ngan: gwin loun
	ခြုံမှု	gjun hmu.
discipline (de)	စည်းကမ်း	si: kan:
overtreding (de)	ချိုးဖောက်ခြင်း	chou: hpau' chin:
overtreden (ww)	ချိုးဖောက်သည်	chou: hpau' te
staking (de)	သပိတ်မှောက်ခြင်း	thabei' hmau' chin:
staker (de)	သပိတ်မှောက်သူ	thabei' hmau' thu
staken (ww)	သပိတ်မှောက်သည်	thabei' hmau' te
vakbond (de)	အလုပ်သမားသမဂ္ဂ	alou' dha ma: dha. me' ga
uitvinden (machine, enz.)	တီထွင်သည်	ti htwin de
uitvinding (de)	တီထွင်မှု	ti htwin hmu.
onderzoek (het)	သုတေသန	thu. tei thana
verbeteren (beter maken)	တိုးတက်ကောင်းမွန်စေသည်	tou: te' kaun: mun zei de
technologie (de)	နည်းပညာ	ne: bi nja
technische tekening (de)	နည်းပညာဆိုင်ရာပုံကြမ်း	ne bi nja zain ja boun gjan:
vracht (de)	ဝန်	wun
lader (de)	ကုန်ထမ်းသမား	koun din dhama:
laden (vrachtwagen)	ကုန်တင်သည်	koun din de
laden (het)	ကုန်တင်ခြင်း	koun din gjin
lossen (ww)	ကုန်ချသည်	koun gja de
lossen (het)	ကုန်ချခြင်း	koun gja gjin:
transport (het)	သယ်ယူပို့ဆောင်ရေး	the ju bou. zaun jei:
transportbedrijf (de)	သယ်ယူပို့ဆောင်ရေး	the ju bou. zaun jei:
	ကုမ္ပဏီ	koun pa. ni
transporteren (ww)	ပို့ဆောင်သည်	pou. zaun de
goederenwagon (de)	တွဲ	twe:
tank (bijv. ketelwagen)	တိုင်ကီ	tain ki
vrachtwagen (de)	ကုန်တင်ကား	koun din ka:
machine (de)	ဖြတ်စက်	hpja' se'
mechanisme (het)	စက်ကိရိယာ	se' kari. ja
industrieel afval (het)	စက်ရုံစွန့်ပစ်ပစ္စည်း	se' joun zun bi' pji' si:
verpakking (de)	ထုတ်ပိုးမှု	htou' pou: hmu.
verpakken (ww)	ထုတ်ပိုးသည်	htou' pou: de

107. Contract. Overeenstemming

contract (het)	ကန်ထရိုက်	kan ta jou'
overeenkomst (de)	သ�‌ဘောတူညီမှု	dhabo: tu nji hmu.
bijlage (de)	ပူးတွဲ	pu: twe:
een contract sluiten	သဘောတူစာချုပ်ချုပ်သည်	dhabo: tu za gjou' gjou' te
handtekening (de)	လက်မှတ်	le' hma'
ondertekenen (ww)	လက်မှတ်ထိုးသည်	le' hma' htou: de
stempel (de)	တံဆိပ်	da zei'
voorwerp (het)	သဘောတူညီမှု-အကြောင်းအရာ	dhabo: tu nji hmu. akjaun: aja
van de overeenkomst		

clausule (de)	အပိုဒ်ငယ်	apai' nge
partijen (mv.)	စာချုပ်ပါအဖွဲ့များ	sa gjou' pa ahpwe. mja:
vestigingsadres (het)	တရားဝင်နေရပ်လိပ်စာ	taja: win nei ja' lei' sa

het contract	သဘောတူညီမှု	dhabo: tu nji hmu.
verbreken (overtreden)	ချိုးဖောက်သည်	gjou: bau' te
verplichting (de)	အထူးသဖြင့်	a htu: dha. hjin.
verantwoordelijkheid (de)	တာဝန်ကျရာ	ta wun wu' taja:
overmacht (de)	မလွန်ဆန်နိုင်သောအဖြစ်	ma. lun zan nain de. ahpji'
geschil (het)	အငြင်းအခုံ	anjin: akhoun
sancties (mv.)	ပြစ်ဒဏ်များ	pji' dan mja:

108. Import & Export

import (de)	သွင်းကုန်	thwin: goun
importeur (de)	သွင်းကုန်လုပ်ငန်းရှင်	thwin: goun lou' ngan: shin
importeren (ww)	တင်သွင်းသည်	tin dhwin: de
import- (abn)	သွင်းကုန်နှင့်ဆိုင်သော	thwin: goun hnin. zain de.

uitvoer (export)	ပို့ကုန်	pou. goun
exporteur (de)	ပို့ကုန်လုပ်ငန်းရှင်	pou. goun lou' ngan: shin
exporteren (ww)	ကုန်တင်ပို့သည်	koun tin pou. de
uitvoer- (bijv., ~goederen)	တင်ပို့သော	tin bou. de.

| goederen (mv.) | ကုန်ပစ္စည်း | koun pji' si: |
| partij (de) | ပို့.ကုန် | pou. goun |

gewicht (het)	အလေးချိန်	alei: gjein
volume (het)	ပမာဏ	pa. ma na.
kubieke meter (de)	ကုဗမီတာ	ku. ba mi ta

producent (de)	ထုတ်လုပ်သူ	tou' lou' thu
transportbedrijf (de)	သယ်ယူပို့.ဆောင်ရေး ကုမ္ပဏီ	the ju bou. zaun jei: koun pa. ni
container (de)	ကွန်တိန်နာ	kun tein na

grens (de)	နယ်နိမိတ်	ne ni. mei'
douane (de)	အကောက်ခွန်	akau' khun
douanerecht (het)	အကောက်ခွန်နှန်း	akau' khun hnoun:
douanier (de)	အကောက်ခွန်အရာရှိ	akau' khun aja shi.
smokkelen (het)	မှောင်ခို	hmaun gou
smokkelwaar (de)	မှောင်ခိုပစ္စည်း	hmaun gou pji' si:

109. Financiën

aandeel (het)	စတော့ရှယ်ယာ	sato. shera
obligatie (de)	ငွေရေးစာချုပ်	ngwei gjei: za gju'
wissel (de)	ငွေပေးရေရန် ကတိစာချုပ်	ngwei bei: gjei jan ga. di. za gju'

| beurs (de) | စတော့ရှယ်ယာဒိုင် | sato. shera dain |
| aandelenkoers (de) | စတော့ဈေးနှန်း | sato. zei: hnoun: |

dalen (ww)	ဈေးနှန်းကျဆင်းသည်	zei: hnan: gja. zin: de
stijgen (ww)	ဈေးနှန်းတက်သည်	zei: hnan: de' de
deel (het)	ရှယ်ယာ	she ja
meerderheidsbelang (het)	ရှယ်ယာအများစုကို ပိုင်ဆိုင်ခြင်း	she ja amja: zu. gou bain zain gjin:
investeringen (mv.)	ရင်းနှီးမြှုပ်နှံမှု	jin: hni: hmjou' hnan hmu.
investeren (ww)	ရင်းနှီးမြှုပ်နှံသည်	jin: hni: hmjou' hnan de
procent (het)	ရာခိုင်နှုန်း	ja gain hnan:
rente (de)	အတိုး	atou:
winst (de)	အမြတ်	amja'
winstgevend (bn)	အမြတ်ရသော	amja' ja de.
belasting (de)	အခွန်	akhun
valuta (vreemde ~)	ငွေကြေး	ngwei kjei:
nationaal (bn)	အမျိုးသားနှင့်ဆိုင်သော	amjou: dha: hnin. zain de.
ruil (de)	လဲလှယ်ခြင်း	le: hle gjin:
boekhouder (de)	စာရင်းကိုင်	sajin: gain
boekhouding (de)	စာရင်းကိုင်လုပ်ငန်း	sajin: gain lou' ngan:
bankroet (het)	ဒေဝါလီခံရခြင်း	dei wa li gan ja gjin
ondergang (de)	ရှုတ်တရှုတ်ပိုးပွားရေး ထိုးကျခြင်း	jou' ta ja' si: bwa: jei: dou: gja. gjin:
faillissement (het)	ကြီးရှာသောအပျက်အစီး	kji: zwa dho apje' asi:
geruïneerd zijn (ww)	ပျက်စီးဆုံးရှုံးသည်	pje' si: zoun: shoun: de
inflatie (de)	ငွေကြေးဖောင်းပွခြင်း	ngwei kjei: baun: bwa. gjin:
devaluatie (de)	ငွေကြေးတန်ဖိုးကျခြင်း	ngwei kjei: dan bou: gja gjin:
kapitaal (het)	အရင်းအနှီးငွေ	ajin: ani: ngwei
inkomen (het)	ဝင်ငွေ	win ngwei
omzet (de)	အနတ်အသိမ်း	anou' athin:
middelen (mv.)	အရင်းအမြစ်များ	ajin: amja' mja:
financiële middelen (mv.)	ငွေကြေးအရင်းအမြစ်များ	ngwei kjei: ajin: amji' mja:
operationele kosten (mv.)	အထွေထွေအသုံးစရိတ်	a htwei htwei athoun: za. jei'
reduceren (kosten ~)	လျှော့ချသည်	sho. cha. de

110. Marketing

marketing (de)	ဈေးကွက်ရှာဖွေရေး	zei: gwe' sha bwei jei:
markt (de)	ဈေးကွက်	zei: gwe'
marktsegment (het)	ဈေးကွက်အစိတ်အပိုင်း	zei: gwe' asei' apain:
product (het)	ထုတ်ကုန်	htou' koun
goederen (mv.)	ကုန်ပစ္စည်း	koun pji' si:
merk (het)	အမှတ်တံဆိပ်	ahma' tan zin
handelsmerk (het)	ကုန်အမှတ်တံဆိပ်	koun ahma' tan hsi'
beeldmerk (het)	မူပိုင်အမှတ်တံဆိပ်	mu bain ahma' dan zei'
logo (het)	တံဆိပ်	da zei'
vraag (de)	တောင်းဆိုချက်	taun: hsou che'
aanbod (het)	ထောက်ပံ့ခြင်း	htau' pan. gjin:

| behoefte (de) | လိုအပ်မှု | lou a' hmu. |
| consument (de) | သုံးစွဲသူ | thoun: zwe: dhu |

analyse (de)	ရှိခြင်းစိတ်ဖြာခြင်း	khwe: gjan: zei' hpa gjin:
analyseren (ww)	ရှိခြင်းစိတ်ဖြာသည်	khwe: gjan: zei' hpa de
positionering (de)	နေရာရှာခြင်း	nei ja hja gjin:
positioneren (ww)	နေရာရှာသည်	nei ja sha de

prijs (de)	ဈေးနှန်း	zei: hnan:
prijspolitiek (de)	ဈေးနှန်းမူဝါဒ	zei: hnan: m wada.
prijsvorming (de)	ဈေးနှန်းဖြစ်တည်ခြင်း	zei: hnan: bji' te gjin:

111. Reclame

reclame (de)	ကြော်ငြာ	kjo nja
adverteren (ww)	ကြော်ငြာသည်	kjo nja de
budget (het)	ဘတ်ဂျက်	ba' gje'

advertentie, reclame (de)	ခန့်မှန်းခြေရ သုံးငွေစာရင်း	khan hman: gjei ja. dhu: ngwei za jin:
TV-reclame (de)	တီဗီကြော်ငြာ	ti bi gjo nja
radioreclame (de)	ရေဒီယိုကြော်ငြာ	rei di jou gjo nja
buitenreclame (de)	ပြင်ပကြော်ငြာ	pjin ba. gjo nja

massamedia (de)	လူထုဆက်သွယ်ရေး	lu du. ze' thwe jei:
periodiek (de)	ပုံမှန်ထုတ်မဂ္ဂဇင်း	poun hmein dou' ma' ga. zin:
imago (het)	ပုံရိပ်	poun jei'

| slagzin (de) | ကြွေးကြော်သံ | kjwei: kjo dhan |
| motto (het) | ဆောင်ပုဒ် | hsaun bou' |

campagne (de)	အစီအစဉ်	asi asin
reclamecampagne (de)	ကြော်ငြာအစီအစဉ်	kjo nja a si asin
doelpubliek (het)	ပစ်မှတ်အုပ်စု	pi' hma' ou'zu.

visitekaartje (het)	လုပ်ငန်းသုံးလိပ်စာကဒ်ပြား	lou' ngan: loun: lei' sa ka' pja:
flyer (de)	လက်ကမ်းစာစောင်	le' kan: za zaun:
brochure (de)	ကြော်ငြာစာအုပ်ငယ်	kjo nja za ou' nge
folder (de)	လက်ကမ်းစာစောင်	le' kan: za zaun:
nieuwsbrief (de)	သတင်းလွှာ	dhadin: hlwa

gevelreclame (de)	ဆိုင်းဘုတ်	hsain: bou'
poster (de)	ပိုစတာ	pou sata
aanplakbord (het)	ကြော်ငြာဆိုင်းဘုတ်	kjo nja zain: bou'

112. Bankieren

| bank (de) | ဘဏ် | ban |
| bankfiliaal (het) | ဘဏ်ခွဲ | ban gwe: |

| bankbediende (de) | အတိုင်ပင်ခံပုဂ္ဂိုလ် | atain bin gan bou' gou |
| manager (de) | မန်နေဂျာ | man nei gji |

bankrekening (de)	ဘဏ်ငွေစာရင်း	ban ngwei za jin
rekeningnummer (het)	ဘဏ်စာရင်းနံပါတ်	ban zajin: nan. ba'
lopende rekening (de)	ဘဏ်စာရင်းရှင်	ban zajin: shin
spaarrekening (de)	ဘဏ်ငွေစုစာရင်း	ban ngwei zu. za jin

een rekening openen	ဘဏ်စာရင်းဖွင့်သည်	ban zajin: hpwin. de
de rekening sluiten	ဘဏ်စာရင်းပိတ်သည်	ban zajin: bi' te
op rekening storten	ငွေသွင်းသည်	ngwei dhwin: de
opnemen (ww)	ငွေထုတ်သည်	ngwei dou' te

storting (de)	အပ်ငွေ	a' ngwei
een storting maken	ငွေအပ်သည်	ngwei a' te
overschrijving (de)	ကြေးနန်းဖြင့်ငွေလွှဲခြင်း	kjei: nan: bjin. ngwe hlwe: gjin
een overschrijving maken	ကြေးနန်းဖြင့်ငွေလွှဲသည်	kjei: nan: bjin. ngwe hlwe: de

som (de)	ပေါင်းလဒ်	paun: la'
Hoeveel?	ဘယ်လောက်လဲ	be lau' le:

handtekening (de)	လက်မှတ်	le' hma'
ondertekenen (ww)	လက်မှတ်ထိုးသည်	le' hma' htou: de

kredietkaart (de)	အကြွးဝယ်ကဒ်-ခရက်ဒစ်ကဒ်	achwei: we ka' - ka' je' da' ka'
code (de)	ကုဒ်နံပါတ်	kou' nan ba'
kredietkaartnummer (het)	ခရက်ဒစ်ကဒ်နံပါတ်	kha. je' di' ka' nan ba'
geldautomaat (de)	အလိုအလျောက်ငွေထုတ်စက်	alou aljau' ngwei htou' se'

cheque (de)	ချက်လက်မှတ်	che' le' hma'
een cheque uitschrijven	ချက်ရေးသည်	che' jei: de
chequeboekje (het)	ချက်စာအုပ်	che' sa ou'

lening, krediet (de)	ချေးငွေ	chei: ngwei
een lening aanvragen	ချေးငွေလျှောက်လွှာတင်သည်	chei: ngwei shau' hlwa din de
een lening nemen	ချေးငွေရယူသည်	chei: ngwei ja. ju de
een lening verlenen	ချေးငွေထုတ်ပေးသည်	chei: ngwei htou' pei: de
garantie (de)	အာမခံပစ္စည်း	a ma. gan bji' si:

113. Telefoon. Telefoongesprek

telefoon (de)	တယ်လီဖုန်း	te li hpoun:
mobieltje (het)	မိုဘိုင်းဖုန်း	mou bain: hpoun:
antwoordapparaat (het)	ဖုန်းထူးစက်	hpoun: du: ze'

bellen (ww)	ဖုန်းဆက်သည်	hpoun: ze' te
belletje (telefoontje)	အဝင်ဖုန်း	awin hpun:

een nummer draaien	နံပါတ် နှိပ်သည်	nan ba' hnei' te
Hallo!	ဟာလို	ha. lou
vragen (ww)	မေးသည်	mei: de
antwoorden (ww)	ဖြေသည်	hpjei de

horen (ww)	ကြားသည်	ka: de
goed (bw)	ကောင်းကောင်း	kaun: gaun:
slecht (bw)	အရမ်းမကောင်း	ajan: ma. gaun:

storingen (mv.)	ဖြတ်ဝင်သည့်ရှုဉ်သံ	hpja' win dhi. zu njan dhan
hoorn (de)	တယ်လီဖုန်းနားကြပ်ပိုင်း	te li hpoun: na: gja' pain:
opnemen (ww)	ဖုန်းကောက်ကိုင်သည်	hpoun: gau' gain de
ophangen (ww)	ဖုန်းချသည်	hpoun: gja de
bezet (bn)	လိုင်းမအားသော	lain: ma. a: de.
overgaan (ww)	မြည်သည်	mji de
telefoonboek (het)	တယ်လီဖုန်းလမ်းညွှန်စာအုပ်	te li hpoun: lan: hnjun za ou'
lokaal (bn)	ပြည်တွင်းဒေသတွင်းဖြစ်သော	pji dwin: dei. dha dwin: bji' te.
lokaal gesprek (het)	ပြည်တွင်းခေါ် ဆိုမှု	pji dwin: go zou hmu.
interlokaal (bn)	အဝေးခေါ် ဆိုနိုင်သော	awei: go zou nain de.
interlokaal gesprek (het)	အဝေးခေါ် ဆိုမှု	awei: go zou hmu.
buitenlands (bn)	အပြည်ပြည်ဆိုင်ရာဖြစ်သော	apji pji zain ja bja' de.
buitenlands gesprek (het)	အပြည်ပြည်ဆိုင်ရာခေါ် ဆိုမှု	apji pji zain ja go: zou hmu

114. Mobiele telefoon

mobieltje (het)	မိုဘိုင်းဖုန်း	mou bain: hpoun:
scherm (het)	ပြသခြင်း	pja. dha. gjin:
toets, knop (de)	ခလုတ်	khalou'
simkaart (de)	ဆင်းကဒ်	hsin: ka'
batterij (de)	ဘတ်ထရီ	ba' hta ji
leeg zijn (ww)	ဖုန်းအားကုန်သည်	hpoun: a: goun: de
acculader (de)	အားသွင်းကြိုး	a: dhwin: gjou:
menu (het)	အစားအသောက်စာရင်း	asa: athau' sa jin:
instellingen (mv.)	ရှိန်ညှိခြင်း	chein hnji. chin:
melodie (beltoon)	တီးလုံး	ti: loun:
selecteren (ww)	ရွေးချယ်သည်	jwei: che de
rekenmachine (de)	ဂဏန်းပေါင်းစက်	ganan: baun: za'
voicemail (de)	အသံမေးလ်	athan mei:l
wekker (de)	နှိုးစက်	hnou: ze'
contacten (mv.)	ဖုန်းအဆက်အသွယ်များ	hpoun: ase' athwe mja:
SMS-bericht (het)	မက်ဆေ့ဂျ်	me' zei. gja
abonnee (de)	အသုံးပြုသူ	athoun: bju. dhu

115. Schrijfbehoeften

balpen (de)	ဘောပင်	bo pin
vulpen (de)	ဖောင်တိန်	hpaun din
potlood (het)	ခဲတံ	khe: dan
marker (de)	အရောင်တောက်မင်တံ	ajaun dau' min dan
viltstift (de)	ရေဆေးစုတ်တံ	jei zei: zou' tan
notitieboekje (het)	မှတ်စုစာအုပ်	hma' su. za ou'
agenda (boekje)	နေ့စဉ်မှတ်တမ်းစာအုပ်	nei. zin hma' tan: za ou'
liniaal (de/het)	ပေတံ	pei dan

rekenmachine (de)	ဂဏန်းပေါင်းစက်	ganan: baun: za'
gom (de)	ခဲဖျက်	khe: bje'
punaise (de)	ထိပ်ပြားကြီးသံမှို	htei' pja: gji: dhan hmou
paperclip (de)	တွယ်ချိတ်	twe gjei'
lijm (de)	ကော်	ko
nietmachine (de)	စတက်ပလာ	sate' pa. la
perforator (de)	အပေါက်ဖောက်စက်	apau' hpau' se'
potloodslijper (de)	ခဲချွန်စက်	khe: chun ze'

116. Verschillende soorten documenten

verslag (het)	အစီရင်ခံစာ	asi jin gan za
overeenkomst (de)	သဘောတူညီမှု	dhabo: tu nji hmu.
aanvraagformulier (het)	လျှောက်လွှာပုံစံ	shau' hlwa ban zan
origineel, authentiek (bn)	စစ်မှန်သော	si' hman de.
badge, kaart (de)	တံဆိပ်	da zei'
visitekaartje (het)	လုပ်ငန်းသုံးလိပ်စာကဒ်ပြား	lou' ngan: loun: lei' sa ka' pja:
certificaat (het)	အသိအမှတ်ပြုလက်မှတ်	athi ahma' pju la' hma'
cheque (de)	ချက်စာရွက်	che' sa jwe'
rekening (in restaurant)	ကျသင့်ငွေ	kja. thin. ngwei
grondwet (de)	ဖွဲ့စည်းပုံအခြေခံဥပဒေ	hpwe. zi: boun akhei gan u. ba. dei
contract (het)	စာချုပ်	sa gjou'
kopie (de)	မိတ္တူ	mi' tu
exemplaar (het)	မိတ္တူ	mi' tu
douaneaangifte (de)	အကောက်ခွန်ကြေငြာချက်	akau' khun gjei nja gje'
document (het)	စာရွက်စာတမ်း	sajwe' zatan:
rijbewijs (het)	ကားမောင်းလိုင်စင်	ka: maun: lain zin
bijlage (de)	ပူးတွဲ	pu: twe:
formulier (het)	ပုံစံ	poun zan
identiteitskaart (de)	သက်သေခံကဒ်ပြား	the' thei gan ga' pja:
aanvraag (de)	စုံစမ်းမေးမြန်းခြင်း	soun zan: mei: mjan: gjin:
uitnodigingskaart (de)	ဖိတ်စာကဒ်	hpi' sa ka'
factuur (de)	ငွေတောင်းခံလွှာ	ngwei daun: gan hlwa
wet (de)	ဥပဒေ	u. ba. dei
brief (de)	စာ	sa
briefhoofd (het)	ကုမ္ပဏီစာတမ်းပါ စာရွက်	koun pani za dan: ba za jwe'
lijst (de)	စာရင်း	sajin:
manuscript (het)	လက်ရေးစာမူ	le' jei: za mu
nieuwsbrief (de)	သတင်းလွှာ	dhadin: hlwa
briefje (het)	မှတ်စု	hma' su.
pasje (voor personeel, enz.)	ဝင်ခွင့်ကဒ်ပြား	win gwin. ga' pja
paspoort (het)	နိုင်ငံကူးလက်မှတ်	nain ngan gu: le' hma'
vergunning (de)	ပါမစ်	pa mi'
CV, curriculum vitae (het)	ကိုယ်ရေးမှတ်တမ်းအကျဉ်း	kou jei: hma' tan: akjun:
schuldbekentenis (de)	ကြွေးမြီဝန်ခံချက်	kjwei: mji wun gan gje'
kwitantie (de)	လက်ခံရရှိကြောင်းပြေစာ	le' khan ja shi kjaun: bjei za

bon (kassabon)	၀ၡ၇ၠ၇ၠၨ၁	ngwei ja. bei za
rapport (het)	အစီရင်ခံစာ	asi jin gan za

tonen (paspoort, enz.)	ြပသည်	pja. de
ondertekenen (ww)	လက်မှတ်ထိုးသည်	le' hma' htou: de
handtekening (de)	လက်မှတ်	le' hma'
stempel (de)	တံဆိပ်	da zei'
tekst (de)	စာသား	sa dha:
biljet (het)	လက်မှတ်	le' hma'

doorhalen (doorstrepen)	ခြစ်ပစ်သည်	chi' pi' te
invullen (een formulier ~)	ြဖည့်သည်	hpjei. de

vrachtbrief (de)	ကုန်ပို့လွှာ	koun pou. hlwa
testament (het)	သေတမ်းစာ	thei dan: za

117. Soorten bedrijven

uitzendbureau (het)	အလုပ်အကိုင်ရှာဖွေ ရေးလုပ်ငန်း	alou' akain sha hpwei jei: lou' ngan:
bewakingsfirma (de)	လုံြခုံရေးအကျိုး ဆောင်ကုမ္ပဏီ	loun gjoun jei: akjou: zaun koun pa. ni
persbureau (het)	သတင်းဌာန	dhadin: hta. na.
reclamebureau (het)	ကြော်ြငာလုပ်ငန်း	kjo nja lou' ngan:

antiek (het)	ရှေးဟောင်းပစ္စည်း	shei: haun: bji' si:
verzekering (de)	အာမခံလုပ်ငန်း	a ma. khan lou' ngan:
naaiatelier (het)	အပ်ချုပ်လုပ်ငန်း	a' chou' lu' ngan:

banken (mv.)	ဘဏ်လုပ်ငန်း	ban lou' ngan:
bar (de)	ဘား	ba:
bouwbedrijven (mv.)	ဆောက်လုပ်ရေးလုပ်ငန်း	hsau' lou' jei: lou' ngan:
juwelen (mv.)	လက်ဝတ်ရတနာ	le' wa' ja. da. na
juwelier (de)	လက်ဝတ်ရတနာကုန်သည်	le' wa' ja. da. na goun de

wasserette (de)	ဒိုဘီလုပ်ငန်း	dou bi lou' ngan:
alcoholische dranken (mv.)	အရက်သေစာ	aje' dhei za
nachtclub (de)	နိုက်ကလပ်	nai' ka. la'
handelsbeurs (de)	စတော့ရောင်းဝယ်ရေးဌာန	sato. jaun: we jei: hta. na.
bierbrouwerij (de)	ဘီယာချက်စက်ရုံ	bi ja gje' se' joun
uitvaartcentrum (het)	အသုဘဝန်ဆောင် မှုလုပ်ငန်း	athu. ba. wun zaun hmu. lou' ngan:

casino (het)	လောင်းကစားရုံ	laun: gaza: joun
zakencentrum (het)	စီးပွားရေးလုပ်ငန်းစင်တာ	si: bwa: jei: lou' ngan: zin da
bioscoop (de)	ရုပ်ရှင်ရုံ	jou' shin joun
airconditioning (de)	လေအေးစက်	lei ei: ze'

handel (de)	ကုန်သွယ်ရေး	koun dhwe jei:
luchtvaartmaatschappij (de)	လေကြောင်း	lei gjaun:
adviesbureau (het)	လူနာဝမ်းသပ်ဝန်း	lu na zan: dha' khan:
koerierdienst (de)	ပစ္စည်းပို့ဆောင်ရေးလုပ်ငန်း	pji' si: bou. zain jei: lou' ngan:
tandheelkunde (de)	သွားဆေးခန်း	thwa: hsei: gan:
design (het)	ဒီဇိုင်း	di zain:

business school (de)	ဦးပွါးရေးကျောင်း	si: bwa: jei: gjaun:
magazijn (het)	ကုန်လှောင်ရုံ	koun hlaun joun
kunstgalerie (de)	အနုပညာပြခန်း	anu. pjin ja pja. gan:
ijsje (het)	ရေခဲမုန့်	jei ge: moun.
hotel (het)	ဟိုတယ်	hou te
vastgoed (het)	အိမ်ခြံမြေလုပ်ငန်း	ein gjan mjei lu' ngan:
drukkerij (de)	ပုံနှိပ်ခြင်း	poun nei' chin:
industrie (de)	စက်မှုလုပ်ငန်း	se' hmu. lou' ngan:
Internet (het)	အင်တာနက်	in ta na'
investeringen (mv.)	ရင်းနှီးမြှုပ်နှံမှု	jin: hni: hmjou' hnan hmu.
krant (de)	သတင်းစာ	dhadin: za
boekhandel (de)	စာအုပ်ဆိုင်	sa ou' hsain
lichte industrie (de)	အသေးစားစက်မှုလုပ်ငန်း	athei: za: za' hmu. lou' ngan:
winkel (de)	ဆိုင်	hsain
uitgeverij (de)	ပုံနှိပ်ထုတ်ဝေ သိမ်ညွှန်ကုမ္ပဏီ	poun nei' htou' wei dhi. koun pani
medicijnen (mv.)	ဆေးပညာ	hsei: pjin nja
meubilair (het)	ပရိဘောဂ	pa ri. bo: ga.
museum (het)	ပြတိုက်	pja. dai'
olie (aardolie)	ရေနံ	jei nan
apotheek (de)	ဆေးဆိုင်	hsei: zain
farmacie (de)	လူသုံးဆေးဝါး လုပ်ငန်း	lu dhoun: zei: wa: lou' ngan:
zwembad (het)	ရေကူးကန်	jei ku: gan
stomerij (de)	အဝတ်အခြောက်လျှော်လုပ်ငန်း	awu' achou' hlo: lou' ngan:
voedingswaren (mv.)	စားသုံးကုန်များ	sa: dhoun: goun mja:
reclame (de)	ကြော်ငြာ	kjo nja
radio (de)	ရေဒီယို	rei di jou
afvalinzameling (de)	စွန့်ပစ်ပစ္စည်းစုဆောင်းခြင်း	sun. bi' pji' si: zu zaun: ghin:
restaurant (het)	စားသောက်ဆိုင်	sa: thau' hsain
tijdschrift (het)	မဂ္ဂဇင်းစာစောင်	ma' ga. zin: za zaun
schoonheidssalon (de/het)	အလှပြင်ဆိုင်	ahla. bjin zain:
financiële diensten (mv.)	ငွေကြေးဝန်ဆောင် မှုလုပ်ငန်း	ngwei kjei: wun zaun hmu lou' ngan:
juridische diensten (mv.)	ဥပဒေအကြံပေး	u. ba. dei akjan bei:
boekhouddiensten (mv.)	စာရင်းကိုင်ဝန်ဆောင်မှု	sajin: gain wun zaun hmu.
audit diensten (mv.)	စာရင်းစစ်ဆေးခြင်း	sajin: zi' hsei: gjin:
sport (de)	အားကစား	a: gaza:
supermarkt (de)	ကုန်တိုက်ကြီး	koun dou' kji:
televisie (de)	ရုပ်မြင်သံကြား	jou' mjin dhan gja:
theater (het)	ကဇာတ်ရုံ	ka. za' joun
toerisme (het)	ခရီးသွားလုပ်ငန်း	khaji: thwa: lou' ngan:
transport (het)	သယ်ယူပို့ဆောင်ရေး လုပ်ငန်း	the ju bou. zaun jei: lou' ngan:
postorderbedrijven (mv.)	စာအော်ဒါကိုစ္စာတိုက်မှ ပို့ဆောင်ခြင်း	o da ko sa dai' hma. bou. hsaun gjin:
kleding (de)	အဝတ်အစား	awu' aza:
dierenarts (de)	တိရစ္ဆာန်ကုဆရာဝန်	tharei' hsan gu. zaja wun

Baan. Business. Deel 2

118. Show. Tentoonstelling

beurs (de)	ပြပွဲ	pja. bwe:
vakbeurs, handelsbeurs (de)	ကုန်စည်ပြပွဲ	koun zi pja pwe
deelneming (de)	ပါဝင်ဆင်နွှဲမှု	pa win zhin hnwe: hmu.
deelnemen (ww)	ပါဝင်ဆင်နွှဲသည်	pa win zin hnwe: de
deelnemer (de)	ပါဝင်ဆင်နွှဲသူ	pa win zhin hnwe: dhu
directeur (de)	ဒါရိုက်တာ	da je' ta
organisatiecomité (het)	ဦးစီးဦးဆောင်သူအဖွဲ့	u: zi: u: zaun dhu ahpwe:
organisator (de)	စီစဉ်သူ	si zin dhu
organiseren (ww)	စီစဉ်သည်	si zin de
deelnemingsaanvraag (de)	ပါဝင်ရန်ဖြည့်စွက်ရ သော့ပုံစံ	pa win jan bje zwe' ja. dho: boun zan
invullen (een formulier ~)	ဖြည့်သည်	hpjei. de
details (mv.)	အသေးစိတ်အချက်အလက်များ	athei zi' ache' ala' mja:
informatie (de)	သတင်းအချက်အလက်	dhadin: akje' ale'
prijs (de)	ဈေးနှုန်း	zei: hnan:
inclusief (bijv. ~ BTW)	အပါအဝင်	apa awin
inbegrepen (alles ~)	ပါဝင်သည်	pa win de
betalen (ww)	ပေးချေသည်	pei: gjei de
registratietarief (het)	မှတ်ပုံတင်ခ	hma' poun din ga.
ingang (de)	ဝင်ပေါက်	win bau'
paviljoen (het), hal (de)	ပြခန်းယာယီအဆောက်အအုံ	pja. gan: ja ji ahsau' aoun
registreren (ww)	စာရင်းသွင်းသည်	sajin: dhwin: de
badge, kaart (de)	တံဆိပ်	da zei'
beursstand (de)	ပြပွဲဝင်	pja. bwe: zin
reserveren (een stand ~)	ကြိုတင်မှာသည်	kjou tin hma de
vitrine (de)	ပစ္စည်းပြရန်မှန်ဘောင်	pji' si: bja. jan hman baun
licht (het)	မီးမောင်း	mi: maun:
design (het)	ဒီဇိုင်း	di zain:
plaatsen (ww)	နေရာချသည်	nei ja gja de
geplaatst zijn (ww)	တည်ရှိသည်	ti shi. de
distributeur (de)	ဖြန့်ဝေသူ	hpjan. wei dhu
leverancier (de)	ပေးသွင်းသူ	pei: dhwin: dhu
leveren (ww)	ပေးသွင်းသည်	pei: dhwin: de
land (het)	နိုင်ငံ	nain ngan
buitenlands (bn)	နိုင်ငံခြားနှင့်ဆိုင်သော	nain ngan gja: hnin. zain de.
product (het)	ထုတ်ကုန်	htou' koun
associatie (de)	အဖွဲ့အစည်း	ahpwe. asi:

conferentiezaal (de)	ဆွေးနွေးပွဲခန်းမ	hswe: nwe: bwe: gan: ma.
congres (het)	ညီလာခံ	nji la gan
wedstrijd (de)	ပြိုင်ပွဲ	pjain bwe:

bezoeker (de)	ဧည့်သည်	e. dhe
bezoeken (ww)	လာရောက်လေ့လာသည်	la jau' lei. la de
afnemer (de)	ဖောက်သည်	hpau' te

119. Massamedia

krant (de)	သတင်းစာ	dhadin: za
tijdschrift (het)	မဂ္ဂဇင်းစာစောင်	ma' ga. zin: za zaun
pers (gedrukte media)	စာနယ်ဇင်း	sa ne zin:
radio (de)	ရေဒီယို	rei di jou
radiostation (het)	ရေဒီယိုဌာန	rei di jou hta. na.
televisie (de)	ရုပ်မြင်သံကြား	jou' mjin dhan gja:

presentator (de)	အစီအစဉ်တင်ဆက်သူ	asi asin din ze' thu
nieuwslezer (de)	သတင်းဖြကြေငြာသူ	dhadin: gjei nja dhu
commentator (de)	အစီရင်ခံသူ	asi jin gan dhu

journalist (de)	သတင်းစာဆရာ	dhadin: za zaja
correspondent (de)	သတင်းထောက်	dhadin: dau'
fotocorrespondent (de)	သတင်းဓာတ်ပုံရိုက်ကူးသူ	dhadin: da' poun jai' ku: dhu
reporter (de)	သတင်းထောက်	dhadin: dau'

| redacteur (de) | အယ်ဒီတာ | e di ta |
| chef-redacteur (de) | အယ်ဒီတာချုပ် | e di ta chu' |

zich abonneren op	ပေးသွင်းသည်	pei: dhwin: de
abonnement (het)	လစဉ်ကြေး	la. zin gjei:
abonnee (de)	လစဉ်ကြေးပေးသွင်းသူ	la. zin gjei: bei: dhwin: dhu
lezen (ww)	ဖတ်သည်	hpa' te
lezer (de)	စာဖတ်သူ	sa hpa' thu

oplage (de)	စောင်ရေ	saun jei
maand-, maandelijks (bn)	လစဉ်	la. zin
wekelijks (bn)	အပတ်စဉ်	apa' sin
nummer (het)	အကြိမ်	akjein
vers (~ van de pers)	အသစ်ဖြစ်သော	athi' hpji' te.

kop (de)	ခေါင်းစဉ်	gaun: zin
korte artikel (het)	ဆောင်းပါးငယ်	hsaun: ba: nge
rubriek (de)	ပင်တိုင်ဆောင်းပါးရှင်ကဏ္ဍ	pin dain zaun: ba: shin gan da.
artikel (het)	ဆောင်းပါး	hsaun: ba:
pagina (de)	စာမျက်နှာ	sa mje' hna

reportage (de)	သတင်းပေးပို့ချက်	dhadin: bei: bou. gje'
gebeurtenis (de)	အဖြစ်အပျက်	a hpji' apje'
sensatie (de)	သတင်းထူး	dhadin: du:
schandaal (het)	မကောင်းသတင်း	ma. gaun: dhadin:
schandalig (bn)	ကျော်မကောင်းကြား / မကောင်းသော	kjo ma. kaun: pja: / ma. kaun de

groot (~ schandaal, enz.)	ကြီးကျယ်ခမ်းနားသော	kji: kje khin: na: de.
programma (het)	အစီအစဉ်	asi asin
interview (het)	အင်တာဗျူး	in ta bju:
live uitzending (de)	တိုက်ရိုက်ထုတ်လွှင့်မှု	tai' jai' htou' hlwin. hmu.
kanaal (het)	လိုင်း	lain:

120. Landbouw

landbouw (de)	စိုက်ပျိုးရေး	sai' pjou: jei:
boer (de)	တောင်သူလယ်သမား	taun dhu le dhama:
boerin (de)	တောင်သူအမျိုးသမီး	taun dhu amjou: dhami:
landbouwer (de)	လယ်သမား	le dhama:

tractor (de)	ထွန်စက်	htun ze'
maaidorser (de)	ရိတ်သိမ်းသီးနှံခြွေစက်	jei' thein:/ thi: hnan gjwei ze'

ploeg (de)	ထယ်	hte
ploegen (ww)	ထယ်ထိုးသည်	hte dou: de
akkerland (het)	ထယ်ထိုးစက်	hte dou: ze'
voor (de)	ထယ်ကြောင်း	hte gjaun:

zaaien (ww)	မျိုးကြဲသည်	mjou: gje: de
zaaimachine (de)	မျိုးကြဲစက်	mjou: gje: ze'
zaaien (het)	မျိုးကြဲခြင်း	mjou: gje: gjin:

zeis (de)	မြက်ယမ်းတား	mje' jan: da:
maaien (ww)	မြက်ရိတ်သည်	mje' jei' te

schop (de)	ကော်ပြား	ko pja:
spitten (ww)	ထွန်ယက်သည်	htun je' te

schoffel (de)	ပေါက်ပြား	pja' bja:
wieden (ww)	ပေါင်းသင်သည်	paun: dhin de
onkruid (het)	ပေါင်းပင်	paun: bin

gieter (de)	အပင်ရေလောင်းပုံး	apin jei laun: boun:
begieten (water geven)	ရေလောင်းသည်	jei laun: de
bewatering (de)	ရေလောင်းခြင်း	jei laun: gjin:

riek, hooivork (de)	ကောက်ဆွ	kau' hswa
hark (de)	ထွန်ခြစ်	htun gji'

kunstmest (de)	မြေသြဇာ	mjei o: za
bemesten (ww)	မြေသြဇာကျွေးသည်	mjei o: za gjwei: de
mest (de)	မြေသြဇာ	mjei o: za

veld (het)	လယ်ကွင်း	le gwin:
wei (de)	မြင်ခင်းပြင်	mjin gin: bjin
moestuin (de)	အသီးအရွက်စိုက်ခင်း	athi: ajwe' sai' khin:
boomgaard (de)	သစ်သီးခြံ	thi' thi: gjan

weiden (ww)	စားကျက်တွင်လွှတ်ထားသည်	sa: gja' twin hlu' hta' de
herder (de)	သိုးနွားထိန်းကျောင်းသူ	thou: nwa: ou' kjaun: dhu
weiland (de)	စားကျက်	sa: gja'

| veehouderij (de) | တိရိစ္ဆာန်မွေး မြူရေးလုပ်ငန်း | tharei' hsan mwei: mju jei: lou' ngan: |
| schapenteelt (de) | သိုးမွေးမြူရေးလုပ်ငန်း | thou: mwei: mju je: lou' ngan: |

plantage (de)	ခြံ	chan
rijtje (het)	ဘောင်	baun
broeikas (de)	မှန်လုံအိမ်	hman loun ein

| droogte (de) | မိုးခေါင်ခြင်း | mou: gaun gjin |
| droog (bn) | ခြောက်သွေ့သော | chau' thwei. de. |

graan (het)	နှံစားပင်တို့၏အစေ့	hnan za: bin dou. i. asei.
graangewassen (mv.)	မျိုးယောစပါး	mu. jo za. ba:
oogsten (ww)	ရိတ်သိမ်းသည်	jei' thein: de

molenaar (de)	ဂျုံလောက်ပိုင်ရှင်	gjoun ze' pain shin
molen (de)	သီးနှံကြိတ်ခွဲစက်	thi: hnan gji' khwei: ze'
malen (graan ~)	ကြိတ်သည်	kjei' te
bloem (bijv. tarwebloem)	ဂျုံမှုန့်	gjoun hmoun.
stro (het)	ကောက်ရိုး	kau' jou:

121. Gebouw. Bouwproces

bouwplaats (de)	ဆောက်လုပ်ရေးလုပ်ငန်းခွင်	hsau' lou' jei: lou' ngan: gwin
bouwen (ww)	ဆောက်လုပ်သည်	hsau' lou' te
bouwvakker (de)	ဆောက်လုပ်ရေးအလုပ်သမား	hsau' lou' jei: alou' dha. ma:

project (het)	ပရောဂျက် စီမံကိန်း	pa jo: gje' si man gein:
architect (de)	ဗိသုကာပညာရှင်	bi. thu. ka pjin nja shin
arbeider (de)	အလုပ်သမား	alou' dha ma:

fundering (de)	အုတ်မြစ်	ou' mja'
dak (het)	အမိုး	amou:
heipaal (de)	မြေစိုက်တိုင်	mjei zai' tain
muur (de)	နံရံ	nan jou:

| betonstaal (het) | ဂြမ်းစင် | njan: zin |
| steigers (mv.) | ဂြမ်း | njan: |

beton (het)	ကွန်ကရစ်	kun ka. ji'
graniet (het)	နမ်းဖတ်ကျောက်	hnan: ba' kjau'
steen (de)	ကျောက်	kjau'
baksteen (de)	အုတ်	ou'

zand (het)	သဲ	the:
cement (de/het)	ဘိလပ်မြေ	bi la' mjei
pleister (het)	သရွတ်	thaju'
pleisteren (ww)	သရွတ်ကိုင်သည်	thaju' kain de

verf (de)	သုတ်ဆေး	thou' hsei:
verven (muur ~)	ဆေးသုတ်သည်	hsei: dhou' te
ton (de)	စည်ပိုင်း	si bain:
kraan (de)	ကရိန်းစက်	karein: ze'
heffen, hijsen (ww)	မသည်	ma. de

neerlaten (ww)	ချသည်	cha. de
bulldozer (de)	လမ်းကြိတ်စက်	lan: gji' se'
graafmachine (de)	မြေတူးစက်	mjei du: ze'
graafbak (de)	ကော်ခွက်	ko khwe'
graven (tunnel, enz.)	တူးသည်	tu: de
helm (de)	ဒဏ်ခံဦးထုပ်	dan gan u: dou'

122. Wetenschap. Onderzoek. Wetenschappers

wetenschap (de)	သိပ္ပံပညာ	thei' pan pin nja
wetenschappelijk (bn)	သိပ္ပံပညာဆိုင်ရာ	thei' pan pin nja zein ja
wetenschapper (de)	သိပ္ပံပညာရှင်	thei' pan pin nja shin
theorie (de)	သီအိုရီ	thi ou ji

axioma (het)	နဂိုမှန်အဆို	na. gou hman ahsou
analyse (de)	ခွဲခြမ်းစိတ်ဖြာခြင်း	khwe: gjan: zei' hpa gjin:
analyseren (ww)	ခွဲခြမ်းစိတ်ဖြာသည်	khwe: gjan: zei' hpa de
argument (het)	အကြောင်းပြချက်	akjaun: pja. gje'
substantie (de)	အထည်	a hte

hypothese (de)	အခြေခံသဘောတ ရားအယူအဆ	achei khan dha. bo da. ja: aju ahsa.
dilemma (het)	အကျပ်ရိုက်ခြင်း	akja' shi' chin:
dissertatie (de)	သုတေသနစာတမ်း	thu. tei thana za dan:
dogma (het)	တရားသေလက်ခံ ထားသောဝါဒ	taja: dhei le' khan da: dho: wa da

doctrine (de)	ဩဝါဒ	thja. wa da.
onderzoek (het)	သုတေသန	thu. tei thana
onderzoeken (ww)	သုတေသနပြုသည်	thu. tei thana bjou de
toetsing (de)	စမ်းသပ်ခြင်း	san: dha' chin:
laboratorium (het)	လက်တွေ့ခန်း	le' twei. gan:

methode (de)	နည်းလမ်း	ne: lan:
molecule (de/het)	မော်လီကျူး	mo li gju:
monitoring (de)	စောင့်ကြည့်စစ်ဆေးခြင်း	saun. gji. zi' hsei: gjin:
ontdekking (de)	ရှာဖွေတွေ့ရှိမှု	sha hpwei dwei. shi. hmu.

postulaat (het)	လက်ခံထားသည့်အဆို	le' khan da: dhe. ahsou
principe (het)	အခြေခံသဘောတရား	achei khan dha. bo da. ja:
voorspelling (de)	ကြိုတင်ခန့်မှန်းချက်	kjou din khan hman: gje'
een prognose maken	ကြိုတင်ခန့်မှန်းသည်	kjou din khan hman: de

synthese (de)	သမ္ဘာရ	than ba ra.
tendentie (de)	ဦးတည်ရာ	u: ti ja
theorema (het)	သီအိုရမ်	thi ou jan

leerstellingen (mv.)	သင်ကြားချက်	thin kja: gje'
feit (het)	အချက်အလက်	ache' ale'
expeditie (de)	စူးစမ်းလေ့လာရေးခရီး	su: zan: lei. la nei: khaji:
experiment (het)	စမ်းသပ်လုပ်ဆောင်ချက်	san: dha' lou' hsaun gje'

academicus (de)	အကယ်ဒမီသိပ္ပံပညာရှင်	ake da ni dhan pa' pjin shin
bachelor (bijv. BA, LLB)	တက္ကသိုလ် ပထမဘွဲ့	te' kathou pahtama. bwe.

doctor (de)	ပါရဂူဘွဲ့	pa ja gu bwe.
universitair docent (de)	လက်ထောက်ပါမောက္ခ	le' htau' pa mau' kha.
master, magister (de)	မဟာဘွဲ့	maha bwe.
professor (de)	ပါမောက္ခ	pamau' kha

Beroepen en ambachten

123. Zoeken naar werk. Ontslag

baan (de)	အလုပ်	alou'
werknemers (mv.)	ဝန်ထမ်းအင်အား	wun dan: in a:
personeel (het)	အမှုထမ်း	ahmu, htan:
carrière (de)	သက်မွေးမှုလုပ်ငန်း	the' hmei: hmu. lou' ngan:
vooruitzichten (mv.)	တက်လမ်း	te' lan:
meesterschap (het)	ကျွမ်းကျင်မှု	kjwan: gjin hmu.
keuze (de)	လက်ရွေးစင်	le' jwei: zin
uitzendbureau (het)	အလုပ်အကိုင်ရှာဖွေရေး-	alou' akain sha hpei jei:
	အကျိုးဆောင်လုပ်ငန်း	akjou: zaun lou' ngan:
CV, curriculum vitae (het)	ပညာရည်မှတ်တမ်းအကျဉ်း	pjin nja je hma' tan: akjin:
sollicitatiegesprek (het)	အလုပ်အင်တာဗျူး	alou' in da bju:
vacature (de)	အလုပ်လစ်လပ်နေရာ	alou' li' la' nei ja
salaris (het)	လစာ	la. za
vaste salaris (het)	ပုံသေလစာ	poun dhei la. za
loon (het)	ပေးရေျသည့်ငွေ	pei: gjei de. ngwei
betrekking (de)	ရာထူး	ja du:
taak, plicht (de)	တာဝန်	ta wun
takenpakket (het)	တာဝန်များ	ta wun mja:
bezig (~ zijn)	အလုပ်များသော	alou' mja: de.
ontslagen (ww)	အလုပ်ထုတ်သည်	alou' htou' de
ontslag (het)	ထုတ်ပယ်ခြင်း	htou' pe gjin:
werkloosheid (de)	အလုပ်လက်မဲ့ဦးရေ	alou' le' me. u: jei
werkloze (de)	အလုပ်လက်မဲ့	alou' le' me.
pensioen (het)	အငြိမ်းစားလစာ	anjein: za: la. za
met pensioen gaan	အငြိမ်းစားယူသည်	anjein: za: ju dhe

124. Zakenmensen

directeur (de)	ညွှန်ကြားရေးမှူး	hnjun gja: jei: hmu:
beheerder (de)	မန်နေဂျာ	man nei gji
hoofd (het)	အကြီးအကဲ	akji: ake:
baas (de)	အထက်လူကြီး	a hte' lu gji:
superieuren (mv.)	အထက်လူကြီးများ	a hte' lu gji: mja:
president (de)	ဥက္ကဋ္ဌ	ou' kahta.
voorzitter (de)	ဥက္ကဋ္ဌ	ou' kahta.
adjunct (de)	ဒုတိယ	du. di. ja.
assistent (de)	လက်ထောက်	le' htau'

| secretaris (de) | အတွင်းရေးမှူး | atwin: jei: hmu: |
| persoonlijke assistent (de) | ကိုယ်ရေးအရာရှိ | kou jei: aja shi. |

zakenman (de)	စီးပွားရေးလုပ်ငန်းရှင်	si: bwa: jei: lou' ngan: shin
ondernemer (de)	စီးပွားရေးလုပ်ငန်းရှင်	si: bwa: jei: lou' ngan: shin
oprichter (de)	တည်ထောင်သူ	ti daun dhu
oprichten	တည်ထောင်သည်	ti daun de
(een nieuw bedrijf ~)		

stichter (de)	ဖွဲ့စည်းသူ	hpwe. zi: dhu
partner (de)	အကျိုးတူလုပ်ဖော်ကိုင်ဘက်	akjou: du lou' hpo kain be'
aandeelhouder (de)	အစုရှင်	asu. shin

miljonair (de)	သန်းကြွယ်သူဌေး	than: gjwe dhu dei:
miljardair (de)	ဘီလျံနာသူဌေး	bi ljan na dhu dei:
eigenaar (de)	ပိုင်ရှင်	pain shin
landeigenaar (de)	မြေပိုင်ရှင်	mjei bain shin

klant (de)	ဖောက်သည်	hpau' te
vaste klant (de)	အမြဲတမ်းဖောက်သည်	amje: dan: zau' te
koper (de)	ဝယ်သူ	we dhu
bezoeker (de)	ည့်သည်	e. dhe

professioneel (de)	ကျွမ်းကျင်သူ	kjwan: gjin dhu
expert (de)	ကျွမ်းကျင်ပညာရှင်	kjwan: gjin bi nja shin
specialist (de)	အထူးကျွမ်းကျင်သူ	a htu: kjwan: gjin dhu
bankier (de)	ဘဏ်လုပ်ငန်းရှင်	ban lou' ngan: shin
makelaar (de)	စီးပွါးရေးအကျိုးဆောင်	si: bwa: jei: akjou: zaun

kassier (de)	ငွေကိုင်	ngwei gain
boekhouder (de)	စာရင်းကိုင်	sajin: gain
bewaker (de)	အစောင့်	asaun.

investeerder (de)	ရင်းနှီးမြှုပ်နှံသူ	jin: hni: hmjou' hnan dhu
schuldenaar (de)	မြီစား	mji za:
crediteur (de)	ကြွေးရှင်	kjwei: shin
lener (de)	ချေးသူ	chei: dhu

| importeur (de) | သွင်းကုန်လုပ်ငန်းရှင် | thwin: goun lou' ngan: shin |
| exporteur (de) | ပို့ကုန်လုပ်ငန်းရှင် | pou. goun lou' ngan: shin |

producent (de)	ထုတ်လုပ်သူ	tou' lou' thu
distributeur (de)	ဖြန့်ဝေသူ	hpjan. wei dhu
bemiddelaar (de)	တစ်ဆင့်ခံရောင်းသူ	ti' hsin. gan jaun: dhu

adviseur, consulent (de)	အတိုင်ပင်ခံပုဂ္ဂိုလ်	atain bin gan bou' gou
vertegenwoordiger (de)	ကိုယ်စားလှယ်	kou za: hle
agent (de)	ကိုယ်စားလှယ်	kou za: hle
verzekeringsagent (de)	အာမခံကိုယ်စားလှယ်	a ma. khan gou za: hle

125. Dienstverlenende beroepen

| kok (de) | စားဖိုမှူး | sa: hpou hmu: |
| chef-kok (de) | စားဖိုမှူးကြီး | sa: hpou hmu: gji: |

bakker (de)	ပေါင်မုန့်ဖုတ်သူ	paun moun. bou' dhu
barman (de)	အရက်သားးဝန်ထမ်း	aje' ba: wun dan:
kelner, ober (de)	စားပွဲထိုး	sa: bwe: dou:
serveerster (de)	စားပွဲထိုးမိန်းကလေး	sa: bwe: dou: mein: ga. lei:
advocaat (de)	ရှေ့နေ	shei. nei
jurist (de)	ရှေ့နေ	shei. nei
notaris (de)	ရှေ့နေ	shei. nei
elektricien (de)	လျှပ်စစ်ပညာရှင်	hlja' si' pa. nja shin
loodgieter (de)	ပိုက်ပြင်သူ	pai' bjin dhu
timmerman (de)	လက်သမား	le' tha ma:
masseur (de)	အနှိပ်သမား	anei' thama:
masseuse (de)	အနှိပ်သမ	anei' thama.
dokter, arts (de)	ဆရာဝန်	hsa ja wun
taxichauffeur (de)	တက္ကစီမောင်းသူ	te' kasi maun: dhu
chauffeur (de)	ယာဉ်မောင်း	jin maun:
koerier (de)	ပစ္စည်းပို့သူ	pji' si: bou. dhu
kamermeisje (het)	ဟိုတယ်သန့်ရှင်းရေးဝန်ထမ်း	hou te than. shin wun dam:
bewaker (de)	အစောင့်	asaun.
stewardess (de)	လေယာဉ်မယ်	lei jan me
meester (de)	ဆရာ	hsa ja
bibliothecaris (de)	စာကြည့်တိုက်ဝန်ထမ်း	sa gji. dai' wun dan:
vertaler (de)	ဘာသာပြန်	ba dha bjan
tolk (de)	စကားပြန်	zaga: bjan
gids (de)	လမ်းညွှန်	lan: hnjun
kapper (de)	ဆံသဆရာ	hsan dha. zaja
postbode (de)	စာပို့သမား	sa bou. dhama:
verkoper (de)	ဆိုင်အရောင်းဝန်ထမ်း	hsain ajaun: wun dan:
tuinman (de)	ဥယျာဉ်မှူး	u. jin hmu:
huisbediende (de)	အိမ်စေအမှုထမ်း	ein zei ahmu. dan:
dienstmeisje (het)	အိမ်စေအမျိုးသမီး	ein zei amjou: dhami:
schoonmaakster (de)	သန့်ရှင်းရေးသမ	than. shin: jei: dhama.

126. Militaire beroepen en rangen

soldaat (rang)	တပ်သား	ta' tha:
sergeant (de)	တပ်ကြပ်ကြီး	ta' kja' kji:
luitenant (de)	ဗိုလ်	bou
kapitein (de)	ဗိုလ်ကြီး	bou gji
majoor (de)	ဗိုလ်မှူး	bou hmu:
kolonel (de)	ဗိုလ်မှူးကြီး	bou hmu: gji:
generaal (de)	ဗိုလ်ချုပ်	bou gjou'
maarschalk (de)	ထိပ်တန်းအရာရှိ	htei' tan: aja shi.
admiraal (de)	ရေတပ်ဗိုလ်ချုပ်ကြီး	jei da' bou chou' kji:
militair (de)	တပ်မတော်နှင့်ဆိုင်သော	ta' mado hnin. zain de.
soldaat (de)	စစ်သား	si' tha:

| officier (de) | အရာရှိ | aja shi. |
| commandant (de) | ခေါင်းဆောင် | gaun: zaun |

grenswachter (de)	နယ်ခြားစောင့်	ne gja: zaun.
marconist (de)	ဆက်သွယ်ရေးတပ်သား	hse' thwe jei: da' tha:
verkenner (de)	ကင်းထောက်	kin: dau'
sappeur (de)	မိုင်းရှင်းသူ	main: shin: dhu
schutter (de)	လက်ဖြောင့်တပ်သား	le' hpaun. da' tha:
stuurman (de)	လေကြောင်းပြ	lei gjaun: bja.

127. Ambtenaren. Priesters

| koning (de) | ဘုရင် | ba. jin |
| koningin (de) | ဘုရင်မ | ba jin ma. |

| prins (de) | အိမ်ရှေ့မင်းသား | ein shei. min: dha: |
| prinses (de) | မင်းသမီး | min: dhami: |

| tsaar (de) | ဇာဘုရင် | za bou jin |
| tsarina (de) | ဇာဘုရင်မ | za bou jin ma |

president (de)	သမ္မတ	thamada.
minister (de)	ဝန်ကြီး	wun: gji:
eerste minister (de)	ဝန်ကြီးချုပ်	wun: gji: gjou'
senator (de)	ဆိနိတ်လွှတ်တော်အမတ်	hsi nei' hlwa' do: ama'

diplomaat (de)	သံတမန်	than taman.
consul (de)	ကောင်စစ်ဝန်	kaun si' wun
ambassadeur (de)	သံအမတ်	than ama'
adviseur (de)	ကောင်စီဝင်	kaun si wun

ambtenaar (de)	အမှုဆောင်အရာရှိ	ahmu. zaun aja shi.
prefect (de)	သီးသန့်နယ်မြေ အုပ်ချုပ်ရေးမှူး	thi: dhan. ne mjei ou' chou' ei: hmu:
burgemeester (de)	မြို့တော်ဝန်	mjou. do wun

| rechter (de) | တရားသူကြီး | taja: dhu gji: |
| aanklager (de) | အစိုးရရှေ့နေ | asou: ja shei. nei |

missionaris (de)	သာသနာပြုသူ	tha dha. na bju. dhu
monnik (de)	ဘုန်းကြီး	hpoun: gji:
abt (de)	ကျောင်းထိုင်ဆရာတော်	kjaun: dain zaja do
rabbi, rabbijn (de)	ဂျူးဘာသာရေးခေါင်းဆောင်	gju: ba dha jei: gaun: zaun:

vizier (de)	မွတ်ဆလင်အမတ်	mu' hsa. lin ama'
sjah (de)	ရှားဘုရင်	sha: bu. shin
sjeik (de)	အာရပ်စော်ဘွား	a ra' so bwa:

128. Agrarische beroepen

| imker (de) | ပျားမွေးသူ | pja: mwei: dhu |
| herder (de) | သိုး၊နွားအုပ်ကျောင်းသူ | thou:/ nwa: ou' kjaun: dhu |

landbouwkundige (de)	သီးနှံစိုက်ပျိုး ရေးပညာရှင်	thi: hnan zai' pjou: jei: pin nja shin
veehouder (de)	တိရစ္ဆာန်မျိုးဖောက်သူ	tharei' hsan mjou: hpau' thu
dierenarts (de)	တိရစ္ဆာန်ဆရာဝန်	tharei' hsan zaja wun
landbouwer (de)	လယ်သမား	le dhama:
wijnmaker (de)	ဝိုင်ဖောက်သူ	wain bau' thu
zoöloog (de)	သတ္တဗေဒပညာရှင်	tha' ta. bei da. pin nja shin
cowboy (de)	နွားကျောင်းသား	nwa: gjaun: dha:

129. Kunst beroepen

acteur (de)	သရုပ်ဆောင်မင်းသား	thajou' hsaun min: dha:
actrice (de)	သရုပ်ဆောင်မင်းသမီး	thajou' hsaun min: dha:
zanger (de)	အဆိုတော်	ahsou do
zangeres (de)	အဆိုတော်	ahsou do
danser (de)	အကဆရာ	aka. hsa. ja
danseres (de)	အကဆရာမ	aka. hsa. ja ma
artiest (mann.)	သရုပ်ဆောင်သူ	thajou' hsaun dhu
artiest (vrouw.)	သရုပ်ဆောင်သူ	thajou' hsaun dhu
muzikant (de)	ဂီတပညာရှင်	gi ta. bjin nja shin
pianist (de)	စန္ဒရားဆရာ	san daja: zaja
gitarist (de)	ဂစ်တာပညာရှင်	gi' ta bjin nja shin
orkestdirigent (de)	ဂီတမှူး	gi ta. hmu
componist (de)	တေးရေးဆရာ	tei: jei: hsaja
impresario (de)	ဇာတ်ဆရာ	za' hsaja
filmregisseur (de)	ရုပ်ရှင်ဒါရိုက်တာ	jou' shin da jai' ta
filmproducent (de)	ထုတ်လုပ်သူ	htou' lou' thu
scenarioschrijver (de)	ဇာတ်ညွှန်းဆရာ	za' hnjun: za ja
criticus (de)	ဝေဖန်သူ	wei ban dhu
schrijver (de)	စာရေးဆရာ	sajei: zaja
dichter (de)	ကဗျာဆရာ	ka. bja zaja
beeldhouwer (de)	ပန်းပုဆရာ	babu hsaja
kunstenaar (de)	ပန်းချီဆရာ	bagji zaja
jongleur (de)	လက်လှည့်ဆရာ	le' hli. za. ja.
clown (de)	လူရွှင်တော်	lu shwin do
acrobaat (de)	ကျွမ်းဘားပြသူ	kjwan: ba: bja dhu
goochelaar (de)	မျက်လှည့်ဆရာ	mje' hle. zaja

130. Verschillende beroepen

dokter, arts (de)	ဆရာဝန်	hsa ja wun
ziekenzuster (de)	သူနာပြု	thu na bju.
psychiater (de)	စိတ်ရောဂါအထူးကုဆရာဝန်	sei' jo: ga ahtu: gu. zaja wun

tandarts (de)	သွားဆရာဝန်	thwa: hsaja wun
chirurg (de)	ခွဲစိတ်ကုဆရာဝန်	khwe: hsei' ku hsaja wun
astronaut (de)	အာကာသယာဉ်မှူး	akatha. jin hmu:
astronoom (de)	နက္ခတ္တဗေဒပညာရှင်	ne' kha' ta. bei da. pji nja shin
piloot (de)	လေယာဉ်မှူး	lei jan hmu:
chauffeur (de)	ယာဉ်မောင်း	jin maun:
machinist (de)	ရထားမောင်းသူ	jatha: maun: dhu
mecanicien (de)	စက်ပြင်ဆရာ	se' pjin zaja
mijnwerker (de)	သတ္တုတွင်း အလုပ်သမား	tha' tu. dwin: alou' thama:
arbeider (de)	အလုပ်သမား	alou' dha ma:
bankwerker (de)	သော့ပြင်ဆရာ	tho. bjin zaja
houtbewerker (de)	ကျည်းပေါင်းဖွေလက်သမား	kji: baun: gwei le' dha ma:
draaier (de)	တွင်နိုအလုပ်သမား	twin goun alou' dhama:
bouwvakker (de)	ဆောက်လုပ်ရေးအလုပ်သမား	hsau' lou' jei: alou' dha. ma:
lasser (de)	ဂဟောဆော်သူ	gahei hso dhu
professor (de)	ပါမောက္ခ	pamau' kha
architect (de)	ဗိသုကာပညာရှင်	bi. thu. ka pjin nja shin
historicus (de)	သမိုင်းပညာရှင်	thamain: pin nja shin
wetenschapper (de)	သိပ္ပံပညာရှင်	thei' pan pin nja shin
fysicus (de)	ရူပဗေဒပညာရှင်	ju bei da. bin nja shin
scheikundige (de)	ဓာတုဗေဒပညာရှင်	da tu. bei da. bjin nja shin
archeoloog (de)	ရှေးဟောင်းသုတေသနပညာရှင်	shei: haun thu. dei dha. na. bji nja shin
geoloog (de)	ဘူမိဗေဒပညာရှင်	buu mi. bei da. bjin nja shin
onderzoeker (de)	သုတေသနပညာရှင်	thu. tei thana pin nja shin
babysitter (de)	ကလေးထိန်း	kalei: din:
leraar, pedagoog (de)	ဆရာ	hsa ja
redacteur (de)	အယ်ဒီတာ	e di ta
chef-redacteur (de)	အယ်ဒီတာချုပ်	e di ta chu'
correspondent (de)	သတင်းထောက်	dhadin: dau'
typiste (de)	လက်နှိပ်စက်ရိုက်သူ	le' ni' se' jou' thu
designer (de)	ဒီဇိုင်နာ	di zain na
computerexpert (de)	ကွန်ပျူတာပညာရှင်	kun pju ta ba. nja shin
programmeur (de)	ပရိုဂရမ်မာ	pa. jou ga. jan ma
ingenieur (de)	အင်ဂျင်နီယာ	in gjin ni ja
matroos (de)	သင်္ဘောသား	thin: bo: dha:
zeeman (de)	သင်္ဘောသား	thin: bo: dha:
redder (de)	ကယ်ဆယ်သူ	ke ze dhu
brandweerman (de)	မီးသတ်သမား	mi: tha' dhama:
politieagent (de)	ရဲ	je:
nachtwaker (de)	အစောင့်	asaun.
detective (de)	စုံထောက်	soun dau'
douanier (de)	အကောက်ခွန်အရာရှိ	akau' khun aja shi.
lijfwacht (de)	သက်တော်စောင့်	the' to zaun.
gevangenisbewaker (de)	ထောင်စောင့်	htaun zaun.

inspecteur (de)	ရဲအုပ်	je: ou'
sportman (de)	အားကားစားသမား	a: gaza: dhama:
trainer (de)	နည်းပြ	ne: bja.
slager, beenhouwer (de)	သားသတ်သမား	tha: dha' thama:
schoenlapper (de)	ဗိနပ်ချုပ်သမား	hpana' chou' tha ma:
handelaar (de)	ကုန်သည်	koun de
lader (de)	ကုန်ထမ်းသမား	koun din dhama:
kledingstilist (de)	ဖက်ရှင်ဒီဇိုင်နာ	hpe' shin di zain na
model (het)	မော်ဒယ်	mo de

131. Beroepen. Sociale status

scholier (de)	ကျောင်းသား	kjaun: dha:
student (de)	ကျောင်းသား	kjaun: dha:
filosoof (de)	ဒဿနပညာရှင်	da' thana. pjin nja shin
econoom (de)	ဘောဂဗေဒပညာရှင်	bo ga bei da ba nja shin
uitvinder (de)	တီထွင်သူ	ti htwin dhu
werkloze (de)	အလုပ်လက်မဲ့	alou' le' me.
gepensioneerde (de)	အငြိမ်းစား	anjein: za:
spion (de)	သူလျှို	thu shou
gedetineerde (de)	ထောင်သား	htaun dha:
staker (de)	သပိတ်မှောက်သူ	thabei' hmau' thu
bureaucraat (de)	ဗျူရိုကရက်အရာရှိ	bju jou ka. je' aja shi.
reiziger (de)	ခရီးသွား	khaji: thwa:
homoseksueel (de)	လိင်တူချင်းဆက်ဆံသူ	lein du cjin: ze' hsan dhu
hacker (computerkraker)	ဟက်ကာ	he' ka
hippie (de)	လူမှုဆလူများကို သွေဖယ်သူ	lu hmu. da. lei. mja: gou
bandiet (de)	ဓားပြ	damja.
huurmoordenaar (de)	လူသတ်သမား	lu dha' thama:
drugsverslaafde (de)	ဆေးစွဲသူ	hsei: zwe: dhu
drugshandelaar (de)	မူးယစ်ဆေးရောင်းဝယ်သူ	mu: ji' hsei: jaun we dhu
prostituee (de)	ပြည့်တန်ဆာ	pjei. dan za
pooier (de)	ဖာခေါင်း	hpa gaun:
tovenaar (de)	မှော်ဆရာ	hmo za. ja
tovenares (de)	မှော်ဆရာမ	hmo za. ja ma.
piraat (de)	ပင်လယ်ဓားပြ	pin le da: bja.
slaaf (de)	ကျွန်	kjun
samoerai (de)	ဆာမူရိုင်း	hsa mu jain:
wilde (de)	လူရိုင်း	lu jain:

Sport

sportman (de)	အားကစားသမား	a: gaza: dhama:
soort sport (de/het)	အားကစားအမျိုးအစား	a: gaza: amjou: asa:
basketbal (het)	ဘတ်စကတ်ဘော	ba' sa. ka' bo:
basketbalspeler (de)	ဘတ်စကတ်ဘောကစားသမား	ba' sa. ka' bo ka. za: dha ma:
baseball (het)	ဘေ့စ်ဘောအားကစား	bei'. bo a: gaza
baseballspeler (de)	ဘေ့စ်ဘောကစားသမား	bei'. bo a: gaza dha ma:
voetbal (het)	ဘောလုံးအားကစား	bo loun: a: gaza:
voetballer (de)	ဘောလုံးကစားသမား	bo loun: gaza: dhama:
doelman (de)	ဂိုးသမား	gou: dha ma:
hockey (het)	ဟော်ကီ	hou ki
hockeyspeler (de)	ဟော်ကီကစားသမား	hou ki gaza: dha ma:
volleybal (het)	ဘော်လီဘောအားကစား	bo li bo: a: gaza:
volleybalspeler (de)	ဘောလီဘောကစားသမား	bo li bo: a: gaza: dhama:
boksen (het)	လက်ဝှေ့	le' hwei.
bokser (de)	လက်ဝှေ့သမား	le' hwei. dhama:
worstelen (het)	နပမ်းကစားခြင်း	naban: gaza: gjin:
worstelaar (de)	နပမ်းသမား	naban: dhama:
karate (de)	ကရာတေးအားကစား	ka. ra tei: a: gaza:
karateka (de)	ကရာတေးကစားသမား	ka. ra tei: a: gaza: ma:
judo (de)	ဂျူဒိုအားကစား	gju dou a: gaza:
judoka (de)	ဂျူဒိုကစားသမား	gju dou a: gaza: dhama:
tennis (het)	တင်းနစ်	tin: ni'
tennisspeler (de)	တင်းနစ်ကစားသူ	tin: ni' gaza: dhu
zwemmen (het)	ရေကူးအားကစား	jei ku: a: gaza:
zwemmer (de)	ရေကူးသူ	jei ku: dhu
schermen (het)	ဓားရေးယှဉ်ပြိုင်ကစားခြင်း	da: jei: shin bjain ga. za: gjin
schermer (de)	ဓားရေးယှဉ်ပြိုင်ကစားသူ	da: jei: shin bjain ga. za: dhu
schaak (het)	စစ်တုရင်	si' tu. jin
schaker (de)	စစ်တုရင်ကစားသမား	si' tu. jin gaza: dhama:
alpinisme (het)	တောင်တက်ခြင်း	taun de' chin:
alpinist (de)	တောင်တက်သမား	taun de' thama:
hardlopen (het)	အပြေး	apjei:

renner (de)	အပြေးသမား	apjei: dha. ma:
atletiek (de)	ပြေးခုန်ပစ်	pjei: goun bi'
atleet (de)	ပြေးခုန်ပစ်ကစားသူ	pjei: goun bi' gaza: dhu
paardensport (de)	မြင်းစီးခြင်း	mjin: zi: gjin:
ruiter (de)	မြင်းစီးသူ	mjin: zi: dhu
kunstschaatsen (het)	စကိတ်စီးကပြခြင်း	sakei' si: ga. bja. gjin:
kunstschaatser (de)	စကိတ်စီးကပြသူ	sakei' si: ga. bja. dhu
kunstschaatsster (de)	စကိတ်စီးကပြမယ်	sakei' si: ga. bja. me
gewichtheffen (het)	အလေးမ	a lei: ma
gewichtheffer (de)	အလေးမသူ	a lei: ma dhu
autoraces (mv.)	ကားမောင်းပြိုင်ခြင်း	ka: maun: bjein gjin:
coureur (de)	ပြိုင်ကားမောင်းသူ	pjain ga: maun: dhu
wielersport (de)	စက်ဘီးစီးခြင်း	se' bi: zi: gjin
wielrenner (de)	စက်ဘီးစီးသူ	se' bi: zi: dhu
verspringen (het)	အလျားခုန်	alja: khun
polsstokspringen (het)	တုတ်ထောက်ခုန်	tou' htau' khoun
verspringer (de)	ခုန်သူ	khoun dhu

133. Soorten sporten. Diversen

Amerikaans voetbal (het)	အမေရိကန်ဘောလုံး	amei ji kan dho: loun:
badminton (het)	ကြက်တောင်	kje' daun
biatlon (de)	သေနတ်ပစ်	thei na' pi'
biljart (het)	ဘိလိယက်	bi li je'
bobsleeën (het)	ပြိုင်စွတ်ဖား	pjain zwa' hpa:
bodybuilding (de)	ကာယဗလ	ka ja ba. la.
waterpolo (het)	ဝါတာပိုလို	wa ta pou lou
handbal (de)	လက်ပစ်ဘောလုံးကစားနည်း	le' pi' bo: loun: gaza: ne:
golf (het)	ဂေါက်ရိုက်ခြင်း	gou' jai' chin:
roeisport (de)	လှေလှော်ခြင်း	hlei hlo gjin:
duiken (het)	ရေငုပ်ခြင်း	jei ngou' chin:
langlaufen (het)	နှင်းလျှောစကိတ်စီး ပြိုင်ပွဲ	hnin: sho: zakei' si: bjain bwe:
tafeltennis (het)	စားပွဲတင်တင်းနစ်	sa: bwe: din din: ni'
zeilen (het)	ရွက်လွှင့်ခြင်း	jwe' hlwn. jgin:
rally (de)	ကားပြိုင်ခြင်း	ka: bjain gjin:
rugby (het)	ရတ်ဘီဘောလုံးအားကစား	re' bi bo: loun: a: gaza:
snowboarden (het)	နှင်းလျှောစကိတ်စီးခြင်း	hnin: sho: zakei' si: gjin:
boogschieten (het)	မြှားပစ်	hmja: bi'

134. Fitnessruimte

lange halter (de)	အလေးတန်း	a lei: din:
halters (mv.)	ဒမ်ဘယ်အလေးတုန်း	dan be alei: doun:

training machine (de)	လေ့ကျင့်ခန်းပြုလုပ်ရန်စက်	lei. kjin. gan: pju. lou' jan ze'
hometrainer (de)	လေ့ကျင့်ခန်းစက်ဘီး	lei. kjin. gan: ze' bi:
loopband (de)	ပြေးစက်	pjei: ze'
rekstok (de)	ဘားတန်း	ba: din:
brug (de) gelijke leggers	ပြိုင်တန်း	pjain dan:
paardsprong (de)	မြင်းခုံ	mjin: goun
mat (de)	အားကစားဖျာ	a: gaza: bja
springtouw (het)	ကြိုး	kjou:
aerobics (de)	အေရိုးဘစ်	e jou: bi'
yoga (de)	ယောဂ	jo: ga.

135. Hockey

hockey (het)	ဟော်ကီ	hou ki
hockeyspeler (de)	ဟော်ကီကစားသမား	hou ki gaza: dha ma:
hockey spelen	ဟော်ကီကစားသည်	hou ki gaza: de
ijs (het)	ရေခဲ	jei ge:
puck (de)	ရော်ဘာဒိုးပြား	jo ba dou: bja:
hockeystick (de)	ဟော်ကီရိုက်တံ	hou ki jai' tan
schaatsen (mv.)	ရေခဲပြင်စကိတ်	jei ge: bjin za. gei'
boarding (de)	အကာပြား	aka pja:
schot (het)	ရိုက်ချက်	jai' che'
doelman (de)	ဂိုးသမား	gou: dha ma:
goal (de)	ဂိုး	gou:
een goal scoren	ဂိုးသွင်းသည်	gou: dhwin: de
periode (de)	အပိုင်း	apain:
tweede periode (de)	ဒုတိယပိုင်း	du. di. ja. bain:
reservebank (de)	အရံကစားသမား ထိုင်ခုံ	ajan ka. za: dha. ma: dain goun

136. Voetbal

voetbal (het)	ဘောလုံးအားကစား	bo loun: a: gaza:
voetballer (de)	ဘောလုံးကစားသမား	bo loun: gaza: dhama:
voetbal spelen	ဘောလုံးကန်သည်	bo loun: gan de
eredivisie (de)	မေဂျာလိဂ်	mei gja lei'
voetbalclub (de)	ဘောလုံးကလပ်	bo loun: kala'
trainer (de)	နည်းပြ	ne: bja.
eigenaar (de)	ပိုင်ရှင်	pain shin
team (het)	အသင်း	athin:
aanvoerder (de)	အသင်းခေါင်းဆောင်	ahin: gaun: zaun
speler (de)	ကစားသမား	gaza: dhama:
reservespeler (de)	အရံကစားသမား	ajan ka. za: dha. ma:
aanvaller (de)	ရှေ့တန်း	shei. dan:

centrale aanvaller (de)	ရှေ့တန်းအလယ်	shei. dan: ale
doelpuntmaker (de)	အမှတ်မှတ်သူ	ahma' hma' thu
verdediger (de)	နောက်တန်းကာစားသမား	nau' tan: ka. za: dha. ma:
middenvelder (de)	ကွင်းလယ်လူ	kwin: le dhu
match, wedstrijd (de)	ပြိုင်ပွဲ	pjain bwe:
elkaar ontmoeten (ww)	တွေ့ဆုံသည်	twei. hsoun de
finale (de)	ဗိုလ်လုပွဲ	bou lu. bwe:
halve finale (de)	အကြိုဗိုလ်လုပွဲ	akjou bou lu. pwe:
kampioenschap (het)	တံခွန်စိုက်ပြိုင်ပွဲ	dagun zai' pjein bwe:
helft (de)	အချိန်	achein
eerste helft (de)	ပထမပိုင်း	pahtama. bain:
pauze (de)	နားချိန်	na: gjein
doel (het)	ဂိုးပေါက်	gou: bau'
doelman (de)	ဂိုးသမား	gou: dha ma:
doelpaal (de)	ဂိုးတိုင်	gou: dain
lat (de)	ဂိုးဘေားတန်း	gou: ba: dan
doelnet (het)	ဂိုက်	pai'
een goal incasseren	ဂိုးလွတ်သွားသည်	gou: lu' thwa: de
bal (de)	ဘောလုံး	bo loun:
pass (de)	ပေးခြင်း	pei: gjin:
schot (het), schop (de)	ကစ်	ki'
schieten (de bal ~)	ကန်သည်	kan de
vrije schop (directe ~)	ပြစ်ဒဏ်ဘော	pji' dan de.
hoekschop, corner (de)	ဒေါင့်ကန်ဘော	daun. gan bo:
aanval (de)	တိုက်စစ်	tai' si'
tegenaanval (de)	တန်ပြန်တိုက်စစ်	tan bjan dai' si'
combinatie (de)	ပေါင်းစပ်ခြင်း	paun: za' chin:
scheidsrechter (de)	ဒိုင်လူကြီး	dain dhu gji:
fluiten (ww)	လေချွန်သည်	lei gjun de
fluitsignaal (het)	ခရာ	khaja
overtreding (de)	ဖောင်းဘော	hpaun: bo:
een overtreding maken	ဖောင်းဘောဖြစ်သည်	hpaun: bo: hpji' te
uit het veld te sturen	ထုတ်သည်	htou' te
gele kaart (de)	အဝါကဒ်	awa ka'
rode kaart (de)	အနီကဒ်	ani ga'
diskwalificatie (de)	ပိတ်ပင်ခြင်း	pei' pin gjin:
diskwalificeren (ww)	ပိတ်ပင်သည်	pei' pin de
strafschop, penalty (de)	ပန်နယ်တီ	pan ne ti
muur (de)	ဝေါကာခြင်း	wo: ga gjin:
scoren (ww)	သွင်းသည်	thin: de
goal (de), doelpunt (het)	ဂိုး	gou:
een goal scoren	ဂိုးသွင်းသည်	gou: dhwin: de
vervanging (de)	လူစားလဲခြင်း	lu za: le: gjin:
vervangen (ov.ww.)	လူစားလဲသည်	lu za: le: de
regels (mv.)	စည်းမျဉ်းစည်းကမ်း	si: mjin: si: kan:
tactiek (de)	ဗျူဟာ	bju ha
stadion (het)	အားကစားရုံ	a: gaza: joun

tribune (de)	ပွဲကြည့်စင်	pwe: gje. zi'
fan, supporter (de)	ပရိသတ်သတ်	pa. rei' tha'
schreeuwen (ww)	အော်သည်	o de

scorebord (het)	ရလဒ်ပြဆိုင်းဘုတ်	jala' pja. zain: bou'
stand (~ is 3-1)	ရလဒ်	jala'

nederlaag (de)	အရှုံး	ashoun:
verliezen (ww)	ရှုံးသည်	shoun: de
gelijkspel (het)	သရေ	thajei
in gelijk spel eindigen	သရေကျသည်	tha. jei gja. de

overwinning (de)	အောင်ပွဲ	aun bwe:
overwinnen (ww)	အောင်ပွဲခံသည်	aun bwe: khan de
kampioen (de)	ချန်ပီယံ	chan pi jan
best (bn)	အကောင်းဆုံး	akaun zoun
feliciteren (ww)	ဂုဏ်ပြုသည်	goun bju de

commentator (de)	အစီရင်ခံသူ	asi jin gan dhu
becommentariëren (ww)	အစီရင်ခံသည်	asi jin gan de
uitzending (de)	ထုတ်လွှင့်မှု	htou' hlwin. hmu.

137. Alpine skiën

ski's (mv.)	နှင်းလျှောစီးစကိတ်	hnin: sho: zi: zakei'
skiën (ww)	နှင်းလျှောစီးသည်	hnin: sho: zi: de
skigebied (het)	နှင်းလျှောစီးဝခန်း	hnin: sho: zi: za. gan:
skilift (de)	ရွှေလျားစက်ခဲးပတ်	jwei. lja: ze' kha: ba'

skistokken (mv.)	နှင်းလျှောစီးထောက်တံ	hnin: sho: zi: dau' dan
helling (de)	တောင်စောင်း	taun zaun:
slalom (de)	နှင်းလျှောစီးပြိုင်ပွဲ	hnin: sho: zi: bjein bwe:

138. Tennis. Golf

golf (het)	ဂေါက်ရိုက်ခြင်း	gou' jai' chin:
golfclub (de)	ဂေါက်အသင်း	go' athin:
golfer (de)	ဂေါက်ရိုက်သမား	gou' jai' thama:

hole (de)	ဂေါက်ကျင်း	gou' kjin:
golfclub (de)	ဟော်ကီရိုက်တံ	hou ki jai' tan
trolley (de)	ဂေါက်ကွင်းကား	gou' kwin: ga:

tennis (het)	တင်းနစ်	tin: ni'
tennisveld (het)	တင်းနစ်ကစားကွင်း	tin: ni' gaza: kwin:

opslag (de)	ပေးဘော	pei: bo:
serveren, opslaan (ww)	ပေးသည်	pei: de

racket (het)	ရိုက်တံ	jai' tan
net (het)	ပိုက်	pai'
bal (de)	ဘောလုံး	bo loun:

139. Schaken

schaak (het)	စစ်တုရင်	si' tu. jin
schaakstukken (mv.)	စစ်တုရင်ရုပ်များ	si' tu. jin jou' mja:
schaker (de)	စစ်တုရင်ကစားသမား	si' tu. jin gaza: dhama:
schaakbord (het)	စစ်တုရင်ခုံ	si' tu. jin goun
schaakstuk (het)	စစ်တုရင်ရုပ်	si' tu. jin jou'

witte stukken (mv.)	အဖြူ	ahpju
zwarte stukken (mv.)	အနက်	ane'

pion (de)	နယ်ရုပ်	ne jou'
loper (de)	ဘုန်းကြီးရုပ်	hpoun: gji:
paard (het)	မြင်းရုပ်	mjin: jou'
toren (de)	ရထားရုပ်	jatha: jou'
dame, koningin (de)	ဘုရင်မ	ba. jin ma.
koning (de)	ဘုရင်	ba. jin

zet (de)	အကွက်	akwe'
zetten (ww)	အကွက်ရွှေ့သည်	akwe' shwei. de
opofferen (ww)	စွန့်သည်	sun. de
rokade (de)	ရထားကွက်	jtha: kwe'
schaak (het)	ချက်ကွက်	che' kwe'
schaakmat (het)	အဝိကွက်	a' kwe'

schaakwedstrijd (de)	တံခွန်စိုက်စစ်တုရင်ပြိုင်ပွဲ	dagun zai' si' tu. jin bjein bwe:
grootmeester (de)	စစ်တုရင်ပဂေး	si' tu. jin bagei:
combinatie (de)	ပေါင်းစပ်ခြင်း	paun: za' chin:
partij (de)	ဂိမ်း	gein:
dammen (de)	ကျားထိုးခြင်း	kja: dou: gjin:

140. Boksen

boksen (het)	လက်ဝှေ့	le' hwei.
boksgevecht (het)	တိုက်ခိုက်ခြင်း	tai' khai' chin:
bokswedstrijd (de)	လက်ဝှေ့ပွဲ	le' hwei. bwe:
ronde (de)	အကြိမ်	akjein

ring (de)	ကြိုးဝိုင်း	kjou: wain:
gong (de)	မောင်း	maun:

stoot (de)	ထိုးချက်	htou: gje'
knock-down (de)	အလဲထိုးချက်	ale: htou: gje'

knock-out (de)	အမှောက်ထိုးချက်	ahmau' htou: gje'
knock-out slaan (ww)	အလဲထိုးသည်	ale: htou: de

bokshandschoen (de)	လက်အိတ်	lei' ei'
referee (de)	ဒိုင်	dain

lichtgewicht (het)	အပယ်တန်း	ange dan:
middengewicht (het)	အလယ်တန်း	ale dan:
zwaargewicht (het)	အကြီးတန်း	akji: din:

141. Sporten. Diversen

Olympische Spelen (mv.)	အိုလံပစ်အားကစားပွဲ	ou lan bi' a: gaza: bwe
winnaar (de)	အနိုင်ရသူ	anain ja. dhu
overwinnen (ww)	အနိုင်ရသည်	anain ja de
winnen (ww)	နိုင်သည်	nain de
leider (de)	ခေါင်းဆောင်	gaun: zaun
leiden (ww)	ဦးဆောင်သည်	u: zaun de
eerste plaats (de)	ပထမဆု	pahtama. zu.
tweede plaats (de)	ဒုတိယဆို	du. di. ja. zou
derde plaats (de)	တတိယဆု	tati. ja. zu.
medaille (de)	ဆုတံဆိပ်	hsu. dazei'
trofee (de)	ဒိုင်းဆု	dain: zu.
beker (de)	ဆုဖလား	hsu. bala:
prijs (de)	ဆု	hsu.
hoofdprijs (de)	အဓိကဆု	adi. ka. zu.
record (het)	မှတ်တမ်း	hma' tan:
een record breken	မှတ်တမ်းတင်သည်	hma' tan: din de
finale (de)	ဗိုလ်လုပွဲ	bou lu. bwe:
finale (bn)	နောက်ဆုံးဖြစ်သော	nau' hsoun: bji' te.
kampioen (de)	ချန်ပီယံ	chan pi jan
kampioenschap (het)	တံခွန်စိုက်ပြိုင်ပွဲ	dagun zai' pjein bwe:
stadion (het)	အားကစားရုံ	a: gaza: joun
tribune (de)	ပွဲကြည့်စင်	pwe: gje. zi'
fan, supporter (de)	ပရိသတ်သတ်	pa. rei' tha'
tegenstander (de)	ပြိုင်ဘက်	pjain be'
start (de)	စမှတ်	sahma'
finish (de)	ဆုံးမှတ်	hsoun: hma'
nederlaag (de)	လက်လျော့ခြင်း	le' sho. gjin:
verliezen (ww)	ရှုံးသည်	shoun: de
rechter (de)	ဒိုင်လူကြီး	dain dhu gji:
jury (de)	အကဲဖြတ်ဒိုင်လူကြီးအဖွဲ့	ake: hpja dain lu gji: ahpwe.
stand (~ is 3-1)	ရလဒ်	jala'
gelijkspel (het)	သရေ	thajei
in gelijk spel eindigen	သရေကျသည်	tha. jei gja. de
punt (het)	ရမှတ်	ja. hma'
uitslag (de)	ရလဒ်	jala'
periode (de)	အပိုင်း	apain:
pauze (de)	ပွဲလယ်နားချိန်	pwe: le na: gjein
doping (de)	ဆေးသုံးခြင်း	hsei: dhoun: gjin:
straffen (ww)	ပြစ်ဒဏ်ပေးသည်	pji' dan bei: de
diskwalificeren (ww)	ဝိတ်ပင်သည်	pei' pin de
toestel (het)	တန်ဆာပလာ	tan za ba. la

speer (de)	လှံ	hlan
kogel (de)	သံလုံး	than loun:
bal (de)	ဘောလုံး	bo loun:
doel (het)	ရှိန်သီး	chein dhi:
schietkaart (de)	ပစ်မှတ်	pi' hma'
schieten (ww)	ပစ်သည်	pi' te
precies (bijv. precieze schot)	တိတိကျကျဖြစ်သော	ti. ti. kja. kja. hpji te.
trainer, coach (de)	နည်းပြ	ne: bja.
trainen (ww)	လေ့ကျင့်ပေးသည်	lei. kjin. bei: de
zich trainen (ww)	လေ့ကျင့်သည်	lei. kjin. de
training (de)	လေ့ကျင့်ခြင်း	lei. kjin. gjin
gymnastiekzaal (de)	အားကစားခန်းမ	a: gaza: gan: ma.
oefening (de)	လေ့ကျင့်ခန်း	lei. kjin. gan:
opwarming (de)	သွေးပူလေ့ကျင့်ခန်း	thwei: bu lei. gjin. gan:

Onderwijs

142. School

school (de)	စာသင်ကျောင်း	sa dhin gjaun:
schooldirecteur (de)	ကျောင်းအုပ်ကြီး	ko: ou' kji:
leerling (de)	ကျောင်းသား	kjaun: dha:
leerlinge (de)	ကျောင်းသူ	kjaun: dhu
scholier (de)	ကျောင်းသား	kjaun: dha:
scholiere (de)	ကျောင်းသူ	kjaun: dhu
leren (lesgeven)	သင်ကြားသည်	thin kja: de
studeren (bijv. een taal ~)	သင်ယူသည်	thin ju de
van buiten leren	အလွတ်ကျက်သည်	alu' kje' de
leren (bijv. ~ tellen)	သင်ယူသည်	thin ju de
in school zijn (schooljongen zijn)	ကျောင်းတက်သည်	kjaun: de' de
naar school gaan	ကျောင်းသွားသည်	kjaun: dhwa: de
alfabet (het)	အက္ခရာ	e' kha ja
vak (schoolvak)	ဘာသာရပ်	ba da ja'
klaslokaal (het)	စာသင်ခန်း	sa dhin gan:
les (de)	သင်ခန်းစာ	thin gan: za
pauze (de)	အနားချိန်	ana: gjain
bel (de)	ခေါင်းလောင်းသံ	gaun: laun: dhan
schooltafel (de)	စာရေးခုံ	sajei: khoun
schoolbord (het)	ကျောက်သင်ပုန်း	kjau' thin boun:
cijfer (het)	အမှတ်	ahma'
goed cijfer (het)	အမှတ်အဆင့်မြင့်	ahma' ahsin. mjin.
slecht cijfer (het)	အမှတ်အဆင့်နိမ့်	ahma' ahsin. nin.
een cijfer geven	အမှတ်ပေးသည်	ahma' pei: de
fout (de)	အမှား	ahma:
fouten maken	အမှားလုပ်သည်	ahma: lou' te
corrigeren (fouten ~)	အမှားပြင်သည်	ahma: pjin de
spiekbriefje (het)	ခိုးကူးရန်စာ ရွက်အပိုင်းအစ	khou: gu: jan za jwe' apain: asa.
huiswerk (het)	အိမ်စာ	ein za
oefening (de)	လေ့ကျင့်ခန်း	lei. kjin. gan:
aanwezig zijn (ww)	ရှိသည်	shi. de
absent zijn (ww)	ပျက်ကွက်သည်	pje' kwe' te
school verzuimen	အတန်းပျက်ကွက်သည်	atan: bje' kwe' te
bestraffen (een stout kind ~)	အပြစ်ပေးသည်	apja' pei: de
bestraffing (de)	အပြစ်ပေးခြင်း	apja' pei: gjin:

gedrag (het)	အပြုအမူ	apju amu
cijferlijst (de)	စာမေးပွဲမှတ်တမ်း	sa mei: hma' tan:
potlood (het)	ခဲတံ	khe: dan
gom (de)	ခဲဖျက်	khe: bje'
krijt (het)	မြေဖြူ	mjei bju
pennendoos (de)	ခဲတံပူး	khe: dan bu:
boekentas (de)	ကျောင်းသုံးလွယ်အိတ်	kjaun: dhoun: lwe ji'
pen (de)	ဘောပင်	bo pin
schrift (de)	လေ့ကျင့်ခန်းစာအုပ်	lei. kjin. gan: za ou'
leerboek (het)	ဖတ်စာအုပ်	hpa' sa au'
passer (de)	ထောက်ဆွး	htau' hsu:
technisch tekenen (ww)	ပုံကြမ်းဆွဲသည်	poun: gjam: zwe: de
technische tekening (de)	နည်းပညာဆိုင်ရာပုံကြမ်း	ne bi nja zain ja boun gjan:
gedicht (het)	ကဗျာ	ka. bja
van buiten (bw)	အလွတ်	alu'
van buiten leren	အလွတ်ကျက်သည်	alu' kje' de
vakantie (de)	ကျောင်းပိတ်ရက်	kjaun: bi' je'
met vakantie zijn	အားလပ်ရက်ရသည်	a: la' je' ja. de
vakantie doorbrengen	အားလပ်ရက်ဖြတ်သန်းသည်	a: la' je' hpja' than: de
toets (schriftelijke ~)	အခန်းဆုံးစစ်ဆေးမှု	akhan: zain zi' hsei: hmu
opstel (het)	စာစီစာကုံး	sa zi za koun:
dictee (het)	သတ်ပုံခေါ် ပေးခြင်း	tha' poun go bei: gjin:
examen (het)	စာမေးပွဲ	sa mei: bwe:
examen afleggen	စာမေးပွဲဖြေသည်	sa mei: bwe: bjei de
experiment (het)	လက်တွေ့လုပ်ဆောင်မှု	le' twei. lou' zaun hma.

143. Hogeschool. Universiteit

academie (de)	အထူးပညာသင်ကျောင်း	a htu: bjin nja dhin kjaun:
universiteit (de)	တက္ကသိုလ်	te' kathou
faculteit (de)	ဌာန	hta. na.
student (de)	ကျောင်းသား	kjaun: dha:
studente (de)	ကျောင်းသူ	kjaun: dhu
leraar (de)	သင်ကြားပို့ချသူ	thin kja: bou. gja. dhu
collegezaal (de)	စာသင်ခန်း	sa dhin gan:
afgestudeerde (de)	ဘွဲ့ရသူ	bwe. ja. dhu
diploma (het)	ဒီပလိုမာ	di' lou ma
dissertatie (de)	သုတေသနစာတမ်း	thu. tei thana za dan:
onderzoek (het)	သုတေသနစာတမ်း	thu. tei thana za dan
laboratorium (het)	လက်တွေ့ခန်း	le' twei. gan:
college (het)	သင်ကြားပို့ချရမှု	thin kja: bou. gja. hmu.
medestudent (de)	အတန်းဖော်	atan: hpo
studiebeurs (de)	ပညာသင်ဆု	pjin nja dhin zu.
academische graad (de)	တက္ကသိုလ်ဘွဲ့	te' kathou bwe.

144. Wetenschappen. Disciplines

wiskunde (de)	သချာ	thin cha
algebra (de)	အက္ခရာသချာ	e' kha ja din gja
meetkunde (de)	ဂျီသြေမတြီ	gji o: mei tri
astronomie (de)	နက္ခတ္တဗေဒ	ne' kha' ta. bei da.
biologie (de)	ဇီဝဗေဒ	zi: wa bei da.
geografie (de)	ပထဝီဝင်	pahtawi win
geologie (de)	ဘူမိဗေဒ	buu mi. bei da.
geschiedenis (de)	သမိုင်း	thamain:
geneeskunde (de)	ဆေးပညာ	hsei: pjin nja
pedagogiek (de)	သင်ကြားနည်းပညာ	thin kja: nei: pin nja
rechten (mv.)	ဥပဒေဘာသာရပ်	u. ba. bei ba dha ja'
fysica, natuurkunde (de)	ရူပဗေဒ	ju bei da.
scheikunde (de)	ဓာတုဗေဒ	da tu. bei da.
filosofie (de)	အသောက်ဗေဒ	da' tha ni. ga. bei da.
psychologie (de)	စိတ်ပညာ	sei' pjin nja

145. Schrift. Spelling

grammatica (de)	သဒ္ဒါ	dhada
vocabulaire (het)	ဝေါဟာရ	wo: ha ra.
fonetiek (de)	သဒ္ဒဗေဒ	dhada. bei da.
zelfstandig naamwoord (het)	နာမ်	nan
bijvoeglijk naamwoord (het)	နာမဝိသေသန	nan wi. dhei dha. na.
werkwoord (het)	ကြိယာ	kji ja
bijwoord (het)	ကြိယာဝိသေသန	kja ja wi. dhei dha. na.
voornaamwoord (het)	နာမ်စား	nan za:
tussenwerpsel (het)	အာမေဍိတ်	a mei dei'
voorzetsel (het)	ဝိဘတ်	wi ba'
stam (de)	ဝေါဟာရရင်းမြစ်	wo: ha ra. jin: mji'
achtervoegsel (het)	အဆုံးသတ်	ahsoun: tha'
voorvoegsel (het)	ရှေ့ဆက်ပုဒ်	shei. hse' pou'
lettergreep (de)	ဝဏ္ဏ	wun na.
achtervoegsel (het)	နောက်ဆက်ပုဒ်	nau' ze' pou'
nadruk (de)	ဖိသံသင်္ကေတ	hpi. dhan dha. gei da.
afkappingsteken (het)	ပိုင်ဆိုင်ခြင်းပြသင်္ကေတ	pain zain bjin: bja tin kei ta.
punt (de)	ဖူးလ်စတော့ပ်	hpu: l za. po. p
komma (de/het)	ပုဒ်ထီး သင်္ကေတ	pou' hti: tin kei ta.
puntkomma (de)	အဖြတ်အရပ်သင်္ကေတ	a hpja' aja' tha ngei da
dubbelpunt (de)	ကိုလန်	kou lan
beletselteken (het)	စာချန်ပြအမှတ်အသား	sa gjan bja ahma' atha:
vraagteken (het)	မေးခွန်းပြအမှတ်အသား	mei: gun: bja. ahma' adha:
uitroepteken (het)	အာမေဍိတ်အမှတ်အသား	a mei dei' ahma' atha:

aanhalingstekens (mv.)	မျက်တောင်အဖွင့်အပိတ်	mje' taun ahpwin. apei'
tussen aanhalingstekens (bw)	မျက်တောင်အဖွင့်အပိတ်-အတွင်း	mje' taun ahpwin. apei' atwin:
haakjes (mv.)	ကွင်း	kwin:
tussen haakjes (bw)	ကွင်းအတွင်း	kwin: atwin:

streepje (het)	တုံးတို	toun: dou
gedachtestreepje (het)	တုံးရှည်	toun: she
spatie	ကွက်လပ်	kwe' la'
(~ tussen twee woorden)		

letter (de)	စာလုံး	sa loun:
hoofdletter (de)	စာလုံးကြီး	sa loun: gji:

klinker (de)	သရ	thara.
medeklinker (de)	ဗျည်း	bjin:

zin (de)	ဝါကျ	we' kja.
onderwerp (het)	ကံ	kan
gezegde (het)	ဝါစက	wa saka.

regel (in een tekst)	မျဉ်းကြောင်း	mjin: gjaun:
op een nieuwe regel (bw)	မျဉ်းကြောင်းအသစ်ပေါ်မှာ	mjin: gjaun: athi' bo hma.
alinea (de)	စာပိုဒ်	sa pai'

woord (het)	စကားလုံး	zaga: loun:
woordgroep (de)	စကားစု	zaga: zu.
uitdrukking (de)	ဖော်ပြရက်	hpjo bja. gje'
synoniem (het)	အနက်တူ	ane' tu
antoniem (het)	ဆန့်ကျင်ဘက်အနက်	hsan. gjin ba' ana'

regel (de)	စည်းမျဉ်းစည်းကမ်း	si: mjin: si: kan:
uitzondering (de)	ခြင်းချက်	chwin: gje'
correct (bijv. ~e spelling)	မှန်ကန်သော	hman gan de.

vervoeging, conjugatie (de)	ကြိယာပုံစံပြောင်းခြင်း	kji ja boun zan pjaun: chin:
verbuiging, declinatie (de)	သဒ္ဒါပြောင်းလဲပုံ	dhada bjaun: le: boun
naamval (de)	နာမ်ပြောင်းပုံစံ	nan bjaun: boun zan
vraag (de)	မေးခွန်း	mei: gun:
onderstrepen (ww)	အလေးထားဖော်ပြသည်	a lei: da: hpo pja. de
stippellijn (de)	အစက်မျဉ်း	ase' mjin:

---

146. Vreemde talen

taal (de)	ဘာသာစကား	ba dha zaga:
vreemd (bn)	နိုင်ငံခြားနှင့်ဆိုင်သော	nain ngan gja: hnin. zain de.
vreemde taal (de)	နိုင်ငံခြားဘာသာစကား	nain ngan gja: ba dha za ga:
leren (bijv. van buiten ~)	သင်ယူလေ့လာသည်	thin ju lei. la de
studeren (Nederlands ~)	သင်ယူသည်	thin ju de

lezen (ww)	ဖတ်သည်	hpa' te
spreken (ww)	ပြောသည်	pjo: de
begrijpen (ww)	နားလည်သည်	na: le de
schrijven (ww)	ရေးသည်	jei: de
snel (bw)	မြန်မြန်	mjan mjan

langzaam (bw)	ဖြည်းဖြည်း	hpjei: bjei:
vloeiend (bw)	ကျွမ်းကျွမ်းကျင်ကျင်	kjwan: gjwan: gjin gjin
regels (mv.)	စည်းမျဉ်းစည်းကမ်း	si: mjin: si: kan:
grammatica (de)	သဒ္ဒါ	dhada
vocabulaire (het)	ဝေါဟာရ	wo: ha ra.
fonetiek (de)	သဒ္ဒဗေဒ	dhada. bei da.
leerboek (het)	ဖတ်စာအုပ်	hpa' sa au'
woordenboek (het)	အဘိဓာန်	abi. dan
leerboek (het) voor zelfstudie	မိမိဘာသာလေ့လာနိုင်သောစာအုပ်	mi. mi. ba dha lei. la nain dho: za ou'
taalgids (de)	နှစ်ဘာသာစကားပြောစာအုပ်	hni' ba dha zaga: bjo: za ou'
cassette (de)	တိပ်ခွေ	tei' khwei
videocassette (de)	ရုပ်ရှင်တိပ်ခွေ	jou' shin dei' hpwei
CD (de)	စီဒီခွေ	si di gwei
DVD (de)	ဒီဗီဒီခွေ	di bi di gwei
alfabet (het)	အက္ခရာ	e' kha ja
spellen (ww)	စာလုံးပေါင်းသည်	sa loun: baun: de
uitspraak (de)	အသံထွက်	athan dwe'
accent (het)	ဝဲသံ	we: dhan
met een accent (bw)	ဝဲသံနှင့်	we: dhan hnin.
zonder accent (bw)	ဝဲသံမပါဘဲ	we: dhan ma. ba be:
woord (het)	စကားလုံး	zaga: loun:
betekenis (de)	အဓိပ္ပါယ်	adei' be
cursus (de)	သင်တန်း	thin dan:
zich inschrijven (ww)	စာရင်းသွင်းသည်	sajin: dhwin: de
leraar (de)	ဆရာ	hsa ja
vertaling (een ~ maken)	ဘာသာပြန်ခြင်း	ba dha bjan gjin:
vertaling (tekst)	ဘာသာပြန်ထားချက်	ba dha bjan da: gje'
vertaler (de)	ဘာသာပြန်	ba dha bjan
tolk (de)	စကားပြန်	zaga: bjan
polyglot (de)	ဘာသာစကားအများပြောနိုင်သူ	ba dha zaga: amja: bjo: nain dhu
geheugen (het)	မှတ်ဉာဏ်	hma' njan

147. Sprookjesfiguren

Sinterklaas (de)	ခရစ္စမတ်ဘိုးဘိုး	khari' sa. ma' bou: bou:
Assepoester (de)	စင်ဒရဲလား	sin da. je: la:
zeemeermin (de)	ရေသူမ	jei dhu ma.
Neptunus (de)	နက်ပကျွန်း	ne' pa. gjun:
magiër, tovenaar (de)	မှော်ဆရာ	hmo za. ja
goede heks (de)	မှော်ဆရာမ	hmo za. ja ma.
magisch (bn)	မှော်ပညာ	hmo ba. nja
toverstokje (het)	မှော်တုတ်တံ	hmjo dou' dan

sprookje (het)	ကလေးပုံပြင်	ka. lei: boun bjin
wonder (het)	အံ့ဖွယ်	an. hpwe
dwerg (de)	လူပုကလေး	u bu. ga. lei:
veranderen in ... (anders worden)	ပြောင်းလဲပေးသည်	pjaun: le: bei: de

geest (de)	သရဲ	thaje:
spook (het)	တစ္ဆေ	tahsei
monster (het)	ကြောက်မက်ဖွယ်ဆ ရာမသတ္တဝါ	kjau' ma' hpwe ei ja ma. dha' ta wa
draak (de)	နဂါး	na. ga:
reus (de)	ဘီလူး	bi lu:

148. Dierenriem

Ram (de)	မိဿရာသီ	mi. dha ja dhi
Stier (de)	ပြိဿရာသီ	pjei tha. jadhi
Tweelingen (mv.)	မေထုန်ရာသီ	mei doun ja dhi
Kreeft (de)	ကရကဋ်ရာသီ	ka. ja. ka' ja dhi
Leeuw (de)	သိဟ်ရာသီ	thei' ja dhi
Maagd (de)	ကန်ရာသီ	kan ja dhi

Weegschaal (de)	တုရာသီ	tu ja dhi
Schorpioen (de)	ဗြိစ္ဆာရာသီ	bjei' hsa. jadhi
Boogschutter (de)	ဓနုရာသီ	dan ja dhi
Steenbok (de)	မကာရရာသီဖွား	ma. ga. j ja dhi bwa:
Waterman (de)	ကုံရာသီဖွား	koun ja dhi hpwa:
Vissen (mv.)	မီန်ရာသီဖွား	mein ja dhi bwa:

karakter (het)	စရိုက် လက္ခဏာ	zajai' le' khana
karaktertrekken (mv.)	ဉာဉ်	njin
gedrag (het)	အပြုအမူ	apju amu
waarzeggen (ww)	အနာဂတ်ဟောကိန်းထုတ်သည်	ana ga' ha gin: htou' te
waarzegster (de)	အနာဂတ်ဟောကိန်းထုတ်သူ	ana ga' ha gin: htou' thu
horoscoop (de)	ဇာတာ	za da

Kunst

149

149. Theater

Nederlands	Burmees	Transcriptie
theater (het)	ကဇာတ်ရုံ	ka. za' joun
opera (de)	အော်ပရာဇာတ်ရုံ	o pa ra za' joun
operette (de)	ပျော်ရွှင်ဖွယ် ကဇာတ်တို	pjo shin bwe: gaza' tou
ballet (het)	ဘီလေးကဇာတ်	be: lei: ga za'
affiche (de/het)	ပြဇာတ်ရုပ်ပုံစတာ	pja. za' joun bou zada
theatergezelschap (het)	ဝိုင်းတော်သား	wain: do dha:
tournee (de)	လှည့်လည်ကပြဖျော်ဖြေခြင်း	hle. le ga. bja bjo bjei gjin:
op tournee zijn	လှည့်လည်ကပြဖျော်ဖြေသည်	hle. le ga. bja bjo bjei de
repeteren (ww)	ဇာတ်ဝိုက်သည်	za' tou' te
repetitie (de)	အစမ်းလေ့ကျင့်မှု	asan: lei. kjin. hmu.
repertoire (het)	တင်ဆက်မှု	tin ze' hmu.
voorstelling (de)	ဖျော်ဖြေတင်ဆက်မှု	hpjo bjei din ze' hmu.
spektakel (het)	ဖျော်ဖြေမှု	hpjo bjei hmu.
toneelstuk (het)	ဇာတ်လမ်း	za' lan
biljet (het)	လက်မှတ်	le' hma'
kassa (de)	လက်မှတ်အရောင်းဌာန	le' hma' ajaun: hta. na.
foyer (de)	ဧည့်သည်ဆောင်	e. dhe zaun
garderobe (de)	ကုတ်နှင့်အိတ်အပ်နံခန်း	kou' hnin. i' a' hnan khan:
garderobe nummer (het)	နံပါတ်ပြား	nan ba' pja:
verrekijker (de)	နှစ်လုံးပျူးမှန်ပြောင်း	hni' loun: bju: hman bjaun:
plaatsaanwijzer (de)	ဧည့်ကြို	e. gjou
parterre (de)	ဇာတ်စင်ထိုင်ခုံ	za' sin dain guan
balkon (het)	လသာဆောင်	la. dha zaun
gouden rang (de)	ပထမထပ်ပွဲကြည့်ဆောင်	pahtama. da' bwe: gje. zaun
loge (de)	လက်မှတ်ရောင်းသည့်နေရာ	le' hma' jaun: dhi. nei ja
rij (de)	အတန်း	atan:
plaats (de)	နေရာ	nei ja
publiek (het)	ပရိတ်သတ်အစုအဝေး	pa. rei' tha' asu. awei:
kijker (de)	ပရိတ်သတ်	pa. rei' tha'
klappen (ww)	လက်ခုပ်ဝိုးသည်	le' khou' ti: de
applaus (het)	လက်ခုပ်သြဘာသံ	le' khou' thja ba dhan
ovatie (de)	သြဘာပေးခြင်း	thja dha bei: gjin:
toneel (op het ~ staan)	စင်	sin
gordijn, doek (het)	လိုက်ကာ	lai' ka
toneeldecor (het)	နောက်ခံကားချပ်	nau' khan gan ga: gja'
backstage (de)	ဇာတ်စင်နောက်	za' sin nau'
scène (de)	တကယ့်ဖြစ်ရပ်	dage. bji ja'
bedrijf (het)	သရုပ်ဆောင်	thajou' hsaun
pauze (de)	ကြားကာလ	ka: ga la.

150. Bioscoop

acteur (de)	မင်းသား	min: dha:
actrice (de)	မင်းသမီး	min: dhami:
bioscoop (de)	ရုပ်ရှင်လုပ်ငန်း	jou' shin lou' ngan:
speelfilm (de)	ရုပ်ရှင်ကား	jou' shin ga:
aflevering (de)	ဇာတ်ခန်းတစ်ခန်း	za' khan: ti' khan:
detectivefilm (de)	စုံထောက်ဇာတ်လမ်း	soun dau' za' lan:
actiefilm (de)	အက်ရှင်ဇာတ်လမ်း	e' shin za' lan:
avonturenfilm (de)	စွန့်စားခန်းဇာတ်လမ်း	sun. za: gan: za' lan:
sciencefictionfilm (de)	သိပ္ပံစိတ်ကူးယဉ်ဇာတ်လမ်း	thei' pan zei' ku: jin za' lan:
griezelfilm (de)	ထိတ်လန့်ဖွယ်ရုပ်ရှင်	htei' lan. bwe jou' jou'
komedie (de)	ဟာသရုပ်ရှင်	ha dha. jou' jou'
melodrama (het)	အပြင်းစားဒရာမာ	apjin: za: da. ja ma
drama (het)	အလွမ်းဇာတ်လမ်း	alwan: za' lan:
speelfilm (de)	စိတ်ကူးယဉ်ဇာတ်လမ်း	sei' ku: jin za' lan:
documentaire (de)	မှတ်တမ်းရုပ်ရှင်	hma' tan: jou' shin
tekenfilm (de)	ကာတွန်းဇာတ်လမ်း	ka tun: za' lan:
stomme film (de)	အသံတိတ်ရုပ်ရှင်	athan dei' jou' shin
rol (de)	အခန်းကဏ္ဍ	akhan: gan da.
hoofdrol (de)	အဓိကအခန်းကဏ္ဍ	adi. ka. akhan: kan da
spelen (ww)	သရုပ်ဆောင်သည်	thajou' hsaun de
filmster (de)	ရုပ်ရှင်စတား	jou' shin za. da:
bekend (bn)	နာမည်ကြီးသော	na me gji: de.
beroemd (bn)	ကျော်ကြားသော	kjo kja: de.
populair (bn)	လူကြိုက်များသော	lu gjou' mja: de.
scenario (het)	ဇာတ်ညွှန်း	za' hnjun:
scenarioschrijver (de)	ဇာတ်ညွှန်းဆရာ	za' hnjun: za ja
regisseur (de)	ရုပ်ရှင်ဒါရိုက်တာ	jou' shin da jai' ta
filmproducent (de)	ထုတ်လုပ်သူ	htou' lou' thu
assistent (de)	လက်ထောက်	le' htau'
cameraman (de)	ကင်မရာမန်း	kin ma. ja man:
stuntman (de)	စတန့်သမား	satan. dhama:
stuntdubbel (de)	ပုံစံတူ	poun zan du
een film maken	ရုပ်ရှင်ရိုက်သည်	jou' shin jai' te
auditie (de)	စမ်းသပ်ကြည့်ရှုခြင်း	san: dha' chi. shu. gjin:
opnamen (mv.)	ရိုက်ကွင်း	jai' kwin:
filmploeg (de)	ရုပ်ရှင်အဖွဲ့	jou' shin ahpwe.
filmset (de)	ဇာတ်အိမ်	za' ein
filmcamera (de)	ကင်မရာ	kin ma. ja
bioscoop (de)	ရုပ်ရှင်ရုံ	jou' shin joun
scherm (het)	ပိတ်ကား	pei' ka:
een film vertonen	ရုပ်ရှင်ပြသည်	jou' shin bja. de
geluidsspoor (de)	အသံသွင်းတိပ်ခွေ	athan dhwin: di' khwei
speciale effecten (mv.)	အထူးပြုလုပ်ချက်များ	a htu: bju. lou' che' mja:

ondertiteling (de)	စာတန်းထိုး	sa dan: dou:
voortiteling, aftiteling (de)	ပါဝင်သူများအမည်စာရင်း	pa win dhu mja: ame zajin:
vertaling (de)	ဘာသာပြန်	ba dha bjan

151. Schilderij

kunst (de)	အနုပညာ	anu. pjin nja
schone kunsten (mv.)	သုခုမအနုပညာ	thu. khu. ma. anu. pin nja
kunstgalerie (de)	အနုပညာပြခန်း	anu. pjin pja. gan:
kunsttentoonstelling (de)	ပြပွဲ	pja. bwe:

schilderkunst (de)	ပန်းချီကား	bagji ga:
grafiek (de)	ပုံဆွဲခြင်းအနုပညာ	poun zwe: gjin: anu pjin nja
abstracte kunst (de)	စိတ္တဇပန်းချီဆွဲခြင်း	sei' daza. ban: gji zwe: gjin:
impressionisme (het)	အရောင်အလင်းဖြင့်ပန်းချီဆွဲခြင်း	ajaun alin: bjin. ban: gji zwe: gjin:

schilderij (het)	ပန်းချီကား	bagji ga:
tekening (de)	ရုပ်ပုံကားချပ်	jou' poun ga: gja'
poster (de)	ပိုစတာ	pou sata

illustratie (de)	ရုပ်ပုံထည့်သွင်းဖော်ပြခြင်း	jou' poun di. dwin: bo bja. gjin:

miniatuur (de)	ပုံစံအသေးစား	poun zan athei: za:
kopie (de)	မိတ္တူ	mi' tu
reproductie (de)	ပုံတူပန်းချီ	poun du ban: gji

mozaïek (het)	မှန်စီရွှေပန်းချီ	hman zi shwei gja ban: gji
gebrandschilderd glas (het)	မှန်ရောင်စုံပြတင်းပေါက်	hman jaun zoun bja. din: bau'
fresco (het)	နံရံသေးရေးပန်းချီ	nan jan zei: jei: ban: gji
gravure (de)	ပုံထွင်းပညာ	poun dwin: pjin nja

buste (de)	ကိုယ်တစ်ပိုင်းပုံရုပ်လုံး	kou ti' pain: boun jou' loun:
beeldhouwwerk (het)	ကျောက်ဆစ်ရုပ်	kjau' hsi' jou'
beeld (bronzen ~)	ရုပ်တု	jou' tu.
gips (het)	အင်္ဂတေ	angga. dei
gipsen (bn)	အင်္ဂတေဖြင့်	angga. dei hpjin.

portret (het)	ပုံတူ	poun du
zelfportret (het)	ကိုယ်တိုင်ရေးပုံတူ	kou tain jou: boun dhu
landschap (het)	ရှုခင်းပုံ	shu. gin: boun
stilleven (het)	သက်မဲ့ဝတ္ထုပုံ	the' me. wu' htu boun
karikatuur (de)	ရုပ်ပြောင်	jou' pjaun
schets (de)	ပုံကြမ်း	poun gjan:

verf (de)	သုတ်ဆေး	thou' hsei:
aquarel (de)	ရေဆေးပန်းချီ	jei zei: ban: gji
olieverf (de)	ဆီ	hsi
potlood (het)	ခဲတံ	khe: dan
Oost-Indische inkt (de)	အိန္ဒိယမင်	indi. ja hmin
houtskool (de)	မီးသွေး	mi: dhwei:

tekenen (met krijt)	ပုံဆွဲသည်	poun zwe: de
schilderen (ww)	အရောင်ချယ်သည်	ajaun gje de

poseren (ww)	ကိုယ်ဟန်ပြုသည်	kou han pja de
naaktmodel (man)	ပန်းချီမော်ဒယ်	bagji mo de
naaktmodel (vrouw)	ပန်းချီမော်ဒယ်မိန်းကလေး	bagji mo de mein: ga. lei:

kunstenaar (de)	ပန်းချီဆရာ	bagji zaja
kunstwerk (het)	အနုပညာလက်ရာ	anu. pjin nja le' ja
meesterwerk (het)	အကြောင်ကြောက်ဆုံးလက်ရာ	apjaun mjau' hsoun: le' ja
studio, werkruimte (de)	အလုပ်ခန်း	alou' khan:

schildersdoek (het)	ပန်းချီလွှဲရန်ပုတ္တုပ	bagji zwe: jan: ba' tu za.
schildersezel (de)	ဒေါက်တိုင်	dau' tain
palet (het)	ပန်းချီဆေးစပ်သည့်ပြား	bagji hsei: za' thi. bja:

lijst (een vergulde ~)	ဘောင်	baun
restauratie (de)	နဂိုအတိုင်းပြန်လည်	na. gou atain: bjan le
	မွမ်းမံခြင်း	mun: man gjin:
restaureren (ww)	ပြန်လည်မွမ်းမံသည်	pjan le mwan: man de

152. Literatuur & Poëzie

literatuur (de)	စာပေ	sa pei
auteur (de)	စာရေးသူ	sajei: dhu
pseudoniem (het)	ကလောင်အမည်	kalaun amji

boek (het)	စာအုပ်	sa ou'
boekdeel (het)	တွဲထည်	du. de
inhoudsopgave (de)	မာတိကာ	ma di. ga
pagina (de)	စာမျက်နှာ	sa mje' hna
hoofdpersoon (de)	အဓိကဇာတ်ဆောင်	adi. ka. za' hsaun
handtekening (de)	အမှတ်တရလက်မှတ်	ahma' ta ra le' hma'

verhaal (het)	ပုံပြင်	pjoun bjin
novelle (de)	ဝတ္ထုဇာတ်လမ်း	wu' htu. za' lan:
roman (de)	ဝတ္ထု	wu' htu.
werk (literatuur)	လက်ရာ	le' ja
fabel (de)	ဒဏ္ဏာရီ	dan da ji
detectiveroman (de)	စုံထောက်ဇာတ်လမ်း	soun dau' za' lan:
gedicht (het)	ကဗျာ	ka. bja
poëzie (de)	လင်္ကာ	lin ga
epos (het)	ကဗျာ	ka. bja
dichter (de)	ကဗျာဆရာ	ka. bja zaja

fictie (de)	စိတ်ကူးယဉ်ဇာတ်လမ်း	sei' ku: jin za' lan:
sciencefiction (de)	သိပ္ပံဇာတ်လမ်း	thei' pan za' lan:
avonturenroman (de)	စွန့်စားခန်းဇာတ်လမ်း	sun. za: gan: za' lan:
opvoedkundige literatuur (de)	ပညာပေးဇာတ်လမ်း	pjin nja bei: za' lan:
kinderliteratuur (de)	ကလေးဆိုင်ရာစာပေ	kalei: hsin ja za bei

153. Circus

circus (de/het)	ဆပ်ကပ်	hsa' ka'
chapiteau circus (de/het)	နယ်လှည့်ဆပ်ကပ်အဖွဲ့	ne hle. za' ka' ahpwe:

programma (het)	အစီအစဉ်	asi asin
voorstelling (de)	ဖျော်ဖြေတင်ဆက်မှု	hpjo bjei din ze' hmu.
nummer (circus ~)	ဖျော်ဖြေတင်ဆက်မှု	hpjo bjei din ze' hmu.
arena (de)	အစီအစဉ်တင်ဆက်ရာနေရာ	asi asin din ze' ja nei ja
pantomime (de)	ဇာတ်လမ်းသရုပ်ဖော်	za' lan: dha jou' hpo
clown (de)	လူရွှင်တော်	lu shwin do
acrobaat (de)	ကျွမ်းဘားပြသူ	kjwan: ba: bja dhu
acrobatiek (de)	ကျွမ်းဘားပြခြင်း	kjwan: ba: bja gjin:
gymnast (de)	ကျွမ်းဘားသမား	kjwan: ba: dhama:
gymnastiek (de)	ကျွမ်းဘားအားကစား	kjwan: ba: a: gaza:
salto (de)	ကျွမ်းပစ်ခြင်း	kjwan: bi' chin:
sterke man (de)	လူသန်ကြီး	lu dhan gji:
temmer (de)	ယဉ်လာအောင်လေ့ကျင့်ပေးသူ	jin la aun lei. gjin. bei: dhu
ruiter (de)	မြင်းစီးသူ	mjin: zi: dhu
assistent (de)	လက်ထောက်	le' htau'
stunt (de)	စတန့်	satan.
goocheltruc (de)	မှော်ဆန်သောလှည့်ကွက်	hmo zan dho hle. gwe'
goochelaar (de)	မျက်လှည့်ဆရာ	mje' hle. zaja
jongleur (de)	လက်လှည့်ဆရာ	le' hli. za. ja.
jongleren (ww)	လက်လှည့်ပြသည်	le' hli. bja. de
dierentrainer (de)	တိရစ္ဆာန်သင်ကြားပေးသူ	tharei' hsan dhin gja: bei: dhu
dressuur (de)	တိရစ္ဆာများကို လေ့ကျင့်ပေးခြင်း	tharei' hsan mja: gou: lei. gjin. bei: gjin:
dresseren (ww)	လေ့ကျင့်ပေးသည်	lei. kjin. bei: de

154. Muziek. Popmuziek

muziek (de)	ဂီတ	gi ta.
muzikant (de)	ဂီတပညာရှင်	gi ta. bjin nja shin
muziekinstrument (het)	တူရိယာ	tu ji. ja
spelen (bijv. gitaar ~)	တီးသည်	ti: de
gitaar (de)	ဂီတာ	gi ta
viool (de)	တယော	ta jo:
cello (de)	စီလိုတယောကြီး	si lou tajo: gji:
contrabas (de)	ဘော်စတယောကြီး	bei'. ta. jo gji:
harp (de)	စောင်း	saun:
piano (de)	စန္ဒရား	san daja:
vleugel (de)	စန္ဒရားကြီး	san daja: gji:
orgel (het)	အော်ဂင်	o gin
blaasinstrumenten (mv.)	လေမှုတ်တူရိယာ	lei hmou' tu ji. ja
hobo (de)	အိုဗိုး	ou bou hne:
saxofoon (de)	ဆက်ဆိုဖုန်း	hse' hso phoun:
klarinet (de)	ကလယ်ရိနက်-ပလွေ	kale ji ne' - pa lwei
fluit (de)	ပလွေ	palwei
trompet (de)	ထရမ်းပက်ခရာငယ်	htajan: be' khaja nge

accordeon (de/het)	အကော်ဒီယံ	ako di jan
trommel (de)	စည်	si
duet (het)	နှစ်ယောက်တွဲ	hni' jau' twe:
trio (het)	သုံးယောက်တွဲ	thoun: jau' twe:
kwartet (het)	လေးယောက်တစ်တွဲ	lei: jau' ti' twe:
koor (het)	သံပြိုင်အဖွဲ့	than bjain ahpwe.
orkest (het)	သံစုံတီးဝိုင်း	than zoun di: wain:
popmuziek (de)	ပေါ့ပ်ဂီတ	po. p gi da.
rockmuziek (de)	ရော့ခ်ဂီတ	ro. kh gi da.
rockgroep (de)	ရော့ခ်ဂီတအဖွဲ့	ro. kh gi da. ahpwe.
jazz (de)	ဂျာဇ်ဂီတ	gja' z gi ta.
idool (het)	အသည်းစွဲ	athe: zwe:
bewonderaar (de)	နှစ်သက်သူ	hni' the' dhu
concert (het)	တေးဂီတဖြေဖျော်ပွဲ	tei: gi da. bjei bjo bwe:
symfonie (de)	သံစုံဝိုင်းတေးသွား	than zoun za' ti: dei: dwa:
compositie (de)	ရေးဖွဲ့သီကုံးခြင်း	jei: bwe dhi goun: gjin:
componeren (muziek ~)	ရေးဖွဲ့သီကုံးသည်	jei: bwe dhi goun: de
zang (de)	သီချင်းဆိုခြင်း	thachin: zou gjin:
lied (het)	သီချင်း	thachin:
melodie (de)	တီးလုံး	ti: loun:
ritme (het)	စည်းချက်	si gje'
blues (de)	ဘလူးစ်ဂီတ	ba. lu: s gi'
bladmuziek (de)	ဂီတသင်္ကေတများ	gi ta. dhin gei da. mja:
dirigeerstok (baton)	ဂီတအချက်ပြတုတ်	gi ta. ache' pja dou'
strijkstok (de)	ဘိုးတံ	bou: dan
snaar (de)	ကြိုး	kjou:
koffer (de)	အိတ်	ei'

Rusten. Entertainment. Reizen

155. Trip. Reizen

toerisme (het)	ခရီးသွားလုပ်ငန်း	khaji: thwa: lou' ngan:
toerist (de)	ကမ္ဘာလှည့်ခရီးသည်	ga ba hli. kha. ji: de
reis (de)	ခရီးထွက်ခြင်း	khaji: htwe' chin;
avontuur (het)	စွန့်စားမှု	sun. za: hmu.
tocht (de)	ခရီး	khaji:
vakantie (de)	ခွင့်ရက်	khwin. je'
met vakantie zijn	အခွင့်ယူသည်	akhwin. ju de
rust (de)	အနားယူခြင်း	ana: ju gjin:
trein (de)	ရထား	jatha:
met de trein	ရထားနဲ့	jatha: ne.
vliegtuig (het)	လေယာဉ်	lei jan
met het vliegtuig	လေယာဉ်နဲ့	lei jan ne.
met de auto	ကားနဲ့	ka: ne.
per schip (bw)	သင်္ဘောနဲ့	thin: bo: ne.
bagage (de)	ဝန်စည်စလည်	wun zi za. li
valies (de)	သားရေသေတ္တာ	tha: jei dhi' ta
bagagekarretje (het)	ပစ္စည်းတင်ရန်တွန်းလှည်း	pji' si: din jan dun: hle:
paspoort (het)	နိုင်ငံကူးလက်မှတ်	nain ngan gu: le' hma'
visum (het)	ဗီဇာ	bi za
kaartje (het)	လက်မှတ်	le' hma'
vliegticket (het)	လေယာဉ်လက်မှတ်	lei jan le' hma'
reisgids (de)	လမ်းညွှန်စာအုပ်	lan: hnjun za ou'
kaart (de)	မြေပုံ	mjei boun
gebied (landelijk ~)	ဒေသ	dei dha.
plaats (de)	နေရာ	nei ja
exotische bestemming (de)	အထူးအဆန်းပန်းတိုင်း	a htu: a hsan: bji' si:
exotisch (bn)	အထူးအဆန်းဖြစ်သော	a htu: a hsan: hpja' te.
verwonderlijk (bn)	အံ့သြစရာကောင်းသော	an. o: sa ja kaun de.
groep (de)	အုပ်စု	ou' zu.
rondleiding (de)	လေ့လာရေးခရီး	lei. la jei: gaji:
gids (de)	လမ်းညွှန်	lan: hnjun

156. Hotel

hotel (het)	ဟိုတယ်	hou te
motel (het)	မိုတယ်	mou te
3-sterren	ကြယ် ၃ ပွင့်အဆင့်	kje thoun: pwin. ahsin.

5-sterren	ကြယ် ၅ ပွင့်အဆင့်	kje nga: pwin. ahsin.
overnachten (ww)	တည်းခိုသည်	te: khou de
kamer (de)	အခန်း	akhan:
eenpersoonskamer (de)	တစ်ယောက်ခန်း	ti' jau' khan:
tweepersoonskamer (de)	နှစ်ယောက်ခန်း	hni' jau' khan:
een kamer reserveren	ကြိုတင်မှာယူသည်	kjou tin hma ju de
halfpension (het)	ကြိုတင်တစ်ဝက်ငွေချေရှင်း	kjou tin di' we' ngwe gjei gjin:
volpension (het)	ငွေအပြည့်ကြို	ngwei apjei. kjou
	တင်ပေးရှေ့ရှင်း	din bei: chei chin:
met badkamer	ရေချိုးခန်းနှင့်	jei gjou gan: hnin.
met douche	ရေပန်းနှင့်	jei ban: hnin.
satelliet-tv (de)	ဂြိုဟ်တုရုပ်မြင်သံကြား	gjou' htu. jou' mjin dhan gja:
airconditioner (de)	လေအေးပေးစက်	lei ei: bei: ze'
handdoek (de)	တဘက်	tabe'
sleutel (de)	သော့	tho.
administrateur (de)	အုပ်ချုပ်ရေးမှူး	ou' chu' jei: hmu:
kamermeisje (het)	သန့်ရှင်းရေးဝန်ထမ်း	than. shin: jei: wun dan:
piccolo (de)	အထမ်းသမား	a htan: dha. ma:
portier (de)	တံခါးဝမှ ၊ ည့်ကြို	daga: wa. hma. e. kjou
restaurant (het)	စားသောက်ဆိုင်	sa: thau' hsain
bar (de)	ဘား	ba:
ontbijt (het)	နံနက်စာ	nan ne' za
avondeten (het)	ညစာ	nja. za
buffet (het)	ဘူးဖေး	bu hpei:
hal (de)	နာရောင်ခန်း	hna jaun gan:
lift (de)	ဓာတ်လှေကား	da' hlei ga:
NIET STOREN	မနှောင့်ယှက်ရ	ma. hnaun hje' ja.
VERBODEN TE ROKEN!	ဆေးလိပ်မသောက်ရ	hsei: lei' ma. dhau' ja.

157. Boeken. Lezen

boek (het)	စာအုပ်	sa ou'
auteur (de)	စာရေးသူ	sajei: dhu
schrijver (de)	စာရေးဆရာ	sajei: zaja
schrijven (een boek)	စာရေးသည်	sajei: de
lezer (de)	စာဖတ်သူ	sa hpa' thu
lezen (ww)	ဖတ်သည်	hpa' te
lezen (het)	စာဖတ်ခြင်း	sa hpa' chin:
stil (~ lezen)	တိတ်တဆိတ်	tei' ta. hsei'
hardop (~ lezen)	ကျယ်လောင်စွာ	kje laun zwa
uitgeven (boek ~)	ပုံနှိပ်ထုတ်ဝေသည်	poun nei' htou' wei de
uitgeven (het)	ပုံနှိပ်ထုတ်ဝေခြင်း	poun nei' htou' wei gjin:
uitgever (de)	ထုတ်ဝေသူ	htou' wei dhu
uitgeverij (de)	ပုံနှိပ်ထုတ်ဝေ	poun nei' htou' wei
	သည့်ကုမ္ပဏီ	dhi. koun pani

verschijnen (bijv. boek)	ထွက်သည်	htwe' te
verschijnen (het)	ပြန်ရှိခြင်း	hpjan. gji. gjin:
oplage (de)	စာရေးသူ	sajei: dhu

| boekhandel (de) | စာအုပ်ဆိုင် | sa ou' hsain |
| bibliotheek (de) | စာကြည့်တိုက် | sa gji. dai' |

novelle (de)	ဝတ္ထုဇာတ်လမ်း	wu' htu. za' lan:
verhaal (het)	ဝတ္ထုတို	wu' htu. dou
roman (de)	ဝတ္ထု	wu' htu.
detectiveroman (de)	စုံထောက်ဇာတ်လမ်း	soun dau' za' lan:

memoires (mv.)	ကိုယ်တွေ့မှတ်တမ်း	kou twei. hma' tan:
legende (de)	ဒဏ္ဍာရီ	dan da ji
mythe (de)	စိတ်ကူးယဉ်	sei' ku: jin

gedichten (mv.)	ကဗျာများ	ka. bja mja:
autobiografie (de)	ကိုယ်တိုင်ရေးအတ္ထုပ္ပတ္တိ	kou tain jei' a' tu. bi' ta.
bloemlezing (de)	လက်ရွေးစင်	le' jwei: zin
sciencefiction (de)	သိပ္ပံဇာတ်လမ်း	thei' pan za' lan:

naam (de)	ခေါင်းစဉ်	gaun: zin
inleiding (de)	နိဒါန်း	ni. dan:
voorblad (het)	ခေါင်းဝီးစာမျက်နှာ	gaun: zi: za: mje' hna

hoofdstuk (het)	ခေါင်းကြီးပိုင်း	gaun: gji: bain:
fragment (het)	ကောက်နုတ်ချက်	kau' hnou' khje'
episode (de)	အပိုင်း	apain:

intrige (de)	ဇာတ်ကြောင်း	za' kjaun:
inhoud (de)	မာတိကာ	ma di. ga
inhoudsopgave (de)	မာတိကာ	ma di. ga
hoofdpersonage (het)	အဓိကဇာတ်ဆောင်	adi. ka. za' hsaun

boekdeel (het)	ထုထည်	du. de
omslag (de/het)	စာအုပ်အဖုံး	sa ou' ahpoun:
boekband (de)	အဖုံး	ahpoun:
bladwijzer (de)	စာညှပ်	sa hnja'

pagina (de)	စာမျက်နှာ	sa mje' hna
bladeren (ww)	စာရွက်လှန်သည်	sajwe' hlan de
marges (mv.)	နယ်နိမိတ်	ne ni. mei'
annotatie (de)	မှတ်စာ	hma' sa
opmerking (de)	အောက်ခြေမှတ်ချက်	au' chei hma' che'

tekst (de)	စာသား	sa dha:
lettertype (het)	ပုံစံ	poun zan
drukfout (de)	ပုံနှိပ်အမှား	poun nei' ahma:

vertaling (de)	ဘာသာပြန်	ba dha bjan
vertalen (ww)	ဘာသာပြန်သည်	ba dha bjan de
origineel (het)	မူရင်း	mu jin:

beroemd (bn)	ကျော်ကြားသော	kjo kja: de.
onbekend (bn)	လူမသိသော	lu ma. thi. de.
interessant (bn)	စိတ်ဝင်စားစရာကောင်းသော	sei' win za: zaja gaun: de.

bestseller (de)	ရောင်းအားအကောင်းဆုံး	jo: a: akaun: zoun:
woordenboek (het)	အဘိဓာန်	abi. dan
leerboek (het)	ဖတ်စာအုပ်	hpa' sa au'
encyclopedie (de)	စွယ်စုံကျမ်း	swe zoun gjan:

158. Jacht. Vissen

jacht (de)	အမဲလိုက်ခြင်း	ame: lai' chin
jagen (ww)	အမဲလိုက်သည်	ame: lai' de
jager (de)	မုဆိုး	mou' hsou:
schieten (ww)	ပစ်သည်	pi' te
geweer (het)	ရိုင်ဖယ်	jain be
patroon (de)	ကျည်ဆံ	kji. zan
hagel (de)	ကျည်ဆေ	kji zei.
val (de)	သံမဏိထောင်ချောက်	than mani. daun gjau'
valstrik (de)	ကျော့ကွင်း	kjo. kwin:
in de val trappen	ထောင်ချောက်မိသည်	htaun gjau' mi de
een val zetten	ထောင်ချောက်ဆင်သည်	htaun gjau' hsin de
stroper (de)	တရားမဝင်နိုးပစ်သူ	taja: ma. win gou: bi' thu
wild (het)	အမဲလိုက်ခြင်း	ame: lai' chin
jachthond (de)	အမဲလိုက်ခွေး	ame: lai' khwei:
safari (de)	ဆာဖာရီတောရိုင်းဒေသ	hsa hpa ji do joun: dei dha.
opgezet dier (het)	ရုပ်လုံးဖော်တီရှွှာန်ရုပ်	jou' loun: bo di ja' zan jou'
visser (de)	တံငါသည်	da nga dhi
visvangst (de)	ငါးဖမ်းခြင်း	nga: ban: gjin
vissen (ww)	ငါးဖမ်းသည်	nga: ban: de
hengel (de)	ငါးများတံ	nga: mja: dan
vislijn (de)	ငါးများကြိုး	nga: mja: gjou:
haak (de)	ငါးများချိတ်	nga: mja: gji'
dobber (de)	ငါးများတံဖော့	nga: mja: dan bo.
aas (het)	ငါးစာ	nga: za
de hengel uitwerpen	ငါးများကြိုးပစ်သည်	nga: mja: gjou: bji' te
bijten (ov. de vissen)	ကိုက်သည်	kou' de
vangst (de)	ငါးထည့်စရာ	nga: de. za. ja
wak (het)	ရေခဲပြင်ပေါ်မှအပေါက်	jei ge: bjin bo hma. a. bau'
net (het)	ပိုက်	pai'
boot (de)	လှေ	hlei
vissen met netten	ပိုက်ချသည်	pai' cha. de
het net uitwerpen	ပိုက်ပစ်သည်	pai' pi' te
het net binnenhalen	ပိုက်ဆယ်သည်	pai' hse de
in het net vallen	ပိုက်တိုးမိသည်	pai' tou: mi. de
walvisvangst (de)	ဝေလငါး	wei la. nga:
walvisvaarder (de)	ဝေလငါးဖမ်းလှေ	wei la. nga: ban: hlei
harpoen (de)	ရှိန်း	hmein:

159. Spellen. Biljart

biljart (het)	ဘီလီယက်	bi li je'
biljartzaal (de)	ဘီလီယက်ထိုးခန်း	bi li ja' htou: khana:
biljartbal (de)	ဘီလီယက်ဘောလုံး	bi li ja' bo loun:
een bal in het gat jagen	ကျင်းထည့်သည်	kjin: de. de
keu (de)	ကြူတံ	kju dan
gat (het)	ကျင်း	kjin:

160. Spellen. Speelkaarten

ruiten (mv.)	ထောင့်	htaun.
schoppen (mv.)	စပိတ်	sapei'
klaveren (mv.)	ဟတ်	ha'
harten (mv.)	ညှင်း	hnjin:
aas (de)	တစ်ဖဲ	ti' hpe:
koning (de)	ကင်း	kin:
dame (de)	ကွင်း	kwin:
boer (de)	ဂျက်	gje'
speelkaart (de)	ဖဲကစားသည်	hpe: ga. za de
kaarten (mv.)	ဖဲချပ်များ	hpe: gje' mja:
troef (de)	ဝှက်ဖဲ	hwe' hpe:
pak (het) kaarten	ဖဲထုပ်	hpe: dou'
punt (bijv. vijftig ~en)	အမှတ်	ahma'
uitdelen (kaarten ~)	ဖဲဝေသည်	hpe: wei de
schudden (de kaarten ~)	ကုလားဖန်ထိုးသည်	kala: ban dou de
beurt (de)	ဦးဆုံးအလှည့်	u: zoun: ahle.
valsspeler (de)	ဖဲလိမ်သမား	hpe: lin dha ma:

161. Casino. Roulette

casino (het)	လောင်းကစားရုံ	laun: gaza: joun
roulette (de)	နံပါတ်လှည့်လောင်းကစား	nan ba' hle. laun: ga. za:
inzet (de)	အလောင်းအစား	alaun: asa:
een bod doen	လောင်းကြေးတင်သည်	laun: gjei: tin de
rood (de)	အနီ	ani
zwart (de)	အနက်	ane'
inzetten op rood	အနီလောင်းသည်	ani laun: de
inzetten op zwart	အနက်လောင်းသည်	ane' laun: de
croupier (de)	လောင်းကစားဒိုင်	laun: gaza: dain
de cilinder draaien	အဝိုင်းလှည့်သည်	awain: hle. de
spelregels (mv.)	ကစားနည်းစည်းမျဉ်း	gaza: ne: zin: mjin:
fiche (pokerfiche, etc.)	တိုကင်ပြား	tou gin bja:
winnen (ww)	နိုင်သည်	nain de
winst (de)	အနိုင်	anain

| verliezen (ww) | ရှုံးသည် | shoun: de |
| verlies (het) | အရှုံး | ashoun: |

speler (de)	ကစားသမား	gaza: dhama:
blackjack (kaartspel)	ဘလက်ဂျက်	ba. le' gje'
dobbelspel (het)	အန်စာတုံးလောင်းကစားနည်း	an za doun: laun: ga za: ne:
dobbelstenen (mv.)	အန်စာတုံး	an za doun:
speelautomaat (de)	ဂျေးဂျောင်းစက်	zei: jaun: ze'

162. Rusten. Spellen. Diversen

wandelen (on.ww.)	အပန်းဖြေလမ်းလျှောက်သည်	apin: hpjei lan: jau' the
wandeling (de)	လမ်းလျှောက်ခြင်း	lan: shau' chin:
trip (per auto)	အပန်းဖြေခရီး	apin: hpjei khaji:
avontuur (het)	စွန့်စားမှု	sun. za: hmu.
picknick (de)	ပျော်ပွဲစား	pjo bwe: za:

spel (het)	ဂိမ်း	gein:
speler (de)	ကစားသမား	gaza: dhama:
partij (de)	ကစားပွဲ	gaza: pwe:

collectioneur (de)	စုဆောင်းသူ	su. zaun: dhu
collectioneren (ww)	စုဆောင်းသည်	su. zaun: de
collectie (de)	စုဆောင်းခြင်း	su. zaun: gjin:

kruiswoordraadsel (het)	စကားလုံးဆက် ပဟေဠိ	zaga: loun: ze' bahei li.
hippodroom (de)	ပြေးလမ်း	pjei: lan:
discotheek (de)	အစွကိုကပွဲ	di' sa kou ga. bwe:

| sauna (de) | ပေါင်းခံရေးထုတ်ခန်း | paun: gan gjwa: dou' khan: |
| loterij (de) | ထီ | hti |

trektocht (kampeertocht)	အပျော်စခန်းချခရီး	apjo za. khan: khja kha ni:
kamp (het)	စခန်း	sakhan:
tent (de)	တဲ	te:
kompas (het)	သိလိုက်အိမ်မြှောင်	than lai' ein hmjaun
rugzaktoerist (de)	စခန်းချသူ	sakhan: gja. dhu

bekijken (een film ~)	ကြည့်သည်	kji. de
kijker (televisie~)	ကြည့်သူ	kji. thu
televisie-uitzending (de)	ရုပ်မြင်သံကြားအစီအစဉ်	jou' mjin dhan gja: asi asan

163. Fotografie

| fotocamera (de) | ကင်မရာ | kin ma. ja |
| foto (de) | ဓာတ်ပုံ | da' poun |

fotograaf (de)	ဓာတ်ပုံဆရာ	da' poun za ja
fotostudio (de)	ဓာတ်ပုံရိုက်ရန်အခန်း	da' poun jai' jan akhan:
fotoalbum (het)	ဓာတ်ပုံအယ်လ်ဘမ်	da' poun e la. ban
lens (de), objectief (het)	ကင်မရာမှန်ဘီလူး	kin ma. ja hman bi lu:
telelens (de)	အဝေးရှိက်သောမှန်ဘီလူး	awei: shi' tho: hman bi lu:

filter (de/het)	အရောင်စစ်မှန်ပြား	ajaun za' hman bja:
lens (de)	မှန်ဘီလူး	hman bi lu:
optiek (de)	အလင်းပညာ	alin: bjin
diafragma (het)	ကင်မရာတွင် အလင်းဝင်ပေါက်	kin ma. ja twin alin: win bau'
belichtingstijd (de)	အလင်းရောင်ဖွင့်ပေးချိန်	alin: jaun hpwin bei: gjein
zoeker (de)	ရိုက်ကွင်းပြသည့်ကိရိယာ	jou' kwin: bja dhe. gi. ji. ja
digitale camera (de)	ဒီဂျစ်တယ်ကင်မရာ	digji' te gin ma. ja
statief (het)	သုံးချောင်းထောက်	thoun: gjaun: dau'
flits (de)	ကင်မရာသုံး လျှပ်တပြက်မီး	kin ma. ja dhoun: lja' ta. pje' mi:
fotograferen (ww)	ဓာတ်ပုံရိုက်သည်	da' poun jai' te
foto's maken	ရိုက်သည်	jai' te
zich laten fotograferen	ဓာတ်ပုံရိုက်သည်	da' poun jai' te
focus (de)	ဆုံချက်	hsoun gje'
scherpstellen (ww)	ဆုံချက်ချိန်သည်	hsoun gje' chin de
scherp (bn)	ထင်ရှားပြတ်သားသော	htin sha: bja' tha: de
scherpte (de)	ထင်ရှားပြတ်သားမှု	htin sha: bja' tha: hmu.
contrast (het)	ခြားနားချက်	hpja: na: gje'
contrastrijk (bn)	မတူညီသော	ma. du nji de.
kiekje (het)	ပုံ	poun
negatief (het)	နက်ဂတစ်	ne' ga ti'
filmpje (het)	ဖလင်	hpa. lin
beeld (frame)	ဘောင်	baun
afdrukken (foto's ~)	ပရင့်ထုတ်သည်	pa. jin. dou' te

164. Strand. Zwemmen

strand (het)	ကမ်းခြေ	kan: gjei
zand (het)	သဲ	the:
leeg (~ strand)	လူသူကင်းမဲ့သော	lu dhu gin: me. de.
bruine kleur (de)	နေကြောင့်- အသားရောင်ညိုခြင်း	nei gjaun.- atha: jaun njou gjin:
zonnebaden (ww)	နေဆာလှုံသည်	nei za hloun de
gebruind (bn)	အသားညိုသော	atha: njou de.
zonnecrème (de)	နေပူခံလိမ်းဆေး	nei bu gan lein: zei:
bikini (de)	ဘီကီနီ	bi ki ni
badpak (het)	ရေကူးဝတ်စုံ	jei ku: wa' zoun
zwembroek (de)	ယောက်ျားဝတ်ဘောင်းဘီတို	jau' kja: wu' baun: bi dou
zwembad (het)	ရေကူးကန်	jei ku: gan
zwemmen (ww)	ရေကူးသည်	jei ku: de
douche (de)	ရေပန်း	jei ban:
zich omkleden (ww)	အဝတ်လဲသည်	awu' le: de
handdoek (de)	တဘက်	tabe'
boot (de)	လှေ	hlei
motorboot (de)	မော်တော်ဘုတ်	mo to bou'

waterski's (mv.)	ရေလျှာလျှောစီးအပြား	jei hlwa sho: apja:
waterfiets (de)	ယက်ဘီးတင်လေ့	je' bi: da' hlei
surfen (het)	ရေလျှာလှိုင်း	jei hlwa hlain:
surfer (de)	ရေလျှာလှိုင်းစီးသူ	jei hlwa hlain: zi: dhu

scuba, aqualong (de)	စကူဘာဆက်	sakuba ze'
zwemvliezen (mv.)	ရေဉ်ဘာရေယက်ပြား	jo ba jei je' pja:
duikmasker (het)	မျက်နှာဖုံး	mje' hna boun:
duiker (de)	ရေငုပ်သမား	jei ngou' tha ma:
duiken (ww)	ရေငုပ်သည်	jei ngou' te
onder water (bw)	ရေအောက်	jei au'

parasol (de)	ကမ်းခြေထီး	kan: gjei hti:
ligstoel (de)	ပက်လက်ကုလားထိုင်	pje' le' ku. la: din
zonnebril (de)	နေကာမျက်မှန်	nei ga mje' hman
luchtmatras (de/het)	လေထိုးအိပ်ယာ	lei dou: i' ja

| spelen (ww) | ကစားသည် | gaza: de |
| gaan zwemmen (ww) | ရေကူးသည် | jei ku: de |

bal (de)	ဘောလုံး	bo loun:
opblazen (oppompen)	လေထိုးသည်	lei dou: de
lucht-, opblaasbare (bn)	လေထိုးနိုင်သော	lei dou: nain de.

golf (hoge ~)	လှိုင်း	hlain:
boei (de)	ရေကြောင်းပြဗောိယာ	jei gjaun: bja. bo: ja
verdrinken (ww)	ရေနစ်သည်	jei ni' te

redden (ww)	ကယ်ဆယ်သည်	ke ze de
reddingsvest (de)	အသက်ကယ်အကျႃ	athe' kai in: gji
waarnemen (ww)	စောင့်ကြည့်သည်	saun. gji. de
redder (de)	ကယ်ဆယ်သူ	ke ze dhu

TECHNISCHE APPARATUUR. VERVOER

Technische apparatuur

computer (de)	ကွန်ပျူတာ	kun pju ta
laptop (de)	လပ်တော့	la' to.
aanzetten (ww)	ဖွင့်သည်	hpwin. de
uitzetten (ww)	ပိတ်သည်	pei' te
toetsenbord (het)	ကီးဘုတ်	kji: bou'
toets (enter~)	ကီး	kji:
muis (de)	မောက်စ်	mau's
muismat (de)	မောက်စ်အောက်ခံပြား	mau's au' gan bja:
knopje (het)	ခလုတ်	khalou'
cursor (de)	ညွှန်းပြား	hnjun: ma:
monitor (de)	မော်နီတာ	mo ni ta
scherm (het)	မျက်နှာပြင်	hman dha: bjin
harde schijf (de)	ဟတ်ဒစ်-အချက်အလက် သိမ်းပစ္စည်း	ha' di' akja' ale' thein: bji' si:
volume (het) van de harde schijf	ဟတ်ဒစ်သိုလှောင်နိုင်မှု	ha' di' thou laun nain hmu.
geheugen (het)	မှတ်ဉာဏ်	hma' njan
RAM-geheugen (het)	ရမ်	ran
bestand (het)	ဖိုင်	hpain
folder (de)	စာတွဲဖိုင်	sa dwe: bain
openen (ww)	ဖွင့်သည်	hpwin. de
sluiten (ww)	ပိတ်သည်	pei' te
opslaan (ww)	သိမ်းဆည်းသည်	thain: zain: de
verwijderen (wissen)	ဖျက်သည်	hpje' te
kopiëren (ww)	မိတ္တူကူးသည်	mi' tu gu: de
sorteren (ww)	ခွဲသည်	khwe: de
overplaatsen (ww)	ပြန်ကူးသည်	pjan gu: de
programma (het)	ပရိုဂရမ်	pa. jou ga. jan
software (de)	ဆော့ဗဲ့	hso. hp we:
programmeur (de)	ပရိုဂရမ်မာ	pa. jou ga. jan ma
programmeren (ww)	ပရိုဂရမ်ရေးသည်	pa. jou ga. jan jei: de
hacker (computerkraker)	ဟက်ကာ	he' ka
wachtwoord (het)	စကားဝှက်	zaga: hwe'
virus (het)	ဗိုင်းရပ်စ်	bain ja's

147

ontdekken (virus ~)	ရှာဖွေသည်	sha hpwei de
byte (de)	ဘိုက်	bai'
megabyte (de)	မီဂါဘိုက်	mi ga bai'

data (de)	အချက်အလက်	ache' ale'
databank (de)	ဒေတာဘောစ်	dei da bei. s

kabel (USB-~, enz.)	ကေဘယ်ကြိုး	kei be kjou:
afsluiten (ww)	ဖြုတ်သည်	hpjei: de
aansluiten op (ww)	တပ်သည်	ta' te

166. Internet. E-mail

internet (het)	အင်တာနက်	in ta na'
browser (de)	ဘရောက်ဆာ	ba. jau' hsa
zoekmachine (de)	ဆာ့ရှ်အင်ဂျင်	hsa, ch in gjin
internetprovider (de)	ပံ့ပိုးသူ	pan. bou: dhu

webmaster (de)	ဝက်မာစတာ	we' sai' ma sa. ta
website (de)	ဝက်ဆိုက်	we' sai'
webpagina (de)	ဝက်ဆိုဒ်စာမျက်နှာ	we' sai' sa mje' hna

adres (het)	လိပ်စာ	lei' sa
adresboek (het)	လိပ်စာမှတ်စု	lei' sa hmat' su.

postvak (het)	စာတိုက်ပုံး	sa dai' poun:
post (de)	စာ	sa
vol (~ postvak)	ပြည့်သော	pjei. de.

bericht (het)	သတင်း	dhadin:
binnenkomende berichten (mv.)	အဝင်သတင်း	awin dha din:
uitgaande berichten (mv.)	အထွက်သတင်း	a htwe' tha. din:

verzender (de)	ပို့သူ	pou. dhu
verzenden (ww)	ပို့သည်	pou. de
verzending (de)	ပို့ခြင်း	pou. gjin:

ontvanger (de)	လက်ခံသူ	le' khan dhu
ontvangen (ww)	လက်ခံရရှိသည်	le' khan ja. shi. de

correspondentie (de)	စာအဆက်အသွယ်	sa ahse' athwe
corresponderen (met ...)	စာပေးစာယူလုပ်သည်	sa pei: za ju lou' te

bestand (het)	ဖိုင်	hpain
downloaden (ww)	ဒေါင်းလော့ဒ်လုပ်သည်	daun: lo. d lou' de
creëren (ww)	ဖန်တီးသည်	hpan di: de
verwijderen (een bestand ~)	ဖျက်သည်	hpje' te
verwijderd (bn)	ဖျက်ပြီးသော	hpje' pji: de.

verbinding (de)	ဆက်သွယ်မှု	hse' thwe hmu.
snelheid (de)	နှုန်း	hnun:
modem (de)	မိုဒမ်	mou dan:
toegang (de)	ဝင်လမ်း	win lan

poort (de)	ဝဲဘာက်	we: be'
aansluiting (de)	အချိတ်အဆက်	achei' ahse'
zich aansluiten (ww)	ချိတ်ဆက်သည်	chei' hse' te

| selecteren (ww) | ရွေးချယ်သည် | jwei: che de |
| zoeken (ww) | ရှာသည် | sha de |

167. Elektriciteit

elektriciteit (de)	လျှပ်စစ်ဓာတ်အား	hlja' si' da' a:
elektrisch (bn)	လျှပ်စစ်နှင့်ဆိုင်သော	hlja' si' hnin. zain de.
elektriciteitscentrale (de)	လျှပ်စစ်ထုတ်လုပ်သောစက်ရုံ	hlja' si' htou' lou' tho: ze' joun
energie (de)	စွမ်းအင်	swan: in
elektrisch vermogen (het)	လျှပ်စစ်စွမ်းအား	hlja' si' swan: a:

lamp (de)	မီးသီး	mi: dhi:
zaklamp (de)	ဓာတ်မီး	da' mi:
straatlantaarn (de)	လမ်းမီး	lan: mi:

| licht (elektriciteit) | အလင်းရောင် | alin: jaun |
| aandoen (ww) | ဖွင့်သည် | hpwin. de |

| uitdoen (ww) | ပိတ်သည် | pei' te |
| het licht uitdoen | မီးပိတ်သည် | mi: pi' te |

| doorbranden (gloeilamp) | မီးကျွမ်းသည် | mi: kjwan: de |
| kortsluiting (de) | လျှပ်စီးပတ်လမ်းပြတ်ခြင်း | hlja' si: ba' lan: bja' chin: |

| onderbreking (de) | ဝိုင်ယာကြိုးအပြတ် | wain ja gjou: apja' |
| contact (het) | လျှပ်ကူးပစ္စည်း | hlja' ku: pji' si: |

| schakelaar (de) | ခလုတ် | khalou' |
| stopcontact (het) | ပလပ်ပေါက် | pa. la' pau' |

| stekker (de) | ပလပ် | pa. la' |
| verlengsnoer (de) | ကြားဆက်ကြိုး | ka: ze' kjou: |

zekering (de)	ဖျူးစ်	hpju: s
kabel (de)	ဝိုင်ယာကြိုး	wain ja gjou:
bedrading (de)	လျှပ်စစ်ကြိုးသွယ်တန်းမှု	hlja' si' kjou: dhwe dan: hmu

| ampère (de) | အမ်ပီယာ | an bi ja |
| stroomsterkte (de) | အသံချဲ့စက် | athan che. zek |

| volt (de) | ဗို့ | boi. |
| spanning (de) | ဗို့အား | bou. a: |

| elektrisch toestel (het) | လျှပ်စစ်ပစ္စည်း | hlja' si' pji' si: |
| indicator (de) | အချက်ပြ | ache' pja. |

elektricien (de)	လျှပ်စစ်ပညာရှင်	hlja' si' pa. nja shin
solderen (ww)	ဂဟေဆော်သည်	gahei hso de
soldeerbout (de)	ဂဟေဆော်တံ	gahei hso dan
stroom (de)	လျှပ်စီးကြောင်း	hlja' si: gjaun:

149

168. Gereedschappen

werktuig (stuk gereedschap)	ကိရိယာ	ki. ji. ja
gereedschap (het)	ကိရိယာများ	ki. ji. ja mja:
uitrusting (de)	စက်ကိရိယာပစ္စည်းများ	se' kari. ja pji' si: mja:

hamer (de)	တူ	tu
schroevendraaier (de)	ဝက်အူလှည့်	we' u hli.
bijl (de)	ပုဆိန်	pahsein

zaag (de)	လွှ	hlwa.
zagen (ww)	လွှတိုက်သည်	hlwa. dai' de
schaaf (de)	ရွေပေါ်	jwei bo
schaven (ww)	ရွေပေါ်ထိုးသည်	jwei bo dou: de
soldeerbout (de)	ဂဟေဆော်တံ	gahei hso dan
solderen (ww)	ဂဟေဆော်သည်	gahei hso de

vijl (de)	တံစဉ်း	tan zin:
nijptang (de)	သန်ညှပ်	than hnou'
combinatietang (de)	ပလာယာ	pa. la ja
beitel (de)	ဆောက်	hsau'

boorkop (de)	လွန်	lun
boormachine (de)	လျှပ်စစ်လွန်	hlja' si' lun
boren (ww)	လွန်နဲ့ဖြင့်ဖောက်သည်	lun bjin. bau' de

mes (het)	ဓား	da:
zakmes (het)	မောင်းဂျက်ဓား	maun: gje' da:
lemmet (het)	ဓားသွား	da: dhwa

scherp (bijv. ~ mes)	ရှွန်ထက်သော	chwan de' te.
bot (bn)	တုံးသော	toun: dho:
bot raken (ww)	တုံးသွားသည်	toun: dwa de
slijpen (een mes ~)	သွေးသည်	thwei: de

bout (de)	မူလီ	mu li
moer (de)	မူလီခေါင်း	mu li gaun:
schroefdraad (de)	ဝက်အူရစ်	we' u ji'
houtschroef (de)	ဝက်အူ	we' u

| spijker (de) | အိမ်ရိုက်သံ | ein jai' than |
| kop (de) | သံခေါင်း | than gaun: |

liniaal (de/het)	ပေတံ	pei dan
rolmeter (de)	ပေကြိုး	pei gjou:
waterpas (de/het)	ရေချိန်	jei gjain
loep (de)	မှန်ဘီလူး	hman bi lu:

meetinstrument (het)	တိုင်းသည့်ကိရိယာ	tain: dhi. ki. ji. ja
opmeten (ww)	တိုင်းသည်	tain: de
schaal (meetschaal)	စကေး	sakei:
gegevens (mv.)	ပြဆောပမာဏ	pja. dho: ba ma na.

| compressor (de) | ဖိသိပ်စက် | hpi. dhi' se' |
| microscoop (de) | အကျကြည့်ကိရိယာ | anu gji. gi. ji. ja |

pomp (de)	လေထိုးစက်	lei dou: ze'
robot (de)	စက်ရုပ်	se' jou'
laser (de)	လေဆာ	lei za

moersleutel (de)	ခွ	khwa.
plakband (de)	တိပ်	tei'
lijm (de)	ကော်	ko

schuurpapier (het)	ကော်ဖတ်စက္ကူ	ko hpa' se' ku
veer (de)	ညွတ်သံစွေ	hnju' dhan gwei
magneet (de)	သံလိုက်	than lai'
handschoenen (mv.)	လက်အိတ်	lei' ei'

touw (bijv. henneptouw)	ကြိုး	kjou:
snoer (het)	ကြိုးလုံး	kjou: loun:
draad (de)	ဝိုင်ယာကြိုး	wain ja gjou:
kabel (de)	ကေဘယ်ကြိုး	kei be kjou:

moker (de)	တူကြီး	tou gji:
breekijzer (het)	တူးရွင်း	tu: jwin:
ladder (de)	လှေကား	hlei ga:
trapje (inklapbaar ~)	ခေါက်လှေကား	khau' hlei ka:

aanschroeven (ww)	ဝက်အူကျစ်သည်	we' u gji' te
losschroeven (ww)	ဝက်အူဖြုတ်သည်	we' u bju' te
dichtpersen (ww)	ကျပ်သည်	kja' te.
vastlijmen (ww)	ကော်ကပ်သည်	ko ka' de
snijden (ww)	ဖြတ်သည်	hpja' te

defect (het)	ချွတ်ယွင်းချက်	chwe' jwin: che'
reparatie (de)	ပြန်လည်ပြုပြင်ဆင်ခြင်း	pjan le: bjin zin gjin:
repareren (ww)	ပြန်လည်ပြုပြင်ဆင်သည်	pjan le bjin zin de
regelen (een machine ~)	ညှိသည်	hnji. de

checken (ww)	စစ်ဆေးသည်	si' hsei: de
controle (de)	စစ်ဆေးခြင်း	si' hsei: gjin:
gegevens (mv.)	ပြသောပမာဏ	pja. dho: ba ma na.

| degelijk (bijv. ~ machine) | စိတ်ချရသော | sei' cha. ja. de. |
| ingewikkeld (bn) | ရှုပ်ထွေးသော | sha' htwei: de. |

roesten (ww)	သံရေးတက်သည်	than gjei: da' te
roestig (bn)	သံရေးတက်သော	than gjei: da' te.
roest (de/het)	သံရေး	than gjei:

Vervoer

vliegtuig (het)	လေယာဉ်	lei jan
vliegticket (het)	လေယာဉ်လက်မှတ်	lei jan le' hma'
luchtvaartmaatschappij (de)	လေကြောင်း	lei gjaun:
luchthaven (de)	လေဆိပ်	lei zi'
supersonisch (bn)	အသံထက်မြန်သော	athan de' mjan de.
gezagvoerder (de)	လေယာဉ်မှူး	lei jan hmu:
bemanning (de)	လေယာဉ်အမှုထမ်းအဖွဲ့	lei jan ahmu. dan: ahpwe.
piloot (de)	လေယာဉ်မောင်းသူ	lei jan maun dhu
stewardess (de)	လေယာဉ်မယ်	lei jan me
stuurman (de)	လေကြောင်းပြ	lei gjaun: bja.
vleugels (mv.)	လေယာဉ်တောင်ပံ	lei jan daun ban
staart (de)	လေယာဉ်အမြီး	lei jan amji:
cabine (de)	လေယာဉ်မောင်းအခန်း	lei jan maun akhan:
motor (de)	အင်ဂျင်	in gjin
landingsgestel (het)	အောက်ခံဘောင်	au' khan baun
turbine (de)	တာဗိုင်	ta bain
propeller (de)	ပန်ကာ	pan ga
zwarte doos (de)	ဘလက်ဘောက်	ba. le' bo'
stuur (het)	ဖွဲ့ကိုင်ဘီး	pe. gain bi:
brandstof (de)	လောင်စာ	laun za
veiligheidskaart (de)	အရေးပေါ် လုံခြုံရေး ညွှန်ကြားစာ	ajei: po' choun loun jei: hnjun gja: za
zuurstofmasker (het)	အောက်ဆီဂျင်မျက်နှာဖုံး	au' hsi gjin mje' hna hpoun:
uniform (het)	ယူနီဖောင်း	ju ni hpaun:
reddingsvest (de)	အသက်ကယ်အကျႌ	athe' kai in: gji
parachute (de)	လေထီး	lei di:
opstijgen (het)	ထွက်ခွါခြင်း	htwe' khwa gjin:
opstijgen (ww)	ပျံတက်သည်	pjan de' te
startbaan (de)	လေယာဉ်ပြေးလမ်း	lei jan bei: lan:
zicht (het)	မြင်ကွင်း	mjin gwin:
vlucht (de)	ပျံသန်းခြင်း	pjan dan: gjin:
hoogte (de)	အမြင့်	amjin.
luchtzak (de)	လေမပြီမအရာ	lei ma ngjin aja'
plaats (de)	ထိုင်ခုံ	htain goun
koptelefoon (de)	နားကြပ်	na: kja'
tafeltje (het)	ခေါက်စားပွဲ	khau' sa: bwe:
venster (het)	လေယာဉ်ပြုတင်းပေါက်	lei jan bja. din: bau'
gangpad (het)	မင်းလမ်း	min: lan:

170. Trein

trein (de)	ရထား	jatha:
elektrische trein (de)	လျပ်စစ်ဓာတ်အားသုံးရထား	hlja' si' da' a: dhou: ja da:
sneltrein (de)	အမြန်ရထား	aman ja. hta:
diesellocomotief (de)	ဒီဇယ်ရထား	di ze ja da:
stoomlocomotief (de)	ရေနွေးငွေ့စက်ခေါင်း	jei nwei: ngwei. ze' khaun:
rijtuig (het)	အတွဲ	atwe:
restauratierijtuig (het)	စားသောက်တွဲ	sa: thau' thwe:
rails (mv.)	ရထားသံလမ်း	jatha dhan lan:
spoorweg (de)	ရထားလမ်း	jatha: lan:
dwarsligger (de)	ဇလီဖားတုံး	zali ba: doun
perron (het)	စင်္ကြန်	sin gjan
spoor (het)	ရထားစင်္ကြန်	jatha zin gjan
semafoor (de)	မီးပွိုင့်	mi: bwain.
halte (bijv. kleine treinhalte)	ဘူတာရုံ	bu da joun
machinist (de)	ရထားမောင်းသူ	jatha: maun: dhu
kruier (de)	အbutdုံးသမား	a htan: dha. ma:
conducteur (de)	အစောင့်	asaun.
passagier (de)	ခရီးသည်	khaji: de
controleur (de)	လက်မှတ်စစ်ဆေးသူ	le' hma' ti' hsei: dhu:
gang (in een trein)	ကော်ရစ်တာ	ko ji' ta
noodrem (de)	အရေးပေါ်ဘရိတ်	ajei: po' ba ji'
coupé (de)	အခန်း	akhan:
bed (slaapplaats)	အိပ်စင်	ei' zin
bovenste bed (het)	အပေါ်ထပ်အိပ်စင်	apo htap ei' sin
onderste bed (het)	အောက်ထပ်အိပ်စင်	au' hta' ei' sin
beddengoed (het)	အိပ်ရာခင်း	ei' ja khin:
kaartje (het)	လက်မှတ်	le' hma'
dienstregeling (de)	အချိန်ဇယား	achein zaja:
informatiebord (het)	အချက်အလက်ပြနေရာ	ache' ale' pja. nei ja
vertrekken (De trein vertrekt …)	ထွက်ခွါသည်	htwe' khwa de
vertrek (ov. een trein)	အထွက်	a htwe'
aankomen (ov. de treinen)	ဆိုက်ရောက်သည်	hseu' jau' de
aankomst (de)	ဆိုက်ရောက်ရာ	hseu' jau' ja
aankomen per trein	မီးရထားဖြင့်ရောက်ရှိသည်	mi: ja. da: bjin. jau' shi. de
in de trein stappen	မီးရထားစီးသည်	mi: ja. da: zi: de
uit de trein stappen	မီးရထားမှဆင်းသည်	mi: ja. da: hma. zin: de
treinwrak (het)	ရထားတိုက်ခြင်း	jatha: dai' chin:
ontspoord zijn	ရထားလမ်းချော်သည်	jatha: lan: gjo de
stoomlocomotief (de)	ရေနွေးငွေ့စက်ခေါင်း	jei nwei: ngwei. ze' khaun:
stoker (de)	မီးထိုးသမား	mi: dou: dhama:
stookplaats (de)	မီးဖို	mi: bou
steenkool (de)	ကျောက်မီးသွေး	kjau' mi dhwei:

171. Schip

schip (het)	သင်္ဘော	thin: bo:
vaartuig (het)	ရေယာဉ်	jei jan
stoomboot (de)	မီးသင်္ဘော	mi: dha. bo:
motorschip (het)	အပျော်စီးမော်တော်ဘုတ်ငယ်	apjo zi: mo do bou' nge
lijnschip (het)	ပင်လယ်အပျော်စီးသင်္ဘော	pin le apjo zi: dhin: bo:
kruiser (de)	လေယာဉ်တင်သင်္ဘော	lei jan din
jacht (het)	အပျော်စီးရွက်လှေ	apjo zi: jwe' hlei
sleepboot (de)	ဆွဲသင်္ဘော	hswe: thin: bo:
duwbak (de)	ဖောင်	hpaun
ferryboot (de)	ကူးတို့သင်္ဘော	gadou. thin: bo:
zeilboot (de)	ရွက်သင်္ဘော	jwe' thin: bo:
brigantijn (de)	ရွက်လှေ	jwe' hlei
ijsbreker (de)	ရေခဲပြင်ခွဲသင်္ဘော	jei ge: bjin gwe: dhin: bo:
duikboot (de)	ရေငုပ်သင်္ဘော	jei ngou' thin: bo:
boot (de)	လှေ	hlei
sloep (de)	ဇော်ဘာလှေ	jo ba hlei
reddingssloep (de)	အသက်ကယ်လှေ	athe' kai hlei
motorboot (de)	မော်တော်ဘုတ်	mo to bou'
kapitein (de)	ရေယာဉ်မှူး	jei jan hmu:
zeeman (de)	သင်္ဘောသား	thin: bo: dha:
matroos (de)	သင်္ဘောသား	thin: bo: dha:
bemanning (de)	သင်္ဘောအမှုထမ်းအဖွဲ့	thin: bo: ahmu. htan: ahpwe.
bootsman (de)	ရေတပ်အရာရှိငယ်	jei da' aja shi. nge
scheepsjongen (de)	သင်္ဘောသားကလေး	thin: bo: dha: galei:
kok (de)	ထမင်းချက်	htamin: gje'
scheepsarts (de)	သင်္ဘောဆရာဝန်	thin: bo: zaja wun
dek (het)	သင်္ဘောကုန်းပတ်	thin: bo: koun: ba'
mast (de)	ရွက်တိုင်	jwe' tai'
zeil (het)	ရွက်	jwe'
ruim (het)	ဝမ်းတွင်း	wan: twin:
voorsteven (de)	ဦးစွန်း	u: zun:
achtersteven (de)	ပဲ့ပိုင်း	pe. bain:
roeispaan (de)	လှော်တက်	hlo de'
schroef (de)	သင်္ဘောပန်ကာ	thin: bo: ban ga
kajuit (de)	သင်္ဘောပေါ်မှအခန်း	thin: bo: bo hma. aksan:
officierskamer (de)	အရာရှိများရိပ်သာ	aja shi. mja: jin dha
machinekamer (de)	စက်ခန်း	se' khan:
brug (de)	ကွပ်ကဲခန်း	ku' ke: khan:
radiokamer (de)	ရေဒီယိုခန်း	rei di jou gan:
radiogolf (de)	လှိုင်း	hlain:
logboek (het)	မှတ်တမ်းစာအုပ်	hma' tan: za ou'
verrekijker (de)	အဝေးကြည့်မှန်ပြောင်း	awei: gji. hman bjaun:
klok (de)	ခေါင်းလောင်း	gaun: laun:

vlag (de)	အလံ	alan
kabel (de)	သင်္ဘောသုံးလွန်ကြိုး	thin: bo: dhaun: lun gjou:
knoop (de)	ကြိုးထုံး	kjou: htoun:
leuning (de)	လက်ရန်း	le' jan
trap (de)	သင်္ဘောကုန်းပေါင်	thin: bo: koun: baun
anker (het)	ကျောက်ဆူး	kjau' hsu:
het anker lichten	ကျောက်ဆူးနုတ်သည်	kjau' hsu: nou' te
het anker neerlaten	ကျောက်ချသည်	kjau' cha. de
ankerketting (de)	ကျောက်ဆူးကြိုး	kjau' hsu: kjou:
haven (bijv. containerhaven)	ဆိပ်ကမ်း	hsi' kan:
kaai (de)	သင်္ဘောဆိပ်	thin: bo: zei'
aanleggen (ww)	ဆိုက်ကပ်သည်	hseu' ka' de
wegvaren (ww)	စွန့်ပစ်သည်	sun. bi' de
reis (de)	ခရီးထွက်ခြင်း	khaji: htwe' chin:
cruise (de)	အပျော်ခရီး	apjo gaji:
koers (de)	ဦးတည်ရာ	u: ti ja
route (de)	လမ်းကြောင်း	lan: gjaun:
vaarwater (het)	သင်္ဘောရေကြောင်း	thin: bo: jei gjaun:
zandbank (de)	ရေတိမ်ပိုင်း	jei dein bain:
stranden (ww)	ကမ်းကပ်သည်	kan ka' te
storm (de)	မုန်တိုင်း	moun dain:
signaal (het)	အချက်ပြ	ache' pja.
zinken (ov. een boot)	နစ်မြုပ်သည်	ni' mjou' te
Man overboord!	လူရေထဲကျ	lu jei de: gja
SOS (noodsignaal)	အက်စ်အိုအက်စ်	e's o e's
reddingsboei (de)	အသက်ကယ်ဘော	athe' kai bo

172. Vliegveld

luchthaven (de)	လေဆိပ်	lei zi'
vliegtuig (het)	လေယာဉ်	lei jan
luchtvaartmaatschappij (de)	လေကြောင်း	lei gjaun:
luchtverkeersleider (de)	လေကြောင်းထိန်း	lei kjaun: din:
vertrek (het)	ထွက်ခွာရာ	htwe' khwa ja
aankomst (de)	ဆိုက်ရောက်ရာ	hseu' jau' ja
aankomen (per vliegtuig)	ဆိုက်ရောက်သည်	hsai' jau' te
vertrektijd (de)	ထွက်ခွာချိန်	htwe' khwa gjein
aankomstuur (het)	ဆိုက်ရောက်ချိန်	hseu' jau' chein
vertraagd zijn (ww)	နောက်ကျသည်	nau' kja. de
vluchtvertraging (de)	လေယာဉ်နောက်ကျခြင်း	lei jan nau' kja. chin:
informatiebord (het)	လေယာဉ်ခရီးစဉ်ပြဘုတ်	lei jan ga. ji: zi bja. bou'
informatie (de)	သတင်းအချက်အလက်	dhadin: akje' ale'
aankondigen (ww)	ကြေငြာသည်	kjei nja de
vlucht (bijv. KLM ~)	ပျံသန်းမှု	pjan dan: hmu.

| douane (de) | အကောက်ခိဏ်ပ | akau' hsein |
| douanier (de) | အကောက်ခွန်အရာရှိ | akau' khun aja shi. |

douaneaangifte (de)	အကောက်ခွန်ကြေငြာချက်	akau' khun gjei nja gje'
invullen (douaneaangifte ~)	လျှောက်လွှာဖြည့်သည်	shau' hlwa bji. de
een douaneaangifte invullen	သူပယ်ပစ္စည်းစာရင်း ကြေညာသိည့်	the ju pji' si: zajin: kjei nja de
paspoortcontrole (de)	ပတ်စ်ပို့ထိန်းချုပ်မှ	pa's pou. htein: gju' hmu.

bagage (de)	ဝန်စည်စလယ်ည်	wun zi za. li
handbagage (de)	လက်ဆွဲပစ္စည်း	le' swe: pji' si:
bagagekarretje (het)	ပစ္စည်းတင်သည့်လှည်း	pji' si: din dhe. hle:

landing (de)	ဆင်းသက်ခြင်း	hsin: dha' chin:
landingsbaan (de)	အဆင်းလမ်း	ahsin: lan:
landen (ww)	ဆင်းသက်သည်	hsin: dha' te
vliegtuigtrap (de)	လေယာဉ်လှေကား	lei jan hlei ka:

inchecken (het)	စာရင်းသွင်းခြင်း	sajin: dhwin: gjin:
incheckbalie (de)	စာရင်းသွင်းကောင်တာ	sajin: gaun da
inchecken (ww)	စာရင်းသွင်းသည်	sajin: dhwin: de
instapkaart (de)	လေယာဉ်ပေါ် တက်ခွင့်လက်မှတ်	lei jan bo de' khwin. le' hma'
gate (de)	လေယာဉ်ထွက်ရွှာရာဂိတ်	lei jan dwe' khwa ja gei'

transit (de)	အကူးအပြောင်း	aku: apjaun:
wachten (ww)	စောင့်သည်	saun. de
wachtzaal (de)	ထွက်ရွာရာခန်းမ	htwe' kha ja gan: ma.
begeleiden (uitwuiven)	လိုက်ပို့သည်	lai' bou. de
afscheid nemen (ww)	နှုတ်ဆက်သည်	hnou' hsei' te

173. Fiets. Motorfiets

fiets (de)	စက်ဘီး	se' bi:
bromfiets (de)	ဆိုင်ကယ်အပေါ့စား	hsain ge apau. za:
motorfiets (de)	ဆိုင်ကယ်	hsain ge

met de fiets rijden	စက်ဘီးစီးသည်	se' bi: zi: de
stuur (het)	လက်ကိုင်	le' kain
pedaal (de/het)	ခြေနင်း	chei nin:
remmen (mv.)	ဘရိတ်	ba. rei'
fietszadel (de/het)	စက်ဘီးထိုင်ခုံ	se' bi: dai' goun

pomp (de)	လေထိုးတံ	lei dou: tan
bagagedrager (de)	နောက်တွဲထိုင်ခုံ	nau' twe: dain goun
fietslicht (het)	ရှေ့မီး	shei. mi:
helm (de)	ဟဲလ်မက်ဦးထုပ်	he: l me u: htou'

wiel (het)	ဘီး	bi:
spatbord (het)	ဘီးကာ	bi: ga
velg (de)	ခွေ	khwei
spaak (de)	စပုတ်တံ	sapou' tan

Auto's

auto (de)	ကား	ka:
sportauto (de)	ပြိုင်ကား	pjain ga:
limousine (de)	အလွမ်းဆိုမ်ခံကား	ahla. zi: zin khan ka:
terreinwagen (de)	လမ်းကြမ်းမောင်းကား	lan: kjan: maun: ka:
cabriolet (de)	အဖိုးခေါက်ကား	amou: gau' ka:
minibus (de)	မီနီဘတ်စ်	mi ni ba's
ambulance (de)	လူနာတင်ကား	lu na din ga:
sneeuwruimer (de)	နှင်းဂေက်ကား	hnin: go: ga:
vrachtwagen (de)	ကုန်တင်ကား	koun din ka:
tankwagen (de)	ရေတင်ကား	jei din ga:
bestelwagen (de)	ပစ္စည်းတင်ပင်ကား	pji' si: din bin ga:
trekker (de)	နောက်တွဲပါကုန်တင်ယာဉ်	nau' twe: ba goun din jan
aanhangwagen (de)	နောက်တွဲယာဉ်	nau' twe: jan
comfortabel (bn)	သက်တောင့်သက်သာဖြစ်သော	the' taun. the' tha hpji' te.
tweedehands (bn)	တစ်ပတ်ရစ်	ti' pa' ji'

motorkap (de)	စက်ခေါင်းအဖုံး	se' khaun: ahpoun:
spatbord (het)	ရွှံ့ကာ	shwan. ga
dak (het)	ကားခေါင်မိုး	ka: gaun mou:
voorruit (de)	လေကာမှန်	lei ga hman
achterruit (de)	နောက်ကြည့်မှန်	nau' kje. hman
ruitensproeier (de)	လေကာမှန်ဝါရှာ	lei ga hman wa sha
wisserbladen (mv.)	လေကာမှန်ရေသုတ်တံ	lei ga hman jei thou' tan
zijruit (de)	ဘေးတံခါးမှန်	bei: dan ga: hman
raamlift (de)	တံခါးလှလှတ်	daga: kha lou'
antenne (de)	အင်တန်နာတိုင်	in tan na tain
zonnedak (het)	နေကာမှန်	nei ga hman
bumper (de)	ကားဘန်ပါ	ka: ban ba
koffer (de)	ပစ္စည်းခန်း	pji' si: khan:
imperiaal (de/het)	ခေါင်မိုးပစ္စည်းတင်စင်	gaun mou: pji' si: din zin
portier (het)	တံခါး	daga:
handvat (het)	တံခါးလက်ကိုင်	daga: le' kain
slot (het)	တံခါးသော့	daga: dho.
nummerplaat (de)	လိုင်စင်ပြား	lain zin bja:
knalpot (de)	အသံထိန်းကိရိယာ	athan dein: gi. ji. ja

157

benzinetank (de)	ဆီတိုင်ကီ	hsi dain gi
uitlaatpijp (de)	အိတ်ဇော	ei' zo:

gas (het)	လီဗာ	li ba
pedaal (de/het)	ခြေနင်း	chei nin:
gaspedaal (de/het)	လီဗာနင်းပြား	li ba nin: bja

rem (de)	ဘရိတ်	ba. rei'
rempedaal (de/het)	ဘရိတ်နင်ပြား	ba. rei' nin bja:
remmen (ww)	ဘရိတ်အုပ်သည်	ba. rei' au' te
handrem (de)	ပါကင်ဘရိတ်	pa gin ba. jei'

koppeling (de)	ကလပ်	kala'
koppelingspedaal (de/het)	ခြေနင်းကလပ်	chei nin: gala'
koppelingsschijf (de)	ကလပ်ပြား	kala' pja:
schokdemper (de)	ရှော့ခ်အစ်ဆော်ဗာ	sho.kh a' hso ba

wiel (het)	ဘီး	bi:
reservewiel (het)	အပိုတာယာ	apou daja
band (de)	တာယာ	ta ja
wieldop (de)	ဘီးဖုံး	bi: boun:

aandrijfwielen (mv.)	တွန်းအားပေးသောဘီးများ	tun: a: bei: do: bi: mja:
met voorwielaandrijving	ရှေ့ဘီးအုံ	shei. bi: oun
met achterwielaandrijving	ဝင်ရိုးအုံ	win jou: oun
met vierwielaandrijving	အောပီးလံဒရိုက်ဘီးအုံ	o: wi: l da. shik bi: oun

versnellingsbak (de)	ဂီယာဘောက်	gi ja bau'
automatisch (bn)	အလိုအလျောက်ဖြစ်သော	alou aljau' hpji' te.
mechanisch (bn)	စက်နှင့်ဆိုင်သော	se' hnin. zain de.
versnellingspook (de)	ဂီယာတံ	gi ja dan

voorlicht (het)	ရှေ့မီး	shei. mi:
voorlichten (mv.)	ရှေ့မီးများ	shei. mi: mja:

dimlicht (het)	အောက်မီး	au' mi:
grootlicht (het)	အဝေးမီး	awei: mi:
stoplicht (het)	ဘရိတ်မီး	ba. rei' mi:

standlichten (mv.)	ပါကင်မီး	pa gin mi:
noodverlichting (de)	အရေးပေါ်အချက်ပြမီး	ajei: po' che' pja. mi:
mistlichten (mv.)	မြူနှင်းအလင်းဖေါက်မီး	hmju hnin: alin: bau' mi:
pinker (de)	အကွေ့အချက်ပြမီး	akwei. ache' pja. mi:
achteruitrijdlicht (het)	နောက်ဘက်အချက်ပြမီး	nau' be' ache' pja. mi:

176. Auto's. Passagiersruimte

interieur (het)	အတွင်းပိုင်း	atwin: bain:
leren (van leer gemaak)	သားရေနှင့်လုပ်ထားသော	tha: jei hnin. lou' hta: de.
fluwelen (abn)	ကတ္တီပါအထူစား	gadi ba ahtu za:
bekleding (de)	ကုရှင်	ku shin

toestel (het)	စံပမာဏတိုင်းကိရိယာ	san bamana dain: gi ji ja
instrumentenbord (het)	ဒက်ရှ်ဘုတ်	de' sh bou'

snelheidsmeter (de)	ကားအရှိန်တိုင်းကိရိယာ	ka: ashein dain: ki. ja. ja
pijltje (het)	လက်တံ	le' tan

kilometerteller (de)	ခရီးဗိုင်တိုင်းကိရိယာ	khaji: main dain: ki. ji. ja
sensor (de)	နိုင်ရွတ်	dain gwa'
niveau (het)	ရေရှိန်	jei gjain
controlelampje (het)	သတ်ပေးမီး	dhadi. pei: mi:

stuur (het)	လက်ကိုင်ဘီး	le' kain bi:
toeter (de)	ဟွန်း	hwun:
knopje (het)	ခလုတ်	khalou'
schakelaar (de)	ခလုတ်	khalou'

stoel (bestuurders~)	ထိုင်ခုံ	htain goun
rugleuning (de)	နောက်မှီ	nau' mi
hoofdsteun (de)	ခေါင်းမှီ	gaun: hmi
veiligheidsgordel (de)	ထိုင်ခုံခါးပတ်	htain goun ga: pa'
de gordel aandoen	ထိုင်ခုံခါးပတ်ပတ်သည်	htain goun ga: pa' pa' te
regeling (de)	ချိန်ညှိခြင်း	chein hnji. chin:

airbag (de)	လေအိတ်	lei i'
airconditioner (de)	လေအေးပေးစက်	lei ei: bei: ze'

radio (de)	ရေဒီယို	rei di jou
CD-speler (de)	စီဒီပလေယာ	si di ba. lei ja
aanzetten (bijv. radio ~)	ဖွင့်သည်	hpwin. de
antenne (de)	အင်တာနာတိုင်	in tan na tain
handschoenenkastje (het)	ပစ္စည်းထည့်ရန်အံဆဲ	pji' si: de. jan an ze:
asbak (de)	ဆေးလိပ်ပြာခွက်	hsei: lei' pja gwe'

177. Auto's. Motor

diesel- (abn)	ဒီဇယ်	di ze
benzine- (~motor)	ဓါတ်ဆီ	da' hsi

motorinhoud (de)	အင်ဂျင်ထုထည်	in gjin htu. hte
vermogen (het)	စွမ်းအား	swan: a:
paardenkracht (de)	မြင်းကောင်ရေအား	mjin: gaun jei a:
zuiger (de)	ပစ္စတင်	pji' sa. tin
cilinder (de)	ဆလင်ဒါ	hsa. lin da
klep (de)	အဆို့ရှင်	ahsou. shin

injectie (de)	ထိုးတံ	htou: dan
generator (de)	ဂျင်နရေတာ	gjin na. jei ta
carburator (de)	ကာဗရက်တာ	ka ba. je' ta
motorolie (de)	စက်ဆီ	se' hsi

radiator (de)	ရေတိုင်ကီ	jei dain gi
koelvloeistof (de)	အင်ဂျင်အေးစေ သည့်အရည်-ကူးလန့်	in gjin ei: zei dhi. aji - ku: lan.
ventilator (de)	အအေးပေးပန်ကာ	aei: bei: ban ga

accu (de)	ဘတ်ထရီ	ba' hta ji
starter (de)	စက်နှိုးကိရိယာ	se' hnou: ki. ji. ja

contact (ontsteking)	ဒီးပေးအစိုင်း	mi: bei: apain:
bougie (de)	ဒီးပွားပလပ်တပ်	mi: bwa: ba. la'

pool (de)	ဘက်ထရီထိပ်စွန်း	be' hta. ji htei' swan:
positieve pool (de)	ဘက်ထရီအနိုစွန်း	be' hta. ji ahpou zwan:
negatieve pool (de)	ဘက်ထရီအမစွန်း	be' hta. ji ama. zwan:
zekering (de)	ဖျူစ်	hpju: s

luchtfilter (de)	လေစစ်ကိရိယာ	lei zi' ki. ji. ja
oliefilter (de)	ဆီစစ်ကိရိယာ	hsi za' ki. ji. ja
benzinefilter (de)	လောင်စာဆီစစ်ကိရိယာ	laun za hsi zi' ki. ji. ja

178. Auto's. Botsing. Reparatie

auto-ongeval (het)	ကားတိုက်ခြင်း	ka: dou' chin:
verkeersongeluk (het)	မတော်တဆလမ်ာဉ်တိုက်မှု	ma. do da. za. jan dai' hmu.
aanrijden	ဝင်တိုက်သည်	win dai' te
(tegen een boom, enz.)		
verongelukken (ww)	အရှိန်ပြင်းစွာတိုက်မိသည်	ashein bjin: zwa daik mi. de
beschadiging (de)	အပျက်အစီး	apje' asi:
heelhuids (bn)	မချွတ်ယွင်းသော	ma gjwe' jwin: de.

pech (de)	စက်ချွတ်ယွင်းခြင်း	se' chu' jwin: gjin:
kapot gaan (zijn gebroken)	စက်ချွတ်ယွင်းသည်	se' chu' jwin: de
sleeptouw (het)	လွန်ကြိုးကြီး	lun gjou: gji:

lek (het)	ဘီးပေါက်ခြင်း	bi: bau' chin:
lekke krijgen (band)	ပြားကပင်သွားသည်	pja: ga' thwa: de
oppompen (ww)	လေထိုးသည်	lei dou: de
druk (de)	ဖိအား	hpi. a:
checken (ww)	စစ်ဆေးသည်	si' hsei: de

reparatie (de)	ပြင်ခြင်း	pjin gjin:
garage (de)	ကားပြင်ဆိုင်	ka: bjin zain
wisselstuk (het)	စက်အပိုပစ္စည်း	se' apou pji' si:
onderdeel (het)	အစိတ်အပိုင်း	asei' apain:

bout (de)	မူလီ	mu li
schroef (de)	ဝက်အူ	we' u
moer (de)	မူလီခေါင်း	mu li gaun:
sluitring (de)	ဝါရှာ	wa sha
kogellager (de/het)	ဘယ်ယာရင်	be ja jin

pijp (de)	ပိုက်	pai'
pakking (de)	ဆက်ရာကကိုဖုံးသည့်ကွင်း	hse' ja gou boun: dhe. gwin:
kabel (de)	ဝိုင်ယာကြိုး	wain ja gjou:

dommekracht (de)	ဂျက်	gjou'
moersleutel (de)	ခွ	khwa.
hamer (de)	တူ	tu
pomp (de)	လေထိုးစက်	lei dou: ze'
schroevendraaier (de)	ဝက်အူလှည့်	we' u hli.
brandblusser (de)	မီးသတ်ဘူး	mi: tha' bu:
gevarendriehoek (de)	ရပ်သတိပေးသော အမှတ်အသား	ja' thati bei: de. ahma' atha:

afslaan (ophouden te werken)	စက် ရပ်တရပ်သေသည်	se' jou' taja' dhei de
uitvallen (het) zijn gebroken	အင်ဂျင်စက် သေသွားခြင်း ကျိုးသွားသည်	in gjin sek thei thwa: gjin: kjou: dhwa: de
oververhitten (ww) verstopt raken (ww) bevriezen (autodeur, enz.) barsten (leidingen, enz.)	စက်အရမ်းပူသွားသည် တစ်ဆို့သည် အေးအောင်လုပ်သည် ကျိုးပေါက်သည်	se' ajan: bu dhwa: de ti' hsou. de ei: aun lou' te kjou: bau' te
druk (de) niveau (bijv. olieniveau) slap (de drijfriem is ~)	ဖိအား ရေချိန် လျော့တဲ့လျော့ရဲ့ဖြစ်သော	hpi. a: jei gjain ljau. di. ljau. je: hpji' de
deuk (de) geklop (vreemde geluiden) barst (de) kras (de)	အချိုင့် ခေါက်သံ အက်ကြောင်း ခြစ်ရာ	achoun. khau' dhan e' kjaun: chi' ja

179. Auto's. Weg

weg (de) snelweg (de) autoweg (de) richting (de) afstand (de)	လမ်း အဝေးပြေးလမ်းမကြီး အမြန်လမ်းမကြီး ဦးတည်ရာ အကွာအဝေး	lan: awei: bjei: lan: ma. gji: aman lan: ma. mji: u: te ja akwa awei:
brug (de) parking (de) plein (het) verkeersknooppunt (het) tunnel (de)	တံတား ကားပါကင် ရင်ပြင် အဝေးပြေးလမ်းမ ကြီးများဆုံရာ ဥမင်လိုက်ခေါင်း	dada: ka: pa kin jin bjin awei: bjei: lan: ma. gji: mja: zoun ja u. min lain gaun:
benzinestation (het) parking (de) benzinepomp (de) garage (de) tanken (ww) brandstof (de) jerrycan (de)	ဆီဆိုင် ကားပါကင် ဆီပိုက် ကားပြင်ဆိုင် ဓါတ်ဆီထည့်သည် လောင်စာ ဓာတ်ဆီပုံး	hsi: zain ka: pa kin hsi pou' ka: bjin zain da' hsi de. de laun za da' hsi boun:
asfalt (het) markering (de) trottoirband (de) geleiderail (de) greppel (de) vluchtstrook (de) lichtmast (de)	နိုင်လွန်ကတ္တရာ လမ်းအမှတ်အသား ပလက်ဖောင်းဘောင် လမ်းဘေးအရံအတား လမ်းဘေးမြောင်း လမ်းဘေးမြေသား တိုင်	nain lun ga' taja lan: ahma' atha: pa. je' hpaun: baun: lan: bei: ajan ata: lan: bei: mjaun: lan: bei: mjei dha: tain
besturen (een auto ~) afslaan (naar rechts ~) U-bocht maken (ww) achteruit (de)	မောင်းနှင်သည် ကွေ့သည် ကွေ့သည် နောက်ပြန်	maun: hnin de kwei. de kwei. de nau' pjan

toeteren (ww)	ဟွန်းတီးသည်	hwun: di: de
toeter (de)	ဟွန်း	hwun:
vastzitten (in modder)	နစ်သည်	ni' te
spinnen (wielen gaan ~)	ဘီးလည်စေသည်	bi: le zei de
uitzetten (ww)	ရပ်သည်	ja' te
snelheid (de)	နှုန်း	hnun:
een snelheidsovertreding maken	သတ်မှတ်နှုန်းထက်ပိုမောင်းသည်	tha' hma' hnoun: de' pou maun: de
bekeuren (ww)	ဒဏ်ရိုက်သည်	dan jai' de
verkeerslicht (het)	မီးပွိုင်	mi: bwain.
rijbewijs (het)	ကားလိုင်စင်	ka: lain zin
overgang (de)	ရထားလမ်းကူး	jatha: lan: gu:
kruispunt (het)	လမ်းဆုံ	lan: zoun
zebrapad (oversteekplaats)	လူကူးမျဉ်းကြား	lu gu: mji: gja:
bocht (de)	လမ်းချိုး	lan: gjou:
voetgangerszone (de)	လမ်းသွားလမ်းလာနေရာ	lan: dhwa: lan: la nei ja

180. Verkeersborden

verkeersregels (mv.)	လမ်းစည်းကမ်း	lan: ze: kan:
verkeersbord (het)	မီးပွိုင်ဆိုင်ရာ လိုင်းဘုတ်များ	mi: bwain. zain ja zain: bou' mja:
inhalen (het)	ကျော်တက်ခြင်း	kjo de' chin:
bocht (de)	လမ်းအကွေ့	lan: akwei.
U-bocht, kering (de)	ပစောက်ကွေ့	pa. zau' kwei.
Rotonde (de)	မီးပွိုင်အဝိုင်းပတ်	mi: bwain. awain: ba'
Verboden richting	လမ်းထဲ မဝင်ရ	lan: de: ma. win ja.
Verboden toegang	ယာဉ်မဝင်ရေးမှတ်အသား	jin ma. win ja. ahma' atha:
Inhalen verboden	ကျော်မတက်ရ အမှတ်အသား	kjo ma. de ja. ahma' atha:
Parkeerverbod	ကားရပ်နားခြင်းမပြုရ	ka: ja' na gjin: ma. pju ja
Verbod stil te staan	ကားမရပ်ရ	ka: ma. ja' ja
Gevaarlijke bocht	အန္တရာယ်ကွေ့	an dare gwei.
Gevaarlijke daling	ဆင်ခြေလျှောမတ်စောက်လမ်း	hsin gjei sho: ma' sau' lan:
Eenrichtingsweg	တစ်လမ်းသွား	ti' lan: dhwa:
Voetgangers	လူကူးမျဉ်းကြား	lu gu: mji: gja:
Slipgevaar	ရှော်နေသောလမ်း	cho nei dho: lan:
Voorrang verlenen	တဖက်ကားကိုဦးစားပေးပါ	tahpa' ka: gou u: za: bei: ba

MENSEN. GEBEURTENISSEN IN HET LEVEN

181. Vakanties. Evenement

feest (het)	ပျော်ပွဲရှင်ပွဲ	pjo bwe: shin bwe:
nationale feestdag (de)	အမျိုးသားနေ့	amjou: dha: nei.
feestdag (de)	ပွဲတော်ရက်	pwe: do je'
herdenken (ww)	အထိမ်းအမှတ်အဖြစ်ကျင်း ပသည်	a htin: ahma' ahpja' kjin: ba. de

gebeurtenis (de)	အဖြစ်အပျက်	a hpji' apje'
evenement (het)	အစီအစဉ်	asi asin
banket (het)	ဂုဏ်ပြုစားပွဲ	goun bju za: bwe:
receptie (de)	ညှိကြိုနေရာ	e. gjou nei ja
feestmaal (het)	စားသောက်ညှိခံပွဲ	sa: thau' e. gan bwe:

verjaardag (de)	နှစ်ပတ်လည်	hni' ba' le
jubileum (het)	ရတု	jadu.
vieren (ww)	ကျင်းပသည်	kjin: ba. de

Nieuwjaar (het)	နှစ်သစ်ကူး	hni' thi' ku:
Gelukkig Nieuwjaar!	ပျော်ရွှင်ဖွယ်နှစ်သစ်ကူး ဖြစ်ပါစေ	pjo shin bwe: hni' ku: hpji' ba zei
Sinterklaas (de)	ခရစ္စမတ်ဘိုးဘိုး	khari' sa. ma' bou: bou:

Kerstfeest (het)	ခရစ္စမတ်ပွဲတော်	khari' sa. ma' pwe: do
Vrolijk kerstfeest!	မယ်ရီခရစ္စမတ်	me ji kha. ji' sa. ma'
kerstboom (de)	ခရစ္စမတ်သစ်ပင်	khari' sa. ma' thi' pin
vuurwerk (het)	မီးရှူးမီးပန်း	mi: shu: mi: ban:

bruiloft (de)	မင်္ဂလာဆောင်ပွဲ	min ga. la zaun bwe:
bruidegom (de)	သတို့သား	dhadou. tha:
bruid (de)	သတို့သမီး	dhadou. thami:

uitnodigen (ww)	ဖိတ်သည်	hpi' de
uitnodigingskaart (de)	ဖိတ်စာကဒ်	hpi' sa ka'

gast (de)	ဧည့်သည်	e. dhe
op bezoek gaan	အိမ်လည်သွားသည်	ein le dhwa: de
gasten verwelkomen	ဧည့်သည်ကြိုဆိုသည်	e. dhe gjou zou de

geschenk, cadeau (het)	လက်ဆောင်	le' hsaun
geven (iets cadeau ~)	ပေးသည်	pei: de
geschenken ontvangen	လက်ဆောင်ရသည်	le' hsaun ja. de
boeket (het)	ပန်းစည်း	pan: ze:

felicitaties (mv.)	ဂုဏ်ပြုခြင်း	goun bju chin:
feliciteren (ww)	ဂုဏ်ပြုသည်	goun bju de
wenskaart (de)	ဂုဏ်ပြုကဒ်	goun bju ka'
een kaartje versturen	ပို့ကဒ်ပေးသည်	pou. s ka' pei: de

een kaartje ontvangen	ပို့စ်ကဒ်လက်ခံရရှိသည်	pou. s ka' le' khan ja. shi. de
toast (de)	ဆုတောင်းဂုဏ်ပြုခြင်း	hsu. daun: goun pju. gjin:
aanbieden (een drankje ~)	ကျွေးသည်	kjwei: de
champagne (de)	ရှန်ပိန်	shan pein

plezier hebben (ww)	ပျော်ရွှင်သည်	pjo shwin de
plezier (het)	ပျော်ရွှင်မှု	pjo shwin hmu
vreugde (de)	ပျော်ရွှင်ခြင်း	pjo shwin gjin:

dans (de)	အက	aka.
dansen (ww)	ကသည်	ka de

wals (de)	ဝေါ့ဇ်အက	wo. z aka.
tango (de)	တန်ဂိုအက	tan gou aka.

182. Begrafenissen. Begrafenis

kerkhof (het)	သချႋုင်း	thin gjain:
graf (het)	အုတ်ဂူ	ou' gu
kruis (het)	လက်ဝါးကပ်တိုင်အမှတ်အသား	le' wa: ka' tain ahma' atha:
grafsteen (de)	အုတ်ဂူကျောက်တုံး	ou' gu kjau' toun.
omheining (de)	ခြံစည်းရိုး	chan zi: jou:
kapel (de)	ဝတ်ပြုဆုတောင်းရာနေရာ	wa' pju. u. daun: ja nei ja

dood (de)	သေခြင်းတရား	thei gjin: daja:
sterven (ww)	ကွယ်လွန်သည်	kwe lun de
overledene (de)	ကွယ်လွန်သူ	kwe lun dhu
rouw (de)	ဝမ်းနည်းကြေကွဲခြင်း	wan: ne: gjei gwe gjin:

begraven (ww)	မြေမြှုပ်သဂ္ဂျုလ်သည်	mjei hmjou' dha. gjoun de
begrafenisonderneming (de)	အသုဘရှုန်နေရာ	athu. ba. shu. jan nei ja
begrafenis (de)	စ္ဈာပန	za ba. na.

krans (de)	ပန်းခွေ	pan gwei
doodskist (de)	ခေါင်း	gaun:
lijkwagen (de)	နိဗ္ဗာန်ယာဉ်	nei' ban jan
lijkkleed (de)	လူသေပတ်သည့်အဝတ်စ	lu dhei ba' the. awa' za.

begrafenisstoet (de)	အသုဘယာဉ်တန်း	athu. ba. in dan:
urn (de)	အရိုးပြာအိုး	ajain: bja ou:
crematorium (het)	မီးသဂ္ဂျုလ်ရုံ	mi: dha. gjoun joun

overlijdensbericht (het)	နာရေးသတင်း	na jei: dha. din:
huilen (wenen)	ငိုသည်	ngou de
snikken (huilen)	ရှိုက်ငိုသည်	shai' ngou de

183. Oorlog. Soldaten

peloton (het)	တပ်စု	ta' su.
compagnie (de)	တပ်ခွဲ	ta' khwe:
regiment (het)	တပ်ရင်း	ta' jin:
leger (armee)	တပ်မတော်	ta' mado

divisie (de)	တိုင်းအဆင့်	tain: ahsin.
sectie (de)	အထူးစစ်သားအဖွဲ့ငယ်	a htu: za' tha: ahpwe. nge
troep (de)	စစ်တပ်ဖွဲ့	si' ta' hpwe.
soldaat (militair)	စစ်သား	si' tha:
officier (de)	အရာရှိ	aja shi.
soldaat (rang)	တပ်သား	ta' tha:
sergeant (de)	တပ်ကြပ်ကြီး	ta' kja' kji:
luitenant (de)	ဗိုလ်	bou
kapitein (de)	ဗိုလ်ကြီး	bou gji
majoor (de)	ဗိုလ်မှူး	bou hmu:
kolonel (de)	ဗိုလ်မှူးကြီး	bou hmu: gji:
generaal (de)	ဗိုလ်ချုပ်	bou gjou'
matroos (de)	ရေတပ်သား	jei da' tha:
kapitein (de)	ဗိုလ်ကြီး	bou gji
bootsman (de)	သင်္ဘောအရာရှိငယ်	thin: bo: aja shi. nge
artillerist (de)	အမြောက်တပ်သား	amjau' thin de.
valschermjager (de)	လေထီးခုန်စစ်သား	lei di: goun zi' tha:
piloot (de)	လေယာဉ်မှူး	lei jan hmu:
stuurman (de)	လေကြောင်းပြ	lei gjaun: bja.
mecanicien (de)	စက်ပြင်ဆရာ	se' pjin zaja
sappeur (de)	မိုင်းရှင်းသူ	main: shin: dhu
parachutist (de)	လေထီးခုန်သူ	lei di: goun dhu
verkenner (de)	ကင်းထောက်	kin: dau'
scherpschutter (de)	လက်ဖြောင့်စစ်သား	le' hpaun. zi' tha:
patrouille (de)	လှည့်ကင်း	hle. kin:
patrouilleren (ww)	ကင်းလှည့်သည်	kin: hle. de
wacht (de)	ကင်းသမား	kin: dhama:
krijger (de)	စစ်သည်	si' te
patriot (de)	မျိုးချစ်သူ	mjou: gji dhu
held (de)	သူရဲကောင်း	thu je: kaun:
heldin (de)	အမျိုးသမီးလူ	amjou: dhami: lu
	စွမ်းကောင်း	swan: gaun:
verrader (de)	သစ္စာဖောက်	thi' sabau'
verraden (ww)	သစ္စာဖောက်သည်	thi' sabau' te
deserteur (de)	စစ်ပြေး	si' pjei:
deserteren (ww)	စစ်တပ်မှထွက်ပြေးသည်	si' ta' hma. dwe' pjei: de
huurling (de)	ကြေးစားစစ်သား	kjei: za za' tha:
rekruut (de)	တပ်သားသစ်	ta' tha: dhi'
vrijwilliger (de)	မိမိ၏ဆန္ဒ	mi. mi. i zan da.
	အရစစ်ထဲဝင်သူ	aja. zi' hte: win dhu
gedode (de)	တိုက်ပွဲကျသူ	tai' pwe: gja dhu
gewonde (de)	ဒဏ်ရာရသူ	dan ja ja. dhu
krijgsgevangene (de)	စစ်သုံ့ပန်း	si' thoun. ban:

184. Oorlog. Militaire acties. Deel 1

oorlog (de)	စစ်ပွဲ	si' pwe:
oorlog voeren (ww)	စစ်ပွဲဝင်ဆောင်နှဲ့သည်	si' pwe: ba win zin hnwe: de
burgeroorlog (de)	ပြည်တွင်းစစ်	pji dwin: zi'
achterbaks (bw)	သတ္တဖောက်သွေဖီလျက်	thi' sabau' thwei bi le'
oorlogsverklaring (de)	စစ်ကြေညာခြင်း	si' kjei nja gjin:
verklaren (de oorlog ~)	ကြေညာသည်	kjei nja de
agressie (de)	ကျူးကျော်ရန်စမှု	kju: gjo jan za. hmu.
aanvallen (binnenvallen)	တိုက်ခိုက်သည်	tai' khai' te
binnenvallen (ww)	ကျူးကျော်ဝင်ရောက်သည်	kju: gjo win jau' te
invaller (de)	ကျူးကျော်ဝင်ရောက်သူ	kju: gjo win jau' thu
veroveraar (de)	အောင်နိုင်သူ	aun nain dhu
verdediging (de)	ကာကွယ်ရေး	ka gwe ei:
verdedigen (je land ~)	ကာကွယ်သည်	ka gwe de
zich verdedigen (ww)	ခုခံကာကွယ်သည်	khu. gan ga gwe de
vijand (de)	ရန်သူ	jan dhu
tegenstander (de)	ပြိုင်ဘက်	pjain be'
vijandelijk (bn)	ရန်သူ	jan dhu
strategie (de)	မဟာဗျူဟာ	maha bju ha
tactiek (de)	ဗျူဟာ	bju ha
order (de)	အမိန့်	amin.
bevel (het)	အမိန့်	amin.
bevelen (ww)	အမိန့်ပေးသည်	amin. bei: de
opdracht (de)	ရည်မှန်းချက်	ji hman: gje'
geheim (bn)	လျှို့ဝှက်သော	shou. hwe' te.
slag (de)	တိုက်ပွဲ	tai' pwe:
veldslag (de)	တိုက်ပွဲငယ်	tai' pwe: nge
strijd (de)	တိုက်ပွဲ	tai' pwe:
aanval (de)	တိုက်စစ်	tai' si'
bestorming (de)	တဟုန်ထိုးတိုက်ခိုက်ခြင်း	tahoun
bestormen (ww)	တရြကြီးတိုက်ခိုက်သည်	tara gjan: dai' khai' te
bezetting (de)	ဝန်းရံလုပ်ကြံခြင်း	wun: jan lou' chan gjin:
aanval (de)	ထိုးစစ်	htou: zi'
in het offensief te gaan	ထိုးစစ်ဆင်နှဲ့သည်	htou: zi' hsin hnwe: de
terugtrekking (de)	ဆုတ်ခွာခြင်း	hsou' khwa gjin
zich terugtrekken (ww)	ဆုတ်ခွာသည်	hsou' khwa de
omsingeling (de)	ဝန်းရံပိတ်ဆို့ထားခြင်း	wun: jan bei' zou. da: chin:
omsingelen (ww)	ဝန်းရံပိတ်ဆို့ထားသည်	wun: jan bei' zou. da: de
bombardement (het)	ဗုံးကြဲခြင်း	boun: gje: gja. gjin:
een bom gooien	ဗုံးကြဲသည်	boun: gje: gja. de
bombarderen (ww)	ဗုံးတိုက်ခိုက်သည်	boun: gje: dai' khai' te
ontploffing (de)	ပေါက်ကွဲမှု	pau' kwe: hmu.

schot (het)	ပစ်ချက်	pi' che'
een schot lossen	ပစ်သည်	pi' te
schieten (het)	ပစ်ခတ်ခြင်း	pi' che' chin:

mikken op (ww)	ပစ်မှတ်ရှိန်သည်	pi' hma' chein de
aanleggen (een wapen ~)	ရှိန်ရွယ်သည်	chein jwe de
treffen (doelwit ~)	ပစ်မှတ်ထိသည်	pi' hma' hti. de

zinken (tot zinken brengen)	နစ်မြုပ်သည်	ni' mjou' te
kogelgat (het)	အပေါက်	apau'
zinken (gezonken zijn)	နစ်မြုပ်သည်	hni' hmjou' te

front (het)	ရှေ့တန်း	shei. dan:
evacuatie (de)	စစ်ဘေးရှောင်ခြင်း	si' bei: shaun gjin:
evacueren (ww)	စစ်ဘေးရှောင်သည်	si' bei: shaun de

loopgraaf (de)	ကတုတ်ကျင်း	gadou kjin:
prikkeldraad (de)	သံဆူးကြိုး	than zu: gjou:
verdedigingsobstakel (het)	အတားအဆီး	ata: ahsi:
wachttoren (de)	မျှော်စင်	hmjo zin

hospitaal (het)	ရှေ့တန်းစစ်ဆေးရုံ	shei. dan: zi' zei: joun
verwonden (ww)	ဒဏ်ရာရသည်	dan ja ja. de
wond (de)	ဒဏ်ရာ	dan ja
gewonde (de)	ဒဏ်ရာရသူ	dan ja ja. dhu
gewond raken (ww)	ဒဏ်ရာရစေသည်	dan ja ja. zei de
ernstig (~e wond)	ပြင်းထန်သော	pjin: dan dho:

185. Oorlog. Militaire acties. Deel 2

krijgsgevangenschap (de)	သုံ့ပန်း	thoun. ban:
krijgsgevangen nemen	သုံ့ပန်းအဖြစ်ဖမ်းသည်	thoun. ban: ahpji' hpan: de
krijgsgevangene zijn	သုံ့ပန်းဖြစ်သွားသည်	thoun. ban: bji' thwa: de
krijgsgevangen genomen worden	သုံ့ပန်းအဖြစ် အဖမ်းခံရသည်	thoun. ban: ahpji' ahpan: gan ja. de

concentratiekamp (het)	ညှင်းပန်းနှိပ်စက်ရာစခန်း	hnjin: ban: nei' ze' ja za. gan:
krijgsgevangene (de)	စစ်သုံ့ပန်း	si' thoun. ban:
vluchten (ww)	လွတ်မြောက်သည်	lu' mjau' te

verraden (ww)	သစ္စာဖောက်သည်	thi' sabau' te
verrader (de)	သစ္စာဖောက်သူ	thi' sabau' thu
verraad (het)	သစ္စာဖောက်မှု	thi' sabau' hmu.

fusilleren (executeren)	ပစ်သတ်ကွပ်မျက်ခံရသည်	pi' tha' ku' mje' khan ja. de
executie (de)	ပစ်သတ်ကွပ်မျက်ခြင်း	pi' tha' ku' mje' chin:

uitrusting (de)	ပစ္စည်းကိရိယာများ	pji' si: gi. ji. ja mja:
schouderstuk (het)	ပခုံးသားတန်း	pakhoun: ba: dan:
gasmasker (het)	ဓာတ်ငွေ့ကာမျက်နှာဖုံး	da' ngwei. ga mje' na boun:

portofoon (de)	ရေဒီယိုစက်တွင်း	rei di jou ze' kwin:
geheime code (de)	လျှို့ဝှက် ကုဒ်သင်္ကေတ	shou. hwe' kou' dha
samenzwering (de)	လျှို့ဝှက်ခြင်း	shou hwe' chin:

wachtwoord (het)	စကားဝှက်	zaga: hwe'
mijn (landmijn)	မြေမြှုပ်မိုင်း	mjei hmja' main:
ondermijnen (legden mijnen)	မိုင်းထောင်သည်	main: daun de
mijnenveld (het)	မိုင်းမြေ	main: mjei
luchtalarm (het)	လေကြောင်းအန္တရာယ်သတိပေးညွှန်သံ	lei kjan: an da. ja dha. di. bei: nja. o. dhan
alarm (het)	သတိပေးခေါင်းလောင်းသံ	dhadi. pei: gaun: laun: dhan
signaal (het)	အချက်ပြ	ache' pja.
vuurpijl (de)	အချက်ပြမီးကျည်	ache' pja. mi: gji
staf (generale ~)	ဌာနချုပ်	hta. na. gjou'
verkenning (de)	ထောက်လှမ်းခြင်း	htau' hlan: gjin:
toestand (de)	အခြေအနေ	achei anei
rapport (het)	အစီရင်ခံစာ	asi jin gan za
hinderlaag (de)	ချုံစီတိုက်ခိုက်ခြင်း	choun gou dai' khai' chin:
versterking (de)	စစ်ကူ	si' ku
doel (bewegend ~)	ပစ်မှတ်	pi' hma'
proefterrein (het)	လေ့ကျင့်ရေးကွင်း	lei. kjin. jei: gwin:
manoeuvres (mv.)	စစ်ရေးလေ့ကျင့်မှု	si' jei: lei. gjin. hmu.
paniek (de)	ထိပ်ထိပ်ပြာပြာဖြစ်ခြင်း	htei' htei' pja bja bji' chin:
verwoesting (de)	ကြီးစွာသောအပျက်အစီး	kji: zwa dho apje' asi:
verwoestingen (mv.)	အပျက်အစီး	apje' asi:
verwoesten (ww)	ဖျက်ဆီးသည်	hpje' hsi: de
overleven (ww)	အသက်ရှင်ကျန်ရစ်သည်	athe' shin kjin ja' te
ontwapenen (ww)	လက်နက်သိမ်းသည်	le' ne' thain de
behandelen (een pistool ~)	ကိုင်တွယ်သည်	kain dwe de
Geeft acht!	သတိ	thadi.
Op de plaats rust!	သက်သာ	the' tha
heldendaad (de)	ရွန်စားမှု	sun. za: hmu.
eed (de)	ကျမ်းသစ္စာ	kjan: thi' sa
zweren (een eed doen)	ကျမ်းသစ္စာဆိုသည်	kjan: thi' sa hsou de
decoratie (de)	တန်ဆာဆင်မှု	tan za zin hmu.
onderscheiden (een ereteken geven)	ဆုတံဆိပ်ချီးမြှင့်သည်	hsu. dazei' chi: hmjin. de
medaille (de)	ဆုတံဆိပ်	hsu. dazei'
orde (de)	ဘွဲ့တံဆိပ်	bwe. dan zi'
overwinning (de)	အောင်ပွဲ	aun bwe:
verlies (het)	အရှုံး	ashoun:
wapenstilstand (de)	စစ်ရပ်ဆိုင်းသဘောတူညီမှု	si' ja' hsain: dhabo: du nji hmu.
wimpel (vaandel)	စ	san
roem (de)	ထင်ပေါ်ကျော်ကြားမှု	htin bo gjo gja: hmu.
parade (de)	စစ်ရေးပြ	si' jei: bja.
marcheren (ww)	စစ်ရေးပြသည်	si' jei: bja. de

186. Wapens

wapens (mv.)	လက်နက်	le' ne'
vuurwapens (mv.)	မီးပွင့်သေနတ်	mi: bwin. dhei na'
koude wapens (mv.)	ဓါးအမျိုးမျိုး	da: mjou: mjou:
chemische wapens (mv.)	ဓာတုလက်နက်	da tu. le' ne'
kern-, nucleair (bn)	နျူကလီးယား	nju ka. li: ja:
kernwapens (mv.)	နျူကလီးယားလက်နက်	nju ka. li: ja: le' ne'
bom (de)	ဗုံး	boun:
atoombom (de)	အက်တမ်ဗုံး	e' tan boun:
pistool (het)	ပစ္စတို	pji' sa. tou
geweer (het)	ရိုင်ဖယ်	jain be
machinepistool (het)	မောင်းပြန်သေနတ်	maun: bjan dhei na'
machinegeweer (het)	စက်သေနတ်	se' thei na'
loop (schietbuis)	ပြောင်းဝ	pjaun: wa.
loop (bijv. geweer	ပြောင်း	pjaun:
met kortere ~)		
kaliber (het)	သေနတ်ပြောင်းအရျင်း	thei na' pjan: achin:
trekker (de)	ခလုတ်	khalou'
korrel (de)	ချိန်ခွက်	chein kwe'
magazijn (het)	ကျည်ကပ်	kji ke'
geweerkolf (de)	သေနတ်ဒင်	thei na' din
granaat (handgranaat)	လက်ပစ်ဗုံး	le' pi' boun:
explosieven (mv.)	ပေါက်ကွဲစေသောပစ္စည်း	pau' kwe: zei de. bji' si:
kogel (de)	ကျည်ဆံ	kji. zan
patroon (de)	ကျည်ဆံ	kji. zan
lading (de)	ကျည်ထိုးခြင်း	kji dou: gjin:
ammunitie (de)	ခဲယမ်းမီးကျောက်	khe: jan: mi: kjau'
bommenwerper (de)	ဗုံးကြဲလေယာဉ်	boun: gje: lei jin
straaljager (de)	တိုက်လေယာဉ်	tai' lei jan
helikopter (de)	ရဟတ်ယာဉ်	jaha' jan
afweergeschut (het)	လေယာဉ်ပစ်စက်သေနတ်	lei jan pi' ze' dhei na'
tank (de)	တင့်ကား	tin. ga:
kanon (tank met een ~	တင့်အမြောက်	tin. amjau'
van 76 mm)		
artillerie (de)	အမြောက်	amjau'
kanon (het)	ရေးစေတ်အမြောက်	shei: gi' amjau'
aanleggen (een wapen ~)	ချိန်ရွယ်သည်	chein jwe de
projectiel (het)	အမြောက်ဆံ	amjau' hsan
mortiergranaat (de)	စိန်ပြောင်းကျည်	sein bjaun: gji
mortier (de)	စိန်ပြောင်း	sein bjaun:
granaatscherf (de)	ဗုံးစ	boun: za
duikboot (de)	ရေအောက်နှင့်ဆိုင်သော	jei au' hnin. zain de.
torpedo (de)	တော်ပီဒို	to pi dou

raket (de)	ဒုံး	doun:
laden (geweer, kanon)	ကျည်ထိုးသည်	kji dou: de
schieten (ww)	သေနတ်ပစ်သည်	thei na' pi' te
richten op (mikken)	ချိန်သည်	chein de
bajonet (de)	လှံစွပ်	hlan zu'

degen (de)	ရာပိယာဓားရှည်	ra pi ja da: shei
sabel (de)	စစ်သုံးဓားရှည်	si' thoun: da shi
speer (de)	လှံ	hlan
boog (de)	လေး	lei:
pijl (de)	မြား	mja:
musket (de)	ပြောင်းချောသေနတ်	pjaun: gjo: dhei na'
kruisboog (de)	ဒူးလေး	du: lei:

187. Oude mensen

primitief (bn)	ရှေးဦးကာလ	shei: u: ga la.
voorhistorisch (bn)	သမိုင်းမတိုင်မီကာလ	thamain: ma. dain mi ga la.
eeuwenoude (~ beschaving)	ရှေးကျသော	shei: gja. de

Steentijd (de)	ကျောက်ခေတ်	kjau' khi'
Bronstijd (de)	ကြေးခေတ်	kjei: gei'
IJstijd (de)	ရေခဲခေတ်	jei ge: gei'

stam (de)	မျိုးနွယ်စု	mjou: nwe zu.
menseneter (de)	လူသားစားလူရိုင်း	lu dha: za: lu jain:
jager (de)	မုဆိုး	mou' hsou:
jagen (ww)	အမဲလိုက်သည်	ame: lai' de
mammoet (de)	အမွေးရှည်ဆင်ကြီးတစ်မျိုး	ahmwei shei zin kji: ti' mjou:

grot (de)	ဂူ	gu
vuur (het)	မီး	mi:
kampvuur (het)	မီးပုံ	mi: boun
rotstekening (de)	နံရံလေးရေးပန်းချီ	nan jan zei: jei: ban: gji

werkinstrument (het)	ကိရိယာ	ki. ji. ja
speer (de)	လှံ	hlan
stenen bijl (de)	ကျောက်ပုဆိန်	kjau' pu. hsain
oorlog voeren (ww)	စစ်ပွဲတွင်ပါဝင်ဆင်	si' pwe: dwin ba win zin
	နွှဲသည်	hnwe: de
temmen (bijv. wolf ~)	ယဉ်ပါးစေသည်	jin ba: zei de

idool (het)	ရုပ်တု	jou' tu
aanbidden (ww)	ကိုးကွယ်သည်	kou: kwe de
bijgeloof (het)	အယူသီးခြင်း	aju dhi: gjin:
ritueel (het)	ရိုးရာထုံးတမ်းဓလေ့	jou: ja doun: dan: da lei.

evolutie (de)	ဆင့်ကဲဖြစ်စဉ်	hsin. ke: hpja' sin
ontwikkeling (de)	ဖွံ့ဖြိုးတိုးတက်မှု	hpjun. bjou: dou: de' hmu.
verdwijning (de)	ပျောက်ကွယ်ခြင်း	pjau' kwe gjin:
zich aanpassen (ww)	နေသားကျရန်ပြင်ဆင်သည်	nei dha: gja. jan bjin zin de
archeologie (de)	ရှေးဟောင်းသုတေသန	shei: haun
archeoloog (de)	ရှေးဟောင်းသုတေသ	shei: haun thu. dei dha.
	နပညာရှင်	na. bji nja shin

archeologisch (bn)	ရှေးဟောင်းသုတေသ နည်ဉ်ရာ	shei: haun thu. dei dha. na. zain ja
opgravingsplaats (de)	တူးဖော်ရာနေရာ	tu: hpo ja nei ja
opgravingen (mv.)	တူးဖော်မှုလုပ်ငန်း	tu: hpo hmu. lou' ngan:
vondst (de)	တွေ့ရှိချက်	twei. shi. gje'
fragment (het)	အပိုင်းအစ	apain: asa.

188. Middeleeuwen

volk (het)	လူမျိုး	lu mjou:
volkeren (mv.)	လူမျိုး	lu mjou:
stam (de)	မျိုးနွယ်စု	mjou: nwe zu.
stammen (mv.)	မျိုးနွယ်စုများ	mjou: nwe zu. mja:

barbaren (mv.)	အရိုင်းအစိုင်းများ	ajou: asain: mja:
Galliërs (mv.)	ဂေါလ်လူမျိုးများ	go l lu mjou: mja:
Goten (mv.)	ဂေါ့တ်လူမျိုးများ	go. t lu mjou: mja:
Slaven (mv.)	စလာဗ်လူမျိုးများ	sala' lu mjou: mja:
Vikings (mv.)	ဗိုက်ကင်းလူမျိုး	bai' kin: lu mjou:

| Romeinen (mv.) | ရောမလူမျိုး | ro: ma. lu mjou: |
| Romeins (bn) | ရောမနှင့်ဆိုင်သော | ro: ma. hnin. zain de |

Byzantijnen (mv.)	ဘိုင်ဇင်တိုင်လူမျိုးများ	bain zin dain lu mjou: mja:
Byzantium (het)	ဘိုင်ဇင်တိုင်အင်ပါယာ	bain zin dain in ba ja
Byzantijns (bn)	ဘိုင်ဇင်တိုင်နှင့်ဆိုင်သော	bain zin dain hnin. zain de.

keizer (bijv. Romeinse ~)	ဧကရာဇ်	ei gaja'
opperhoofd (het)	ခေါင်းဆောင်	gaun: zaun
machtig (bn)	အင်အားကြီးသော	in a: kji: de.
koning (de)	ဘုရင်	ba. jin
heerser (de)	အုပ်ချုပ်သူ	ou' chou' thu

ridder (de)	ထားဘွဲ့ရသူရဲကောင်း	hsa bwe. ja. dhu je gaun:
feodaal (de)	မြေရှင်ပဒေသရာဇ်	mjei shin badei dhaja'
feodaal (bn)	မြေရှင်ပဒေသရာဇ်စနစ်နှင့်ဆိုင်သော	mjei shin badei dhaja' sani' hnin. zain de.
vazal (de)	မြေကျွန်	mjei gjun

hertog (de)	မြို့စားကြီး	mjou. za: gji:
graaf (de)	ဗြိတိသျှမှူး	bri ti sha hmu:
	မတ်သူရဲကောင်း	ma' thu je: gaun:
baron (de)	ဘယ်ရွန် အမတ်	be jwan ama'
bisschop (de)	ဘုန်းတော်ကြီး	hpoun do: gji:

harnas (het)	ချပ်ဝတ်တန်ဆာ	cha' wu' tan za
schild (het)	ဒိုင်း	dain:
zwaard (het)	ဓား	da:
vizier (het)	စစ်မျက်နှာကာ	si' mje' na ga
maliënkolder (de)	သံကောက်ချပ်ဝတ်တန်ဆာ	than za. ga gja' wu' tan za

kruistocht (de)	ခရူးဇိတ်ဘာသာရေးစစ်ပွဲ	kha ju: zei' ba dha jei: zi' pwe:
kruisvaarder (de)	ခရူးဇိတ်တိုက်ပွဲဝင်သူ	kha ju: zei' dai' bwe: win dhu
gebied (bijv. bezette ~en)	နယ်မြေ	ne mjei

aanvallen (binnenvallen)	တိုက်ခိုက်သည်	tai' khai' te
veroveren (ww)	သိမ်းပိုက်စိုးမိုးသည်	thain: bou' sou: mou: de
innemen (binnenvallen)	သိမ်းပိုက်သည်	thain:
bezetting (de)	ဝန်းရံလုပ်ကြခြင်း	wun: jan lou' chan gjin:
belegerd (bn)	ဝန်းရံလုပ်ကြရသော	wun: jan lou' chan gan ja. de.
belegeren (ww)	ဝန်းရံလုပ်ကြသည်	wun: jan lou' chan de
inquisitie (de)	ကာသိုလိပ်ဘုရားကျောင်း	ka tho li' bou ja: gjan:
	တရားစီရင်အဖွဲ့	ta. ja: zi jin ahpwe.
inquisiteur (de)	စစ်ကြောမေးမြန်းသူ	si' kjo: mei: mjan: dhu
foltering (de)	ညှဉ်းပန်းနှိပ်စက်ခြင်း	hnjin: ban: hnei' se' chin:
wreed (bn)	ရက်စက်ကြမ်းကြုတ်သော	je' se' kjan: gjou' te.
ketter (de)	ဒိဌိ	di hti
ketterij (de)	မိစ္ဆာဒိဌိ	mei' hsa dei' hti.
zeevaart (de)	ပင်လယ်ပျော်	pin le bjo
piraat (de)	ပင်လယ်ဓားပြ	pin le da: bja.
piraterij (de)	ပင်လယ်ဓားပြတိုက်ခြင်း	pin le da: bja. tai' chin:
enteren (het)	လှေကုန်းပေါ်ပေါ်	hlei goun: ba' po
	တိုက်ခိုက်ခြင်း	dou' hpou' chin:
buit (de)	တိုက်ခိုက်ရရှိသောပစ္စည်း	tai' khai' ja. shi. dho: pji' si:
schatten (mv.)	ရတနာ	jadana
ontdekking (de)	စူးစမ်းရှာဖွေခြင်း	su: zan: sha bwei gjin
ontdekken (bijv. nieuw land)	စူးစမ်းရှာဖွေသည်	su: zan: sha bwei de
expeditie (de)	စူးစမ်းလေ့လာရေးခရီး	su: zan: lei. la nei: khaji:
musketier (de)	ပြောင်းေရှာသေနတ်	pjaun: gjo: dhei na'
	ကိုင်စစ်သား	kain si' tha:
kardinaal (de)	ရေးမြန်းခရစ်ယှာန်	jei bjan: khaji' jan
	ဘုန်းတော်ကြီး	boun: do gji:
heraldiek (de)	မျိုးရိုးဘွဲ့ဆိုင်	mjou: jou: bwe. dan zai'
	များလေ့လာခြင်းပညာ	mja: lei. la gjin: pi nja
heraldisch (bn)	မျိုးရိုးပညာလေ့လာခြင်း	mjou: pi nja lei. la gjin:
	နှင့်ဆိုင်သော	hnin. zain de.

<h2>189. Leider. Baas. Autoriteiten</h2>

koning (de)	ဘုရင်	ba jin
koningin (de)	ဘုရင်မ	ba jin ma.
koninklijk (bn)	ဘုရင်နှင့်ဆိုင်သော	ba, jin hnin, zain de
koninkrijk (het)	ဘုရင်အုပ်ချုပ်သောနိုင်ငံ	ba jin au' chou' dho nin gan
prins (de)	အိမ်ရှေ့ မင်းသား	ein shei. min: dha:
prinses (de)	မင်းသမီး	min: dhami:
president (de)	သမ္မတ	thamada.
vicepresident (de)	ဒုသမ္မတ	du. dhamada.
senator (de)	ဆီနိတ်လွှတ်တော်အမတ်	hsi nei' hlwa' do: ama'
monarch (de)	သက်ဦးဆံပိုင်	the'
heerser (de)	အုပ်ချုပ်သူ	ou' chou' thu
dictator (de)	အာဏာရှင်	a na shin

tiran (de)	ဖိနှိပ်ချုပ်ချယ်သူ	hpana' chou' che dhu
magnaat (de)	လုပ်ငန်းရှင်သူဌေးကြီး	lou' ngan: shin dhu dei: gji:
directeur (de)	ညွှန်ကြားရေးမှူး	hnjun gja: jei: hmu:
chef (de)	အကြီးအကဲ	akji: ake:
beheerder (de)	မန်နေဂျာ	man nei gji
baas (de)	အကြီးအကဲ	akji: ake:
eigenaar (de)	ပိုင်ရှင်	pain shin
leider (de)	ခေါင်းဆောင်	gaun: zaun
hoofd	အဖွဲ့ခေါင်းဆောင်	ahpwe. gaun: zaun:
(bijv. ~ van de delegatie)		
autoriteiten (mv.)	အာဏာပိုင်အဖွဲ့	a na bain ahpwe.
superieuren (mv.)	အထက်လူကြီးများ	a hte' lu gji: mja:
gouverneur (de)	ပြည်နယ်အုပ်ချုပ်ရေးမှူး	pji ne ou' chou' jei: hmu:
consul (de)	ကောင်စစ်ဝန်	kaun si' wun
diplomaat (de)	သံတမန်	than taman.
burgemeester (de)	မြို့တော်ဝန်	mjou. do wun
sheriff (de)	နယ်မြေတာဝန်ခံ ရဲအရာရှိ	ne mjei da wun gan je: aja shi.
keizer (bijv. Romeinse ~)	ဧကရာဇ်	ei gaja'
tsaar (de)	ဇာဘုရင်	za bou jin
farao (de)	ရှေးအီဂျစ်နိုင်ငံဘုရင်	shei: i gji' nain ngan bu. jin
kan (de)	ခန်	khan

190. Weg. Weg. Routebeschrijving

weg (de)	လမ်း	lan:
route (de kortste ~)	လမ်းကြောင်း	lan: gjaun:
autoweg (de)	အမြန်လမ်းမကြီး	aman lan: ma. mji:
snelweg (de)	အဝေးပြေးလမ်းမကြီး	awei: bjei: lan: ma. gji:
rijksweg (de)	ပင်မလမ်းမကြီး	pin lan: ma. gji:
hoofdweg (de)	မိန်းလမ်း	mein: lan:
landweg (de)	မြေလမ်း	mjei lan
pad (het)	လူသွားလမ်း	lu dhwa: lan:
paadje (het)	လူသွားလမ်းကလေး	lu dhwa: lan: ga. lei:
Waar?	ဘယ်မှာလဲ	be hma le:
Waarheen?	ဘယ်ကိုလဲ	be gou le:
Waarvandaan?	ဘယ်ကလဲ	be ga. le:
richting (de)	ဦးတည်ရာ	u: te ja
aanwijzen (de weg ~)	ညွှန်ပြသည်	hnjun bja. de
naar links (bw)	ဘယ်ဘက်	be be'
naar rechts (bw)	ညာဘက်	nja be'
rechtdoor (bw)	တည့်တည့်	te. de.
terug (bijv. ~ keren)	နောက်သို့	nau' dhou.
bocht (de)	အကွေ့	akwei:

afslaan (naar rechts ~)	ကွေ့သည်	kwei. de
U-bocht maken (ww)	ကွေ့သည်	kwei. de

zichtbaar worden (ww)	မြင်ရသည်	mjin ja. de
verschijnen (in zicht komen)	မြင်နေရသည်	mjin nei ja. de

stop (korte onderbreking)	ရပ်နားခြင်း	ja' na: gjin:
zich verpozen (uitrusten)	အနားယူသည်	ana: ju de
rust (de)	အနားယူခြင်း	ana: ju gjin:

verdwalen (de weg kwijt zijn)	လမ်းပျောက်သည်	lan: bjau' de
leiden naar ... (de weg)	ဦးတည်သည်	u: ti de
bereiken (ergens aankomen)	လမ်းပေါ်ထွက်လာသည်	lan: bo dwe' la de
deel (~ van de weg)	တစ်ကန့်	ti' kan.

asfalt (het)	ကတ္တရာဆေး	ka' ta' ja zi:
trottoirband (de)	ပလက်ဖောင်းဘောင်	pa. je' hpaun: baun:
greppel (de)	လမ်းဘေးမြောင်း	lan: bei: mjaun:
putdeksel (het)	မန်းဟိုး	man: hou:
vluchtstrook (de)	လမ်းဘေးမြေသား	lan: bei: mjei dha:
kuil (de)	ရှိုင့်	chain.

gaan (te voet)	သွားသည်	thwa: de
inhalen (voorbijgaan)	ကျော်တက်သည်	kjo de' te

stap (de)	ခြေလှမ်း	chei hlan:
te voet (bw)	ခြေလျင်သွားသည်	chei ljin dhwa: de

blokkeren (de weg ~)	ပိတ်ဆို့ထားသည်	pei' hsou. da: de
slagboom (de)	မြို့အဝင်ဂိတ်	mjou. awin gei'
doodlopende straat (de)	လမ်းဆုံး	lan: zoun:

191. De wet overtreden. Criminelen. Deel 1

bandiet (de)	ဓားပြ	damja.
misdaad (de)	ရာဇဝတ်မှု	raza. wu' hma.
misdadiger (de)	ရာဇဝတ်သား	raza. wu' tha:

dief (de)	သူခိုး	thu khou:
stelen (ww)	ခိုးသည်	khou: de
stelen (de)	ခိုးခြင်း	khou: chin:
diefstal (de)	သူခိုး	thu khou:

kidnappen (ww)	ပြန်ပေးဆွဲသည်	pjan bei: zwe: de
kidnapping (de)	ပြန်ပေးဆွဲခြင်း	pjan bei: zwe: gjin:
kidnapper (de)	ပြန်ပေးသမား	pjan bei: dhama:

losgeld (het)	ပြန်ရွှေးငွေ	pjan jwei: ngwei
eisen losgeld (ww)	ပြန်ပေးဆွဲသည်	pjan bei: zwe: de

overvallen (ww)	ဓားပြတိုက်သည်	damja. tai' te
overval (de)	လုယက်မှု	lu. je' hmu.
overvaller (de)	လုယက်သူ	lu. je' dhu
afpersen (ww)	ခြိမ်းခြောက်ပြီးငွေညှစ်သည်	chein: gjau' pji: ngwe hnji' te

afperser (de)	မြိုင်းခြောက်ငွေညှစ်သူ	chein: gjau' ngwe hnji' thu
afpersing (de)	မြိုင်းခြောက်ပြီး ငွေညှစ်ခြင်း	chein: gjau' pji: ngwe hnji' chin:
vermoorden (ww)	သတ်သည်	tha' te
moord (de)	လူသတ်မှု	lu dha' hmu.
moordenaar (de)	လူသတ်သမား	lu dha' thama:

schot (het)	ပစ်ချက်	pi' che'
een schot lossen	ပစ်သည်	pi' te
neerschieten (ww)	ပစ်တော်သည်	pi' tha' te
schieten (ww)	ပစ်သည်	pi' te
schieten (het)	ပစ်ချက်	pi' che'

ongeluk (gevecht, enz.)	ဆူပူမှု	hsu. bu hmu.
gevecht (het)	ရန်ပွဲ	jan bwe:
Help!	ကူညီပါ	ku nji ba
slachtoffer (het)	ရန်ပျုံခံရသူ	jab bju. gan ja. dhu

beschadigen (ww)	ဖျက်ဆီးသည်	hpje' hsi: de
schade (de)	အပျက်အစီး	apje' asi:
lijk (het)	အလောင်း	alaun:
zwaar (~ misdrijf)	စိုးရိမ်ဖွယ်ဖြစ်သော	sou: jein bwe bji' te.
aanvallen (ww)	တိုက်ခိုက်သည်	tai' khai' te
slaan (iemand ~)	ရိုက်သည်	jai' te
in elkaar slaan (toetakelen)	ရိုက်သည်	jai' te
ontnemen (beroven)	ယူသည်	ju de
steken (met een mes)	ထိုးသတ်သည်	htou: dha' te
verminken (ww)	သေရာပါဒဏ်ရာရစေသည်	thei ja ba dan ja ja. zei de
verwonden (ww)	ဒဏ်ရာရသည်	dan ja ja. de

chantage (de)	မြိုင်းခြောက်ငွေညှစ်ခြင်း	chein: gjau' ngwe hnji' chin:
chanteren (ww)	မြိုင်းခြောက်ငွေညှစ်သည်	chein: gjau' ngwe hnji' te
chanteur (de)	မြိုင်းခြောက်ငွေညှစ်သူ	chein: gjau' ngwe hnji' thu

afpersing (de)	ရာဇဝတ်ဝိဂိုက်းဆွတ် ကြေးကောက်ခံခြင်း	raza. wu' goun: hse' kjei: gau' chin:
afperser (de)	ဆက်ကြေးတောင်း-ရာ ဇဝတ်ဂိုက်း	hse' kjei: daun: ra za. wu' gain:
gangster (de)	လူဆိုးဂိုက်းဝင်	lu zou: gain: win
maffia (de)	မာဖီးယားဂိုက်း	ma bi: ja: gain:

kruimeldief (de)	ခါးဝိုက်နှိုက်	kha: bai' hnai'
inbreker (de)	ဖောက်ထွင်းသူရိုး	hpau' htwin: dhu gou:
smokkelen (het)	မှောင်ခို	hmaun gou
smokkelaar (de)	မှောင်ခိုသမား	hmaun gou dhama:

namaak (de)	လိမ်လည်အတုပြုမှု	lein le atu. bju hmu.
namaken (ww)	အတုလုပ်သည်	atu. lou' te
namaak-, vals (bn)	အတု	atu.

192. De wet overtreden. Criminelen. Deel 2

| verkrachting (de) | မုဒိန်းမှု | mu. dein: hmu. |
| verkrachten (ww) | မုဒိန်းကျင့်သည် | mu. dein: gjin. de |

| verkrachter (de) | မုဒိမ်းကျင့်သူ | mu. dein: gjin. dhu |
| maniak (de) | အရူး | aju: |

prostituee (de)	ပြည့်တန်ဆာ	pjei. dan za
prostitutie (de)	ပြည့်တန်ဆာမှု	pjei. dan za hmu.
pooier (de)	ဖာခေါင်း	hpa gaun:

| drugsverslaafde (de) | ဆေးစွဲသူ | hsei: zwe: dhu |
| drugshandelaar (de) | မူးယစ်ဆေးရောင်းဝယ်သူ | mu: ji' hsei: jaun we dhu |

opblazen (ww)	ပေါက်ကွဲသည်	pau' kwe: de
explosie (de)	ပေါက်ကွဲမှု	pau' kwe: hmu.
in brand steken (ww)	မီးရှို့သည်	mi: shou. de
brandstichter (de)	မီးရှို့မှုကျူးလွန်သူ	mi: shou. hmu. gju: lun dhu

terrorisme (het)	အကြမ်းဖက်ဝါဒ	akjan: be' wa da.
terrorist (de)	အကြမ်းဖက်သမား	akjan: be' tha. ma:
gijzelaar (de)	ဓားစာခံ	daza gan

bedriegen (ww)	လိမ်လည်သည်	lein le de
bedrog (het)	လိမ်လည်မှု	lein le hmu.
oplichter (de)	လူလိမ်	lu lein

omkopen (ww)	လာဘ်ထိုးသည်	la' htou: de
omkoperij (de)	လာဘ်ပေးလဘ်ယူ	la' pei: la' thu
smeergeld (het)	လာဘ်	la'

vergif (het)	အဆိပ်	ahsei'
vergiftigen (ww)	အဆိပ်ခတ်သည်	ahsei' kha' te
vergif innemen (ww)	အဆိပ်သောက်သည်	ahsei' dhau' te

zelfmoord (de)	မိမိကိုယ်မိမိ	mi. mi. kou mi. mi.
	သတ်သေခြင်း	dha' thei gjin:
zelfmoordenaar (de)	မိမိကိုယ်မိမိ	mi. mi. kou mi. mi.
	သတ်သေသူ	dha' thei dhu

bedreigen	ခြိမ်းခြောက်သည်	chein: gjau' te
(bijv. met een pistool)		
bedreiging (de)	ခြိမ်းခြောက်မှု	chein: gjau' hmu.
een aanslag plegen	လုပ်ကြံသည်	lou' kjan de
aanslag (de)	လုပ်ကြံခြင်း	lou' kjan gjin:

| stelen (een auto) | ခိုးသည် | khou: de |
| kapen (een vliegtuig) | လေယာဉ်အပိုင်စီးသည် | lei jan apain zi: de |

| wraak (de) | လက်စားချေခြင်း | le' sa: gjei gjin: |
| wreken (ww) | လက်စားချေသည် | le' sa: gjei de |

martelen (gevangenen)	ညှင်းပန်းနှိပ်စက်သည်	hnjin: ban: hnei' se' te
foltering (de)	ညှင်းပန်းနှိပ်စက်ခြင်း	hnjin: ban: hnei' se' chin:
folteren (ww)	နှိပ်စက်သည်	hnei' se' te

piraat (de)	ပင်လယ်ဓားပြ	pin le da: bja.
straatschender (de)	လမ်းသရဲ	lan: dhaje:
gewapend (bn)	လက်နက်ကိုင်ဆောင်သော	le' ne' kain zaun de.
geweld (het)	ရက်စက်ကြမ်းကြုတ်မှု	je' se' kjan: gjou' hmu.

onwettig (strafbaar)	တရားမဝင်သော	taja: ma. win de.
spionage (de)	သူလျှိုလုပ်ခြင်း	thu shou lou' chin:
spioneren (ww)	သူလျှိုလုပ်သည်	thu shou lou' te

193. Politie. Wet. Deel 1

| justitie (de) | တရားမျှတမှု | taja: hmja. ta. hmu. |
| gerechtshof (het) | တရားရုံး | taja: joun: |

rechter (de)	တရားသူကြီး	taja: dhu gji:
jury (de)	ဂျူရီအဖွဲ့ဝင်များ	gju ji ahpwe. win mja:
juryrechtspraak (de)	ဂျူရီလူကြီးအဖွဲ့	gju ji lu gji: ahpwe.
berechten (ww)	တရားစီရင်သည်	taja: zi jin de

advocaat (de)	ရှေ့နေ	shei. nei
beklaagde (de)	တရားပြိုင်	taja: bjain
beklaagdenbank (de)	တရားရုံးဝက်ခြံ	taja: joun: we' khjan

| beschuldiging (de) | စွပ်စွဲခြင်း | su' swe: chin: |
| beschuldigde (de) | တရားစွဲခံရသော | taja: zwe: gan ja. de. |

vonnis (het)	စီရင်ချက်	si jin gje'
veroordelen	စီရင်ချက်ချသည်	si jin gje' cha. de
(in een rechtszaak)		

schuldige (de)	တရားခံ	tajakhan
straffen (ww)	ပြစ်ဒဏ်ပေးသည်	pji' dan bei: de
bestraffing (de)	ပြစ်ဒဏ်	pji' dan

boete (de)	ဒဏ်ငွေ	dan ngwei
levenslange opsluiting (de)	တစ်သက်တစ်ကျွန်းပြစ်ဒဏ်	ti' te' ti' kjun: bji' dan
doodstraf (de)	သေဒဏ်	thei dan
elektrische stoel (de)	လျှပ်စစ်ထိုင်ခုံ	hlja' si' dain boun
schavot (het)	ကြိုးစင်	kjou: zin

| executeren (ww) | ကွပ်မျက်သည် | ku' mje' te |
| executie (de) | ကွပ်မျက်ခြင်း | ku' mje' gjin |

| gevangenis (de) | ထောင် | htaun |
| cel (de) | အကျဉ်းခန်း | achou' khan: |

konvooi (het)	အစောင့်အကြပ်	asaun. akja'
gevangenisbewaker (de)	ထောင်စောင့်	htaun zaun.
gedetineerde (de)	ထောင်သား	htaun dha:

| handboeien (mv.) | လက်ထိပ် | le' htei' |
| handboeien omdoen | လက်ထိပ်ခတ်သည် | le' htei' kha' te |

ontsnapping (de)	ထောင်ဖောက်ပြေးခြင်း	htaun bau' pjei: gjin:
ontsnappen (ww)	ထောင်ဖောက်ပြေးသည်	htaun bau' pjei: de
verdwijnen (ww)	ပျောက်ကွယ်သည်	pjau' kwe de
vrijlaten (uit de gevangenis)	ထောင်မှလွတ်သည်	htaun hma. lu' te
amnestie (de)	လွတ်ငြိမ်းချမ်းသာရွှင့်	lu' njein: gjan: dha gwin.
politie (de)	ရဲ	je:

politieagent (de)	ရဲအရာရှိ	je: aja shi.
politiebureau (het)	ရဲစခန်း	je: za. gan:
knuppel (de)	သံတုတ်	than dou'
megafoon (de)	လက်ကိုင်စပီကာ	le' kain za. bi ka

patrouilleerwagen (de)	ကင်းလှည့်ကား	kin: hle. ka:
sirene (de)	အချက်ပေးဩသံ	ache' pei: ou' o: dhan
de sirene aansteken	အချက်ပေးဩသံဖွင့်သည်	ache' pei: ou' o: zwe: de
geloei (het) van de sirene	အချက်ပေးဩသံဖွင့်သံ	ache' pei: ou' o: zwe: dhan

plaats delict (de)	အခင်းဖြစ်ပွါးရာနေရာ	achin: hpji' pwa: ja nei ja
getuige (de)	သက်သေ	the' thei
vrijheid (de)	လွတ်လပ်မှု	lu' la' hmu.
handlanger (de)	ကြံရာပါ	kjan ja ba
ontvluchten (ww)	ပုန်းသည်	poun: de
spoor (het)	ခြေရာ	chei ja

194. Politie. Wet. Deel 2

opsporing (de)	ဝရမ်းရှာဖွေခြင်း	wajan: sha bwei gjin:
opsporen (ww)	ရှာသည်	sha de
verdenking (de)	မသင်္ကာမှု	ma, dhin ga hmu.
verdacht (bn)	သံသယဖြစ်ဖွယ် ကောင်းသော	than thaja. bji' hpwe gaun: de.
aanhouden (stoppen)	ရပ်သည်	ja' te
tegenhouden (ww)	ထိန်းသိမ်းထားသည်	htein: dhein: da: de

strafzaak (de)	အမှု	ahmu.
onderzoek (het)	စုံစမ်းစစ်ဆေးခြင်း	soun zan: zi' hsei: gjin:
detective (de)	စုံထောက်	soun dau'
onderzoeksrechter (de)	အလွတ်စုံထောက်	alu' zoun htau'
versie (de)	အဆိုကြမ်း	ahsou gjan:

motief (het)	စေ့ဆော်မှု	sei. zo hmu.
verhoor (het)	စစ်ကြောမှု	si' kjo: hmu.
ondervragen (door de politie)	စစ်ကြောသည်	si' kjo: de
ondervragen (omstanders ~)	မေးမြန်းသည်	mei: mjan: de
controle (de)	စစ်ဆေးသည်	si' hsei: de

razzia (de)	ဝိုင်းဝန်းမှု	wain: wan: hmu.
huiszoeking (de)	ရှာဖွေခြင်း	sha hpwei gjin:
achtervolging (de)	လိုက်လံဖမ်းဆီးခြင်း	lai' lan ban: zi: gjin:
achtervolgen (ww)	လိုက်သည်	lai' de
opsporen (ww)	ခြေရာခံသည်	chei ja gan de

arrest (het)	ဖမ်းဆီးခြင်း	hpan: zi: gjin:
arresteren (ww)	ဖမ်းဆီးသည်	hpan: zi: de
vangen, aanhouden (een dief, enz.)	ဖမ်းမိသည်	hpan: mi. de
aanhouding (de)	သိမ်းခြင်း	thain: gjin:

document (het)	စာရွက်စာတမ်း	sajwe' zatan:
bewijs (het)	သက်သေပြချက်	the' thei pja. gje'
bewijzen (ww)	သက်သေပြသည်	the' thei pja. de

voetspoor (het)	ခြေရာ	chei ja
vingerafdrukken (mv.)	လက်ဗွေရာများ	lei' bwei ja mja:
bewijs (het)	သဲလွန်စ	the: lun za.

alibi (het)	ဆင်ခြေ	hsin gjei
onschuldig (bn)	အပြစ်ကင်းသော	apja' kin: de.
onrecht (het)	မတရားမှု	ma. daja: hmu.
onrechtvaardig (bn)	မတရားသော	ma. daja: de.

crimineel (bn)	ပြုမှုကျူးလွန်သော	pju. hmu. gju: lun de.
confisqueren (in beslag nemen)	သိမ်းယူသည်	thein: ju de
drug (de)	မူးယစ်ဆေးဝါး	mu: ji' hsei: wa:
wapen (het)	လက်နက်	le' ne'
ontwapenen (ww)	လက်နက်သိမ်းသည်	le' ne' thain de
bevelen (ww)	အမိန့်ပေးသည်	amin. bei: de
verdwijnen (ww)	ပျောက်ကွယ်သည်	pjau' kwe de

wet (de)	ဥပဒေ	u. ba. dei
wettelijk (bn)	ဥပဒေနှင့် ညီညွတ်သော	u. ba. dei hnin. nji nju' te.
onwettelijk (bn)	ဥပဒေနှင့်မညီညွတ်သော	u. ba. dei hnin. ma. nji nju' te.

verantwoordelijkheid (de)	တာဝန်ယူခြင်း	ta wun ju gjin:
verantwoordelijk (bn)	တာဝန်ရှိသော	ta wun shi. de.

NATUUR

De Aarde. Deel 1

195. De kosmische ruimte

kosmos (de)	အာကာသ	akatha.
kosmisch (bn)	အာကာသနှင့်ဆိုင်သော	akatha. hnin zain dho:
kosmische ruimte (de)	အာကာသဟင်းလင်းပြင်	akatha. hin: lin: bjin
wereld (de)	ကမ္ဘာ	ga ba
heelal (het)	စကြာဝဠာ	sa kja wa. la
sterrenstelsel (het)	ကြယ်စုတန်း	kje zu. dan:
ster (de)	ကြယ်	kje
sterrenbeeld (het)	ကြယ်နက္ခတ်စု	kje ne' kha' zu.
planeet (de)	ဂြိုဟ်	gjou
satelliet (de)	ဂြိုဟ်ငယ်	gjou nge
meteoriet (de)	ဥက္ကာခဲ	ou' ka ge:
komeet (de)	ကြယ်တံခွန်	kje dagun
asteroïde (de)	ဂြိုဟ်သိမ်ဂြိုဟ်မွှား	gjou dhein gjou hmwa:
baan (de)	ပတ်လမ်း	pa' lan:
draaien (om de zon, enz.)	လည်သည်	le de
atmosfeer (de)	လေထု	lei du.
Zon (de)	နေ	nei
zonnestelsel (het)	နေစကြာဝဠာ	nei ze kja. wala
zonsverduistering (de)	နေကြတ်ခြင်း	nei gja' chin:
Aarde (de)	ကမ္ဘာလုံး	ga ba loun:
Maan (de)	လ	la.
Mars (de)	အင်္ဂါဂြိုဟ်	in ga gjou
Venus (de)	သောကြာဂြိုဟ်	thau' kja gjou'
Jupiter (de)	ကြာသပတေးဂြိုဟ်	kja dha ba. dei: gjou'
Saturnus (de)	စနေဂြိုဟ်	sanei gjou'
Mercurius (de)	ဗုဒ္ဓဟူးဂြိုဟ်	bou' da. gjou'
Uranus (de)	ယူရေးနတ်ဂြိုဟ်	ju rei: na' gjou
Neptunus (de)	နက်ပကျွန်းဂြိုဟ်	ne' pa. gjun: gjou
Pluto (de)	ပလူတိုဂြိုဟ်	pa lu tou gjou '
Melkweg (de)	နဂါးငွေ့ကြယ်စုတန်း	na. ga: ngwe. gje zu dan:
Grote Beer (de)	မြောက်ပိုင်းဂရိတ်ဘဲး၏ကြယ်စု	mjau' pain: gajei' be:j gje zu.
Poolster (de)	ဓူဝံကြယ်	du wan gje
marsmannetje (het)	အင်္ဂါဂြိုဟ်သား	in ga gjou dha:
buitenaards wezen (het)	အခြားကမ္ဘာဂြိုဟ်သား	apja: ga ba gjou dha

bovenaards (het)	ဂျိုဟ်သား:	gjou dha:
vliegende schotel (de)	ပန်းကန်ပြားပျံ	bagan: bja: bjan
ruimtevaartuig (het)	အာကာသယာဉ်	akatha. jin
ruimtestation (het)	အာကာသဓနန်း	akatha. za khan:
start (de)	လွှတ်တင်ခြင်း	hlu' tin gjin:
motor (de)	အင်ဂျင်	in gjin
straalpijp (de)	နော်ဇယ်	no ze
brandstof (de)	လောင်စာ	laun za
cabine (de)	လေယာဉ်မောင်းအခန်း	lei jan maun akhan:
antenne (de)	အင်တန္နာတိုင်	in tan na tain
patrijspoort (de)	ပြတင်း	badin:
zonnebatterij (de)	နေရောင်ခြည်သုံးဘတ်ထရီ	nei jaun gje dhoun: ba' hta ji
ruimtepak (het)	အာကာသဝတ်စုံ	akatha. wu' soun
gewichtloosheid (de)	အလေးချိန်ကင်းမဲ့ခြင်း	alei: gjein gin: me. gjin:
zuurstof (de)	အောက်ဆီဂျင်	au' hsi gjin
koppeling (de)	အာကာသထဲချိတ်ဆက်ခြင်း	akatha. hte: chei' hse' chin:
koppeling maken	အာကာသထဲချိတ်ဆက်သည်	akatha. hte: chei' hse' te
observatorium (het)	နက္ခတ်မျှော်စင်	ne' kha' ta. mjo zin
telescoop (de)	အဝေးကြည့်မှန်ပြောင်း	awei: gji. hman bjaun:
waarnemen (ww)	လေ့လာကြည့်ရှုသည်	lei. la kji. hju. de
exploreren (ww)	သုတေသနပြုသည်	thu. tei thana bjou de

196. De Aarde

Aarde (de)	ကမ္ဘာမြေကြီး	ga ba mjei kji:
aardbol (de)	ကမ္ဘာလုံး	ga ba loun:
planeet (de)	ဂြိုဟ်	gjou
atmosfeer (de)	လေထု	lei du.
aardrijkskunde (de)	ပထဝီဝင်	pahtawi win
natuur (de)	သဘာဝ	tha. bawa
wereldbol (de)	ကမ္ဘာလုံး	ga ba loun:
kaart (de)	မြေပုံ	mjei boun
atlas (de)	မြေပုံစာအုပ်	mjei boun za ou'
Europa (het)	ဥရောပ	u. jo: pa
Azië (het)	အာရှ	a sha.
Afrika (het)	အာဖရိက	apha. ri. ka.
Australië (het)	ဩစတြေးလျ	thja za djei: lja
Amerika (het)	အမေရိက	amei ji ka
Noord-Amerika (het)	မြောက်အမေရိက	mjau' amei ri. ka.
Zuid-Amerika (het)	တောင်အမေရိက	taun amei ri. ka.
Antarctica (het)	အန္တာတိက်	anta di'
Arctis (de)	အာတိတ်	a tei'

197. Windrichtingen

noorden (het)	မြောက်အရပ်	mjau' aja'
naar het noorden	မြောက်ဘက်သို့	mjau' be' thou.
in het noorden	မြောက်ဘက်မှာ	mjau' be' hma
noordelijk (bn)	မြောက်အရပ်နှင့်ဆိုင်သော	mjau' aja' hnin. zain de.
zuiden (het)	တောင်အရပ်	taun aja'
naar het zuiden	တောင်ဘက်သို့	taun be' thou.
in het zuiden	တောင်ဘက်မှာ	taun be' hma
zuidelijk (bn)	တောင်အရပ်နှင့်ဆိုင်သော	taun aja' hnin. zain de.
westen (het)	အနောက်အရပ်	anau' aja'
naar het westen	အနောက်ဘက်သို့	anau' be' thou.
in het westen	အနောက်ဘက်မှာ	anau' be' hma
westelijk (bn)	အနောက်အရပ်နှင့်ဆိုင်သော	anau' aja' hnin. zain dho:
oosten (het)	အရှေ့အရပ်	ashei. aja'
naar het oosten	အရှေ့ဘက်သို့	ashei. be' hma
in het oosten	အရှေ့ဘက်မှာ	ashei. be' hma
oostelijk (bn)	အရှေ့အရပ်နှင့်ဆိုင်သော	ashei. aja' hnin. zain de.

198. Zee. Oceaan

zee (de)	ပင်လယ်	pin le
oceaan (de)	သမုဒ္ဒရာ	thamou' daja
golf (baai)	ပင်လယ်ကွေ့	pin le gwe.
straat (de)	ရေလက်ကြား	jei le' kja:
grond (vaste grond)	ကုန်းမြေ	koun: mei
continent (het)	တိုက်	tai'
eiland (het)	ကျွန်း	kjun:
schiereiland (het)	ကျွန်းဆွယ်	kjun: zwe
archipel (de)	ကျွန်းစု	kjun: zu.
baai, bocht (de)	အော်	o
haven (de)	သင်္ဘောဆိပ်ကမ်း	thin: bo: zei' kan:
lagune (de)	ပင်လယ်ထုံးအိုင်	pin le doun: ain
kaap (de)	အငူ	angu
atol (de)	သန္တာကျောက်တန်းကျွန်းငယ်	than da gjau' tan: gjun: nge
rif (het)	ကျောက်တန်း	kjau' tan:
koraal (het)	သန္တာကောင်	than da gaun
koraalrif (het)	သန္တာကျောက်တန်း	than da gjau' tan:
diep (bn)	နက်သော	ne' te.
diepte (de)	အနက်	ane'
diepzee (de)	ချောက်နက်ကြီး	chau' ne' kji:
trog (bijv. Marianentrog)	မြောင်း	mjaun:
stroming (de)	စီးကြောင်း	si: gaun:
omspoelen (ww)	ဝိုင်းသည်	wain: de

| oever (de) | ကမ်းစပ် | kan: za' |
| kust (de) | ကမ်းခြေ | kan: gjei |

vloed (de)	ရေတက်	jei de'
eb (de)	ရေကျ	jei gja.
ondiepte (ondiep water)	သောင်စွယ်	thaun zwe
bodem (de)	ကြမ်းပြင်	kan: pjin

golf (hoge ~)	လှိုင်း	hlain:
golfkam (de)	လှိုင်းခေါင်းဖျ	hlain: gaun: bju.
schuim (het)	အမြှုပ်	a hmjou'

storm (de)	မုန်တိုင်း	moun dain:
orkaan (de)	ဟာရိကိန်းမုန်တိုင်း	ha ji gain: moun dain:
tsunami (de)	ဆူနာမိ	hsu na mi
windstilte (de)	ရေသော	jei dhei
kalm (bijv. ~e zee)	ပြိမ်သက်အေးဆေးသော	njein dhe' ei: zei: de.

| pool (de) | ဝင်ရိုးစွန်း | win jou: zun |
| polair (bn) | ဝင်ရိုးစွန်းနှင့်ဆိုင်သော | win jou: zun hnin. zain de. |

breedtegraad (de)	လတ္တီတွဒ်	la' ti. tu'
lengtegraad (de)	လောင်ဂျီတွဒ်	laun gji twa'
parallel (de)	လတ္တီတွဒ်မျဉ်း	la' ti. tu' mjin:
evenaar (de)	အီကွေတာ	i kwei: da

hemel (de)	ကောင်းကင်	kaun: gin
horizon (de)	မိုးကုပ်စက်ဝိုင်း	mou kou' se' wain:
lucht (de)	လေထု	lei du.

vuurtoren (de)	မီးပြတိုက်	mi: bja dai'
duiken (ww)	ရေငုပ်သည်	jei ngou' te
zinken (ov. een boot)	ရေမြုပ်သည်	jei mjou' te
schatten (mv.)	ရတနာ	jadana

199. Namen van zeeën en oceanen

Atlantische Oceaan (de)	အတ္တလန္တိတ် သမုဒ္ဒရာ	a' ta. lan ti' thamou' daja
Indische Oceaan (de)	အိန္ဒိယ သမုဒ္ဒရာ	indi. ja thamou. daja
Stille Oceaan (de)	ပစိဖိတ် သမုဒ္ဒရာ	pa. si. hpi' thamou' daja
Noordelijke IJszee (de)	အာတိတ် သမုဒ္ဒရာ	a tei' thamou' daja

Zwarte Zee (de)	ပင်လယ်နက်	pin le ne'
Rode Zee (de)	ပင်လယ်နီ	pin le ni
Gele Zee (de)	ပင်လယ်ဝါ	pin le wa
Witte Zee (de)	ပင်လယ်ဖြူ	pin le bju

Kaspische Zee (de)	ကက်စပီယန် ပင်လယ်	ke' za. pi jan pin le
Dode Zee (de)	ပင်လယ်သေ	pin le dhe:
Middellandse Zee (de)	မြေထဲပင်လယ်	mjei hte: bin le

Egeïsche Zee (de)	အေဂျီယန်းပင်လယ်	ei gi jan: bin le
Adriatische Zee (de)	အဒရီရာတစ်ပင်လယ်	a da yi ya ti' pin le
Arabische Zee (de)	အာရေဗီးယန်း ပင်လယ်	a ra bi: an: bin le

Japanse Zee (de)	ဂျပန် ပင်လယ်	gja pan pin le
Beringzee (de)	ဘယ်ရင်း ပင်လယ်	be jin: bin le
Zuid-Chinese Zee (de)	တောင်တရုတ်ပင်လယ်	taun dajou' pinle

Koraalzee (de)	ကော်ရယ်လ်ပင်လယ်	ko je l pin le
Tasmanzee (de)	တက်စမန်းပင်လယ်	te' sa. man: bin le
Caribische Zee (de)	ကာရေးဘီးယန်းပင်လယ်	ka rei: bi: jan: bin le

| Barentszzee (de) | ဘာရန့်စ် ပင်လယ် | ba jan's bin le |
| Karische Zee (de) | ကာရာ ပင်လယ် | kara bin le |

Noordzee (de)	မြောက်ပင်လယ်	mjau' pin le
Baltische Zee (de)	ဘော့လ်တစ်ပင်လယ်	bo' l ti' pin le
Noorse Zee (de)	နော်ဝေးရှိယန်း ပင်လယ်	no wei: bin le

200. Bergen

berg (de)	တောင်	taun
bergketen (de)	တောင်တန်း	taun dan:
gebergte (het)	တောင်ကြော	taun gjo:

bergtop (de)	ထိပ်	htei'
bergpiek (de)	တောင်ထွတ်	taun htu'
voet (ov. de berg)	တောင်ရြေ	taun gjei
helling (de)	တောင်စောင်း	taun zaun:

vulkaan (de)	မီးတောင်	mi: daun
actieve vulkaan (de)	မီးတောင်ရှင်	mi: daun shin
uitgedoofde vulkaan (de)	မီးငြိမ်းတောင်	mi: njein: daun

uitbarsting (de)	မီးတောင်ပေါက်ကွဲခြင်း	mi: daun pau' kwe: gjin:
krater (de)	မီးတောင်ဝ	mi: daun wa.
magma (het)	ကျောက်ရည်ပု	kjau' ji bu
lava (de)	ချော်ရည်	cho ji
gloeiend (~e lava)	အရမ်းပူသော	ajam: bu de.

kloof (canyon)	တောင်ကြားချိုင့်ဝှမ်းနက်	taun gja: gjain. hwan: ne'
bergkloof (de)	တောင်ကြား	taun gja:
spleet (de)	အက်ကွဲကြောင်း	e' kwe: gjaun:
afgrond (de)	ရောက်ကမ်းပါး	chau' kan: ba:

bergpas (de)	တောင်ကြားလမ်း	taun gja: lan:
plateau (het)	ကုန်းပြင်မြင့်	koun: bjin mjin:
klip (de)	ကျောက်တောင်	kjau' hsain
heuvel (de)	တောင်ကုန်း	taun goun:

gletsjer (de)	ရေခဲမြစ်	jei ge: mji'
waterval (de)	ရေတံခွန်	jei dan khun
geiser (de)	ရေပူစမ်း	jei bu zan:
meer (het)	ရေကန်	jei gan

vlakte (de)	မြေပြန့်	mjei bjan:
landschap (het)	ရှုခင်း	shu. gin:
echo (de)	ပဲ့တင်သံ	pe. din than

alpinist (de)	တောင်တက်သမား	taun de' thama:
bergbeklimmer (de)	ကျောက်တောင်တက်သမား	kjau' taun de dha ma:
trotseren (berg ~)	အောင်နိုင်သူ	aun nain dhu
beklimming (de)	တောင်တက်ရြင်း	taun de' chin:

201. Bergen namen

Alpen (de)	အဲလ်ပ်တောင်	e.lp daun
Mont Blanc (de)	မောင့်ဘလန့်ပ်တောင်	maun. ba. lan. s taun
Pyreneeën (de)	ပိရန်းနီးစ်တောင်	pi jan: ni:s taun
Karpaten (de)	ကာပသီယန်စ်တောင်	ka pa. dhi jan s taun
Oeralgebergte (het)	ယူရယ်တောင်တန်း	ju re daun dan:
Kaukasus (de)	ကော့ကေးဆပ်တောင်တန်း	ko: kei: zi' taun dan:
Elbroes (de)	အယ်ဘရုတ်စ်တောင်	e ba. ja's daun
Altaj (de)	အယ်လတိုင်တောင်	e la. tain daun
Tiensjan (de)	တိုင်ယန်ရှန်းတောင်	tain jan shin: daun
Pamir (de)	ပါမီယာတောင်တန်း	pa mi ja daun dan:
Himalaya (de)	ဟိမဝ္ဏတောင်တန်း	hi. ma. wan da daun dan:
Everest (de)	ဧဝရတ်တောင်	ei wa. ja' taun
Andes (de)	အန်းဒီတောင်တန်း	an: di daun dan:
Kilimanjaro (de)	ကိလီမန်ဂျာရိုတောင်	ki li man gja gou daun

202. Rivieren

rivier (de)	မြစ်	mji'
bron (~ van een rivier)	စမ်း	san:
riverbedding (de)	ရေကြောစီးကြောင်း	jei gjo: zi: gjaun:
rivierbekken (het)	မြစ်ချိုင့်ဝှမ်း	mji' chain. hwan:
uitmonden in …	စီးဝင်သည်	si: win de
zijrivier (de)	မြစ်လက်တက်	mji' le' te'
oever (de)	ကမ်း	kan:
stroming (de)	စီးကြောင်း	si: gaun:
stroomafwaarts (bw)	ရေစုန်	jei zoun
stroomopwaarts (bw)	ရေဆန်	jei zan
overstroming (de)	ရေကြီးမှု	jei gji: hmu.
overstroming (de)	ရေလျှံခြင်း	jei shan gjin:
buiten zijn oevers treden	လျှံသည်	shan de
overstromen (ww)	ရေလွှမ်းသည်	jei hlwan: de
zandbank (de)	ရေတိမ်ပိုင်း	jei dein bain:
stroomversnelling (de)	ရေအောက်ကျောက်ဆောင်	jei au' kjau' hsaun
dam (de)	ဆည်	hse
kanaal (het)	တူးမြောင်း	tu: mjaun:
spaarbekken (het)	ရေလှောင်ကန်	jei hlaun gan
sluis (de)	ရေလွှဲပေါက်	jei hlwe: bau'

185

waterlichaam (het)	ရေထု	jei du.
moeras (het)	ရှုံ့ညွှန့်	shwan njun
broek (het)	စိုမြေ	sein. mjei
draaikolk (de)	ရေဝဲ	jei we:
stroom (de)	ချောင်းကလေး	chaun: galei:
drink- (abn)	သောက်ရေ	thau' jei
zoet (~ water)	ရေချို	jei gjou
ijs (het)	ရေခဲ	jei ge:
bevriezen (rivier, enz.)	ရေခဲသည်	jei ge: de

203. Namen van rivieren

Seine (de)	စိန်မြစ်	sein mji'
Loire (de)	လော်ရီမြစ်	lo ji mji'
Theems (de)	သိမ်းမြစ်	thain: mji'
Rijn (de)	ရိုင်းမြစ်	rain: mji'
Donau (de)	ဒင်နယူမြစ်	din na. ju mji'
Wolga (de)	ဗော်လဂါမြစ်	bo la. ga mja'
Don (de)	ဒွန်မြစ်	dun mja'
Lena (de)	လီနာမြစ်	li na mji'
Gele Rivier (de)	မြစ်ဝါ	mji' wa
Blauwe Rivier (de)	ရဲနီးမြစ်	jan zi: mji'
Mekong (de)	မဲခေါင်မြစ်	me: gaun mji'
Ganges (de)	ဂင်္ဂါမြစ်	gan ga. mji'
Nijl (de)	နိုင်းမြစ်	nain: mji'
Kongo (de)	ကွန်ဂိုမြစ်	kun gou mji'
Okavango (de)	အိုကာဝန်ဂိုမြစ်	ai' hou ban
Zambezi (de)	ဇမ်ဘီဇီမြစ်	zan bi zi: mji'
Limpopo (de)	လင်ပိုပိုမြစ်	lin po pou mji'
Mississippi (de)	မစ်စစ္စပ်မြစ်	mi' si. si. pi. mji'

204. Bos

bos (het)	သစ်တော	thi' to:
bos- (abn)	သစ်တောနှင့်ဆိုင်သော	thi' to: hnin. zain de.
oerwoud (dicht bos)	ထူထပ်သောတော	htu da' te. do:
bosje (klein bos)	သစ်ပင်အုပ်	thi' pin ou'
open plek (de)	တောတွင်းလဟာပြင်	to: dwin: la. ha bjin
struikgewas (het)	ချုံပိတ်ပေါင်း	choun bei' paun:
struiken (mv.)	ချုံထနောင်းတော	choun hta naun: de.
paadje (het)	လူသွားလမ်းကလေး	lu dhwa: lan: ga. lei:
ravijn (het)	လျှို	shou
boom (de)	သစ်ပင်	thi' pin

186

blad (het)	သစ်ရွက်	thi' jwe'
gebladerte (het)	သစ်ရွက်များ	thi' jwe' mja:

vallende bladeren (mv.)	သစ်ရွက်ကြွခြင်း	thi' jwe' kjwei gjin:
vallen (ov. de bladeren)	သစ်ရွက်ကြွသည်	thi' jwe' kjwei de
boomtop (de)	အဖျား	ahpja:

tak (de)	အကိုင်းခွဲ	akain: khwe:
ent (de)	ပင်မကိုင်း	pin ma. gain:
knop (de)	အဖူး	ahpu:
naald (de)	အပ်နှင့်တူသောအရွက်	a' hnin. bu de. ajwe'
dennenappel (de)	ထင်းရှူးသီး	htin: shu: dhi:

boom holte (de)	အခေါင်းပေါက်	akhaun: bau'
nest (het)	ငှက်သိုက်	hnge' thai'
hol (het)	မြေတွင်း	mjei dwin:

stam (de)	ပင်စည်	pin ze
wortel (bijv. boom~s)	အမြစ်	amji'
schors (de)	သစ်ခေါက်	thi' khau'
mos (het)	ရေညှိ	jei hnji.

ontwortelen (een boom)	အမြစ်မှဆွဲနုတ်သည်	amji' hma zwe: hna' te
kappen (een boom ~)	ခုတ်သည်	khou' te
ontbossen (ww)	တောပြုန်းစေသည်	to: bjoun: zei de
stronk (de)	သစ်ငုတ်တို	thi' ngou' tou

kampvuur (het)	မီးပုံ	mi: boun
bosbrand (de)	မီးလောင်ခြင်း	mi: laun gjin:
blussen (ww)	မီးသတ်သည်	mi: tha' de

boswachter (de)	တောခေါင်း	to: gaun:
bescherming (de)	သစ်တောဝန်ထမ်း	thi' to: wun dan:
beschermen	ထိန်းသိမ်းစောင့်ရှောက်သည်	htein: dhein: zaun. shau' te
(bijv. de natuur ~)		
stroper (de)	မိုးယုသူ	khou: ju dhu
val (de)	သမံကထောင်ရှောက်	than mani. daun gjau'

plukken (paddestoelen ~)	ဆွတ်သည်	hsu' te
plukken (bessen ~)	ခူးသည်	khu: de
verdwalen (de weg kwijt zijn)	လမ်းပျောက်သည်	lan: bjau' de

205. Natuurlijke hulpbronnen

natuurlijke rijkdommen (mv.)	သယံဇာတ	thajan za da.
delfstoffen (mv.)	တွင်းထွက်ပစ္စည်း	twin: htwe' pji' si:
lagen (mv.)	နုနုံ	noun:
veld (bijv. olie~)	ဓာတ်သတ္တုထွက်ရာမြေ	da' tha' tu dwe' ja mjei

winnen (uit erts ~)	တူးဖော်သည်	tu: hpo de
winning (de)	တူးဖော်ခြင်း	tu: hpo gjin:
erts (het)	သတ္တုရိုင်း	tha' tu. jain:
mijn (bijv. kolenmijn)	သတ္တုတွင်း	tha' tu. dwin:
mijnschacht (de)	မိုင်းတွင်း	main: dwin:

mijnwerker (de)	သတ္တုတွင်း အလုပ်သမား	tha' tu. dwin: alou' thama:
gas (het)	ဓာတ်ငွေ့	da' ngwei.
gasleiding (de)	ဓါတ်ငွေ့ပိုက်လိုင်း	da' ngwei. bou' lain:

olie (aardolie)	ရေနံ	jei nan
olieleiding (de)	ရေနံပိုက်လိုင်း	jei nan bou' lain:
oliebron (de)	ရေနံတွင်း	jei nan dwin:
boortoren (de)	ရေနံစင်	jei nan zin
tanker (de)	လောင်စာတင်သင်္ဘော	laun za din dhin bo:

zand (het)	သဲ	the:
kalksteen (de)	ထုံးကျောက်	htoun: gjau'
grind (het)	ကျောက်စရစ်	kjau' sa. ji'
veen (het)	မြေဆွေးခဲ	mjei zwei: ge:
klei (de)	မြေစေး	mjei zei:
steenkool (de)	ကျောက်မီးသွေး	kjau' mi dhwei:

ijzer (het)	သံ	than
goud (het)	ရွှေ	shwei
zilver (het)	ငွေ	ngwei
nikkel (het)	နီကယ်	ni ke
koper (het)	ကြေးနီ	kjei: ni

zink (het)	သွပ်	thu'
mangaan (het)	မန္ဂနီစ်	ma' ga. ni:s
kwik (het)	ပြဒါး	bada:
lood (het)	ခဲ	khe:

mineraal (het)	သတ္တုရား	tha' tu. za:
kristal (het)	သလင်းကျောက်	thalin: gjau'
marmer (het)	စကျင်ကျောက်	zagjin kjau'
uraan (het)	ယူရေနီယမ်	ju rei ni jan

De Aarde. Deel 2

206. Weer

weer (het)	ရာသီဥတု	ja dhi nja. tu.
weersvoorspelling (de)	မိုးလေဝသခန့်မှန်းချက်	mou: lei wa. dha. gan. hman: gje'
temperatuur (de)	အပူရှိန်	apu gjein
thermometer (de)	သာမိုမီတာ	tha mou mi ta
barometer (de)	လေဖိအားတိုင်းကိရိယာ	lei bi. a: dain: gi. ji. ja
vochtig (bn)	စိုထိုင်းသော	sou htain: de
vochtigheid (de)	စိုထိုင်းမှု	sou htain: hmu.
hitte (de)	အပူရှိန်	apu shein
heet (bn)	ပူလောင်သော	pu laun de.
het is heet	ပူလောင်ခြင်း	pu laun gjin:
het is warm	နွေးခြင်း	nwei: chin:
warm (bn)	နွေးသော	nwei: de.
het is koud	အေးခြင်း	ei: gjin:
koud (bn)	အေးသော	ei: de.
zon (de)	နေ	nei
schijnen (de zon)	သာသည်	tha de
zonnig (~e dag)	နေသာသော	nei dha de.
opgaan (ov. de zon)	နေထွက်သည်	nei dwe' te
ondergaan (ww)	နေဝင်သည်	nei win de
wolk (de)	တိမ်	tein
bewolkt (bn)	တိမ်ထူသော	tein du de
regenwolk (de)	မိုးတိမ်	mou: dain
somber (bn)	ညို့ မိုင်းသော	njou. hmain: de.
regen (de)	မိုး	mou:
het regent	မိုးရွာသည်	mou: jwa de.
regenachtig (bn)	မိုးရွာသော	mou: jwa de.
motregenen (ww)	မိုးဖွဲဖွဲရွာသည်	mou: bwe: bwe: jwa de
plensbui (de)	သည်းထန်စွာရွာသောမိုး	thi: dan zwa jwa dho: mou:
stortbui (de)	မိုးပုလိန်	mou: bu. zain
hard (bn)	မိုးသည်းသော	mou: de: de.
plas (de)	ရေအိုင်	jei ain
nat worden (ww)	မိုးမိသည်	mou: mi de
mist (de)	မြူ	mju
mistig (bn)	မြူထူထပ်သော	mju htu hta' te.
sneeuw (de)	နှင်း	hnin:
het sneeuwt	နှင်းကျသည်	hnin: gja. de

207.   Zwaar weer. Natuurrampen

noodweer (storm)	မိုးသက်မုန်တိုင်း	mou: dhe' moun dain:
bliksem (de)	လျှပ်စီး	hlja' si:
flitsen (ww)	လျှပ်ပြက်သည်	hlja' pje' te
donder (de)	မိုးကြိုး	mou: kjou:
donderen (ww)	မိုးကြိုးပစ်သည်	mou: gjou: pi' te
het dondert	မိုးကြိုးပစ်သည်	mou: gjou: pi' te
hagel (de)	မိုးသီး	mou: dhi:
het hagelt	မိုးသီးကြွေသည်	mou: dhi: gjwei de
overstromen (ww)	ရေကြီးသည်	jei gji: de
overstroming (de)	ရေကြီးမှု	jei gji: hmu.
aardbeving (de)	လှုင်	nga ljin
aardschok (de)	တုန်ခါခြင်း	toun ga gjin:
epicentrum (het)	လှုင်ဗဟိုချက်	nga ljin ba hou che'
uitbarsting (de)	မီးတောင်ပေါက်ကွဲခြင်း	mi: daun pau' kwe: gjin:
lava (de)	ရော်ရည်	cho ji
wervelwind (de)	လေဆင်နှာမောင်း	lei zin hna maun:
windhoos (de)	လေဆင်နှာမောင်း	lei zin hna maun:
tyfoon (de)	တိုင်ဖွန်းမုန်တိုင်း	tain hpun moun dain:
orkaan (de)	ဟာရီကိန်းမုန်တိုင်း	ha ji gain: moun dain:
storm (de)	မုန်တိုင်း	moun dain:
tsunami (de)	ဆူနာမိ	hsu na mi
cycloon (de)	ဆိုင်ကလုန်းမုန်တိုင်း	hsain ga. loun: moun dain:
onweer (het)	ဆိုးရွားသောရာသီဥတု	hsou: jwa: de. ja dhi u. tu.
brand (de)	မီးလောင်ခြင်း	mi: laun gjin:
ramp (de)	ဘေးအန္တရာယ်	bei: an daje
meteoriet (de)	ဥက္ကာခဲ	ou' ka ge:
lawine (de)	ရေခဲနှင့်ကျောက်တုံးများထိုးကျခြင်း	jei ge: hnin kjau' toun: mja: htou: gja. gjin:
sneeuwverschuiving (de)	လေတိုက်ပြီးဖြစ်နေသောနှင်းပုံ	lei dou' hpji: bi' nei dho: hnin: boun
sneeuwjacht (de)	နှင်းမုန်တိုင်း	hnin: moun dain:
sneeuwstorm (de)	နှင်းမုန်တိုင်း	hnin: moun dain:

208.   Geluiden. Geluiden

stilte (de)	တိတ်ဆိတ်မှု	tei' hsei' hmu.
geluid (het)	အသံ	athan
lawaai (het)	ဆူညံသံ	hsu. njan dhan.
lawaai maken (ww)	ဆူညံသည်	hsu. njan de.
lawaaierig (bn)	ဆူညံသော	hsu. njan de.
luid (~ spreken)	ကျယ်လောင်စွာ	kje laun zwa
luid (bijv. ~e stem)	ကျယ်လောင်သော	kje laun de

aanhoudend (voortdurend)	ဆက်တိုင်ဖြစ်သော	hse' dain bja' de.
schreeuw (de)	အော်သံ	o dhan
schreeuwen (ww)	အော်သည်	o de
gefluister (het)	တီးတိုးပြောသံ	ti: dou: bjo dhan
fluisteren (ww)	တီးတိုးပြောသည်	ti: dou: bjo de
geblaf (het)	ဟောင်သံ	han dhan
blaffen (ww)	ဟောင်သည်	han de
gekreun (het)	တကျီကျီမြည်သံ	ta kjwi. kjwi. mji dhan
kreunen (ww)	တကျီကျီမြည်သည်	ta kjwi. kjwi. mji de
hoest (de)	ချောင်းဆိုးခြင်း	gaun: zou: gjin:
hoesten (ww)	ချောင်းဆိုးသည်	gaun: zou: de
gefluit (het)	လေချွန်သံ	lei gjun dhan
fluiten (op het fluitje blazen)	လေချွန်သည်	lei gjun de
geklop (het)	တံခါးခေါက်သံ	daga: khau' than
kloppen (aan een deur)	တံခါးခေါက်သည်	daga: khau' te
kraken (hout, ijs)	တိုက်သည်	tai' te
gekraak (het)	ဒိုင်းခနဲမြည်သံ	dein: ga. ne: mji dhan.
sirene (de)	အချက်ပေးညှိသံ	ache' pei: ou' o: dhan
fluit (stoom ~)	ညှုရွဲ့သံ	udhja zwe: dhan
fluiten (schip, trein)	ညှုရွဲ့သည်	udhja zwe: de
toeter (de)	ဟွန်းသံ	hwun: dhan
toeteren (ww)	ဟွန်းတီးသည်	hwun: di: de

209. Winter

winter (de)	ဆောင်းရာသီ	hsaun: ja dhi
winter- (abn)	ဆောင်းရာသီနှင့်ဆိုင်သော	hsaun: ja dhi hnin. zain de.
in de winter (bw)	ဆောင်းရာသီမှာ	hsaun: ja dhi hma
sneeuw (de)	နှင်း	hnin:
het sneeuwt	နှင်းကျသည်	hnin: gja. de
sneeuwval (de)	ဆီးနှင်းကျခြင်း	hsi: hnin: gja gjin:
sneeuwhoop (de)	နှင်းခဲပုံ	hnin: ge: boun
sneeuwvlok (de)	ဆီးနှင်းပွင့်	hsi: hnin: bwin.
sneeuwbal (de)	နှင်းဆုပ်လုံး	hnin: zou' loun:
sneeuwman (de)	နှင်းခဲလူရုပ်	hnin: ge: lu jou'
ijspegel (de)	ရေခဲပန်းဆွဲ	jei ge: ban: zwe:
december (de)	ဒီဇင်ဘာလ	di zin ba la.
januari (de)	ဇန်နဝါရီလ	zan na. wa ji la.
februari (de)	ဖေဖော်ဝါရီလ	hpei bo wa ji la
vorst (de)	နှင်းခဲခြင်း	hnin: ge: gjin:
vries- (abn)	နှင်းခဲသော	hnin: ge: de.
onder nul (bw)	သုညအောက်	thoun nja. au'
eerste vorst (de)	နှင်းခဲ	hnin: ga:
rijp (de)	နှင်းပေါက်ခဲဖြူ	hnin: bau' khe: bju

koude (de)	အေးချိင်း	ei: gjin:
het is koud	အေးသည်	ei: de
bontjas (de)	သားမွေးအနွေးထည်	tha: mwei: anwei: de
wanten (mv.)	နှစ်ကန့်လက်အိတ်	hni' kan. le' ei'
ziek worden (ww)	အဖျားဝင်သည်	ahpja: win de
verkoudheid (de)	အအေးမိခြင်း	aei: mi. gjin:
verkouden raken (ww)	အအေးမိသည်	aei: mi. de
ijs (het)	ရေခဲ	jei ge:
ijzel (de)	ရေခဲပြင်ပါး	jei ge: bjin ba:
bevriezen (rivier, enz.)	ရေခဲသည်	jei ge: de
ijsschol (de)	ရေခဲမျော	jei ge: mjo:
ski's (mv.)	နှင်းလျှောစီးစက်တ်	hnin: sho: zi: zakei'
skiër (de)	နှင်းလျှောစီးစက်တ်သမား	hnin: sho: zi: zakei' dhama:
skiën (ww)	နှင်းလျှောစီးသည်	hnin: sho: zi: de
schaatsen (ww)	ရေခဲပြင်စက်တ်စီးသည်	jei ge: bjin za. gei' si: de

Fauna

roofdier (het)	သားရဲ	tha: je:
tijger (de)	ကျား	kja:
leeuw (de)	ခြင်္သေ့	chin dhei.
wolf (de)	ဝံပုလွေ	wun bu. lwei
vos (de)	မြေခွေး	mjei gwei:
jaguar (de)	ဂျာဂွာကျားသစ်မျိုး	gja gwa gja: dhi' mjou:
luipaard (de)	ကျားသစ်	kja: dhi'
jachtluipaard (de)	သစ်ကျွတ်	thi' kjou'
panter (de)	ကျားသစ်နက်	kja: dhi' ne'
poema (de)	ပြူးမားတောင်ခြင်္သေ့	pju. ma: daun gjin dhei.
sneeuwluipaard (de)	ရေခဲတောင်ကျားသစ်	jei ge: daun gja: dhi'
lynx (de)	လင့်ကြောင်မြီးတို	lin. gjaun mji: dou
coyote (de)	ဝံပုလွေငယ်တစ်မျိုး	wun bu. lwei nge di' mjou:
jakhals (de)	ခွေးအ	khwei: a.
hyena (de)	ဟိုင်အီးနား	hain i: na:

dier (het)	တိရစ္ဆာန်	tharei' hsan
beest (het)	ခြေလေးချောင်းသတ္တဝါ	chei lei: gjaun: dhadawa
eekhoorn (de)	ရှဉ့်	shin.
egel (de)	ဖြူကောင်	hpju gaun
haas (de)	တောယုန်ကြီး	to: joun gji:
konijn (het)	ယုန်	joun
das (de)	ခွေးတူဝက်တူကောင်	khwei: du we' tu gaun
wasbeer (de)	ရက်ကွန်းဝံ	je' kwan: wan
hamster (de)	မြီးတိုပါးတွဲကြွက်	mji: dou ba: dwe: gjwe'
marmot (de)	မားမွတ်ကောင်	ma: mou. t gaun
mol (de)	ပွေး	pwei:
muis (de)	ကြွက်	kjwe'
rat (de)	မြေကြွက်	mjei gjwe'
vleermuis (de)	လင်းနို့	lin: nou.
hermelijn (de)	အားမင်ကောင်	a: min gaun
sabeldier (het)	ဆေဘယ်	hsei be
marter (de)	အသားစားအကောင်ငယ်	atha: za: akaun nge
wezel (de)	သားစားဖျံ	tha: za: bjan
nerts (de)	မင်္ခမြွေပါ	min kh mjwei ba

bever (de)	ဖျံကြီးတစ်မျိုး	hpjan gji: da' mjou:
otter (de)	ဖျံ	hpjan
paard (het)	မြင်း	mjin:
eland (de)	ဦးမျိုးပြားသော သမင်ကြီး	u: gjou bja: dho: thamin gji:
hert (het)	သမင်	thamin
kameel (de)	ကုလားအုတ်	kala: ou'
bizon (de)	အမေရိကန်ပြောင်	amei ji kan pjaun
wisent (de)	အောရက်စ်	o: re' s
buffel (de)	ကျွဲ	kjwe:
zebra (de)	မြင်းကျား	mjin: gja:
antilope (de)	အပြေးမြန်သော တောဆိတ်	apjei: mjan de. hto: zei'
ree (de)	ဒရယ်ငယ်တစ်မျိုး	da. je nge da' mjou:
damhert (het)	ဒရယ်	da. je
gems (de)	တောင်ဆိတ်	taun zei'
everzwijn (het)	တောဝက်ထီး	to: we' hti:
walvis (de)	ဝေလငါး	wei la. nga:
rob (de)	ပင်လယ်ဖျံ	pin le bjan
walrus (de)	ဝေါရစ်ဖျံ	wo: ra's hpjan
zeebeer (de)	အမွေးပါသောပင် လယ်ဖျံ	amwei: pa dho: bin le hpjan
dolfijn (de)	လင်းပိုင်	lin: bain
beer (de)	ဝက်ဝံ	we' wun
ijsbeer (de)	ဝိုလာဝက်ဝံ	pou la we' wan
panda (de)	ပန်ဒါဝက်ဝံ	pan da we' wan
aap (de)	မျောက်	mjau'
chimpansee (de)	ချင်ပင်ဇီမျောက်ဝံ	chin pin zi mjau' wan
orang-oetan (de)	အော်ရန်အူတန်လူဝံ	o ran u tan lu wun
gorilla (de)	ဂေါ်ရီလာမျောက်ဝံ	go ji la mjau' wun
makaak (de)	မာကာဂွေးမျောက်	ma ga gwei mjau'
gibbon (de)	မျောက်လွဲကျော်	mjau' hlwe: gjo
olifant (de)	ဆင်	hsin
neushoorn (de)	ကြံ့	kjan.
giraffe (de)	သစ်ကုလားအုတ်	thi' ku. la ou'
nijlpaard (het)	ရေမြင်း	jei mjin:
kangoeroe (de)	သားပိုက်ကောင်	tha: bai' kaun
koala (de)	ကိုအာလာဝက်ဝံ	kou a la we' wun
mangoest (de)	မွေးပါ	mwei ba
chinchilla (de)	ချင်းချီလာ	chin: chi la
stinkdier (het)	စကန့်ခံဖျံ	sakan. kh hpjan
stekelvarken (het)	ဖြူ	hpju

212. Huisdieren

poes (de)	ကြောင်	kjaun
kater (de)	ကြောင်ထီး	kjaun di:
hond (de)	ခွေး	khwei:

paard (het)	မြင်း	mjin:
hengst (de)	မြင်းထီး	mjin: di:
merrie (de)	မြင်းမ	mjin: ma.

koe (de)	နွား	nwa:
bul, stier (de)	နွားထီး	nwa: di:
os (de)	နွားထီး	nwa: di:

schaap (het)	သိုး	thou:
ram (de)	သိုးထီး	thou: hti:
geit (de)	ဆိတ်	hsei'
bok (de)	ဆိတ်ထီး	hsei' hti:

| ezel (de) | မြည်း | mji: |
| muilezel (de) | လား | la: |

varken (het)	ဝက်	we'
biggetje (het)	ဝက်ကလေး	we' ka lei:
konijn (het)	ယုန်	joun

| kip (de) | ကြက် | kje' |
| haan (de) | ကြက်ဖ | kje' pha. |

eend (de)	ဘဲ	be:
woerd (de)	ဘဲထီး	be: di:
gans (de)	ဘဲငန်း	be: ngan:

| kalkoen haan (de) | ကြက်ဆင် | kje' hsin |
| kalkoen (de) | ကြက်ဆင် | kje' hsin |

huisdieren (mv.)	အိမ်မွေးတိရစ္ဆာန်များ	ein mwei: ti. ji. swan mja:
tam (bijv. hamster)	ယဉ်ပါးသော	jin ba: de.
temmen (tam maken)	ယဉ်ပါးစေသည်	jin ba: zei de
fokken (bijv. paarden ~)	သားပေါက်သည်	tha: bau' te

boerderij (de)	စိုက်ပျိုးမွေးမြူရေးခြံ	sai' pjou: mwei: mju jei: gjan
gevogelte (het)	ကြက်ဥကတိရစ္ဆာန်	kje' ti ji za hsan
rundvee (het)	ကျွဲနွားတိရစ္ဆာန်	kjwe: nwa: tarei. zan
kudde (de)	အုပ်	ou'

paardenstal (de)	မြင်းဇောင်း	mjin: zaun:
zwijnenstal (de)	ဝက်ခြံ	we' khan
koeienstal (de)	နွားတင်းကုပ်	nwa: din: gou'
konijnenhok (het)	ယုန်အိမ်	joun ein
kippenhok (het)	ကြက်လှောင်အိမ်	kje' hlaun ein

213. Honden. Hondenrassen

hond (de)	ခွေး	khwei:
herdershond (de)	သိုးကျောင်းခွေး	thou: kjaun: gwei:
Duitse herdershond (de)	ဂျာမနီသိုးကျောင်းခွေး	gja ma. ni hnin. gjaun: gwei:
poedel (de)	ပူဒယ်လ်ခွေး	pu de l gwei:
teckel (de)	ဒတ်ရှန်းခွေး	da' shan: gwei:
buldog (de)	ခွေးဘီလူး	khwei: bi lu:

boxer (de)	ဘောက်ဆာခွေး	bo' hsa gwei:
mastiff (de)	အိမ်စောင့်ခွေးကြီးတစ်မျိုး	ein zaun. gwei: gji: di' mjou:
rottweiler (de)	ရော့ဝီလာခွေး	ro. wi la gwei:
doberman (de)	ဒိုဘာမင်းခွေး	dou ba min: gwei:

basset (de)	ခြေတံတိုအမဲလိုက်ခွေး	chei dan dou ame: lai' gwei:
bobtail (de)	ခွေးပုတစ်မျိုး	khwei: bu di' mjou:
dalmatiër (de)	ဒယ်မေးရှင်းခွေး	de mei: shin gwe:
cockerspaniël (de)	ကိုကာစပန်နီရယ်ခွေး	kou ka sa. pan ni je khwei:'

Newfoundlander (de)	နယူးဖောင်လန်ခွေး	na. ju: hpaun lan gwe:
sint-bernard (de)	ကြက်ခြေနီခွေး	kje' chei ni khwei:

husky (de)	စွတ်ဖားဇွဲခွေး	su' hpa: zwe: gwei:
chowchow (de)	တရုတ်ပြည်ပေါက် အမွေးထူခွေး	tajou' pji bau' amwei: htu gwei:

spits (de)	စပစ်ခွေး	sapi's khwei:
mopshond (de)	ပက်ခွေး	pa' gwei:

214. Dierengeluiden

geblaf (het)	ဟောင်သံ	han dhan
blaffen (ww)	ဟောင်သည်	han de
miauwen (ww)	ကြောင်အော်သည်	kjaun o de
spinnen (katten)	ညှို့ဖမ့်လေးမြည်သံပေးသည်	njein. njein. le: mje dhan bei: de

loeien (ov. een koe)	နွားအော်သည်	nwa: o de
brullen (stier)	တိရစ္ဆာန်အော်သည်	tharei' hsan o de
grommen (ov. de honden)	မာန်ဖီသည်	man bi de

gehuil (het)	အူသံ	u dhan
huilen (wolf, enz.)	အူသည်	u de
janken (ov. een hond)	ရှည်လျားစူးရှစွာအော်သည်	shei lja: zu: sha. zwa o de

mekkeren (schapen)	သိုးအော်သည်	thou: o de
knorren (varkens)	တအီအီမြည်သည်	ta. i i mji de
gillen (bijv. varken)	တစ်စီအော်မြည်သည်	ta. zi. zi. jo mje de

kwaken (kikvorsen)	ဖားအော်သည်	hpa: o de
zoemen (hommel, enz.)	တဝီဝီအော်သည်	ta. wi wi o de
tjirpen (sprinkhanen)	ကျည်ကျည်ကျာကျာအော်သည်	kji kji kja kja o de

215. Jonge dieren

jong (het)	သားပေါက်	tha: bau'
poesje (het)	ကြောင်ပေါက်ကလေး	kjaun bau' ka. lei:
muisje (het)	ကြွက်ပေါက်ကလေး	kjwe' bau' ka. lei:
puppy (de)	ခွေးကလေး	khwei: galei:

jonge haas (de)	ယုန်ပေါက်ကလေး	joun bau' kalei:
konijntje (het)	ယုန်ကလေး	joun galei:

wolfje (het)	ဝံပုလွေပေါက်ကလေး	wun lwei bau' ka. lei:
vosje (het)	မြေခွေးပေါက်ကလေး	mjei gwei: bau' kalei:
beertje (het)	ဝက်ဝံပေါက်ကလေး	we' wun bau' ka. lei:

leeuwenjong (het)	ခြင်္သေ့ပေါက်ကလေး	chin dhei. bau' kalei:
tijgertje (het)	ကျားပေါက်ကလေး	kja: bau' ka. lei:
olifantenjong (het)	ဆင်ပေါက်ကလေး	hsin bau' ka. lei:

biggetje (het)	ဝက်ကလေး	we' ka lei:
kalf (het)	နွားပေါက်ကလေး	nwa: bau' ka. lei:
geitje (het)	ဆိတ်ပေါက်ကလေး	hsei' pau' ka. lei:
lam (het)	သိုးပေါက်ကလေး	thou: bau' kalei:
reekalf (het)	သမင်ပေါက်ကလေး	thamin bau' kalei:
jonge kameel (de)	ကုလားအုတ်ပေါက်ကလေး	mjin: bau' kalei:

| slangenjong (het) | မြွေပေါက်ကလေး | mwei bau' kalei: |
| kikkertje (het) | ဖားပေါက်ကလေး | hpa: bau' ka. lei: |

vogeltje (het)	ငှက်ပေါက်ကလေး	hnge' pau' ka. lei:
kuiken (het)	ကြက်ပေါက်ကလေး	kje' pau' ka. lei:
eendje (het)	ဘဲပေါက်ကလေး	pe: bau' ga. lei:

216. Vogels

vogel (de)	ငှက်	hnge'
duif (de)	ချိုး	khou
mus (de)	စာကလေး	sa ga. lei:
koolmees (de)	စာဝတီးငှက်	sa wadi: hnge'
ekster (de)	ငှက်ကျား	hnge' kja:

raaf (de)	ကျီးနက်	kji: ne'
kraai (de)	ကျီးကန်း	kji: kan:
kauw (de)	ဥရောပကျီးတစ်မျိုး	u. jo: pa gji: di' mjou:
roek (de)	ကျီးအ	kji: a.

eend (de)	ဘဲ	be:
gans (de)	ဘဲငန်း	be: ngan:
fazant (de)	ရစ်ငှက်	ji' hnge'

arend (de)	လင်းယုန်	lin: joun
havik (de)	သိမ်းငှက်	thain: hnge'
valk (de)	အမဲလိုက်သိမ်းငှက်တစ်မျိုး	ame: lai' thein: hnge' ti' mjou:
gier (de)	လင်းတ	lin: da.
condor (de)	တောင်အမေရိကလင်းတ	taun amei ri. ka. lin: da.

zwaan (de)	ငန်း	ngan:
kraanvogel (de)	ငှက်ကုလား	hnge' ku. la:
ooievaar (de)	ချည်ခင်စွပ်ငှက်	che gin zu' hnge'

papegaai (de)	ကြက်တူရွေး	kje' tu jwei:
kolibrie (de)	ငှက်ပိတုန်း	hnge' pi. doun:
pauw (de)	ဥဒေါင်း	u. daun:
struisvogel (de)	ငှက်ကုလားအုတ်	hnge' ku. la: ou'
reiger (de)	ဗောင်ငှက်	nga hi' hnge'

| flamingo (de) | ကြီးကြားနီ | kjou: kja: ni |
| pelikaan (de) | ဝက်ကြားဝန်ဗို | hnge' kji: wun bou |

| nachtegaal (de) | တေးဆိုငှက် | tei: hsou hnge' |
| zwaluw (de) | ပျိုလွှား | pjan hlwa: |

lijster (de)	မြေလူးငှက်	mjei lu: hnge'
zanglijster (de)	တေးဆိုမြေလူးငှက်	tei: hsou mjei lu: hnge'
merel (de)	ငှက်မည်း	hnge' mji:

gierzwaluw (de)	ပျိုလွှားတစ်မျိုး	pjan hlwa: di' mjou:
leeuwerik (de)	ဘိလုံးငှက်	bi loun: hnge'
kwartel (de)	ငုံး	ngoun:

specht (de)	သစ်တောက်ငှက်	thi' tau' hnge'
koekoek (de)	ဥဩငှက်	udhja hnge'
uil (de)	ဇီးကွက်	zi: gwe
oehoe (de)	သိမ်းငှက်အနွယ်ဝင်ဇီးကွက်	thain: hnge' anwe win zi: gwe'
auerhoen (het)	ရစ်	ji'
korhoen (het)	ရစ်နက်	ji' ne'
patrijs (de)	ခါ	kha

spreeuw (de)	ကျွဲဆက်ရှက်	kjwe: hse' je'
kanarie (de)	စာဝါငှက်	sa wa hnge'
hazelhoen (het)	ရစ်ညို	ji' njou
vink (de)	စာကျွဲခေါင်း	sa gjwe: gaun:
goudvink (de)	စာကျွဲခေါင်းငှက်	sa gjwe: gaun: hngwe'

meeuw (de)	စင်ရော်	sin jo
albatros (de)	ပင်လယ်စင်ရော်ကြီး	pin le zin jo gji:
pinguïn (de)	ပင်ဝွင်း	pin gwin:

217. Vogels. Zingen en geluiden

fluiten, zingen (ww)	ငှက်တေးဆိုသည်	hnge' tei: zou de
schreeuwen (dieren, vogels)	အော်သည်	o de
kraaien (ov. een haan)	တွန်သည်	tun de
kukeleku	ကြက်တွန်သံ	kje' twan dhan

klokken (hen)	ကြက်မကတော်သည်	kje' ma. ka. do de
krassen (kraai)	ကျီးအာသည်	kji: a de
kwaken (eend)	တာဝက်ဝက်အောင်သည်	ta. ge' ge' aun de
piepen (kuiken)	ကျည်ကျည်ကျာကျာမြည်သည်	kji kji kja kja mji de
tjilpen (bijv. een mus)	တွတ်ထိုးသည်	tu' htou: de

218. Vis. Zeedieren

brasem (de)	ငါးကြင်းတစ်မျိုး	nga: gjin: di' mjou
karper (de)	ငါးကြင်း	nga gjin:
baars (de)	ငါးပြဟလာတစ်မျိုး	nga: bjei ma. di' mjou:
meerval (de)	ငါးခု	nga: gu
snoek (de)	ပိုက်ငါး	pai' nga

| zalm (de) | ဆော်လမွန်ငါး | hso: la. mun nga: |
| steur (de) | စတာဂျင်ငါးကြီးမျိုး | sata gjin nga: gji: mjou: |

haring (de)	ငါးသလောက်	nga: dha. lau'
atlantische zalm (de)	ဆော်လမွန်ငါး	hso: la. mun nga:
makreel (de)	မက်ကရယ်ငါး	me' ka. je nga:
platvis (de)	ဥရောပ ငါးခွေးလျာတစ်မျိုး	u. jo: pa nga: gwe: sha di' mjou:

snoekbaars (de)	ငါးပြဲမအနွယ်ဝင်ငါးတစ်မျိုး	nga: bjei ma. anwe win nga: di' mjou:
kabeljauw (de)	ငါးကြီးထီထုတ်သောငါး	nga: gji: zi dou' de. nga:
tonijn (de)	တူနာငါး	tu na nga:
forel (de)	ထရောက်ငါး	hta. jau' nga:

paling (de)	ငါးရှဉ့်	nga: shin.
sidderrog (de)	ငါးလက်ထုံ	nga: le' htoun
murene (de)	ငါးရှဉ့်ကြီးတစ်မျိုး	nga: shin. gji: da' mjou:
piranha (de)	အသားစားငါးငယ်တစ်မျိုး	atha: za: nga: nge ti' mjou:

haai (de)	ငါးမန်း	nga: man:
dolfijn (de)	လင်းပိုင်	lin: bain
walvis (de)	ဝေလငါး	wei la. nga:

krab (de)	ကဏန်း	kanan:
kwal (de)	ငါးဖန်ခွက်	nga: hpan gwe'
octopus (de)	ရေဘဝဲ	jei ba. we:

zeester (de)	ကြယ်ငါး	kje nga:
zee-egel (de)	သိပ္ပမြုပ်	than ba. gjou'
zeepaardje (het)	ရေနဂါး	jei naga:

oester (de)	ကမာကောင်	kama kaun
garnaal (de)	ပုစွန်	bazun
kreeft (de)	ကျောက်ပုစွန်	kjau' pu. zun
langoest (de)	ကျောက်ပုစွန်	kjau' pu. zun

219. Amfibieën. Reptielen

| slang (de) | မြွေ | mwei |
| giftig (slang) | အဆိပ်ရှိသော | ahsei' shi. de. |

adder (de)	မြွေပွေး	mwei bwei:
cobra (de)	မြွေဟောက်	mwei hau'
python (de)	စပါးအုံးမြွေ	saba: oun: mwei
boa (de)	စပါးကြီးမြွေ	saba: gji: mwei

ringslang (de)	မြက်လျှောမြွေ	mje' sho: mwei
ratelslang (de)	ခလောက်ဆွဲမြွေ	kha. lau' hswe: mwei
anaconda (de)	အနာကွန်ဒါမြွေ	ana kun da mwei

hagedis (de)	တွားသွားသတ္တဝါ	twa: dhwa: tha' tawa
leguaan (de)	ဖွတ်	hpu'
varaan (de)	ပုတ်သင်	pou' thin

199

salamander (de)	ရေပွတ်သင်	jei bou' thin
kameleon (de)	ပုတ်သင်ညို	pou' thin njou
schorpioen (de)	ကင်းမြီးကောက်	kin: mji: kau'

schildpad (de)	လိပ်	lei'
kikker (de)	ဖား	hpa:
pad (de)	ဖားပြုပ်	hpa: bju'
krokodil (de)	မိကျောင်း	mi. kjaun:

220. Insecten

insect (het)	ပိုးမွှား	pou: hmwa:
vlinder (de)	လိပ်ပြာ	lei' pja
mier (de)	ပုရွက်ဆိတ်	pu. jwe' hsei'
vlieg (de)	ယင်ကောင်	jin gaun
mug (de)	ခြင်	chin
kever (de)	ပိုးတောင်မာ	pou: daun ma

wesp (de)	နကျယ်ကောင်	na. gje gaun
bij (de)	ပျား	pja:
hommel (de)	ပိတုန်း	pi. doun:
horzel (de)	မှက်	hme'

spin (de)	ပင့်ကူ	pjin. gu
spinnenweb (het)	ပင့်ကူအိမ်	pjin gu ein

libel (de)	ပစဉ်း	bazin
sprinkhaan (de)	နကောင်	hnan gaun
nachtvlinder (de)	ပိုးဖလံ	pou: ba. lan

kakkerlak (de)	ပိုးဟပ်	pou: ha'
teek (de)	မွှား	hmwa:
vlo (de)	သန်း	than:
kriebelmug (de)	မှက်အသေးစား	hme' athei: za:

treksprinkhaan (de)	ကျိုင်းကောင်	kjain: kaun
slak (de)	ခရု	khaju.
krekel (de)	ပုရစ်	paji'
glimworm (de)	ပိုးစုန်းကြူး	pou: zoun: gju:
lieveheersbeestje (het)	လေဒီဘဲ့ပိုးတောင်မာ	lei di ba' pou: daun ma
meikever (de)	အုန်းပိုး	oun: bou:

bloedzuiger (de)	မျှော့	hmjo.
rups (de)	ပေါက်ဖက်	pau' hpe'
aardworm (de)	တီကောင်	ti gaun
larve (de)	ပိုးတုံးလုံး	pou: doun: loun:

221. Dieren. Lichaamsdelen

snavel (de)	ငှက်နုတ်သီး	hnge' hnou' thi:
vleugels (mv.)	တောင်ပံ	taun pan
poot (ov. een vogel)	ခြေထောက်	chei htau'

verenkleed (het)	အမွေး	ahmwei
veer (de)	ငှက်မွေး	hnge' hmwei:
kuifje (het)	အမောက်	amou'

kieuwen (mv.)	ပါးဟက်	pa: he'
kuit, dril (de)	ငါးဥ	nga: u.
larve (de)	ပိုးလောက်လန်း	pou: lau' lan:
vin (de)	ဆူးတောင်	hsu: daun
schubben (mv.)	ကြေးခွံ	kjei: gwan

slagtand (de)	အစွယ်	aswe
poot (bijv. ~ van een kat)	ခြေသည်းရှည်ပါသောဖဝါး	chei dhi: shi ba dho: ba. wa:
muil (de)	နှုတ်သီး	hnou' thi:
bek (mond van dieren)	ပါးစပ်	pa: zi'
staart (de)	အမြီး	ami:
snorharen (mv.)	နှုတ်ခမ်းမွေး	hnou' khan: hmwei:

hoef (de)	ခွါ	khwa
hoorn (de)	ဦးချို	u: gjou

schild (schildpad, enz.)	လိပ်ကျောကွံ	lei' kjo: ghwan
schelp (de)	အခွံ	akhun
eierschaal (de)	ဥခွံ	u. gun

vacht (de)	အမွေး	ahmwei
huid (de)	သားရေ	tha: ei

222. Acties van de dieren

vliegen (ww)	ပျံသည်	pjan de
cirkelen (vogel)	ဝဲသည်	we: de
wegvliegen (ww)	ပျံထွက်သွားသည်	pjan dwe' dwa: de
klapwieken (ww)	အတောင်ခတ်သည်	ataun khai' te

pikken (vogels)	နှုတ်သီးဖြင့်ဆိတ်သည်	hnou' thi: bjin. zei' te
broeden (de eend zit te ~)	ဝပ်သည်	wu' te
uitbroeden (ww)	ဥမှသားပေါက်သည်	u. hma. dha: bau' te
een nest bouwen	အသိုက်ပြုလုပ်သည်	athai' pju. lou' dhe

kruipen (ww)	တွားသွားသည်	twa: dhwa: de
steken (bij)	တုပ်သည်	tou' te
bijten (de hond, enz.)	ကိုက်သည်	kou' de

snuffelen (ov. de dieren)	အနံ့ခံနာရှုသည်	anan. khan hna shun. de
blaffen (ww)	ဟောင်သည်	han de
sissen (slang)	ရှူးရှူးရဲ့ အသံပြုသည်	shu: shu: she: she: athan bju. de
doen schrikken (ww)	ခြောက်လန့်သည်	chau' hlan. de
aanvallen (ww)	တိုက်ခိုက်သည်	tai' khai' te

knagen (ww)	ကိုက်ဖြတ်သည်	kou' hpja' te
schrammen (ww)	ကုတ်သည်	kou' te
zich verbergen (ww)	ပုန်းသည်	poun: de
spelen (ww)	ကစားသည်	gaza: de

jagen (ww)	အမဲလိုက်သည်	ame: lai' de
winterslapen	ဆောင်းခိုသည်	hsaun: gou de
uitsterven (dinosauriërs, enz.)	မျိုးသုဉ်းသည်	mjou: dhou: de

223. Dieren. Leefomgevingen

leefgebied (het)	ကျက်စားရာဒေသ	kje' za: ja dei dha.
migratie (de)	ပြောင်းရွှေ့နေထိုင်ခြင်း	pjaun: shwei nei dain gjin:
berg (de)	တောင်	taun
rif (het)	ကျောက်တန်း	kjau' tan:
klip (de)	ကျောက်တောင်	kjau' hsain
bos (het)	သစ်တော	thi' to:
jungle (de)	တောရိုင်း	to: jain:
savanne (de)	အပူပိုင်းမြင်ခင်းလွင်ပြင်	apu bain: gjin gin: lwin pjin
toendra (de)	တန်ဒြာ-ကျုက်တိုးမြေ	tun dra kje' bi: mjei
steppe (de)	မြက်ခင်းလွင်ပြင်	mje' khin: lwin bjin
woestijn (de)	သဲကန္တာရ	the: gan da ja.
oase (de)	အိုအေစစ်	ou ei zi'
zee (de)	ပင်လယ်	pin le
meer (het)	ရေကန်	jei gan
oceaan (de)	သမုဒ္ဒရာ	thamou' daja
moeras (het)	ရွှံ့ညွန်	shwan njun
zoetwater- (abn)	ရေချို	jei gjou
vijver (de)	ရေကန်ငယ်	jei gan nge
rivier (de)	မြစ်	mji'
berenhol (het)	သားရဲလျောင်းအိမ်တွင်း	tha: je: hlaun ein twin:
nest (het)	၄က်သိုက်	hnge' thai'
boom holte (de)	အခေါင်းပေါက်	akhaun: bau'
hol (het)	မြေတွင်း	mjei dwin:
mierenhoop (de)	ခြတောင်ပို့	cha. daun bou.

224. Dierverzorging

dierentuin (de)	တိရိစ္ဆာန်ဥယျာဉ်	tharei' hsan u. jin
natuurreservaat (het)	စားကျက်	sa: gja'
fokkerij (de)	တိရိစ္ဆာန်မျိုးဖောက်သူ	tharei' hsan mjou: hpau' thu
openluchtkooi (de)	လှောင်အိမ်	hlaun ein
kooi (de)	လှောင်အိမ်	hlaun ein
hondenhok (het)	ခွေးအိမ်	khwei: ein
duiventil (de)	၇ိုအိမ်	khou ein
aquarium (het)	အလှမွေးငါးကန်	ahla. mwei: nga: gan
dolfinarium (het)	လင်းပိုင်မွေးကန်	lin: bain mwei kan
fokken (bijv. honden ~)	သားပေါက်သည်	tha: bau' te
nakomelingen (mv.)	သားပေါက်အုပ်စု	tha: bau' ou' zu.

temmen (tam maken)	ယဉ်ပါးစေသည်	jin ba: zei de
dresseren (ww)	လေ့ကျင့်ပေးသည်	lei. kjin. bei: de
voeding (de)	အစာ	asa
voederen (ww)	အစာကျွေးသည်	asa gjwei: de.

dierenwinkel (de)	အိမ်မွေးတိရိစ္ဆာန်ဆိုင်	ein mwei: ti. ji. swan zain
muilkorf (de)	နှုတ်သီးစွပ်	hnou' thi: zu'
halsband (de)	လည်ပတ်	le ba'
naam (ov. een dier)	အမည်	amji
stamboom (honden met ~)	ဆွေမျိုးရိုးမှတ်တမ်း	khwei: mjou: jou: hma' tan:

225. Dieren. Diversen

meute (wolven)	အုပ်	ou'
zwerm (vogels)	အုပ်	ou'
school (vissen)	အုပ်	ou'
kudde (wilde paarden)	အုပ်	ou'

mannetje (het)	အထီး	a hti:
vrouwtje (het)	အမ	ama.

hongerig (bn)	ဆာလောင်သော	hsa laun de.
wild (bn)	တောရိုင်း	to: jain:
gevaarlijk (bn)	အန္တရာယ်ရှိသော	an dare shi. de.

226. Paarden

paard (het)	မြင်း	mjin:
ras (het)	အမျိုးအစားကောင်းသောမြင်း	amjou: asa: gaun: dho: mjin:

veulen (het)	မြင်းပေါက်	mjin: bau'
merrie (de)	မြင်းမ	mjin: ma.

mustang (de)	မာစတန်မြင်း	ma za. dan mjin:
pony (de)	မြင်းပု	mjin: bu.
koudbloed (de)	ဆိုင်းမြင်း	khain: mjin:

manen (mv.)	လည်ဆံမွေး	le zan hmwei:
staart (de)	အမြီး	ami:

hoef (de)	ခွါ	khwa
hoefijzer (het)	မြင်းသံခွါ	mjin: dhan gwa
beslaan (ww)	မြင်းသံခွါရိုက်သည်	mjin: dhan gwa jai' te
paardensmid (de)	ပန်းပဲသမား	pan: be: dhama:

zadel (het)	မြင်းကုန်းနှီး	mjin: goun: ni:
stijgbeugel (de)	ခြေနင်းကွင်း	chei nin: gwin:
breidel (de)	မြင်းဇက်ကြိုး	mjin: ze' kjou:
leidsels (mv.)	မြင်းထိန်းကြိုး	mjin: dein: gjou:
zweep (de)	ကြာပွတ်	kja bu'
ruiter (de)	မြင်းစီးသူ	mjin: zi: dhu
zadelen (ww)	မြင်းကုန်းနှီးချုပ်သည်	mjin: goun: ni: gjou' te

een paard bestijgen	မြင်းပေါ်တက်သည်	mjin: bo da' te
galop (de)	မြင်းဒုန်းစိုင်းစီးခြင်း	mjin: oun: zain: zi: gjin:
galopperen (ww)	မြင်းဒုန်းစိုင်းစီးသည်	mjin: oun: zain: zi: de
draf (de)	ရွရွပြေးသည်	jwa. jwa. bjei: de
in draf (bw)	ရွရွပြေးသည့်ခြေလှမ်း	jwa. jwa. bjei: de. gjei hlan:
draven (ww)	ရွရွစီးသည်	jwa. jwa. zi: de

renpaard (het)	ပြိုင်မြင်း	pjain mjin:
paardenrace (de)	မြင်းပြိုင်ခြင်း	mjin: bjain gjin:

paardenstal (de)	မြင်းဇောင်း	mjin: zaun:
voederen (ww)	အစာကျွေးသည်	asa gjwei: de.
hooi (het)	မြက်ခြောက်	mje' khau'
water geven (ww)	ရေတိုက်သည်	jei dai' te
wassen (paard ~)	ရေချိုးပေးသည်	jei gjou bei: de

paardenkar (de)	မြင်းသည်လှည်း	mjin: de hli:
grazen (gras eten)	စားကျက်တွင်လွှတ်ထားသည်	sa: gja' twin hlu' hta' de
hinniken (ww)	မြင်းဟီသည်	mjin: hi de
een trap geven	မြင်းကန်သည်	mjin: gan de

Flora

227. Bomen

boom (de)	သစ်ပင်	thi' pin
loof- (abn)	ရွက်ပြတ်	jwe' pja'
dennen- (abn)	ထင်းရှူးပင်နှင့်ဆိုင်သော	htin: shu: bin hnin. zain de.
groenblijvend (bn)	အဲ့ဘားဂရင်းပင်	e ba: ga rin: bin
appelboom (de)	ပန်းသီးပင်	pan: dhi: bin
perenboom (de)	သစ်တော်ပင်	thi' to bin
kers (de)	ချယ်ရီသီးပင်	che ji dhi: bin
zoete kers (de)	ချယ်ရီသီးအချိုပင်	che ji dhi: akjou bin
zure kers (de)	ချယ်ရီသီးအချဉ်ပင်	che ji dhi: akjin bin
pruimelaar (de)	သီးပင်	hsi: bin
berk (de)	ဘုဇပတ်ပင်	bu. za. ba' pin
eik (de)	ဝက်သစ်ချပင်	we' thi' cha. bin
linde (de)	လင်ဒန်ပင်	lin dan pin
esp (de)	ပေါ်ပလာပင်တစ်မျိုး	po. pa. la bin di' mjou:
esdoorn (de)	မေပဲပင်	mei pe bin
spar (de)	ထင်းရှူးပင်တစ်မျိုး	htin: shu: bin ti' mjou:
den (de)	ထင်းရှူးပင်	htin: shu: bin
lariks (de)	ကတောာ့ပုံထင်းရှူးပင်	ka dau. boun din: shu: pin
zilverspar (de)	ထင်းရှူးပင်တစ်မျိုး	htin: shu: bin ti' mjou:
ceder (de)	သစ်ကတိုးပင်	thi' gadou: bin
populier (de)	ပေါ်ပလာပင်	po. pa. la bin
lijsterbes (de)	ရာအန်ပင်	ra an bin
wilg (de)	မိုးမဝပင်	mou: ma. ga. bin
els (de)	အိုလ်ဒါပင်	oun da bin
beuk (de)	ယင်းသစ်	jin: dhi'
iep (de)	အမ်ပင်	an bin
es (de)	အက်ရှ်အပင်	e' sh apin
kastanje (de)	သစ်အယ်ပင်	thi' e
magnolia (de)	တတိုင်းမွှေးပင်	ta tain: hmwei: bin
palm (de)	ထန်းပင်	htan: bin
cipres (de)	စိုက်ပရက်စ်ပင်	sai' pa. je's pin
mangrove (de)	လမုပင်	la. mu. bin
baobab (apenbroodboom)	ကန္တာရပေါက်ပင်တစ်မျိုး	kan ta ja. bau' bin di' chju:
eucalyptus (de)	ယူကလစ်ပင်	ju kali' pin
mammoetboom (de)	ဆီကွိုလာပင်	hsi gwou la pin

228. Heesters

struik (de)	ချုံပုတ်	choun bou'
heester (de)	ချုံ	choun
wijnstok (de)	စပျစ်	zabji'
wijngaard (de)	စပျစ်ခြံ	zabji' chan
frambozenstruik (de)	ရက်စဘယ်ရီ	re' sa be ji
zwarte bes (de)	ဘလက်ကားရန့်	ba. le' ka: jan.
rode bessenstruik (de)	အနီရောင်ဘယ်ရီသီး	ani jaun be ji dhi:
kruisbessenstruik (de)	ကုလားဆီးဖြူပင်	kala: zi: hpju pin
acacia (de)	အကေရှားပင်	akei sha: bin:
zuurbes (de)	ဘားဘယ်ရီပင်	ba: be' ji bin
jasmijn (de)	စံပယ်ပင်	san be bin
jeneverbes (de)	ဂျူနီပါပင်	gju ni ba bin
rozenstruik (de)	နှင်းဆီချုံ	hnin: zi gjun
hondsroos (de)	တောရိုင်းနှင်းဆီပင်	to: ein: hnin: zi bin

229. Champignons

paddenstoel (de)	မှို	hmou
eetbare paddenstoel (de)	စားသုံးနိုင်သောမှို	sa: dhoun: nein dho: hmou
giftige paddenstoel (de)	အဆိပ်ရှိသောမှို	ahsei shi. de. hmou
hoed (de)	မှိုပွင့်	hmou bwin.
steel (de)	မှိုခြေထောက်	hmou gjei dau'
eekhoorntjesbrood (het)	မှိုခြင်ထောင်	hmou gjin daun
rosse populierboleet (de)	ထိပ်အဝါရောင်ရှိသောမှို	htei' awa jaun shi. de. hmou
berkenboleet (de)	ခြေထောက်ရှည်မှိုတစ်မျိုး	chei htau' shi hmou di' mjou:
cantharel (de)	ချန်တရယ်မှို	chan ta. je hmou
russula (de)	ရှုဆယ်လာမှို	ja. ze la hmou
morielje (de)	ထိပ်လုံးသောမှို တစ်မျိုး	htei' loun: dho: hmou di' mjou:
vliegenzwam (de)	အနီရောင်ရှိသော မှိုတစ်မျိုး	ani jaun shi. dho: hmou di' mjou:
groene knolamaniet (de)	ဒက်ကဲ့ပ်မှို	de' ke. p hmou

230. Vruchten. Bessen

vrucht (de)	အသီး	athi:
vruchten (mv.)	အသီးများ	athi: mja:
appel (de)	ပန်းသီး	pan: dhi:
peer (de)	သစ်တော်သီး	thi' to dhi:
pruim (de)	ဆီးသီး	hsi: dhi:
aardbei (de)	စတော်ဘယ်ရီသီး	sato be ri dhi:
kers (de)	ချယ်ရီသီး	che ji dhi:

zure kers (de)	ချယ်ရီချဉ်သီး	che ji gjin dhi:
zoete kers (de)	ချယ်ရီချိုသီး	che ji gjou dhi:
druif (de)	စပျစ်သီး	zabji' thi:

framboos (de)	ရာ်စဘယ်ရီ	re' sa be ji
zwarte bes (de)	ဘလက်ကားရန့်	ba. le' ka: jan.
rode bes (de)	အနီရောင်ဘယ်ရီသီး	ani jaun be ji dhi:
kruisbes (de)	ကလားစီးဖြူ	ka. la: his: hpju
veenbes (de)	ကရမ်ဘယ်ရီ	ka. jan be ji

sinaasappel (de)	လိမ္မော်သီး	limmo dhi:
mandarijn (de)	ပျားလိမ္မော်သီး	pja: lein mo dhi:
ananas (de)	နာနတ်သီး	na na' dhi:
banaan (de)	ငှက်ပျောသီး	hnge' pjo: dhi:
dadel (de)	စွန်ပလွံသီး	sun palun dhi:

citroen (de)	သံပုရိုသီး	than bu. jou dhi:
abrikoos (de)	တရုတ်ဆီးသီး	jau' hsi: dhi:
perzik (de)	မက်မွန်သီး	me' mwan dhi:
kiwi (de)	ကီဝီသီး	ki wi dhi
grapefruit (de)	ဂရိတ်ဖရုသီး	ga. ri' hpa. ju dhi:

bes (de)	ဘယ်ရီသီး	be ji dhi:
bessen (mv.)	ဘယ်ရီသီးများ	be ji dhi: mja:
vossenbes (de)	အနီရောင်ဘယ်ရီသီးတစ်မျိုး	ani jaun be ji dhi: di: mjou:
bosaardbei (de)	စတော်ဘယ်ရီရိုင်း	sato be ri jain:
blauwe bosbes (de)	ဘီလဲဘယ်ရီအသီး	bi' l be ji athi:

231. Bloemen. Planten

bloem (de)	ပန်း	pan:
boeket (het)	ပန်းစည်း	pan: ze:

roos (de)	နှင်းဆီပန်း	hnin: zi ban:
tulp (de)	ကျူးလစ်ပန်း	kju: li' pan:
anjer (de)	ေဒါမွှားပန်း	zo hmwa: bin:
gladiool (de)	သစ္စာပန်း	thi' sa ban:

korenbloem (de)	အပြာရောင်တောပန်းတစ်မျိုး	apja jaun dho ban: da' mjou:
klokje (het)	ခေါင်းရန်းအပြာပန်း	gaun: jan: apja ban:
paardenbloem (de)	တောပန်းအဝါတစ်မျိုး	to: ban: awa ti' mjou:
kamille (de)	မေမြို့ပန်း	mei. mjou. ban:

aloë (de)	ရှားစောင်းလက်ပတ်ပင်	sha: zaun: le' pa' pin
cactus (de)	ရှားစောင်းပင်	sha: zaun: bin
ficus (de)	ရော်ဘာပင်	jo ba bin

lelie (de)	နှင်းပန်း	hnin: ban:
geranium (de)	ကြေပန်းတစ်မျိုး	kjwei ban: da' mjou:
hyacint (de)	ဗေဒါပန်း	bei da ba:

mimosa (de)	ထိကရုံးကြီးပင်	hti. ga. joun: gji: bin
narcis (de)	နားစိဆက်စိပင်	na: zi ze's pin
Oost-Indische kers (de)	တောင်ကြာကလေး	taun gja galei:

orchidee (de)	သစ်ခွပင်	thi' khwa. bin
pioenroos (de)	စန္ဒပန်း	san dapan:
viooltje (het)	ဗိုင်းအိုးလက်	bain: ou le'

driekleurig viooltje (het)	ပေါင်ဒါပန်း	paun da ban:
vergeet-mij-nietje (het)	ခင်မမေ့ပန်း	khin ma. mei. pan:
madeliefje (het)	ဒေဇီပန်း	dei zi bin

papaver (de)	ဘိန်းပင်	bin: bin
hennep (de)	ဆေးခြောက်ပင်	hsei: chau' pin
munt (de)	ပူဇီနန်	pu zi nan

| lelietje-van-dalen (het) | နှင်းပန်းတစ်မျိုး | hnin: ban: di' mjou: |
| sneeuwklokje (het) | နှင်းခေါင်းလောင်းပန်း | hnin: gaun: laun: ban: |

brandnetel (de)	ဖက်ယားပင်	hpe' ja: bin
veldzuring (de)	မှော်ရှဉ့်ပင်	hmjo gji bin
waterlelie (de)	ကြာ	kja
varen (de)	ဖန်းပင်	hpan: bin
korstmos (het)	သစ်ကပ်မှော်	thi' ka' hmo

oranjerie (de)	ဖန်လုံအိမ်	hpan ain
gazon (het)	မြက်ခင်း	mje' khin:
bloemperk (het)	ပန်းစိုက်ခင်း	pan: zai' khan:

plant (de)	အပင်	apin
gras (het)	မြက်	mje'
grasspriet (de)	ရွက်လွှန်း	jwe' chun:

blad (het)	အရွက်	ajwa'
bloemblad (het)	ပွင့်ချပ်	pwin: gja'
stengel (de)	ပင်စည်	pin ze
knol (de)	ဥမြစ်	u. mi'

| scheut (de) | အစွဲအညှောက် | asou./a hnjau' |
| doorn (de) | ဆူး | hsu: |

bloeien (ww)	ပွင့်သည်	pwin: de
verwelken (ww)	ညှိုးနွမ်းသည်	hnjou: nun: de
geur (de)	အနံ့	anan.
snijden (bijv. bloemen ~)	ရိတ်သည်	jei' te
plukken (bloemen ~)	ခူးသည်	khu: de

232. Granen, graankorrels

graan (het)	နှံစားပင်တို့၏ အစေ့အဆန်	hnan za: bin dou. i. asei. ahsan
graangewassen (mv.)	ကောက်ပဲသီးနှံ	kau' pe: dhi: nan
aar (de)	အနံ့	ahnan

tarwe (de)	ဂျုံ	gja. mei: ka:
rogge (de)	ဂျုံရိုင်း	gjoun jain:
haver (de)	မြင်းစားဂျုံ	mjin: za: gjoun
gierst (de)	ကောက်ပဲသီးနှံပင်	kau' pe: dhi: nan bin

gerst (de)	မူယောစပါး	mu. jo za. ba:
maïs (de)	ပြောင်းဖူး	pjaun: bu:
rijst (de)	ဆန်စပါး	hsan zaba
boekweit (de)	ပန်းကျို	pan: gjun

erwt (de)	ပဲစေ့	pe: zei.
nierboon (de)	ပိုလ်စားပဲ	bou za: be:
soja (de)	ပဲပုပ်ပဲ	pe: bou' pe
linze (de)	ပဲနီကလေး	pe: ni ga. lei:
bonen (mv.)	ပဲအမျိုးမျိုး	pe: amjou: mjou:

233. Groenten. Groene groenten

groenten (mv.)	ဟင်းသီးဟင်းရွက်	hin: dhi: hin: jwe'
verse kruiden (mv.)	ဟင်းခတ်အမွှေးရွက်	hin: ga' ahmwei: jwe'

tomaat (de)	ခရမ်းချဉ်သီး	khajan: chan dhi:
augurk (de)	သခွားသီး	thakhwa: dhi:
wortel (de)	မုန်လာဥနီ	moun la u. ni
aardappel (de)	အာလူး	a lu:
ui (de)	ကြက်သွန်နီ	kje' thwan ni
knoflook (de)	ကြက်သွန်ဖြူ	kje' thwan bju

kool (de)	ဂေါ်ဖီ	go bi
bloemkool (de)	ပန်းဂေါ်ဖီ	pan: gozi
spruitkool (de)	ဂေါ်ဖီထုပ်အသေးစား	go bi dou' athei: za:
broccoli (de)	ပန်းဂေါ်ဖီအစိမ်း	pan: gozi asein:

rode biet (de)	မုန်လာဥနီလုံး	moun la u. ni loun:
aubergine (de)	ခရမ်းသီး	khajan: dhi:
courgette (de)	ဘူးသီး	bu: dhi:
pompoen (de)	ဖရုံသီး	hpa joun dhi:
knolraap (de)	တရုတ်မုန်လာဥ	tajou' moun la u.

peterselie (de)	တရုတ်နံနံပင်	tajou' nan nan bin
dille (de)	စမြိတ်ပင်	samjei' pin
sla (de)	ဆလပ်ရွက်	hsa. la' jwe'
selderij (de)	တရုတ်နံနံကြီး	tajou' nan nan gji:
asperge (de)	ကညွတ်မာဝပင်	ka. nju' ma bin
spinazie (de)	ဒေါက်ခွ	dau' khwa.

erwt (de)	ပဲပင်	pe: bin
bonen (mv.)	ပဲအမျိုးမျိုး	pe: amjou: mjou:
maïs (de)	ပြောင်းဖူး	pjaun: bu:
nierboon (de)	ပိုလ်စားပဲ	bou za: be:

peper (de)	ငရုတ်သီး	nga jou' thi:
radijs (de)	မုန်လာဥသေး	moun la u. dhei:
artisjok (de)	အာတီချော့	a ti cho.

REGIONALE AARDRIJKSKUNDE

234. West-Europa

Europa (het)	ဥရောပ	u. jo: pa
Europese Unie (de)	ဥရောပသမဂ္ဂ	u. jo: pa dha: me' ga.
Europeaan (de)	ဥရောပသား	u. jo: pa dha:
Europees (bn)	ဥရောပနှင့်ဆိုင်သော	u. jo: pa hnin. zain de

Oostenrijk (het)	သြစတြီးယား	o. sa. tji: ja:
Oostenrijker (de)	သြစတြီးယန်အမျိုးသား	o. sa. tji: jan: amjou: dha:
Oostenrijkse (de)	သြစတြီးယန်အမျိုးသမီး	o. sa. tji: jan: amjou: dhami:
Oostenrijks (bn)	သြစတြီးယားနှင့်ဆိုင်သော	o. sa. tji: ja: hnin. zain de.

Groot-Brittannië (het)	အင်္ဂလန်	angga. lan
Engeland (het)	အင်္ဂလန်	angga. lan
Engelsman (de)	အင်္ဂလန်နိုင်ငံသား	angga. lan nain ngan dha:
Engelse (de)	အင်္ဂလန်နိုင်ငံသူ	angga. lan nain ngan dhu
Engels (bn)	အင်္ဂလန်နှင့်ဆိုင်သော	angga. lan hnin. zein dho:

België (het)	ဘယ်လ်ဂျီယံ	be l gji jan
Belg (de)	ဘယ်လ်ဂျီယံအမျိုးသား	be l gji jan dha:
Belgische (de)	ဘယ်လ်ဂျီယံအမျိုးသမီး	be l gji jan dhami:
Belgisch (bn)	ဘယ်လ်ဂျီယံနှင့်ဆိုင်သော	be l gji jan hnin. zain de.

Duitsland (het)	ဂျာမန်	gja man
Duitser (de)	ဂျာမန်အမျိုးသား	gja man amjou: dha:
Duitse (de)	ဂျာမန်အမျိုးသမီး	gja man amjou: dhami:
Duits (bn)	ဂျာမန်နှင့်ဆိုင်သော	gja man hnin. zain de.

Nederland (het)	နယ်သာလန်	ne dha lan
Holland (het)	ဟော်လန်	ho lan
Nederlander (de)	ဒတ်ခ်ျအမျိုးသား	da' ch amjou: dha:
Nederlandse (de)	ဒတ်ခ်ျအမျိုးသမီး	da' ch amjou: dhami:
Nederlands (bn)	ဒတ်ခ်ျနှင့်ဆိုင်သော	da' ch hnin. zain de

Griekenland (het)	ဂရိ	ga. ri.
Griek (de)	ဂရိအမျိုးသား	ga. ri. amjou: dha:
Griekse (de)	ဂရိအမျိုးသမီး	ga. ri. amjou: dhami:
Grieks (bn)	ဂရိနှင့်ဆိုင်သော	ga. ri. hnin. zain de.

Denemarken (het)	ဒိန်းမတ်	dein: ma'
Deen (de)	ဒိန်းမတ်သား	dein: ma' dha:
Deense (de)	ဒိန်းမတ်သူ	dein: ma' dhu
Deens (bn)	ဒိန်းမတ်နှင့်ဆိုင်သော	dein: ma' hnin. zain de.

Ierland (het)	အိုင်ယာလန်	ain ja lan
Ier (de)	အိုင်ယာလန်အမျိုးသား	ain ja lan amjou: dha:
Ierse (de)	အိုင်ယာလန်အမျိုးသမီး	ain ja lan amjou: dha. mi:
Iers (bn)	အိုင်ယာလန်နှင့်ဆိုင်သော	ain ja lan hnin. zain de.

IJsland (het)	အိုက်စလန်	ai' sa lan:
IJslander (de)	အိုက်စလန်းသား	ai' sa lan: dha:
IJslandse (de)	အိုက်စလန်းသူ	ai' sa lan: dhu
IJslands (bn)	အိုက်စလန်းနှင့်ဆိုင်သော	ai' sa lan: hnin. hsain de.
Spanje (het)	စပိန်	sapein
Spanjaard (de)	စပိန်အမျိုးသား	sapein mjou: dha:
Spaanse (de)	စပိန်အမျိုးသမီး	sapein mjou: dhami:
Spaans (bn)	စပိန်နှင့်ဆိုင်သော	sapein hnin. zain de.
Italië (het)	အီတလီ	ita. li
Italiaan (de)	အီတလီအမျိုးသား	ita. li amjou: dha:
Italiaanse (de)	အီတလီအမျိုးသမီး	ita. li amjou: dhami:
Italiaans (bn)	အီတလီနှင့်ဆိုင်သော	ita. li hnin. zain de.
Cyprus (het)	ဆူးပရက်စ်	hsu: pa. je' s te.
Cyprioot (de)	ဆူးပရက်စ်သား	hsu: pa. je' s tha:
Cypriotische (de)	ဆူးပရက်စ်သူ	hsu: pa. je' s thu
Cypriotisch (bn)	ဆူးပရက်စ်နှင့်ဆိုင်သော	hsu: pa. je' s hnin. zain de.
Malta (het)	မာတာ	ma ta
Maltees (de)	မာတာသား	ma ta dha:
Maltese (de)	မာတာသူ	ma ta dhami:
Maltees (bn)	မာတာနှင့်ဆိုင်သော	ma ta hnin. zain de.
Noorwegen (het)	နော်ဝေး	no wei:
Noor (de)	နော်ဝေးအမျိုးသား	no wei: amjou: dha:
Noorse (de)	နော်ဝေးအမျိုးသမီး	no wei: amjou: dhami:
Noors (bn)	နော်ဝေးနှင့်ဆိုင်သော	no wei: hnin. zain de.
Portugal (het)	ပေါ်တူဂီ	po tu gi
Portugees (de)	ပေါ်တူဂီအမျိုးသား	po tu gi amjou: dha:
Portugese (de)	ပေါ်တူဂီအမျိုးသမီး	po tu gi amjou: dhami:
Portugees (bn)	ပေါ်တူဂီနှင့်ဆိုင်သော	po tu gi hnin. zain de.
Finland (het)	ဖင်လန်	hpin lan
Fin (de)	ဖင်လန်အမျိုးသား	hpin lan dha:
Finse (de)	ဖင်လန်အမျိုးသမီး	hpin lan dhami:
Fins (bn)	ဖင်လန်နှင့်ဆိုင်သော	hpin lan hnin. zain de.
Frankrijk (het)	ပြင်သစ်	pjin dhi'
Fransman (de)	ပြင်သစ်အမျိုးသား	pjin dhi' amjou: dha:
Française (de)	ပြင်သစ်အမျိုးသမီး	pjin dhi' amjou: dhami:
Frans (bn)	ပြင်သစ်နှင့်ဆိုင်သော	pjin dhi' hnin. zain de.
Zweden (het)	ဆွီဒင်	hswi din
Zweed (de)	ဆွီဒင်အမျိုးသား	hswi din amjou: dha:
Zweedse (de)	ဆွီဒင်အမျိုးသမီး	hswi din amjou: dhami:
Zweeds (bn)	ဆွီဒင်နှင့်ဆိုင်သော	hswi din hnin. zain de.
Zwitserland (het)	ဆွစ်ဇာလန်	hswa' za lan
Zwitser (de)	ဆွစ်ဇာလန်အမျိုးသား	hswa' za lan amjou: dha:
Zwitserse (de)	ဆွစ်ဇာလန်အမျိုးသမီး	hswa' za lan amjou: dhami:
Zwitsers (bn)	ဆွစ်ဇာလန်နှင့်ဆိုင်သော	hswa' za lan hnin. zain de.
Schotland (het)	စကော့တလန်	sa. ko: talan
Schot (de)	စကော့တလန်အမျိုးသား	sa. ko: talan mjou: dha:

Schotse (de)	စကော့တလန်အမျိုးသမီး	sa. ko: talan mjou: dha:
Schots (bn)	စကော့တလန်နှင့်ဆိုင်သော	sa. ko: talan hnin. zain de.
Vaticaanstad (de)	ဗာတီကန်	ba di gan
Liechtenstein (het)	ဗာတီကန်လူမျိုး	ba di gan dhu mjo:
Luxemburg (het)	လျူဆန်ဘော့	lju hsan bo.
Monaco (het)	မိုနာကို	mou na kou

235. Centraal- en Oost-Europa

Albanië (het)	အယ်လ်ဘေးနီးယား	e l bei: ni: ja:
Albanees (de)	အယ်လ်ဘေးနီးယားအမျိုးသား	e l bei: ni: ja amjou: dha:
Albanese (de)	အယ်လ်ဘေးနီးယားအမျိုးသမီး	e l bei: ni: ja: amjou: dhami:
Albanees (bn)	အယ်လ်ဘေးနီးယားနှင့်ဆိုင်သော	e l bei: ni: ja: hnin. zain de.
Bulgarije (het)	ဘူလ်ဂေးရီးယား	bou gei: ji: ja
Bulgaar (de)	ဘူလ်ဂေးရီးယားအမျိုးသား	bou gei: ji: ja amjou: dha:
Bulgaarse (de)	ဘူလ်ဂေးရီးယားအမျိုးသမီး	bou gei: ji: ja amjou: dhami:
Bulgaars (bn)	ဘူလ်ဂေးရီးယားနှင့်ဆိုင်သော	bou gei: ji: ja hnin. zain de.
Hongarije (het)	ဟန်ဂေရီ	han gei ji
Hongaar (de)	ဟန်ဂေရီအမျိုးသား	han gei ji amjou: dha:
Hongaarse (de)	ဟန်ဂေရီအမျိုးသမီး	han gei ji amjou: dhami:
Hongaars (bn)	ဟန်ဂေရီနှင့်ဆိုင်သော	han gei ji hnin. zain de.
Letland (het)	လတ်ဗီယန်	la' bi jan
Let (de)	လတ်ဗီယန်အမျိုးသား	la' bi jan amjou: dha:
Letse (de)	လတ်ဗီယန်အမျိုးသမီး	la' bi jan amjou: dhami:
Lets (bn)	လတ်ဗီယန်နှင့်ဆိုင်သော	la' bi jan hnin. zein de.
Litouwen (het)	လစ်သူနီယံ	li' thu ni jan
Litouwer (de)	လစ်သူနီယံအမျိုးသား	li' thu ni jan amjou: dha:
Litouwse (de)	လစ်သူနီယံအမျိုးသမီး	li' thu ni jan amjou: dhami:
Litouws (bn)	လစ်သူနီယံနှင့်ဆိုင်သော	li' thu ni jan hnin. zain de.
Polen (het)	ပိုလန်	pou lan
Pool (de)	ပိုလန်အမျိုးသား	pou lan amjou: dha:
Poolse (de)	ပိုလန်အမျိုးသမီး	pou lan amjou: dhami:
Pools (bn)	ပိုလန်နှင့်ဆိုင်သော	pou lan hnin. zain de.
Roemenië (het)	ရူမေးနီးယား	ru mei: ni: ja:
Roemeen (de)	ရူမေးနီးယားအမျိုးသား	ru mei: ni: ja: amjou: dha:
Roemeense (de)	ရူမေးနီးယားအမျိုးသမီး	ru mei: ni: ja: amjou: dha:
Roemeens (bn)	ရူမေးနီးယားနှင့်ဆိုင်သော	ru mei: ni: ja: hnin. zain de.
Servië (het)	ဆယ်ဗီယံ	hse bi jan.
Serviër (de)	ဆာဗီယံအမျိုးသား	hsa bi jan amjou: dha:
Servische (de)	ဆာဗီယံအမျိုးသမီး	hsa bi jan amjou: dhami:
Servisch (bn)	ဆာဗီယံနှင့်ဆိုင်သော	hsa bi jan hnin. zain de.
Slowakije (het)	ဆလိုဗာကီယာ	hsa. lou ba ki ja
Slowaak (de)	ဆလိုဗာကီယာအမျိုးသား	hsa. lou ba ki ja amjou: dha:
Slowaakse (de)	ဆလိုဗာကီယာ အမျိုးသမီး	hsa. lou ba ki ja amjou: dhami:

Slowaakse (bn)	ဆလိုဗာကီယားနှင့်ဆိုင်သော	hsa. lou ba ki ja hnin. zain de.
Kroatië (het)	ခရိုအေးရား	kha. jou ei: sha:
Kroaat (de)	ခရိုအေးရားအမျိုးသား	kha. jou ei: sha: amjou: dha:
Kroatische (de)	ခရိုအေးရား အမျိုးသမီး	kha. jou ei: sha: amjou: dhami:
Kroatisch (bn)	ခရိုအေးရား နှင့်ဆိုင်သော	kha. jou ei: sha: hnin. zain de.

Tsjechië (het)	ချက်	che'
Tsjech (de)	ချက်အမျိုးသား	che' amjou: dha:
Tsjechische (de)	ချက်အမျိုးသမီး	che' amjou: dhami:
Tsjechisch (bn)	ချက်နှင့်ဆိုင်သော	che' hnin. zain de.

Estland (het)	အက်စ်တိုးနီးယား	e's to' ni: ja:
Est (de)	အက်စ်တိုးနီးယားယံအမျိုးသား	e's to' ni: ja: dha:
Estse (de)	အက်စ်တိုးနီးယားယံအမျိုးသမီး	e's to' ni: ja: dhami:
Ests (bn)	အက်စ်တိုးနီးယားနှင့်ဆိုင်သော	e's to' ni: ja: hnin. zain de

Bosnië en Herzegovina (het)	ဘော့စနီးယားနှင့်ဟာ ဇီဂိုဘီနာ	bo'. ni: ja: hnin. ha zi gou bi na
Macedonië (het)	မက်ဆီဒိုးနီးယား	me' hsi: dou: ni: ja:
Slovenië (het)	ဆလိုဗီနီးယား	hsa. lou bi ni: ja:
Montenegro (het)	မွန်တန်နီဂရို	mun dan ni ga. jou

236. Voormalige USSR landen

Azerbeidzjan (het)	အာဇာဘိုင်ဂျန်	a za bain gjin:
Azerbeidzjaan (de)	အာဇာဘိုင်ဂျန်အမျိုးသား	a za bain gjin: dha:
Azerbeidjaanse (de)	အာဇာဘိုင်ဂျန်အမျိုးသမီး	a za bain gjin: dhami:
Azerbeidjaans (bn)	အာဇာဘိုင်ဂျန်နှင့်ဆိုင်သော	a za bain gjin: hnin. zain de.

Armenië (het)	အာမေးနီးယား	a me: ni: ja:
Armeen (de)	အာမေးနီးယားအမျိုးသမီး	a me: ni: ja: amjou: dhami:
Armeense (de)	အာမေးနီးယားအမျိုးသမီး	a me: ni: ja: amjou: dhami:
Armeens (bn)	အာမေးနီးယားနှင့်ဆိုင်သော	a me: ni: ja: hnin. zain de.

Wit-Rusland (het)	ဘီလာရုစ်	bi la ju'
Wit-Rus (de)	ဘီလာရုစ်အမျိုးသား	bi la ju' amjou: dha:
Wit-Russische (de)	ဘီလာရုစ်အမျိုးသမီး	bi la ju' amjou: dhami:
Wit-Russisch (bn)	ဘီလာရုစ်နှင့်ဆိုင်သော	bi la ju' hnin. zain de.

Georgië (het)	ဂျော်ဂျီယာ	gjo gji ja
Georgiër (de)	ဂျော်ဂျီယာအမျိုးသား	gjo gji ja amjou: dhami:
Georgische (de)	ဂျော်ဂျီယာအမျိုးသမီး	gjo gji ja amjou: dha:
Georgisch (bn)	ဂျော်ဂျီယာနှင့်ဆိုင်သော	gjo gji ja hnin. zain de.

Kazakstan (het)	ကာဇက်စတန်	ka ze' satan
Kazak (de)	ကာဇက်စတန်အမျိုးသမီး	ka ze' satan amjou: dhami:
Kazakse (de)	ကာဇက်စတန်အမျိုးသမီး	ka ze' satan amjou: dhami:
Kazakse (bn)	ကာဇက်စတန်နှင့်ဆိုင်သော	ka ze' satan hnin. zain de.

Kirgizië (het)	ကင်ရ်ဂိကစတန်	ki' ji ki' za. tan
Kirgiziër (de)	ကင်ရ်ဂိကစတန်အမျိုးသား	ki' ji ki' za. tan amjou: dha:
Kirgizische (de)	ကင်ရ်ဂိကစတန်အမျိုးသမီး	ki' ji ki' za. tan amjou: dhami:

Kirgizische (bn)	ကစ်ရ်ိကစ္စတန်နှင့်ဆိုင်သော	ki' ji ki' za. tan hnin. zain de.
Moldavië (het)	မိုဒ်ိရ္တ	mou dou ja
Moldaviër (de)	မိုဒ်ိရ္တအမျိုးသား	mou dou ja amjou: dha:
Moldavische (de)	မိုဒ်ိရ္တအမျိုးသမီး	mou dou ja amjou: dhami:
Moldavisch (bn)	မိုဒ်ိရ္တနှင့်ဆိုင်သော	mou dou ja hnin. zain de.

Rusland (het)	ရုရှား	ru. sha:
Rus (de)	ရုရှားအမျိုးသား	ru sha: amjou: dha:
Russin (de)	ရုရှားအမျိုးသမီး	ru. sha: amjou: dhami:
Russisch (bn)	ရုရှားနှင့်ဆိုင်သော	ru. sha: hnin. zain de.

Tadzjikistan (het)	တာဂျစ်ကစ္စတန်	ta gji' ki' sa. tan
Tadzjiek (de)	တာဂျစ်အမျိုးသား	ta gji' amjou: dha:
Tadzjiekse (de)	တာဂျစ်အမျိုးသမီး	ta gji' amjou: dhami:
Tadzjieks (bn)	တာဂျစ်နှင့်ဆိုင်သော	ta gji' hnin. zain de.

Turkmenistan (het)	တပ်မင်နစ္စတန်	ta' min ni' sa. tan
Turkmeen (de)	တပ်မင်နစ္စတန်အမျိုးသား	ta' min ni' sa. tan amjou: dha:
Turkmeense (de)	တပ်မင်နစ္စတန်	ta' min ni' sa. tan
	အမျိုးသမီး	amjou: dhami:
Turkmeens (bn)	တပ်မင်နစ္စတန်	ta' min ni' sa. tan
	နှင့်ဆိုင်သော	hnin. zain de.

Oezbekistan (het)	ဥဘဘက်ကစ္စတန်	u. za. be' ki' sa. tan
Oezbeek (de)	ဥဘဘက်အမျိုးသား	u. za. be' amjou: dha:
Oezbeekse (de)	ဥဘဘက်အမျိုးသမီး	u. za. be' amjou: dha:
Oezbeeks (bn)	ဥဇ္ဗက်ကစ္စတန်	u. za. be' ki' sa. tan
	နှင့်ဆိုင်သော	hnin. zain de.

Oekraïne (het)	ယူကရိန်း	ju ka. jein:
Oekraïner (de)	ယူကရိန်းအမျိုးသား	ju ka. jein: amjou: dha:
Oekraïense (de)	ယူကရိန်းအမျိုးသမီး	ju ka. jein: amjou: dhami:
Oekraïens (bn)	ယူကရိန်းနှင့်ဆိုင်သော	ju ka. jein: hnin. zain de.:

237. Azië

| Azië (het) | အာရှ | a sha. |
| Aziatisch (bn) | အာရှနှင့်ဆိုင်သော | a sha. hnin. zain de. |

Vietnam (het)	ဗိယက်နမ်	bi je' nan
Vietnamees (de)	ဗိယက်နမ်အမျိုးသား	bi ja' nan amjou: dha:
Vietnamese (de)	ဗိယက်နမ်အမျိုးသမီး	bi je' nan amjou dha mi:
Vietnamees (bn)	ဗိယက်နမ်နှင့်ဆိုင်သော	bi je' nan hnin. zain de.

India (het)	အိန္ဒိယ	indi. ja
Indiër (de)	အိန္ဒိယအမျိုးသား	indi. ja amjou: dha:
Indische (de)	အိန္ဒိယအမျိုးသမီး	indi. ja amjou: dhami:
Indisch (bn)	အိန္ဒိယနှင့်ဆိုင်သော	indi. ja hnin. zain de.

Israël (het)	အစ္စရေး	a' sa. jei:
Israëliër (de)	အစ္စရေးအမျိုးသား	a' sa. jei: amjou: dha:
Israëlische (de)	အစ္စရေးအမျိုးသမီး	a' sa. jei: amjou: dhami:
Israëlisch (bn)	အစ္စရေးနှင့်ဆိုင်သော	a' sa. jei: hnin. zain de.
Jood (etniciteit)	ဂျူး	gju:

Jodin (de)	ဂျူးအမျိုးသမီး	gju: amjou: dhami:
Joods (bn)	ဂျူးအမျိုးသား	gju: amjou: dha:
China (het)	တရုတ်	tajou'
Chinees (de)	တရုတ်အမျိုးသား	tajou' amjou: dha:
Chinese (de)	တရုတ်အမျိုးသမီး	tajou' amjou: dhami:
Chinees (bn)	တရုတ်နှင့်ဆိုင်သော	tajou' hnin. zain de.
Koreaan (de)	ကိုးရီးယားအမျိုးသား	kou: ji: ja: amjou: dha:
Koreaanse (de)	ကိုးရီးယားအမျိုးသမီး	kou: ji: ja: amjou: dhami:
Koreaans (bn)	ကိုးရီးယားနှင့်ဆိုင်သော	kou: ji: ja: hnin. zain de.
Libanon (het)	လက်ဘနွန်	le' ba. nun
Libanees (de)	လက်ဘနွန်အမျိုးသား	le' ba. nun amjou: dha:
Libanese (de)	လက်ဘနွန်အမျိုးသမီး	le' ba. nun amjou: dhami:
Libanees (bn)	လက်ဘနွန်နှင့်ဆိုင်သော	le' ba. nun hnin zain de
Mongolië (het)	မွန်ဂိုလီးယား	mun gou li: ja:
Mongool (de)	မွန်ဂိုလီးယားအမျိုးသား	mun gou li: ja: amjou: dha:
Mongoolse (de)	မွန်ဂိုလီးယားအမျိုးသမီး	mun gou li: ja: amjou: dhami:
Mongools (bn)	မွန်ဂိုလီးယားနှင့်ဆိုင်သော	mun gou li: ja: hnin. zain de.
Maleisië (het)	မလေးရှား	ma. lei: sha:
Maleisiër (de)	မလေးရှားအမျိုးသား	ma. lei: sha: amjou: dha:
Maleisische (de)	မလေးရှားအမျိုးသမီး	ma. lei: sha: amjou: dhami:
Maleisisch (bn)	မလေးရှားနှင့်ဆိုင်သော	ma. lei: sha: hnin. zain de.
Pakistan (het)	ပါကစ္စတန်	pa ki' sa. tan
Pakistaan (de)	ပါကစ္စတန်အမျိုးသား	pa ki' sa. tan dha:
Pakistaanse (de)	ပါကစ္စတန်အမျိုးသမီး	pa ki' sa. tan dhami:
Pakistaans (bn)	ပါကစ္စတန်နှင့်ဆိုင်သော	pa ki' sa. tan hnin. zain de
Saoedi-Arabië (het)	ဆော်ဒီအာရေ.ဗီးယား	hso: di a jei. bi: ja:
Arabier (de)	အာရပ်အမျိုးသား	a ra' amjou: dha:
Arabische (de)	အာရပ်အမျိုးသမီး	a ra' amjou: dhami:
Arabisch (bn)	အာရပ်နှင့်ဆိုင်သော	a ra' hnin. zain de.
Thailand (het)	ထိုင်း	htain:
Thai (de)	ထိုင်းအမျိုးသား	htain: amjou: dha:
Thaise (de)	ထိုင်းအမျိုးသမီး	htain: amjou: dhami:
Thai (bn)	ထိုင်းနှင့်ဆိုင်သော	htain: hnin. zain de.
Taiwan (het)	ထိုင်ဝမ်	htain wan
Taiwanees (de)	ထိုင်ဝမ်အမျိုးသား	htain wan amjou: dha:
Taiwanese (de)	ထိုင်ဝမ်အမျိုးသမီး	htain wan amjou: dhami:
Taiwanees (bn)	ထိုင်ဝမ်နှင့်ဆိုင်သော	htain wan hnin. zain de.
Turkije (het)	တူရကီ	tu ra. ki
Turk (de)	တူရကီအမျိုးသား	tu ra. ki amjou: dha:
Turkse (de)	တူရကီအမျိုးသမီး	tu ra. ki amjou: dhami:
Turks (bn)	တူရကီနှင့်ဆိုင်သော	tu ra. ki hnin. zain de
Japan (het)	ဂျပန်	gja pan
Japanner (de)	ဂျပန်အမျိုးသား	gja pan amjou: dha:
Japanse (de)	ဂျပန်အမျိုးသမီး	gja pan amjou: dhami:
Japans (bn)	ဂျပန်နှင့်ဆိုင်သော	gja pan hnin. zain de

Afghanistan (het)	အာဖဂန်နစ္စတန်	apha. gan na' tan
Bangladesh (het)	ဘင်္ဂလားဒေ့ရှ်	bang la: dei. sh
Indonesië (het)	အင်ဒိုနီးရှား	in do ni: sha:
Jordanië (het)	ဂျော်ဒန်	gjo dan

Irak (het)	အီရတ်	ira'
Iran (het)	အီရန်	iran
Cambodja (het)	ကမ္ဘောဒီးယား	ga khan ba di: ja:
Koeweit (het)	ကူဝိတ်	ku wi'

Laos (het)	လာအို	la ou
Myanmar (het)	မြန်မာ	mjan ma
Nepal (het)	နီပေါ	ni po:
Verenigde Arabische Emiraten	အာရပ်နိုင်ငံများ	a ra' nain ngan mja:

Syrië (het)	ဆီးရီးယား	hsi: ji: ja:
Palestijnse autonomie (de)	ပါလက်စတိုင်း	pa le' sa tain:
Zuid-Korea (het)	တောင်ကိုရီးယား	taun kou ri: ja:
Noord-Korea (het)	မြောက်ကိုရီးယား	mjau' kou ji: ja:

238. Noord-Amerika

Verenigde Staten van Amerika	အမေရိကန် ပြည်ထောင်စု	amei ji kan pji htaun zu
Amerikaan (de)	အမေရိကန်အမျိုးသား	amei ji kan amjou: dha:
Amerikaanse (de)	အမေရိကန်အမျိုးသမီး	amei ji kan amjou: dhami:
Amerikaans (bn)	အမေရိကန်	amei ji kan

Canada (het)	ကနေဒါနိုင်ငံ	ka. nei da nain gan
Canadees (de)	ကနေဒါအမျိုးသား	ka. nei da amjou: dha:
Canadese (de)	ကနေဒါအမျိုးသမီး	ka. nei da amjou: dhami:
Canadees (bn)	ကနေဒါနိုင်ငံ နှင့် ဆိုင်သော	ka. nei da nain gan hnin. zain de.

Mexico (het)	မက္ကစီကိုနိုင်ငံ	me' ka. hsi kou nain ngan
Mexicaan (de)	မက္ကစီကို အမျိုးသား	me' ka. hsi kou amjou: dha:
Mexicaanse (de)	မက္ကစီကို အမျိုးသမီး	me' ka. hsi kou amjou: dhami:
Mexicaans (bn)	မက္ကစီကိုနိုင်ငံနှင့်ဆိုင်သော	me' ka. hsi kou hnin. zain de.

239. Midden- en Zuid-Amerika

Argentinië (het)	အာဂျင်တီးနား	agin ti: na:
Argentijn (de)	အာဂျင်တီးနားအမျိုးသား	agin ti: na: amjou: dha:
Argentijnse (de)	အာဂျင်တီးနားအမျိုးသမီး	agin ti: na: amjou: dhami:
Argentijns (bn)	အာဂျင်တီးနားနှင့်ဆိုင်သော	agin ti: na: hnin. zain de.

Brazilië (het)	ဘရာဇီးလ်	ba. ra zi'l
Braziliaan (de)	ဘရာဇီးလ်ယံအမျိုးသား	ba. ra zi'l amjou: dha:
Braziliaanse (de)	ဘရာဇီးလ်ယံအမျိုးသမီး	ba. ra zi'l amjou: dhami:

Braziliaans (bn)	ဘရာဇီးလ်နှင့်ဆိုင်သော	ba. ra zi'l hnin. zain de.
Colombia (het)	ကိုလမ်းဘီးယား	kou lan: bi: ja:
Colombiaan (de)	ကိုလမ်းဘီးယားအမျိုးသား	kou lan: bi: ja: amjou: dha:
Colombiaanse (de)	ကိုလမ်းဘီးယားအမျိုးသမီး	kou lan: bi: ja: amjou: dhami:
Colombiaans (bn)	ကိုလမ်းဘီးယားနှင့်ဆိုင်သော	kou lan: bi: ja: hnin. lain de.
Cuba (het)	ကျူးဘား	kju: ba:
Cubaan (de)	ကျူးဘားအမျိုးသား	kju: ba: amjou: dha:
Cubaanse (de)	ကျူးဘားအမျိုးသမီး	kju: ba: amjou: dhami:
Cubaans (bn)	ကျူးဘားနှင့်ဆိုင်သော	kju: ba: hnin. zain de.
Chili (het)	ချီလီ	chi li
Chileen (de)	ချီလီအမျိုးသား	chi li amjou: dha:
Chileense (de)	ချီလီအမျိုးသမီး	chi li amjou: dhami:
Chileens (bn)	ချီလီနှင့်ဆိုင်သော	chi li hnin. zain de.
Bolivia (het)	ဘိုလစ်ဗီးယား	bou la' bi: ja:
Venezuela (het)	ဗယ်နီဇွဲလား	be ni zwe: la:
Paraguay (het)	ပါရာဂွေး	pa ja gwei:
Peru (het)	ပီရူး	pi ju:
Suriname (het)	ဆူရိနိမ်း	hsu. ji nei:
Uruguay (het)	အရူဂွေး	ou. ju gwei:
Ecuador (het)	အီကွေဒေါ	i kwei: do:
Bahama's (mv.)	ဘာဟာမက်	ba ha me'
Haïti (het)	ဟိုင်တီ	hain ti
Dominicaanse Republiek (de)	ဒိုမီနီကန်	dou mi ni kan
Panama (het)	ပနားမား	pa. na: ma:
Jamaica (het)	ဂျေမေးကား	g'me:kaa:

240. Afrika

Egypte (het)	အီဂျစ်	igji'
Egyptenaar (de)	အီဂျစ်အမျိုးသား	igji' amjou: dha:
Egyptische (de)	အီဂျစ်အမျိုးသမီး	igji' amjou: dhami:
Egyptisch (bn)	အီဂျစ်နှင့်ဆိုင်သော	igji' hnin. zain de.
Marokko (het)	မော်ရိုကို	mo jou gou
Marokkaan (de)	မော်ရိုကိုအမျိုးသား	mou jou gou amjou: dha:
Marokkaanse (de)	မော်ရိုကိုအမျိုးသမီး	mou jou gou amjou: dhami:
Marokkaans (bn)	မော်ရိုကိုနှင့်ဆိုင်သော	mou jou gou hnin. zain de.
Tunesië (het)	တူနစ်ရှား	tu ni' sha:
Tunesiër (de)	တူနစ်ရှားအမျိုးသား	tu ni' sha: amjou: dha:
Tunesische (de)	တူနစ်ရှားအမျိုးသမီး	tu ni' sha: amjou: dhami:
Tunesisch (bn)	တူနစ်ရှားနှင့်ဆိုင်သော	tu ni' sha: hnin. zain de.
Ghana (het)	ဂါနာ	ga na
Zanzibar (het)	ဇန်ဇီဗာ	zan zi ba
Kenia (het)	ကင်ညာ	kin nja
Libië (het)	လီဗီယာ	li bi ja
Madagaskar (het)	မာဒဂက်ကာစကာ	ma de' ka za ga
Namibië (het)	နမ်မီးဘီးယား	nami: bi: ja:

Senegal (het)	ဆယ်နီဂေါ်	hse ni go
Tanzania (het)	တန်ဇားနီးယား	tan za: ni: ja:
Zuid-Afrika (het)	တောင်အာဖရိက	taun a hpa. ji. ka.

Afrikaan (de)	အာဖရိကတိုက်သား	apha. ri. ka. dhai' tha:
Afrikaanse (de)	အာဖရိကသူ	apha. ri. ka. dhu
Afrikaans (bn)	အာဖရိကန်နှင့်ဆိုင်သော	apha. ri. kan hnin. zain de.

241. Australië. Oceanië

Australië (het)	သြစတြေးလျ	thja za djei: lja
Australiër (de)	သြစတြေးလျားအမျိုးသား	o. sa. tjei: lja: amjou: dha:
Australische (de)	သြစတြေးလျားအမျိုးသမီး	o. sa. tjei: lja: amjou: dhami:
Australisch (bn)	သြစတြေးလျနှင့်ဆိုင်သော	o. sa. tjei: lja: hnin. zain de.

Nieuw-Zeeland (het)	နယူးဇီလန်	na. ju: zi lan
Nieuw-Zeelander (de)	နယူးဇီလန်အမျိုးသား	na. ju: zi lan dha:
Nieuw-Zeelandse (de)	နယူးဇီလန်အမျိုးသမီး	na. ju: zi lan dhami:
Nieuw-Zeelands (bn)	နယူးဇီလန်နှင့်ဆိုင်သော	na. ja: zi lan hnin. zain de

Tasmanië (het)	တာစ်မေးနီးယား	ta. s mei: ni: ja:
Frans-Polynesië	ပြင်သစ် ပေါ်လီးနီးရှား	pjin dhi' po li: ni: sha:

242. Steden

Amsterdam	အမ်စတာဒမ်မြို့	an za ta dan mjou.
Ankara	အင်ကာရာမြို့	an ga ja mjou.
Athene	အောသင်မြို့	e thin mjou.
Bagdad	ဘဂ္ဂဒတ်မြို့	ba' ga. da mjou.
Bangkok	ဘန်ကောက်မြို့	ban gou' mjou.

Barcelona	ဘာစီလိုနာမြို့	ba zi lou na mjou.
Beiroet	ဘီရာရွမြို့	bi ja ju. mjou.
Berlijn	ဘာလင်မြို့	ba lin mjou.
Boedapest	ဘူဒါပတ်စ်မြို့	bu da pa' s mjou.
Boekarest	ဘူးဂရက်မြို့	bu: ga. ja' mjou.

Bombay, Mumbai	မွန်ဘိုင်းမြို့	mun bain mjou.
Bonn	ဘွန်းမြို့	bwun: mjou.
Bordeaux	ဘော်ဒိုးမြို့	bo dou: mjou.
Bratislava	ဘရာတစ်ဆလာဗာမြို့	ba. ra ta' hsa. la ba mjou.
Brussel	ဘရပ်ဆဲလ်မြို့	ba. ja' hse:' mjou.

Caïro	ကိုင်ရိုမြို့	kain jou mjou.
Calcutta	ကာလကတ္တားမြို့	ka la ka' ta mjou.
Chicago	ရှီကာဂိုမြို့	chi ka gou mjou.
Dar Es Salaam	ဒါရွစလမ်မြို့	da ju za. lan mjou.
Delhi	ဒေလီမြို့	dei li mjou.

Den Haag	ဒဟာဂ္ဂုမြို့	da. ha gu: mjou.
Dubai	ဒူဘိုင်းမြို့	du bain mjou.
Dublin	ဒဘ်လင်မြို့	da' ba lin mjou.

Düsseldorf	ဂျူဆက်ဒေါ့ဖ်မြို့	gju hse' do. hp mjou.
Florence	ဖလောရန်စ်မြို့	hpa. lau jan s mjou.

Frankfort	ဖရန့်ဖတ်မြို့	hpa. jan. hpa. t. mjou.
Genève	ဂျနီဗာမြို့	gja. ni ba mjou.
Hamburg	ဟန်းဘာဂ်မြို့	han: ba. k mjou.
Hanoi	ဟနွိုင်းမြို့	ha. noin: mjou.
Havana	ဟာဗားနားမြို့	ha ba: na: mjou.

Helsinki	ဟယ်လ်ဆင်ကီမြို့	he l hsin ki mjou.
Hiroshima	ဟီရိုရှီးမားမြို့	hi jou si: ma: mjou.
Hongkong	ဟောင်ကောင်မြို့	haun: gaun: mjou.
Istanbul	အစ္စတန်ဘူလ်မြို့	a' sa. tan bun mjou.
Jeruzalem	ဂျေရုဆလင်မြို့	gjei jou hsa. lin mjou.
Kiev	ကီးယက်မြို့	ki: je' mjou.

Kopenhagen	ကိုပင်ဟေးဂန်မြို့	kou pin hei: gin mjou.
Kuala Lumpur	ကွာလာလမ်ပူမြို့	kwa lan pu mjou.
Lissabon	လစ်ဇဘန်းမြို့	li' sa bun: mjou.
Londen	လန်ဒန်မြို့	lan dan mjou.
Los Angeles	လော့အိန်ဂျလီမြို့	lau in gja. li mjou.

Lyon	လိုင်ယွန်မြို့	lain jun mjou.
Madrid	မတ်ဒရစ်မြို့	ma' da. ji' mjou.
Marseille	မာရ်ဆေးမြို့	ma zei: mjou.
Mexico-Stad	မက္ကဆီကိုမြို့	me' ka. hsi kou mjou.
Miami	မိရာမိမြို့	mi ja mi mjou.

Montreal	မွန်ထရီရယ်မြို့	mun da. ji je mjou.
Moskou	မော်စကိုမြို့	ma sa. kou mjou.
München	မြူးနစ်မြို့	mju: ni' mjou.
Nairobi	နိုင်ရိုဘီမြို့	nain jou bi mjo.
Napels	နေပေါမြို့	ni po: mjou.

New York	နယူးယောက်မြို့	na. ju: jau' mjou.
Nice	နိက်စ်မြို့	nai's mjou.
Oslo	အော်စလိုမြို့	o sa lou mjou.
Ottawa	အော့တာဝါမြို့	o. ta wa mjou.
Parijs	ပဲရစ်မြို့	pe: ji' mjou.

Peking	ပီကင်းမြို့	pi gin: mjou.
Praag	ပရာဟ်မြို့	pa. ra' mjou.
Rio de Janeiro	ရီယိုဒေးဂျန်နီယိုမြို့	ri jou dei: gjan ni jou mjou.
Rome	ရောမမြို့	ro: ma. mjou.
Seoel	ဆိုးလ်မြို့	hsou: l mjou.
Singapore	စင်္ကာပူ	sin ga pu

Sint-Petersburg	စိန့်ပီတာစဘတ်မြို့	sein. pi ta za ba' mjou.
Sjanghai	ရှန်ဟိုင်းမြို့	shan hain: mjou.
Stockholm	စတော့ဟုန်းမြို့	sato. houn: mjou.
Sydney	စစ်ဒနေးမြို့	si' danei mjou.
Taipei	တိုင်ပေမြို့	tain bei mjou.
Tokio	တိုကျိုမြို့	tou gjou mjou.

| Toronto | တိုရွန်တိုမြို့ | tou run tou mjou. |
| Venetië | ဗင်းနစ်စ်မြို့ | bin: na' s mjou. |

Warschau	ဝါဆောၤဂျို	wa so mjou.
Washington	ဝါရှင်တန်ဂျို.	wa shin tan mjou.
Wenen	ဗီယင်နာဂျို.	bi jin na mjou.

243. Politiek. Overheid. Deel 1

politiek (de)	နိုင်ငံရေး	nain ngan jei:
politiek (bn)	နိုင်ငံရေးနှင့်ဆိုင်သော	nain ngan jei: hnin. zain de
politicus (de)	နိုင်ငံရေးသမား	nain ngan jei: dhama:
staat (land)	နိုင်ငံ	nain ngan
burger (de)	နိုင်ငံသား	nain ngan dha:
staatsburgerschap (het)	နိုင်ငံသားအဖြစ်	nain ngan dha: ahpji'
nationaal wapen (het)	နိုင်ငံတော်တံဆိပ်	nain ngan da dan zei'
volkslied (het)	နိုင်ငံတော်သီချင်း	nain ngan do dhi gjin:
regering (de)	အစိုးရ	asou: ja. hpja' te.
staatshoofd (het)	နိုင်ငံခေါင်းဆောင်	nain ngan gaun zaun
parlement (het)	ပါလီမန်	pa li man
partij (de)	ပါတီ	pa ti
kapitalisme (het)	အရင်းရှင်ဝါဒ	ajin: hjin wa da.
kapitalistisch (bn)	အရင်းရှင်	ajin: shin
socialisme (het)	ဆိုရှယ်လစ်ဝါဒ	hsou she la' wa da.
socialistisch (bn)	ဆိုရှယ်လစ်	hsou she la'
communisme (het)	ကွန်မြူနစ်ဝါဒ	kun mu ni' wa da.
communistisch (bn)	ကွန်မြူနစ်	kun mu ni'
communist (de)	ကွန်မြူနစ်ဝါဒယုံကြည်သူ	kun mu ni' wa da. joun kji dhu
democratie (de)	ဒီမိုကရေစီဝါဒ	di mou ka jei zi wa da.
democraat (de)	ဒီမိုကရေစီယုံကြည်သူ	di mou ka jei zi joun gji dhu
democratisch (bn)	ဒီမိုကရေစီနှင့်ဆိုင်သော	di mou ka jei zi hnin zain de.
democratische partij (de)	ဒီမိုကရေစီပါတီ	di mou ka jei zi pa ti
liberaal (de)	လစ်ဘရယ်	li' ba. je
liberaal (bn)	လစ်ဘရယ်နှင့်ဆိုင်သော	li' ba. je hnin. zain de.
conservator (de)	ကွန်ဆာဝေးတစ်လိုလားသူ	kun sa bei: ti' lou la: dhu:
conservatief (bn)	ကွန်ဆာဝေးတစ်နှင့်ဆိုင်သော	kun sa bei: ti' hnin. zain de.
republiek (de)	သမ္မတနိုင်ငံ	thamada. nain ngan
republikein (de)	သမ္မတစနစ်လိုလားသူ	thamada. zani' lou la: dhu
Republikeinse Partij (de)	သမ္မတစနစ်လိုလားသော	thamada. zani' lou la: de.
verkiezing (de)	ရွေးကောက်ပွဲ	jwei: kau' pwe:
kiezen (ww)	မဲပေးရွေးချယ်သည်	me: bei: jwei: gje de
kiezer (de)	မဲဆန္ဒရှင်	me: hsan da. shin
verkiezingscampagne (de)	မဲဆွယ်ပွဲ	me: hswe bwe:
stemming (de)	ဆန္ဒမဲပေးခြင်း	hsan da. me: pwei: gjin
stemmen (ww)	ဆန္ဒမဲပေးသည်	hsan da. me: pwei: de

stemrecht (het)	ဆန္ဒမဲပေးခွင့်	hsan da. me: khwin.
kandidaat (de)	ကိုယ်စားလှယ်လောင်း	kou za: hle laun:
zich kandideren	ရွေးကောက်ပွဲဝင်သည်	jwei: kau' pwe: win de
campagne (de)	လုပ်ဆောင်မှုများ	lou' zaun hmu. mja:
oppositie- (abn)	အတိုက်အခံဖြစ်သော	atoi' akhan hpja' tho:
oppositie (de)	အတိုက်အခံပါတီ	atoi' akhan ba di
bezoek (het)	အလည်အပတ်	ale apa'
officieel bezoek (het)	တရားဝင်အလည်အပတ်	taja: win alei apa'
internationaal (bn)	အပြည်ပြည်ဆိုင်ရာဖြစ်သော	apji pji zain ja bja' de.
onderhandelingen (mv.)	ဆွေးနွေးပွဲ	hswe: nwe: bwe:
onderhandelen (ww)	ဆွေးနွေးသည်	hswe: nwe: de

244. Politiek. Overheid. Deel 2

maatschappij (de)	လူထု	lu du
grondwet (de)	ဖွဲ့စည်းပုံအခြေခံဥပဒေ	hpwe. zi: boun akhei gan u. ba. dei
macht (politieke ~)	အာဏာ	a na
corruptie (de)	ခြစားမှု	cha. za: hmu.
wet (de)	ဥပဒေ	u. ba. dei
wettelijk (bn)	တရားဥပဒေဘောင်တွင်းဖြစ်သော	taja: u ba dei baun twin: bji' te.
rechtvaardigheid (de)	တရားမျှတခြင်း	taja: hmja. ta. gjin:
rechtvaardig (bn)	တရားမျှတသော	taja: hmja. ta. de.
comité (het)	ကော်မတီ	ko ma. din
wetsvoorstel (het)	ဥပဒေကြမ်း	u. ba. dei gjan:
begroting (de)	ဘတ်ဂျက်	ba' gje'
beleid (het)	မူဝါဒ	mu wa da.
hervorming (de)	ပြုပြင်ပြောင်းလဲမှု	pju. bjin bjaun: le: hmu.
radicaal (bn)	အစွန်းရောက်သော	aswan: jau' de.
macht (vermogen)	အား	a:
machtig (bn)	အင်အားကြီးသော	in a: kji: de.
aanhanger (de)	ထောက်ခံအားပေးသူ	htau' khan a: bei: dhu
invloed (de)	ဩဇာ	o: za
regime (het)	အစိုးရစနစ်	asou: ja. za. na'
conflict (het)	အငြင်းပွားမှု	anjin: bwa: hmu.
samenzwering (de)	လျှို့ဝှက်ပူးပေါင်းကြံစည်ချက်	shou. hwe' pu: baun: kjan ze gje'
provocatie (de)	ရန်စခြင်း	jan za gjin:
omverwerpen (ww)	ဖြုတ်ချသည်	hpjou' cha. de
omverwerping (de)	ဖြုတ်ချခြင်း	hpjou' cha. chin:
revolutie (de)	တော်လှန်ရေး	to hlan jei:
staatsgreep (de)	အာဏာသိမ်းခြင်း	a na thein: gjin:
militaire coup (de)	လက်နက်နှင့် အာဏာသိမ်းခြင်း	le' ne' hnin.a na dhain: gjin:

crisis (de)	အဆက်အခဲကာလ	akhe' akhe: ga la.
economische recessie (de)	စီးပွားရေးကျဆင်းခြင်း	si: bwa: jei: gja zin: gjin:
betoger (de)	ဆန္ဒပြသူ	hsan da. bja dhu
betoging (de)	ဆန္ဒပြပွဲ	hsan da. bja bwe:
krijgswet (de)	စစ်အခြေအနေ	si' achei anei
militaire basis (de)	စစ်စခန်း	si' sakhan

| stabiliteit (de) | တည်ငြိမ်မှု | ti njein hnu |
| stabiel (bn) | တည်ငြိမ်သော | ti njein de. |

| uitbuiting (de) | ခေါင်းပုံဖြတ်ခြင်း | gaun: boun bja' chin: |
| uitbuiten (ww) | ခေါင်းပုံဖြတ်သည် | gaun: boun bja' te |

racisme (het)	လူမျိုးကြီးဝါဒ	lu mjou: gji: wa da.
racist (de)	လူမျိုးရေးခွဲခြားသူ	lu mjou: jei: gwe: gjal dhu
fascisme (het)	ဖက်ဆစ်ဝါဒ	hpe' hsi' wa da.
fascist (de)	ဖက်ဆစ်ဝါဒီ	hpe' hsi' wa di

245. Landen. Diversen

vreemdeling (de)	နိုင်ငံခြားသား	nain ngan gja: dha:
buitenlands (bn)	နိုင်ငံခြားနှင့်ဆိုင်သော	nain ngan gja: hnin. zain de.
in het buitenland (bw)	နိုင်ငံရပ်ခြား	nain ngan ja' cha:

emigrant (de)	အခြားနိုင်ငံတွင် အခြေချသူ	apja: nain ngan dwin agjei gja dhu
emigratie (de)	အခြားနိုင်ငံတွင် အခြေချခြင်း	apja: nain ngan dwin agjei gja gjin:
emigreren (ww)	အခြားနိုင်ငံတွင် အခြေချသည်	apja: nain ngan dwin agjei gja de

Westen (het)	အနောက်အရပ်	anau' aja'
Oosten (het)	အရှေ့အရပ်	ashei. aja'
Verre Oosten (het)	အရှေ့ဖျား	ashei. bja:

beschaving (de)	လူ့နေမှုစနစ် ထွန်းကားခြင်း	lu nei hma za ni' htun: ga: gjin:
mensheid (de)	လူသားခြင်းစာနာမှု	lu dha: gjin: za na hmu
wereld (de)	ကမ္ဘာ	ga ba
vrede (de)	ငြိမ်ချမ်းရေး	njein: gjan: jei:
wereld- (abn)	ကမ္ဘာတစ်ခွင်ဖြစ်နေသော	ga ba ta khwin hpji' nei de.

vaderland (het)	မွေးရပ်မြေ	mwei: ja' mjei
volk (het)	ပြည်သူလူထု	pji dhu lu du.
bevolking (de)	လူဦးရေ	lu u: ei
mensen (mv.)	လူများ	lu mja:
natie (de)	လူမျိုး	lu mjou:
generatie (de)	မျိုးဆက်	mjou: ze'

gebied (bijv. bezette ~en)	နယ်မြေ	ne mjei
regio, streek (de)	အပိုင်း	apain:
deelstaat (de)	ပြည်နယ်	pji ne
traditie (de)	အစဉ်အလာ	asin ala
gewoonte (de)	ဓလေ့	da lei.

ecologie (de)	ဂေဟဗေဒ	gei ha. bei da.
Indiaan (de)	အိန္ဒိယလူမျိုး	indi. ja thu amjou:
zigeuner (de)	ဂျစ်ပစီ	gji' pa. si
zigeunerin (de)	ဂျစ်ပစီမိန်းကလေး	gji' pa. si min: ga. lei
zigeuner- (abn)	ဂျစ်ပစီနှင့်ဆိုင်သော	gji' pa. si hnin. zain de.
rijk (het)	အင်ပါယာ	in pa jaa
kolonie (de)	ကိုလိုနီ	kou lou ni
slavernij (de)	ကျွန်ဘဝ	kjun: ba. wa.
invasie (de)	ကျူးကျော်ခြင်း	kju: gjo gjin:
hongersnood (de)	ငတ်မွတ်ခြင်းဘေး	nga' mwa' khin: dhei:

246. Grote religieuze groepen. Bekentenissen

religie (de)	ဘာသာအယူဝါဒ	ba dha alu wa da.
religieus (bn)	ဘာသာရေးကိုင်းရှိုင်းသော	ba dha jei: gain: shin: de.
geloof (het)	ယုံကြည်ကိုးကွယ်မှု	joun kji gou: gwe hmu.
geloven (ww)	ယုံကြည်ကိုးကွယ်သည်	joun kji gou: gwe de
gelovige (de)	ယုံကြည်ကိုးကွယ်သူ	joun kji gou: gwe dhu
atheïsme (het)	ဖန်ဆင်းရှင်ဘုရား မဲ့ဝါဒ	hpan zin: shin bu ja: me. wa da.
atheïst (de)	ဖန်ဆင်းရှင်ဘုရား မဲ့ဝါဒီ	hpan zin: shin bu ja: me. wa di
christendom (het)	ခရစ်ယာန်ဘာသာ	khari' jan ba dha
christen (de)	ခရစ်ယာန်	khari' jan
christelijk (bn)	ခရစ်ယာန်နှင့်ဆိုင်သော	khari' jan hnin. zain de
katholicisme (het)	ရိုမန်ကတ်သလစ်ဝါဒ	jou man ga' tha. li' wa da.
katholiek (de)	ကတ်သလစ်ဂိုဏ်းဝင်	ka' tha li' goun: win
katholiek (bn)	ကတ်သလစ်နှင့်ဆိုင်သော	ka' tha li' hnin zein de
protestantisme (het)	ပရိုတက်စတင့်ဝါဒ	pa. jou te' sa tin. wa da.
Protestante Kerk (de)	ပရိုတက်စတင့်အသင်းတော်	pa. jou te' sa tin athin: do
protestant (de)	ပရိုတက်စတင့်ဂိုဏ်းဝင်	pa. jou te' sa tin gain: win
orthodoxie (de)	အော်သိုဒေါ့ဝါဒ	o dhou do. athin wa da.
Orthodoxe Kerk (de)	အော်သိုဒေါ့အသင်းတော်	o dhou do. athin: do
orthodox	အော်သိုဒေါ့နှင့်ဆိုင်သော	o dhou do. athin: de.
presbyterianisme (het)	ပရက်စ်ဘိုင်တီးရီးယန်းဝါဒ	pa. je's bain di: ji: jan: wa da.
Presbyteriaanse Kerk (de)	ပရက်စ်ဘိုင်တီးရီး ယန်အသင်းတော်	pa. je's bain di: ji: jan athin: do
presbyteriaan (de)	ပရက်စ်ဘိုင်တီးရီး ယန်းဂိုဏ်းဝင်	pa. je's bain di: ji: jan: gain: win
lutheranisme (het)	လူသာရင်ဝါဒ	lu dha jin wa da.
lutheraan (de)	လူသာရင်ဂိုဏ်းဝင်	lu dha jin gain: win
baptisme (het)	နှစ်ခြင်းအသင်းတော်	hni' chin: a thin: do
baptist (de)	နှစ်ခြင်းဂိုဏ်းဝင်	hni' chin: gain: win
Anglicaanse Kerk (de)	အင်္ဂလိကန်အသင်းတော်	angga. li kan - athin: do

anglicaan (de)	အင်္ဂလိကန်ဂိုဏ်းဝင်	angga. li kan gain win
mormonisme (het)	မောမောန်ဝါဒ	mo maun wa da.
mormoon (de)	မော်မောန်ဂိုဏ်းဝင်	mo maun gain: win
Jodendom (het)	ဂျူးဘာသာ	gju: ba dha
jood (aanhanger van het Jodendom)	ဂျူးဘာသာဝင်	gju: ba dha win
boeddhisme (het)	ဗုဒ္ဓဘာသာ	bou' da. ba dha
boeddhist (de)	ဗုဒ္ဓဘာသာဝင်	bou' da. ba dha win
hindoeïsme (het)	ဟိန္ဒူဘာသာ	hin du ba dha
hindoe (de)	ဟိန္ဒူဘာသာဝင်	hin du ba dha win
islam (de)	အစ္စလမ်ဘာသာ	a' sa. lan ba dha
islamiet (de)	မွတ်စလင်ဘာသာဝင်	mu' sa lin ba dha win
islamitisch (bn)	မွတ်စလင်နှင့်ဆိုင်သော	mu' sa lin hnin. zain de.
sjiisme (het)	ရှီးအိုက်အစ္စလာမ်ဂိုဏ်း	shi: ai' asa. lan gain:
sjiiet (de)	ရှီးအိုက်ထောက်ခံသူ	shi: ai' htau' khan dhu
soennisme (het)	စွန်နီအစ္စလာမ်ဂိုဏ်း	sun ni i' sa lan gain:
soenniet (de)	စွန်နီထောက်ခံသူ	sun ni dau' khan dhu

247. Religies. Priesters

priester (de)	ခရစ်ယာန်ဘုန်းကြီး	khari' jan boun: gji:
paus (de)	ပုပ်ရဟန်းမင်းကြီး	pou' ja. han: min: gji:
monnik (de)	ဘုန်းကြီး	hpoun: gji:
non (de)	သီလရှင်	thi la shin
pastoor (de)	သင်းအုပ်ဆရာ	thin: ou' zaja
abt (de)	ကျောင်းထိုင်ဆရာတော်	kjaun: dain zaja do
vicaris (de)	ဗိကာဘုန်းတော်ကြီး	bi ka boun: do kji:
bisschop (de)	ဘစ်ရှော့ပ်ဘုန်းကြီး	ba' shau' hpoun: gja
kardinaal (de)	ကာဒိနယ်ဘုန်းကြီး	ka di ne boun: gji:
predikant (de)	ခရစ်ယာန်တရားဟောဆရာ	khari' jan da. ja ho: zaja
preek (de)	တရားဟောခြင်း	taja ho: gjin:
kerkgangers (mv.)	အသင်းဝတ်နှင့်သက် ဆိုင်သူများ	athin: do hnin. dha' hsain: dhu mja:
gelovige (de)	ယုံကြည်ကိုးကွယ်သူ	joun kji gou: gwe dhu
atheïst (de)	ဖန်ဆင်းရှင်မရှိ ယုံကြည်သူ	hpan zin: shin ma. shi. joun gji dhu

248. Geloof. Christendom. Islam

Adam	အာဒံ	adan
Eva	ဧဝ	ei wa.
God (de)	ဘုရား	hpaja:

Heer (de)	ဘုရားသခင်	hpaja: dha gin
Almachtige (de)	ထာဝရဘုရားသခင်	hta wa. ja. bu. ja: dha. gin
zonde (de)	အပြစ်	apja'
zondigen (ww)	မကောင်းမှုပြုသည်	ma. gaun: hmu. bju. de
zondaar (de)	မကောင်းမှုပြုလုပ်သူ	ma. gaun: hmu. bju. lou' thu
zondares (de)	မကောင်းမှုပြုလုပ်သူ	ma. gaun: hmu. bju. lou' thu
hel (de)	ငရဲ	nga. je:
paradijs (het)	ကောင်းကင်ဘုံ	kaun: gin boun
Jezus	ယေရှု	jei shu
Jezus Christus	ယေရှုခရစ်တော်	jei shu khari' to
Heilige Geest (de)	သန့်ရှင်းသောဝိညာဉ်တော်	than. shin: dho: bein njin do
Verlosser (de)	ကယ်တင်ရှင်သခင်	ke din shin dhakhin
Maagd Maria (de)	ဘုရားသခင်၏	hpaja: dha gin i.
	မိခင်အပျိုစင်မာရှ	amjou za' ma ji.
duivel (de)	မကောင်းဆိုးဝါး	ma. gaun: zou: wa:
duivels (bn)	မဂ္ဂကောင်းဆိုးဝါး	ma. gaun: zou: wa:
	နှင့်ဆိုင်သော	hnin. zain de.
Satan	စာတန်မာရ်နတ်	hsa tan ma na'
satanisch (bn)	စေတန်မာရ်နတ်ဖြစ်သော	sei tan man na' hpji' te.
engel (de)	ဘုရားသခင်၏တမန်	hpaja: dha gin i. da man
beschermengel (de)	ကိုယ်စောင့်ကောင်းကင်တမန်	kou zaun. kan: kin da. man
engelachtig (bn)	အပြစ်ကင်းစင်သော	apja' kin: zin de.
apostel (de)	တမန်တော်	taman do
aartsengel (de)	ကောင်းကင်တမန်မင်း	kaun: gin da. man min:
antichrist (de)	အန္တီခရစ်-ခရစ်တော်	anti khari' - khari' to
	ကိုဆန့်ကျင်သူ	kou zin. kjin dhu
Kerk (de)	အသင်းတော်	athin: do
bijbel (de)	ခရစ်ယာန်သမ္မာကျမ်းစာ	khari' jan dhan ma gjan: za
bijbels (bn)	သမ္မာကျမ်းလာ	than ma gjan: la
Oude Testament (het)	ဓမ္မဟောင်းကျမ်း	dama. hain gjan:
Nieuwe Testament (het)	ဓမ္မသစ်ကျမ်း	dama. dha' kjan:
evangelie (het)	ခရစ်ဝင်ကျမ်း	khari' win gjan:
Heilige Schrift (de)	သန့်ရှင်းမြင့်မြတ်	than. shin: mjin. mja'
	သောသမ္မာကျမ်းစာ	te. than ma gjan: za
Hemel, Hemelrijk (de)	ကောင်းကင်ဘုံ	kaun: gin boun
gebod (het)	ကျင့်ဆောင်ရမည့်	kjin. zain. ja. mji.
	ပညတ်တရား	ba. nja' ta ja:
profeet (de)	ပရောဖက်	pa. jo. hpe'
profetie (de)	ကြိုတင်ဟောကိန်း	kjou din ho: kein:
Allah	အလ္လာဟ်	al la'
Mohammed	မိုဟာမက်	mou ha ma'
Koran (de)	ကိုရန်ကျမ်း	kou jan kjein:
moskee (de)	ဗလီ	bali
moellah (de)	ဗလီဆရာ	bali zaja

| gebed (het) | ဆုတောင်းစကား | hsu. daun: zaga: |
| bidden (ww) | ရှိုးသည် | shi. gou: de |

pelgrimstocht (de)	ဘုရားဖူးခရီး	hpaja: hpu: ga ji:
pelgrim (de)	ဘုရားဖူး	hpaja: hpu:
Mekka	မက္ကာမြို့	me' ka mjou.

kerk (de)	ခရစ်ယာန်ဘုရားကျောင်း	khari' jan bu. ja: gjaun:
tempel (de)	ဘုရားကျောင်း	hpaja: gjaun:
kathedraal (de)	ဘုရားရှိခိုးကျောင်းတော်	hpaja: gjaun: do:
gotisch (bn)	ဂေါ့သစ်စ် ဗိသုကာဖြစ်သော	go. dhi' kh bi. dhou ka bji' de
synagoge (de)	ဂျူးဘုရားရှိခိုးကျောင်း	gju: bou ja: shi. gou: kjaun:
moskee (de)	ဗလီ	bali

kapel (de)	ဝတ်ပြုဆုတောင်းရာနေရာ	wa' pju. u. daun: ja nei ja
abdij (de)	ခရစ်ယာန်ကျောင်းတိုက်	khari' jan gjaun: dai'
nonnenklooster (het)	သီလရှင်ကျောင်း	thi la shin kjaun:
mannenklooster (het)	ဘုန်းကြီးကျောင်း	hpoun: gji: gjaun:

klok (de)	ခေါင်းလောင်း	gaun: laun:
klokkentoren (de)	ခေါင်းလောင်းစင်	gaun: laun: zin
luiden (klokken)	တီးသည်	ti: de

kruis (het)	လက်ဝါးကပ်တိုင်	le' wa: ka' tain
koepel (de)	လိပ်ခုံးပုံအမိုး	lei' khoun: boun amou:
icoon (de)	ခရစ်ယာန်သူတော်စင်ပုံ	khari' jan dhu do zin boun

ziel (de)	အသက်ဝိညည်	athe'
lot, noodlot (het)	ကံတရား	kan daja:
kwaad (het)	အဆိုး	ahsou:
goed (het)	ကောင်းမှု	kaun: hma.

vampier (de)	သွေးစုပ်ဖုတ်ကောင်	thwei: zou' hpou' kaun
heks (de)	စုန်းမ	soun: ma.
demoon (de)	နတ်ဆိုး	na' hsou:
geest (de)	ဝိညာဉ်	wi. njan

| verzoeningsleer (de) | အပြစ်မှကယ်နှုတ်ခံရခြင်း | apja' hma. ge hnou' knan ja. gjin: |
| vrijkopen (ww) | အပြစ်မှကယ်နှုတ်သည် | apja' hma. ge nou' te |

mis (de)	အသင်းတော်ဝတ်ပြုစည်းဝေး	athin: do wu' pju zi: wei:
de mis opdragen	ဝတ်ပြုသည်	wa' pju. de
biecht (de)	ဝန်ခံခြင်း	wun khan gjin:
biechten (ww)	အပြစ်ဝန်ခံသည်	apja' wun gan de

heilige (de)	သူတော်စင်	thu do zin
heilig (bn)	မြင့်မြတ်သော	mjin. mja' te.
wijwater (het)	သန့်ရှင်းမြင့်မြတ်သောရေ	than. shin: mjin. mja' te. jei

ritueel (het)	ထုံးတမ်းဓလေ့	htoun: dan: dalei.
ritueel (bn)	ထုံးတမ်းဓလေ့ဖြစ်သော	htoun: dan: dalei. bji' te.
offerande (de)	ယဇ်ပူဇော်ခြင်း	ji' pu zo gjin:

| bijgeloof (het) | အယူသီးခြင်း | aju dhi: gjin: |
| bijgelovig (bn) | အယူသီးသော | aju dhi: de |

hiernamaals (het)	တမလွန်	tamalun
eeuwige leven (het)	ထာ၀ရ ရှင်သန်	hta wa. ja. shin dhan
	ခြင်းဘ၀	gjin: ba. wa.

DIVERSEN

249. Diverse nuttige woorden

achtergrond (de)	နောက်ခံ	nau' khan
balans (de)	ဟန်ချက်ညီမျှမှု	han gje' nji hma. hmu.
basis (de)	အခြေခံ	achei khan
begin (het)	အစ	asa.
beurt (wie is aan de ~?)	အလှည့်	ahle.
categorie (de)	အမျိုးအစား	amjou: asa:
comfortabel (~ bed, enz.)	သက်သောင့်သက်သာရှိသော	the' thaun. dhe' tha shi. de
compensatie (de)	လျော်ကြေး	jo kjei:
deel (gedeelte)	အပိုင်း	apain:
deeltje (het)	အမှုန့်	ahmoun.
ding (object, voorwerp)	ပစ္စည်း	pji' si:
dringend (bn, urgent)	အမြန်လိုသော	aman lou de.
dringend (bw, met spoed)	အမြန်	aman
effect (het)	အကျိုးဆက်	akjou: amja' hse'
eigenschap (kwaliteit)	အရည်အချင်း	aji achin:
einde (het)	အဆုံး	ahsoun:
element (het)	အစိတ်အပိုင်း	asei' apain:
feit (het)	အချက်အလက်	ache' ale'
fout (de)	အမှား	ahma:
geheim (het)	လျှို့ဝှက်ချက်	shou. hwe' che'
graad (mate)	အတိုင်းအတာ	atain: ata
groei (ontwikkeling)	ကြီးထွားမှု	kji: htwa: hmu.
hindernis (de)	အတားအဆီး	ata: ahsi:
hinderpaal (de)	အဟန့်အတား	ahan. ata:
hulp (de)	အကူအညီ	aku anji
ideaal (het)	စံပြ	san bja.
inspanning (de)	အားထုတ်ကြိုးပမ်းမှု	a: htou' kjou: ban: hmu.
keuze (een grote ~)	ရွေးချယ်မှု	jwei: che hmu.
labyrint (het)	ဝင်္ကပါ	win gaba
manier (de)	နည်းလမ်း	ne: lan:
moment (het)	အခိုက်	akhai'
nut (bruikbaarheid)	အကျိုး	akjou:
onderscheid (het)	ကွာဟချက်	kwa ha. che'
ontwikkeling (de)	ဖွံ့ဖြိုးတိုးတက်မှု	hpjun. bjou: dou: de' hmu.
oplossing (de)	ဖြေရှင်းချက်	hpjei shin: gje'
origineel (het)	မူရင်း	mu jin:
pauze (de)	ရပ်ရင်း	ja' chin:
positie (de)	နေရာ	nei ja
principe (het)	အခြေခံသဘောတရား	achei khan dha. bo da. ja:

probleem (het)	ပြဿနာ	pjadhana
proces (het)	ဖြစ်စဉ်	hpji' sin
reactie (de)	တုံ့ပြန်မှု	toun. bjan hmu

reden (om ~ van)	အကြောင်း	akjaun:
risico (het)	စွန့်စားရခြင်း	sun. za: gjin:
samenvallen (het)	တိုက်ဆိုင်မှု	tai' hsain hmu.
serie (de)	အစဉ်	asin

situatie (de)	အခြေအနေ	achei anei
soort (bijv. ~ sport)	အမျိုးအစား	amjou: asa:
standaard (bn)	စံဖြစ်သော	san bji' te.
standaard (de)	စံ	san
stijl (de)	ပုံစံ	poun zan

stop (korte onderbreking)	ရပ်နားခြင်း	ja' na: gjin:
systeem (het)	စနစ်	sani'
tabel (bijv. ~ van Mendelejev)	ဇယား	za ja:
tempo (langzaam ~)	အရှိန်	ashein
term (medische ~en)	ဝေါဟာရ	wo: ha ra.

type (soort)	အမျိုးအစား	amjou: asa:
variant (de)	အမျိုးကွဲ	amjou: asa: gwe:
veelvuldig (bn)	မကြာခဏဖြစ်သော	ma. gja gan bji' de.
vergelijking (de)	နှိုင်းယှဉ်ခြင်း	hnain: shin gjin:
voorbeeld (het goede ~)	နမူနာ	na. mu na

voortgang (de)	တိုးတက်မှု	tou: te'
voorwerp (ding)	အရာ	aja
vorm (uiterlijke ~)	ပုံသဏ္ဌာန်	poun thadan
waarheid (de)	အမှန်တရား	ahman da ja:
zone (de)	ဇုန်	zoun

250. Beperkende bijwoorden. Bijvoeglijke naamwoorden. Deel 1

accuraat (uurwerk, enz.)	စေ့စပ်သော	sei. sa' te.
achter- (abn)	နောက်ကျောဖြစ်သော	nau' kjo: bji' te.
additioneel (bn)	ထပ်ဖြည့်သော	hta' hpi, de,
anders (bn)	ကွဲပြားခြားနားသော	kwe: bja: gja: na: de.

arm (bijv. ~e landen)	ဆင်းရဲသော	hsin: je: de.
begrijpelijk (bn)	ရှင်းလင်းသော	shin: lin: de.
belangrijk (bn)	အရေးကြီးသော	ajei: akji: de.
belangrijkst (bn)	အရေးအကြီးဆုံးသော	ajei: akji: zoun: de.

beleefd (bn)	ယဉ်ကျေးသော	jin gjei: de.
beperkt (bn)	အကန့်အသတ်ရှိသော	akan. atha' shi. de.
betekenisvol (bn)	အရာရောက်သော	aja jau' de.
bijziend (bn)	အဝေးမှုန်သော	awei: hmun de.
binnen- (abn)	အတွင်းပိုင်းဖြစ်သော	atwin: bain: bji' tho:

bitter (bn)	ခါးသော	kha: de.
blind (bn)	မမြင်ရသော	ma. mjin ja. de.
breed (een ~e straat)	ကျယ်သော	kje de.

| breekbaar (porselein, glas) | ကွဲလွယ်သော | kwe: lwe de. |
| buiten- (abn) | အပြင်ပန်းဖြစ်သော | apjin ban hpja' te. |

buitenlands (bn)	နိုင်ငံခြားနှင့်ဆိုင်သော	nain ngan gja: hnin. zain de.
burgerlijk (bn)	အများပြည်သူနှင့်ဆိုင်သော	amja: pji dhu hnin. zain de.
centraal (bn)	အလယ်ဗဟိုဖြစ်သော	ale ba hou hpji' te.
dankbaar (bn)	ကျေးဇူးတင်သော	kjei: zu: din de.
dicht (~e mist)	ထူထပ်သော	htu da' te.

dicht (bijv. ~e mist)	ထူထပ်သော	htu da' te.
dicht (in de ruimte)	နီးသော	ni: de.
dicht (bn)	အနီးအနားတွင်ရှိသော	ani: ana: dwin shi. de
dichtstbijzijnd (bn)	အနီးဆုံး	ani: zoun:

diepvries (~product)	အေးခဲနေသော	ei: khe: nei de.
dik (bijv. muur)	ထူသော	htu de.
dof (~ licht)	မှိန်ဖျော့သော	hmein bja de.
dom (dwaas)	မိုက်မဲ ထုံထိုင်းသော	mai' me: doun dain: de.

donker (bijv. ~e kamer)	မှောင်သော	hmaun de.
dood (bn)	သေနေသော	thei nei de.
doorzichtig (bn)	ဖောက်ထွင်းမြင်နိုင်သော	hpau' htwin: mjin nain de.
droevig (~ blik)	ဝမ်းနည်းသော	wan: ne: de.
droog (bn)	ခြောက်သော	chau' de.

dun (persoon)	ပိန်သော	pein de.
duur (bn)	ဈေးကြီးသော	zei: kji: de.
eender (bn)	တူညီသော	tu nji de.
eenvoudig (bn)	လွယ်ကူသော	lwe gu de.
eenvoudig (bn)	လွယ်ကူသော	lwe gu de.

eeuwenoude (~ beschaving)	ရှေးကျသော	shei: gja. de
enorm (bn)	အလွန်ကြီးမားသော	alun gji: ma: de.
geboorte- (stad, land)	မွေးရာဇာတိဖြစ်သော	mwei: ja za di. bji' te.
gebruind (bn)	အသားညိုသော	atha: njou de.

gelijkend (bn)	တူညီသော	tu nji de.
gelukkig (bn)	ပျော်ရွှင်သော	pjo shwin de.
gesloten (bn)	ပိတ်ထားသော	pei' ta: de.
getaand (bn)	ညိုသော	njou de.

gevaarlijk (bn)	အန္တရာယ်ရှိသော	an dare shi. de.
gewoon (bn)	သာမန်ဖြစ်သော	tha man bji' te.
gezamenlijk (~ besluit)	ပူးတွဲဖြစ်သော	pu: twe: bji' te.
glad (~ oppervlak)	ချောမွတ်သော	cho: mu' te.
glad (~ oppervlak)	ညီညာပြန့်ပြူးသော	nji nja bjan: bju: de.

goed (bn)	ကောင်းသော	kaun: de.
goedkoop (bn)	ဈေးပေါသော	zei: po: de.
gratis (bn)	အခမဲ့	akha me.
groot (bn)	ကြီးသော	kji: de.

hard (niet zacht)	မာကျောသော	ma gjo: de.
heel (volledig)	အားလုံးဖြစ်သော	a: loun: bji' te.
heet (bn)	ပူသော	pu dho:
hongerig (bn)	စာလောင်သော	hsa laun de.

hoofd- (abn)	အဓိက	adi. ka.
hoogste (bn)	အမြင့်ဆုံးဖြစ်သော	amjin. zoun: bje' te.
huidig (courant)	ပစ္စုပ္ပန်ဖြစ်သော	pji' sou' pan bji' te.
jong (bn)	ငယ်ရွယ်သော	ngwe jwe de.

juist, correct (bn)	မှန်ကန်သော	hman gan de.
kalm (bn)	အေးဆေးသော	ei: hsei: de.
kinder- (abn)	ကလေးများနှင့်ဆိုင်သော	kalei: mja: hnin.zain de.
klein (bn)	သေးသော	thei: de.
koel (~ weer)	အေးမြသော	ei: mja. de.

kort (kortstondig)	တိုတောင်းသော	tou daun: de.
kort (niet lang)	တိုသော	tou de.
koud (~ water, weer)	အေးသော	ei: de.
kunstmatig (bn)	သဘာဝအတိုင်းမဟုတ်သော	tha. bawa ahtain: ma. hou' te.

laatst (bn)	နောက်ဆုံးဖြစ်သော	nau' hsoun: bji' te.
lang (een ~ verhaal)	ရှည်လျားသော	shei lja: de.
langdurig (bn)	ရှည်ကြာသော	shei gja de.
lastig (~ probleem)	ခက်ခဲသော	khe' khe: de.

leeg (glas, kamer)	ဘာမျှမရှိသော	ba hmja. ma. shi. de.
lekker (bn)	အရသာရှိသော	aja. dha shi. de.
licht (kleur)	ဖျော့သော	hpjo. de.
licht (niet veel weegt)	ပေါ့ပါးသော	po. ba: de.

linker (bn)	ဘယ်	be
luid (bijv. ~e stem)	ကျယ်လောင်သော	kje laun de
mager (bn)	ပိန်ကပ်ကပ်ဖြစ်သော	pein ga' ka' hpji' te.
mat (bijv. ~ verf)	မှိုင်းသော	main: dho:
moe (bn)	ပင်ပန်းသော	pin ban: de.

moeilijk (~ besluit)	ခက်ခဲသော	khe' khe: de.
mogelijk (bn)	ဖြစ်နိုင်သော	hpji' nein de.
mooi (bn)	လှပသော	hla. ba. de.
mysterieus (bn)	လျှို့ဝှက်ဆန်းကြယ်သော	shou. hwe' hsan: gje de.

naburig (bn)	အိမ်နီးချင်းဖြစ်သော	ein ni: na: gjin: hpji' tho:
nalatig (bn)	နမော်နမဲ့နိုင်သော	na. mo na. me nain de.
nat (~te kleding)	စိုစွတ်သော	sou zu' te.
nerveus (bn)	စိတ်လှုပ်ရှားသော	sei' hlou' sha: de.
niet groot (bn)	မကြီးသော	ma. gji: de.

niet moeilijk (bn)	မခက်ခဲသော	ma. ge' khe: de.
nieuw (bn)	အသစ်ဖြစ်သော	athi' hpji' te.
nodig (bn)	လိုအပ်သော	lou a' de.
normaal (bn)	ပုံမှန်ဖြစ်သော	poun hman gji' te.

251. Beperkende bijwoorden. Bijvoeglijke naamwoorden. Deel 2

onbegrijpelijk (bn)	နားမလည်နိုင်သော	ma: ma. le nain de.
onbelangrijk (bn)	အရေးမပါသော	ajei: ma. ba de.
onbeweeglijk (bn)	လှုပ်ရှားမှုကင်းသော	hlou' sha: hmu. gin: de.
onbewolkt (bn)	°တိမ်ကင်းစင်သော	tain gin: dhin de.

ondergronds (geheim)	လျှို့ဝှက်စွာလုပ်သော	shou. hwe' swa lou' te.
ondiep (bn)	တိမ်သော	tein de
onduidelijk (bn)	မရှင်းလင်းသော	ma. shin: lin: de.
onervaren (bn)	အတွေ့အကြုံမရှိသော	atwei. akjoun ma. shi. dho:
onmogelijk (bn)	မဖြစ်နိုင်သော	ma. bji' nain de.
onontbeerlijk (bn)	မရှိမဖြစ်သော	ma. shi ma. bji' te.
onophoudelijk (bn)	နားချိန်မရှိသော	na: gjein ma. shi. de.
ontkennend (bn)	ဆန့်ကျင်ဘက်ဖြစ်သော	hsan. gjin ba' hpja' te.
open (bn)	ဖွင့်ထားသော	hpwin. da: de.
openbaar (bn)	အများပြည်သူနှင့်ဆိုင်သော	amja: pji dhu hnin. zain de.
origineel (ongewoon)	မူရင်းဖြစ်သော	mu jin: bji' te.
oud (~ huis)	ဟောင်းသော	haun: de.
overdreven (bn)	လွန်ကဲသော	lun ge: de.
passend (bn)	အသုံးဝင်သော	athoun: win de.
permanent (bn)	အမြဲတမ်းဖြစ်သော	amje: dan: bji' te.
persoonlijk (bn)	ကိုယ်ပိုင်	kou bain
plat (bijv. ~ scherm)	ညီညာပြန့်ပြူးသော	nji nja bjan. bju: de.
prachtig (~ paleis, enz.)	လှပသော	hla. ba. de.
precies (bn)	တိကျသော	ti. gja. de.
prettig (bn)	သာယာသော	tha ja de.
privé (bn)	ကိုယ်ပိုင်	kou bain
punctueel (bn)	အချိန်မှန်ကန်တိကျသော	achein hman kan ti. gja. de.
rauw (niet gekookt)	အစိမ်းသက်သက်ဖြစ်သော	asain: dhe' dhe' hpja' te.
recht (weg, straat)	ဖြောင့်တန်းသော	hpjaun. dan: de.
rechter (bn)	ညာဘက်	nja be'
rijp (fruit)	မှည့်သော	hme. de.
riskant (bn)	အန္တရာယ်များသော	an dare mja: de.
ruim (een ~ huis)	ကျယ်ဝန်းသော	kje wan de.
rustig (bn)	တိတ်ဆိတ်သော	tei' hsei' te
scherp (bijv. ~ mes)	ချွန်ထက်သော	chwan de' te.
schoon (niet vies)	သန့်ရှင်းသော	than. shin: de.
slecht (bn)	ဆိုးသော	hsou: de.
slim (verstandig)	သွက်လက်ထက်မြက်သော	thwe' le' the' mja' te.
smal (~le weg)	ကျဉ်းသော	kjin de.
snel (vlug)	မြန်သော	mjan de.
somber (bn)	မှုန်မှိုင်းနေသော	hmoun hmain: nei de.
speciaal (bn)	အထူးဖြစ်သော	a htu: hpja' te.
sterk (bn)	သန်မာသော	than ma de.
stevig (bn)	အစိုင်အခဲဖြစ်သော	asoun akhe:
straatarm (bn)	ခိုကိုးရာမဲ့သော	khou gou: ja me. de.
strak (schoenen, enz.)	ကျပ်သော	kja' te.
teder (liefderijk)	ကြင်နာသနားတတ်သော	kjin na dha. na: da' de.
tegenovergesteld (bn)	ဆန့်ကျင်ဘက်ဖြစ်သော	hsan. gjin ba' hpja' te.
tevreden (bn)	ကျေနပ်သော	kjei na' de.
tevreden (klant, enz.)	အားရကျေနပ်သော	a: ei kjei nin de.
treurig (bn)	ဝမ်းနည်းသော	wan: ne: de.
tweedehands (bn)	သုံးပြီးသားဖြစ်သော	thoun: bji: dha: bji' te.
uitstekend (bn)	အလွန်ကောင်းသော	alun kaun: de.

uitstekend (bn)	ထိပ်တန်းဖြစ်သော	htei' tan: hpi' te.
uniek (bn)	ပြိုင်ဘက်ကင်းသော	pjain be' kin: de.
veilig (niet gevaarlijk)	လုံခြုံသော	loun gjoun de.
ver (in de ruimte)	ဝေးသော	wei: de.

verenigbaar (bn)	လိုက်ဘက်ညီသော	lai' be' nji de.
vermoeiend (bn)	ပင်ပန်းနေသော	pin ban: nei de
verplicht (bn)	မလုပ်မနေ့ဖြစ်သော	ma. lou' ma. nei bji' te.
vers (~ brood)	လတ်ဆတ်သော	la' hsa' te.
verschillende (bn)	အမျိုးစုံသော	amjou: zoun de.

verst (meest afgelegen)	ဝေးကွာသော	wei: kwa de.
vettig (voedsel)	အဆီများသော	ahsi mja: de.
vijandig (bn)	ရန်လိုသော	jan lou de.
vloeibaar (bn)	အရည်ဖြစ်သော	aja hpja' te.
vochtig (bn)	စိုထိုင်းသော	sou htain: de
vol (helemaal gevuld)	ပြည့်သော	pjei. de.

volgend (~ jaar)	နောက်ရောက်လာမည်ဖြစ်သော	nau' jau' la me bji' te.
vorig (bn)	အတိတ်ကဖြစ်သော	ati' ka. hpja' te.
voornaamste (bn)	အဓိက	adi. ka.
vorig (~ jaar)	လွန်ခဲ့သော	lun ge. de.
vorig (bijv. ~e baas)	အရင်ကဖြစ်သော	ajin ka. hpja' de.

vriendelijk (aardig)	ချစ်စရာကောင်းသော	chi' saja kaun: de.
vriendelijk (goedhartig)	သဘောကောင်းသော	thabo: kaun: de.
vrij (bn)	လွတ်လပ်သော	lu' la' de.
vrolijk (bn)	ပျော်ရွှင်သော	pjo shwin de.
vruchtbaar (~ land)	အကျိုးဖြစ်ထွန်းသော	akjou: hpji' htun: de.

vuil (niet schoon)	ညစ်ပတ်သော	nji' pa' te.
waarschijnlijk (bn)	ဖြစ်နိုင်ခြေရှိသော	hpji' nain gjei shi. de.
warm (bn)	နွေးထွေးသော	nwei: dwei: de.
wettelijk (bn)	ဥပဒေနှင့် ညီညွတ်သော	u. ba. dei hnin. nji nju' te.
zacht (bijv. ~ kussen)	နူးညံ့သော	nu: njan. de.

zacht (bn)	တိုးသော	tou: dho:
zeldzaam (bn)	ရှားပါးသော	sha: ba: de.
ziek (bn)	နေမကောင်းသော	nei ma. kaun: de.
zoet (~ water)	ရေရှို	jei gjou
zoet (bn)	ရှိုသော	chou de.

zonnig (~e dag)	နေသာသော	nei dha de.
zorgzaam (bn)	ဂရုစိုက်သော	ga ju. sai' te.
zout (de soep is ~)	ငန်သော	ngan de.
zuur (smaak)	ချဉ်သော	q'useaa
zwaar (~ voorwerp)	လေးလံသော	lei: lan de.

DE 500 BELANGRIJKSTE WERKWOORDEN

252. Werkwoorden A-C

aaien (bijv. een konijn ~)	ပွတ်သပ်သည်	pu' tha' te
aanbevelen (ww)	အကြံပြုထောက်ခံသည်	akjan pju htau' khan de
aandringen (ww)	တိုက်တွန်းပြောဆိုသည်	tou' tun: bjo: zou de
aankomen (ov. de treinen)	လာရောက်သည်	la jau' te

aanleggen (bijv. bij de pier)	ဆိုက်ကပ်သည်	hseu' ka' de
aanraken (met de hand)	ထိသည်	hti. de
aansteken (kampvuur, enz.)	မီးရှို့သည်	mi: hnji de
aanstellen (in functie plaatsen)	ခန့်အပ်သည်	khan. a' te

aanvallen (mil.)	တိုက်ခိုက်သည်	tai' hsai' te
aanvoelen (gevaar ~)	အာရုံခံစားသည်	a joun gan za: dhi
aanvoeren (leiden)	ဦးဆောင်သည်	u: zaun de
aanwijzen (de weg ~)	ညွှန်ပြသည်	hnjun bja. de

aanzetten (computer, enz.)	ဖွင့်သည်	hpwin. de
ademen (ww)	အသက်ရှူသည်	athe' shu de
adverteren (ww)	ကြော်ငြာသည်	kjo nja de
adviseren (ww)	အကြံပေးသည်	akjan bei: de

afdalen (on.ww.)	အောက်ဆင်းသည်	au' hsin: de
afgunstig zijn (ww)	မနာလိုဖြစ်သည်	ma. na lou bji' te
afhakken (ww)	ခုတ်ဖြတ်သည်	khou' bja' te
afhangen van ...	မူတည်သည်	mu de de

afluisteren (ww)	ချောင်းပြီးနားထောင်သည်	gaun: bji: na: daun de
afnemen (verwijderen)	ဖြုတ်ချသည်	hpjou' cha. de
afrukken (ww)	ဆုတ်ဖြဲသည်	hsou' hpje: de
afslaan (naar rechts ~)	ကွေ့သည်	kwei. de

afsnijden (ww)	ဖြတ်သည်	hpja' te
afzeggen (ww)	ပယ်ဖျက်သည်	pe hpje' te
amputeren (ww)	ဖြတ်တောက်ကုသသည်	hpja' tau' ku. dha de
amuseren (ww)	ဖျော်ဖြေသည်	hpjo bjei de

antwoorden (ww)	ဖြေသည်	hpjei de
applaudisseren (ww)	လက်ခုပ်သြဘာပေးသည်	le' khou' thja ba bei: de
aspireren (iets willen worden)	ရည်မှန်းသည်	ji hman: de
assisteren (ww)	ကူညီသည်	ku nji de

bang zijn (ww)	ကြောက်သည်	kjau' te
barsten (plafond, enz.)	အက်ကွဲသည်	e' kwe: de
bedienen (in restaurant)	တည်ခင်းသည်	ti khin: de
bedreigen (bijv. met een pistool)	ခြိမ်းခြောက်သည်	chein: gjau' te

bedriegen (ww)	လိမ်ပြောသည်	lain bjo: de
beduiden (betekenen)	ဆိုလိုသည်	hsou lou de
bedwingen (ww)	တားဆီးသည်	ta: zi: de
beëindigen (ww)	ပြီးသည်	pji: de

begeleiden (vergezellen)	လိုက်ပို့သည်	lai' pou. de
begieten (water geven)	ရေလောင်းသည်	jei laun: de
beginnen (ww)	စတင်သည်	sa. tin de
begrijpen (ww)	နားလည်သည်	na: le de
behandelen (patiënt, ziekte)	ကုသည်	ku. de

beheren (managen)	ညွှန်ကြားသည်	hnjun gja: de
beïnvloeden (ww)	သြဇာလွှမ်းသည်	o: za hlan: de
bekennen (misdadiger)	ဝန်ခံသည်	wun khan de
beledigen (met scheldwoorden)	စော်ကားသည်	so ga: de

beledigen (ww)	စိတ်ထိခိုက်စေသည်	sei' hti. gai' sei de
beloven (ww)	ကတိပေးသည်	gadi pei: de
beperken (de uitgaven ~)	ချုပ်ချယ်သည်	chou' che de
bereiken (doel ~, enz.)	ရရှိသည်	ja. hji. de

bereiken (plaats van bestemming ~)	ရောက်သည်	jau' te
beschermen (bijv. de natuur ~)	ကာကွယ်စောင့်ရှောက်သည်	ka gwe zaun. sha' te
beschuldigen (ww)	စွပ်စွဲသည်	su' swe: de
beslissen (~ iets te doen)	ဆုံးဖြတ်သည်	hsoun: hpja' te

besmet worden (met …)	ကူးစက်သည်	ku: ze' te
besmetten (ziekte overbrengen)	ရောဂါကူးသည်	jo ga gu: de
bespreken (spreken over)	ဆွေးနွေးသည်	hswe: nwe: de
bestaan (een ~ voeren)	နေသည်	nei de

bestellen (eten ~)	မှာသည်	hma de
bestraffen (een stout kind ~)	အပြစ်ပေးသည်	apja' pei: de
betalen (ww)	ပေးရေချသည်	pei: gjei de
betekenen (beduiden)	ဆိုလိုသည်	hsou lou de

betreuren (ww)	နောင်တရသည်	naun da. ja. de
bevallen (prettig vinden)	ကြိုက်သည်	kjai' de
bevelen (mil.)	အမိန့်ပေးသည်	amin. bei: de
bevredigen (ww)	ကျေနပ်စေသည်	kjei na' sei de

bevrijden (stad, enz.)	လွတ်မြောက်စေသည်	lu' mjau' sei de
bewaren (oude brieven, enz.)	သိမ်းဆည်းသည်	thain: zain: de
bewaren (vrede, leven)	ထိန်းသည်	htein: de
bewijzen (ww)	သက်သေပြသည်	the' thei pja. de

bewonderen (ww)	ရှိကျူးသည်	chi: kju: de
bezitten (ww)	ပိုင်ဆိုင်သည်	pain zain de
bezorgd zijn (ww)	စိတ်ပူသည်	sei' pu de
bezorgd zijn (ww)	စိတ်ပူသည်	sei' pu de
bidden (praten met God)	ဆုတောင်းသည်	shi. gou: de
bijvoegen (ww)	ထည့်သည်	hte de.

binden (ww)	တွတ်နှောင်သည်	tou' hnaun de
binnengaan (een kamer ~)	ဝင်သည်	win de
blazen (ww)	တိုက်ခတ်သည်	tai' hsai' te
blozen (zich schamen)	မျက်နှာနီသည်	mje' hna ni de
blussen (brand ~)	မီးငြိမ်းသတ်သည်	mi: njein: dha' te
boos maken (ww)	စိတ်ဆိုးအောင်လုပ်သည်	sei' hsou: aun lou' te
boos zijn (ww)	စိတ်ဆိုးသည်	sei' hsou: de
breken	ပြတ်သည်	pja' te
(on.ww., van een touw)		
breken (speelgoed, enz.)	ဖျက်ဆီးသည်	hpje' hsi: de
brengen (iets ergens ~)	ယူလာသည်	ju la de
charmeren (ww)	ညှို့သည်	hnjou. de
citeren (ww)	ကိုးကားသည်	kou: ga: de
compenseren (ww)	လျော်ကြေးပေးသည်	jo kjei: bei: de
compliceren (ww)	ခဲ့ခက်စေသည်	khe: ga' sei de
componeren (muziek ~)	ရေးဖွဲ့သီကုံးသည်	jei: bwe dhi goun: de
compromitteren (ww)	နာမည်ဖျက်သည်	na me bje' te
concurreren (ww)	ပြိုင်ဆိုင်သည်	pjain zain de
controleren (ww)	ထိန်းချုပ်သည်	htein: gjou' te
coöpereren (samenwerken)	ပူးပေါင်းဆောင်ရွက်သည်	pu: baun: zaun jwe' te
coördineren (ww)	ညှိနှိုင်းဆောင်ရွက်သည်	hnji. hnain: zaun jwe' te
corrigeren (fouten ~)	အမှားပြင်သည်	ahma: pjin de
creëren (ww)	ဖန်တီးသည်	hpan di: de

253. Werkwoorden D-K

danken (ww)	ကျေးဇူးတင်သည်	kjei: zu: din de
de was doen	လျော်ဖွပ်သည်	sho ba' de
de weg wijzen	ဦးတည်သည်	u: te de
deelnemen (ww)	ပါဝင်ဆင်နွှဲသည်	pa win zin hnwe: de
delen (wisk.)	စားသည်	sa: de
denken (ww)	ထင်သည်	htin de
doden (ww)	သတ်သည်	tha' te
doen (ww)	ပြုလုပ်သည်	pju. lou' te
dresseren (ww)	လေ့ကျင့်ပေးသည်	lei. kjin. bei: de
drinken (ww)	သောက်သည်	thau' te
drogen (kleren, haar)	အခြောက်လှန်းသည်	a chou' hlan: de
dromen (in de slaap)	အိပ်မက်မက်သည်	ei' me' me' te
dromen (over vakantie ~)	စိတ်ကူးယဉ်သည်	sei' ku: jin de
duiken (ww)	ရေငုပ်သည်	jei ngou' te
durven (ww)	လုပ်ရဲသည်	lou' je: de
duwen (ww)	တွန်းသည်	tun: de
een auto besturen	ကားမောင်းသည်	ka: maun: de
een bad geven	ရေချိုးပေးသည်	jei gjou bei: de
een bad nemen	ရေချိုးသည်	jei gjou: de
een conclusie trekken	ကောက်ချက်ချသည်	kau' che' cha. de

foto's maken	ဓာတ်ပုံရိုက်သည်	da' poun jai' te
eisen (met klem vragen)	တိုက်တွန်းသည်	tai' tun: de
erkennen (schuld)	ဝန်ခံသည်	wun khan de
erven (ww)	အမွေဆက်ခံသည်	amwei ze' khan de
eten (ww)	စားသည်	sa: de
excuseren (vergeven)	ခွင့်လွှတ်သည်	khwin. hlu' te
existeren (bestaan)	တည်ရှိသည်	ti shi. de
feliciteren (ww)	ဂုဏ်ပြုသည်	goun bju de
gaan (te voet)	သွားသည်	thwa: de
gaan slapen	အိပ်ရာဝင်သည်	ei' ja win de
gaan zitten (ww)	ထိုင်သည်	htain de
gaan zwemmen	ရေကူးသည်	jei ku: de
garanderen (garantie geven)	အာမခံပေးသည်	a ma. gan bei: de
gebruiken (bijv. een potlood ~)	သုံးစွဲသည်	thoun: zwe: de
gebruiken (woord, uitdrukking)	အသုံးပြုသည်	athoun: bju. de
geconserveerd zijn (ww)	မပျက်မစီးဖြစ်နေသည်	ma. bje' ma. zi: bji' nei de
gedateerd zijn (ww)	ရက်စွဲတပ်သည်	je' swe: da' te
gehoorzamen (ww)	လိုက်နာသည်	lai' na de
gelijken (op elkaar lijken)	တူသည်	tu de
geloven (vinden)	ယုံကြည်သည်	joun kji de
genoeg zijn (ww)	လုံလောက်သည်	loun lau' te
geven (ww)	ပေးသည်	pei: de
gieten (in een beker ~)	လောင်းထဲသည်	laun: de. de
glimlachen (ww)	ပြုံးသည်	pjoun: de
glimmen (glanzen)	မီးရောင်ထွက်သည်	mi: jaun htwe' te
gluren (ww)	ချောင်းကြည့်သည်	chaun: gje. de
goed raden (ww)	မှန်းဆသည်	hman za de
gooien (een steen, enz.)	ပစ်သည်	pi' te
grappen maken (ww)	စနောက်သည်	sanau' te
graven (tunnel, enz.)	တူးသည်	tu: de
haasten (iemand ~)	လောသည်	lo de
hebben (ww)	ရှိသည်	shi. de
helpen (hulp geven)	ကူညီသည်	ku nji de
herhalen (opnieuw zeggen)	ထပ်လုပ်သည်	hta' lou' te
herinneren (ww)	မှတ်မိသည်	hma' mi. de
herinneren aan … (afspraak, opdracht)	သတိပေးသည်	dhadi. pei: de
herkennen (identificeren)	မှတ်မိသည်	hma' mi. de
herstellen (repareren)	ပြင်သည်	pjin de
het haar kammen	ဖီးသည်	hpji: de
hopen (ww)	မျှော်လင့်သည်	hmjo. lin. de
horen (waarnemen met het oor)	ကြားသည်	ka: de
houden van (muziek, enz.)	ကြိုက်သည်	kjai' de
huilen (wenen)	ငိုသည်	ngou de
huiveren (ww)	သိမ့်သိမ့်တုန်သည်	thein. dhein. doun de

huren (een boot ~)	ငှားရမ်းသည်	hna: jan: de
huren (huis, kamer)	ငှားသည်	hnga: de
huren (personeel)	လုပ်အားခိုးသည်	lou' a: hnga: de
imiteren (ww)	အတုလုပ်သည်	atu. lou' te
importeren (ww)	တင်သွင်းသည်	tin dhwin: de
inenten (vaccineren)	ကာကွယ်ဆေးထိုးသည်	ka gwe hsei: dou: de
informeren (informatie geven)	အကြောင်းကြားသည်	akjaun: kja: de
informeren naar ... (navraag doen)	စုံစမ်းသည်	soun zan: de
inlassen (invoegen)	ထည့်သည်	hte de.
inpakken (in papier)	ထုပ်သည်	htou' te
inspireren (ww)	အားပေးသည်	a: bei: de
instemmen (akkoord gaan)	သဘောတူသည်	dhabo: tu de
interesseren (ww)	စိတ်ဝင်စားစေသည်	sei' win za: zei de
irriteren (ww)	ဒေါသထွက်အောင်လုပ်သည်	do: dha. dwe' aun lou' te
isoleren (ww)	ခွဲခြားထားသည်	khwe: gja: da: de
jagen (ww)	အမဲလိုက်သည်	ame: lai' de
kalmeren (kalm maken)	ငြိမ်သက်စေသည်	njein dhe' sei de
kennen (kennis hebben van iemand)	သိသည်	thi. de
kennismaken (met ...)	မိတ်ဆက်သည်	mi' hse' te
kiezen (ww)	ရွေးသည်	jwei: de
kijken (ww)	ကြည့်သည်	kji. de
klaarmaken (een plan ~)	ပြင်ဆင်သည်	pjin zin de
klaarmaken (het eten ~)	ချက်ပြုတ်သည်	che' pjou' te
klagen (ww)	တိုင်ကြားသည်	tain bjo: de
kloppen (aan een deur)	တံခါးခေါက်သည်	daga: khau' te
kopen (ww)	ဝယ်သည်	we de
kopieën maken	မိတ္တူကူးသည်	mi' tu gu: de
kosten (ww)	ကုန်ကျသည်	koun kja de
kunnen (ww)	တတ်နိုင်သည်	ta' nain de
kweken (planten ~)	စိုက်ပျိုးသည်	sai' pjou: de

254. Werkwoorden L-R

lachen (ww)	ရယ်သည်	je de
laden (geweer, kanon)	ကျည်ထိုးသည်	kji dou: de
laden (vrachtwagen)	ကုန်တင်သည်	koun din de
laten vallen (ww)	ဖြုတ်ချသည်	hpjou' cha. de
lenen (geld ~)	ရေးယူသည်	chei: dhu de
leren (lesgeven)	သင်ပေးသည်	thin bei: de
leven (bijv. in Frankrijk ~)	နေထိုင်သည်	nei dain de
lezen (een boek ~)	ဖတ်သည်	hpa' te
lid worden (ww)	ပေါင်းစပ်သည်	paun: za' te
liefhebben (ww)	ချစ်သည်	chi' te
liegen (ww)	လိမ်ပြောသည်	lain bjo: de

liggen (op de tafel ~)	တည်ရှိသည်	ti shi. de
liggen (persoon)	လဲသည်	hle: de
lijden (pijn voelen)	နာကျင်ခံစားသည်	na gjin hmu. gan za: de
losbinden (ww)	ဖြေသည်	hpjei de
luisteren (ww)	နားထောင်သည်	na: daun de

lunchen (ww)	နေ့လယ်စာစားသည်	nei. le za za de
markeren (op de kaart, enz.)	မှတ်သည်	hma' te
melden (nieuws ~)	အကြောင်းကြားသည်	akjaun: kja: de
memoriseren (ww)	မှတ်ထားသည်	hma' hta: de

mengen (ww)	ရောသည်	jo: de
mikken op (ww)	ချိန်သည်	chein de
minachten (ww)	အထင်သေးသည်	a htin dhei: de
moeten (ww)	ရမည်	ja. me

morsen (koffie, enz.)	ဖိတ်ကျသည်	hpi' kja de
naderen (dichterbij komen)	ချဉ်းကပ်သည်	chan: ga' te
neerlaten (ww)	အောက်ချသည်	au' cha. de
nemen (ww)	ယူသည်	ju de

nodig zijn (ww)	အလိုရှိသည်	alou' shi. de
noemen (ww)	အမည်ပေးသည်	amji bei: de
noteren (opschrijven)	ရေးမှတ်သည်	jei: hma' te
omhelzen (ww)	ဖက်သည်	hpe' te

omkeren (steen, voorwerp)	မှောက်သည်	hmau' de
onderhandelen (ww)	စေ့စပ်ညှိနှိုင်းသည်	sei. sa' njou hmain: de
ondernemen (ww)	ပြုလုပ်ဆောင်ရွက်သည်	pju. lou' hsaun jwe' te
onderschatten (ww)	လျှော့တွက်သည်	sho. dwe' de

onderscheiden (een ereteken geven)	ချီးမြှင့်သည်	chi: hmjin. de
onderstrepen (ww)	အလေးထားဖော်ပြသည်	a lei: da: hpo pja. de
ondertekenen (ww)	လက်မှတ်ထိုးသည်	le' hma' htou: de
onderwijzen (ww)	ညွှန်ကြားသည်	hnjun gja: de

onderzoeken (alle feiten, enz.)	စဉ်းစားသည်	sin: za: de
bezorgd maken	စိတ်ပူအောင်လုပ်သည်	sei' pu aun lou' te
onmisbaar zijn (ww)	လိုအပ်သည်	lou a' te
ontbijten (ww)	နံနက်စာစားသည်	nan ne' za za: de

ontdekken (bijv. nieuw land)	ရှာဖွေတွေ့ရှိသည်	sha hpwei dwei. shi. de
ontkennen (ww)	ငြင်းပယ်သည်	njin: be de
ontlopen (gevaar, taak)	ရှောင်သည်	shaun de
ontnemen (ww)	ပိုင်ပင်ထားသည်	pei' hsou. da: de

ontwerpen (machine, enz.)	ပုံစံဆွဲသည်	poun zan zwe: de
oorlog voeren (ww)	စစ်ပွဲတွင်ပါဝင်ဆင်နွှဲသည်	si' pwe: dwin ba win zin hnwe: de
op orde brengen	အစီအစဉ်တကျထားသည်	asi asin da. gja. da: de
opbergen (in de kast, enz.)	သိမ်းဆည်းသည်	thain: zain: de
opduiken (ov. een duikboot)	ပေါ်လာသည်	po la de
openen (ww)	ဖွင့်သည်	hpwin. de
ophangen (bijv. gordijnen ~)	ချိတ်သည်	chei' te

ophouden (ww)	ရပ်သည်	ja' te
oplossen (een probleem ~)	ဖြေရှင်းသည်	hpjei shin: de
opmerken (zien)	သတိထားမိသည်	dhadi. da: mi. de
opmerken (zien)	လျင်တပျက်မြင်သည်	Ija' ta bje' mjin de
opscheppen (ww)	ကွားသည်	kjwa: de
opschrijven (op een lijst)	စည်သွင်းရေးထားသည်	hte dhwin: jei: da: de
opschrijven (ww)	ရေးထားသည်	jei: da: de
opstaan (uit je bed)	အိပ်ရာထသည်	ei' ja hta. de
opstarten (project, enz.)	စတင်သည်	sa. tin de
opstijgen (vliegtuig)	ပျံတက်သည်	pjan de' te
optreden (resoluut ~)	ပြုလုပ်သည်	pju. lou' te
organiseren (concert, feest)	ကျင်းပသည်	kjin: ba. de
overdoen (ww)	ပြန်ပြင်သည်	pjan bjin de
overheersen (dominant zijn)	လွှမ်းမိုးသည်	hlwan: mou: de
overschatten (ww)	တန်ဖိုးပြန်ဖြတ်သည်	tan bou: bjan bja' te
overtuigd worden (ww)	လက်ခံယုံကြည်စေသည်	le' khan joun gji zei de
overtuigen (ww)	လက်ခံယုံကြည်စေသည်	le' khan joun gji zei de
passen (jurk, broek)	သင့်တော်သည်	thin. do de
passeren (~ mooie dorpjes, enz.)	ဖြတ်သွားသည်	hpja' thwa: de
peinzen (lang nadenken)	တွေးသည်	twei: de
penetreren (ww)	ထိုးဖောက်သည်	tou: bau' te
plaatsen (ww)	ထားသည်	hta: de
plaatsen (zetten)	နေရာချသည်	nei ja gja de
plannen (ww)	စီစဉ်သည်	si zin de
plezier hebben (ww)	ပျော်ရွှင်သည်	pjo shwin de
plukken (bloemen ~)	ခူးသည်	khu: de
prefereren (verkiezen)	ပိုကြိုက်သည်	pou gjai' te
proberen (trachten)	ကြိုးစားသည်	kjou: za: de
proberen (trachten)	စမ်းကြည့်သည်	san: kji. de
protesteren (ww)	ကန့်ကွက်သည်	kan gwe' te
provoceren (uitdagen)	ရန်စသည်	jan za de
raadplegen (dokter, enz.)	တိုင်ပင်သည်	tain bin de
rapporteren (ww)	သတင်းပို့သည်	dhadin: bou. de
redden (ww)	ကယ်ဆယ်သည်	ke ze de
regelen (conflict)	ဖြေရှင်းသည်	hpjei shin: de
reinigen (schoonmaken)	သန့်ရှင်းရေးလုပ်သည်	than. shin: jei: lou' te
rekenen op …	အားကိုးသည်	a: kou: de
rennen (ww)	ပြေးသည်	pjei: de
reserveren (een hotelkamer ~)	မှာသည်	hma de
rijden (per auto, enz.)	သွားသည်	thwa: de
rillen (ov. de kou)	တုန်သည်	toun de
riskeren (ww)	စွန့်စားသည်	sun. za: de
roepen (met je stem)	ခေါ်သည်	kho de
roepen (om hulp)	ခေါ်သည်	kho de

ruiken (bepaalde geur verspreiden)	အနံ့ထွက်သည်	anan. htwei de
ruiken (rozen)	ရှူကြည့်သည်	shu gjei. de
rusten (verpozen)	အနားယူသည်	ana: ju de

255. Verbs S-V

samenstellen, maken (een lijst ~)	ရေးဆွဲသည်	jei: zwe: de
schieten (ww)	ပစ်သည်	pi' te
schoonmaken (bijv. schoenen ~)	သန့်ရှင်းအောင်လုပ်သည်	than. shin: aun: lou' te
schoonmaken (ww)	သန့်ရှင်းရေးလုပ်သည်	than. shin: jei: lou' te
schrammen (ww)	ကုတ်သည်	kou' te
schreeuwen (ww)	အော်သည်	o de
schrijven (ww)	ရေးသည်	jei: de
schudden (ww)	လှုပ်ခါသည်	hlou' kha de
selecteren (ww)	ရွေးချယ်သည်	jwei: che de
simplificeren (ww)	လွယ်ကူစေသည်	lwe gu zei de
slaan (een hond ~)	ရိုက်သည်	jai' te
sluiten (ww)	ပိတ်သည်	pei' te
smeken (bijv. om hulp ~)	အနုအညွတ်တောင်းပန်သည်	anu: anwi' taun: ban de
souperen (ww)	ညစာစားသည်	nja. za za: de
spelen (bijv. filmacteur)	သရုပ်ဆောင်သည်	thajou' hsaun de
spelen (kinderen, enz.)	ကစားသည်	gaza: de
spreken met ...	ပြောသည်	pjo: de
spuwen (ww)	ထွေးသည်	htwei: de
stelen (ww)	ခိုးသည်	khou: de
stemmen (verkiezing)	ဆန္ဒမဲပေးသည်	hsan da. me: pwei: de
steunen (een goed doel, enz.)	ထောက်ခံသည်	htau' khan de
stoppen (pauzeren)	ရပ်သည်	ja' te
storen (lastigvallen)	နှောင့်ယှက်သည်	hnaun. hje' te
strijden (tegen een vijand)	တိုက်ခိုက်သည်	tai' hsai' te
strijden (ww)	တိုက်သည်	tai' te
strijken (met een strijkbout)	မီးပူတိုက်သည်	mi: bu tai' te
studeren (bijv. wiskunde ~)	သင်ယူလေ့လာသည်	thin ju lei. la de
sturen (zenden)	ပို့သည်	pou. de
tellen (bijv. geld ~)	ရေတွက်သည်	jei dwe' te
terugkeren (ww)	ပြန်သည်	pjan de
terugsturen (ww)	ပြန်ပို့သည်	pjan bou. de
toebehoren aan ...	ပိုင်ဆိုင်သည်	pain zain de
toegeven (zwichten)	အလျှော့ပေးသည်	asho. bei: de
toenemen (on. ww)	မြင့်တက်သည်	mjin. da' te
toespreken (zich tot iemand richten)	အမည်တပ်သည်	amji din te

toestaan (goedkeuren)	ခွင့်ပြုသည်	khwin bju. de
toestaan (ww)	ခွင့်ပြုသည်	khwin bju. de

toewijden (boek, enz.)	ရည်ညွှန်းသည်	ji hman: de
tonen (uitstallen, laten zien)	ပြသည်	pja. de
trainen (ww)	လေ့ကျင့်ပေးသည်	lei. kjin. bei: de
transformeren (ww)	ပုံစံပြောင်းလဲသည်	poun zan bjaun: le: de

trekken (touw)	ဆွဲသည်	hswe: de
trouwen (ww)	မိန်းမယူသည်	mein: ma. ju de
tussenbeide komen (ww)	ကြားဝင်သည်	ka: win de
twijfelen (onzeker zijn)	သံသယဖြစ်သည်	than thaja. bji' te

uitdelen (pamfletten ~)	ဝေငှသည်	wei hnga. de
uitdoen (licht)	မီးပိတ်သည်	mi: pi' te
uitdrukken (opinie, gevoel)	ဖော်ပြသည်	hpjo bja. de
uitgaan (om te dineren, enz.)	ထွက်သည်	htwe' te
uitlachen (bespotten)	သရော်သည်	thajo: de

uitnodigen (ww)	ဖိတ်သည်	hpi' de
uitrusten (ww)	တပ်ဆင်သည်	ta' hsin de
uitsluiten (wegsturen)	ထုတ်သည်	tou' te
uitspreken (ww)	အသံထွက်သည်	athan dwe' te

uittorenen (boven ...)	မိုးနေသည်	mou: nei de
uitvaren tegen (ww)	ဆူသည်	hsu. de
uitvinden (machine, enz.)	တီထွင်သည်	ti htwin de
uitwissen (ww)	ဖျက်ပစ်သည်	hpje' pa' te

vangen (ww)	ဖမ်းသည်	hpan: de
vastbinden aan ...	ချည်နှောင်သည်	che naun de
vechten (ww)	တိုက်ရန်ဖြစ်သည်	khai' jan bji' te
veranderen (bijv. mening ~)	ပြောင်းလဲသည်	pjaun: le: de

verbaasd zijn (ww)	အံ့ဩသည်	an. o. de
verbazen (verwonderen)	အံ့ဩစေသည်	an. o: sei: de
verbergen (ww)	ဖုံးကွယ်သည်	hpoun: gwe de
verbieden (ww)	တားမြစ်သည်	ta: mji' te

verblinden (andere chauffeurs)	ကန်းစေသည်	kan: zei de
verbouwereerd zijn (ww)	စိတ်ရှုပ်ထွေးသည်	sei' shou' htwei: de
verbranden (bijv. papieren ~)	မီးရှို့သည်	mi: shou. de
verdedigen (je land ~)	ကာကွယ်သည်	ka gwe de

verdenken (ww)	သံသယရှိသည်	than thaja. shi. de
verdienen (een complimentje, enz.)	ထိုက်တန်သည်	htai' tan de
verdragen (tandpijn, enz.)	သည်းခံသည်	thi: khan de
verdrinken (in het water omkomen)	ရေနစ်သည်	jei ni' te

verdubbelen (ww)	နှစ်ဆဖြစ်စေသည်	hni' has. bji' sei de
verdwijnen (ww)	ပျောက်ကွယ်သည်	pjau' kwe de
verenigen (ww)	ပေါင်းစည်းသည်	paun: ze: de
vergelijken (ww)	နှိုင်းယှဉ်သည်	hnain: shin de

vergeten (achterlaten)	ချန်သည်	chan de
vergeten (ww)	မေ့သည်	mei. de
vergeven (ww)	ခွင့်လွှတ်သည်	khwin. hlu' te
vergroten (groter maken)	မြှင့်တင်သည်	hmja. din de
verklaren (uitleggen)	ရှင်းပြသည်	shin: bja. de
verklaren (volhouden)	အခိုင်အမာပြောဆိုသည်	akhain ama pjo hsou de
verklikken (ww)	လူသိရှင်ကြားစုပ်စွဲရှုတ်ချသည်	lu dhi shin gja: zu' swe: sha' khja. de
verkopen (per stuk ~)	ရောင်းသည်	jaun: de
verlaten (echtgenoot, enz.)	ပစ်ထားသည်	pi' hta: de
verlichten (gebouw, straat)	မီးထွန်းသည်	mi: dwan: de
verlichten (gemakkelijker maken)	လွယ်စေသည်	lwe zei de
verliefd worden (ww)	ချစ်မိသည်	chi' mi. de
verliezen (bagage, enz.)	ပျောက်သည်	pjau' te
vermelden (praten over)	ဖော်ပြသည်	hpjo bja. de
vermenigvuldigen (wisk.)	မြှောက်သည်	hmjau' de
verminderen (ww)	လျှော့သည်	sho. de
vermoeid raken (ww)	ပင်ပန်းသည်	pin ban: de
vermoeien (ww)	ပင်ပန်းစေသည်	pin ban: zei de

256. Verbs V-Z

vernietigen (documenten, enz.)	ဖျက်ဆီးသည်	hpje' hsi: de
veronderstellen (ww)	ယူဆသည်	ju za. de
verontwaardigd zijn (ww)	မခံမရပ်နိုင်ဖြစ်သည်	ma. gan ma. ja' nain bji' te
veroordelen (in een rechtszaak)	ပြစ်ဒဏ်ပေးသည်	pji' dan bei: de
veroorzaken ... (oorzaak zijn van ...)	အကြောင်းရင်းဖြစ်သည်	akjaun: jin: hpji' te
verplaatsen (ww)	ရွှေ့သည်	shwei. de
verpletteren (een insect, enz.)	ဖိသတ်သည်	hpi. dha' te
verplichten (ww)	အတင်းလုပ်ခိုင်းသည်	atin: lou' khain: dhe
verschijnen (bijv. boek)	ထွက်သည်	htwe' te
verschijnen (in zicht komen)	ပေါ်လာသည်	po la de
verschillen (~ van iets anders)	ခြားနားသည်	hpja: na: de
versieren (decoreren)	အလှဆင်သည်	ahla. zin dhe
verspreiden (pamfletten, enz.)	ဖြန့်ဝေသည်	hpjan. wei de
verspreiden (reuk, enz.)	ပြန့်သည်	pjan. de
versterken (positie ~)	ခိုင်မာစေသည်	khain ma zei de
verstommen (ww)	နှုတ်ဆိတ်သွားသည်	hnou' hsei' thwa: de
vertalen (ww)	ဘာသာပြန်သည်	ba dha bjan de
vertellen (verhaal ~)	ပြောပြသည်	pjo: bja. de
vertrekken (bijv. naar Mexico ~)	ထွက်ခွာသည်	htwe' kha de

vertrouwen (ww)	ယုံကြည်သည်	joun kji de
vervolgen (ww)	လ်ာက်လ္ပ်သည်	hse' lou' te
verwachten (ww)	မ္ဟ်ာလင့်သည်	hmjo. lin. de
verwarmen (ww)	န္ဝ္ေးသည်	hnwei: de
verwarren (met elkaar ~)	ေရာေထ္ဝးသည်	jo: dwei: de
verwelkomen (ww)	န္ဝ္တ်ဆက်သည်	hnou' hsei' te
verwezenlijken (ww)	ေဆာင်ရ္ဝက်သည်	hsaun jwe' de
verwijderen (een obstakel)	ဖယ်ရ္ဟားသည်	hpe sha: de
verwijderen (een vlek ~)	ဖယ်ရ္ဟားသည်	hpe sha: de
verwijten (ww)	အပ္ဖ်တင်သည်	apja' tin te
verwisselen (ww)	ေပ္ရာင်းလဲသည်	pjaun: le: de
verzoeken (ww)	ေတာင်းဆိုသည်	taun: hsou: de
verzuimen (school, enz.)	ပ္ယ်က်က္ဝ်က်သည်	pje' kwe' te
vies worden (ww)	ညစ်ေပသ္ဝားသည်	nji' pei dhwa: de
vinden (denken)	ထင်သည်	htin de
vinden (ww)	ရ္ဟာေတ္ဝ္ဝသည်	sha dwei. de
vissen (ww)	ငါးဖမ္းးသည်	nga: ban: de
vleien (ww)	ေမ္ရ္ဟာက်သည်	hmjau' de
vliegen (vogel, vliegtuig)	ပ္ယ်ံသည်	pjan de
voederen	အစာေက္ဝ္းးသည်	asa gjwei: de.
(een dier voer geven)		
volgen (ww)	လိုက်သည်	lai' te
voorstellen (introduceren)	မိတ်ဆက်ေပးသည်	mi' hse' pei: de
voorstellen (Mag ik jullie ~)	မိတ်ဆက်ေပးသည်	mi' hse' pei: de
voorstellen (ww)	အဆိုပ္ရ္ဈသည်	ahsou bju. de
voorzien (verwachten)	က္ရ္ဈမ္ရင်သည်	kjou mjin de
vorderen (vooruitgaan)	တိုးတက်သည်	tu: te' te
vormen (samenstellen)	ဖ္ဝ္ဲ့စည္းးသည်	hpwe. zi: de
vullen (glas, fles)	ဖ္ဖ္ဲ့သည်	hpjei. de
waarnemen (ww)	ေစာင့်က္ရ္ဟ့်သည်	saun. gji. de
waarschuwen (ww)	သတိေပးသည်	dhadi. pei: de
wachten (ww)	ေစာင့်သည်	saun. de
wassen (ww)	ေဆးသည်	hsei: de
weerspreken (ww)	ပ္ရင်းသည်	njin: de
wegdraaien (ww)	ေနာက်ကိုလ္ဟ္ည့်သည်	nau' kou hle. de
wegdragen (ww)	ယူသ္ဝားသည်	ju dhwa: de
wegen (gewicht hebben)	အေလးခ္ဟိန်ရ္ဟိသည်	a lei: chein shi. de
wegjagen (ww)	ေမာင်းထုတ်သည်	maun: dou' te
weglaten (woord, zin)	ပယ်သည်	pe de
wegvaren	ထ္ဝ္န့်ပ္ဝ္တ်သည်	sun. bi' de
(uit de haven vertrekken)		
weigeren (iemand ~)	ပ္ရင်းဆန်သည်	njin: zan de
wekken (ww)	န္ဟ္ိုးသည်	hnou: de
wensen (ww)	လိုခ္ယ်င်သည်	lou gjin de
werken (ww)	အလုပ်လုပ်သည်	alou' lou' te
weten (ww)	သိသည်	thi. de

willen (verlangen)	လိုချင်သည်	lou gjin de
wisselen (omruilen, iets ~)	အပြန်အလှန်လဲသည်	apjan a hlan le: de
worden (bijv. oud ~)	ဖြစ်လာသည်	hpji' la de
worstelen (sport)	နပန်းလုံးသည်	naban: loun: de
wreken (ww)	လက်စားချေသည်	le' sa: gjei de

zaaien (zaad strooien)	မျိုးကြဲသည်	mjou: gje: de
zeggen (ww)	ပြောသည်	pjo: de
zich baseerd op	အခြေခံသည်	achei khan dhe
zich bevrijden van ... (afhelpen)	ရှင်းပစ်သည်	shin: ba' te

zich concentreren (ww)	အာရုံစူးစိုက်သည်	a joun su: zai' dhi
zich ergeren (ww)	ဒေါသထွက်သည်	do: dha. dwe' de
zich gedragen (ww)	ပြုမူဆက်ဆံသည်	pju. hmu. ze' hsan de
zich haasten (ww)	အလျင်စလိုပြုသည်	aljin za lou pju. de
zich herinneren (ww)	သတိရသည်	dhadi. ja. de

zich herstellen (ww)	ရောဂါပျောက်သည်	jo ga bjau' te
zich indenken (ww)	စိတ်ကူးသည်	sei' ku: de
zich interesseren voor ...	စိတ်ဝင်စားသည်	sei' win za: de
zich scheren (ww)	ရိတ်သည်	jei' te

zich trainen (ww)	လေ့ကျင့်သည်	lei. kjin. de
zich verdedigen (ww)	ခုခံသည်	khu. gan de
zich vergissen (ww)	မှားသည်	hma: de
zich verontschuldigen	တောင်းပန်သည်	thaun: ban de

zich verspreiden (meel, suiker, enz.)	သွန်မိသည်	thun mi. de
zich vervelen (ww)	ပျင်းသည်	pjin: de
zijn (leraar ~)	ဖြစ်သည်	hpji' te
zijn (op dieet ~)	ဖြစ်နေသည်	hpji' nei de

zinspelen (ww)	စောင်းပြောသည်	saun: bjo: de
zitten (ww)	ထိုင်သည်	htain de
zoeken (ww)	ရှာသည်	sha de
zondigen (ww)	မကောင်းမှုပြုသည်	ma. gaun: hmu. bju. de

zuchten (ww)	သက်ပြင်းချသည်	the' pjin: gja. de
zwaaien (met de hand)	လက်ပြသည်	le' pja de
zwemmen (ww)	ရေကူးသည်	jei ku: de
zwijgen (ww)	နှုတ်ဆိတ်သည်	hnou' hsei' te